주해가 있는 새 고린도전서(하) 강해

주해가 있는 새 고린도전서(하) 강해

1판 1쇄 인쇄 2018년 1월 10일
1판 1쇄 발행 2018년 1월 15일

지은이 김서택
발행인 한동인
펴낸곳 (주)기독교문사
등 록 제1- c0062호
주 소 서울 종로구 율곡로 19가길 5
출판부 T. 741-5183 F. 744-1634
특판부 T. 744-1633 F. 744-1635
도매부 T. 741-5181, 5 F. 762-2234
직영서점 기독교문사
서울 종로40길 18
T. 2266-2117~9 F. 2266-6397

책값은 뒤표지에 있습니다.
ISBN 978-89-466-2552-5
978-89-466-2134-3(전집)

Web www.kclp.co.kr

기독교문사는 독자와 함께 기독교 출판문화를 이끌어 가겠습니다.
공급처 기독교문사 도매부 T. 741-5181~3 F. 762-2234

주해가 있는 새 고린도전서(하) 강해

김서택

기독교문사

서 문

오늘 기독교와 모든 그리스도인은 세상의 거센 도전 가운데 하루하루 살아가고 있습니다. 교회는 마치 강어귀처럼 민물과 바닷물이 번갈아 가며 드나들고 있습니다. 바닷물이 세면 짠물이 강 위로 올라가고, 민물이 더 많으면 민물이 바다 속으로 밀고 들어갑니다.

고린도전서는 현실 가운데서 기독교와 복음이 어떠해야 하는지 현실에서 맞닥뜨리는 여러 문제에 대한 성경적 답변을 제시해주고 있습니다.

물론 사도 바울 당시와 비교했을 때 오늘의 세상은 갈수록 복잡하고 악해져 더 복잡한 기독교적 답변이 마련되어야 할 것입니다.

예를 들면 동성애나 핵전쟁, 지구온난화, 난민 문제, 원전 문제, 이슬람의 테러 문제, 인터넷 문제 등 그 수를 헤아리기 어려울 정도로 많은 일이 일어나고 있습니다.

이런 상황에서 고린도전서는 좋은 방향 제시가 되어줄 것입니다. 특히 고린도전서에는 십자가 문제, 결혼 문제, 우상의 음식에 따른 문화적 충격을 비롯해 은사, 부활 등 주옥같은 말씀이 있습니다.

이 부족한 주해서를 출판해주시는 기독교문사 한동인 사장님과 편집부 가족들에게 감사드립니다. 그리고 늘 귀한 예배로 감동과 부흥을 일으키는 역사의 주역이 되시는 대구동부교회 성도님들께도 감사드립니다.

대구 수성교 옆에서

김서택 목사

CONTENTS

고린도전서(하)

21_홍해를 건넌 백성

고린도전서 10:1-13

전체적 설명

세상 사람은 다른 사람을 볼 때 외모나 조건을 보고 그 가치를 판단한다. 그런 의미에서 본다면 하나님의 백성은 모두 보잘것없고 실패한 인생처럼 보일 것이다. 그러나 영적인 눈을 가지고 하나님의 백성을 바라보면 세상 사람은 자신이 가진 것이 전부이지만, 하나님의 백성에게는 하나님의 능력이 늘 따라오는 위대함이 있다. 이스라엘 백성을 예로 들면 그들은 겉으로 보기에 광야를 헤매고 있는 난민 같은 자이지만 홍해를 기적으로 건넜고 반석을 쳐서 기적의 생수를 마신 위대한 백성인 것이다. 따라서 하나님의 백성이 자신의 가치를 깨닫지 못한다면 그들은 불평으로 가득 찬 이스라엘 백성처럼 모압 여인의 유혹에 빠져 음행의 죄를 저지르거나 뱀에 물려 멸망당할 것이다.

설교 프리노트

1절, "형제들아 나는 너희가 알지 못하기를 원하지 아니하노니"

사도 바울은 고린도 교인을 '형제들' 이라고 부른다.

고린도 교인은 유럽인이었고 인종과 언어가 유대인인 사도 바울과 달랐다. 그러나 사도 바울은 그들을 주 안에서 형제로 생각했다. 여기서 "알지 못하기를 원하지 아니하노니"는 '반드시 알아야 한다'는 뜻이다. 여기서 이중부정은 강한 긍정의 뜻을 가진다.

"우리 조상들이 다 구름 아래에 있고"

물론 이 조상은 유대인의 조상을 말하지만 신앙적으로는 고린도 교인의 조상도 된다. "구름 아래"는 구름 기둥의 인도를 받은 것을 말한다. 겉으로 보기에 이스라엘의 조상은 세상에서 가장 가난하고 가진 것이 없는 자들이었지만, 바다 한가운데를 기적으로 건넌 위대한 백성이었다.

2절, "모세에게 속하여 다 구름과 바다에서 세례를 받고"

사도 바울은 왜 이스라엘 백성이 다른 길을 제쳐놓고 굳이 홍해를 건너야만 했을까 하는 문제를 신앙적으로 깊이 생각해 보았다. 이윽고 사도 바울은 그것이 바로 이스라엘 백성이 하나님으로부터 세례를 받은 것임을 알게 되었다. 즉 이스라엘 백성은 홍해를 건너면서 모세와 함께 옛 사람은 죽고 새 사람으로 태어난 것이었다. "구름과 바다"라고 했는데, 이것은 이스라엘 백성이 완전히 물에 잠긴 것을 의미한다. 따라서 홍해를 건너고 난 뒤부터 모든 이스라엘 백성은 모세의 사람이 되어 살든지 죽든지 모세의 말을 따라야만 했던 것이다. 즉 이스라엘 백성은 홍해에서 '집단 세례'를 받은 것이다.

3절, "다 같은 신령한 음식을 먹으며"

물론 이스라엘 백성이 먹은 만나는 실제로 배부르게 하는 음식이었다. 그러나 그 음식의 출처는 하늘에서 내린 것으로, 오늘 우리가 먹는 하나님 말씀을 상징적으로 보여준다.

4절, "다 같은 신령한 음료를 마셨으니"

이스라엘 백성이 광야에서 사는 동안 그들의 생사를 결정한 것은 물이었다. 사람이나 가축 모두 물을 마시지 못하면 죽을 수밖에 없다. 그러나 놀랍게도 모세가 광야에서 반석을 쳤을 때 그곳에서 생수가 터져 나오면서 모든 이스라엘 백성과 가축이 물을 마시고 살 수 있었다. 사도 바울은 그 반석에 대해 "그 반석은 곧 그리스도시라"고 했다. 즉 이스라엘 백성이 광야를 떠도는 동안 그리스도는 그들과 함께하셨고, 그리스도께서 몸이 상하심으로써 우리가 성령을 받았던 것처럼 이스라엘 백성은 깨어진 반석에서 물을 마셨던 것이다. 따라서 이스라엘 백성은 겉보기에는 가난한 떠돌이 난민이었지만 영적으로는 이 세상에서 영적 생명을 가지고 영적 음식과 음료를 마시고 기적의 능력을 가진 가장 위대한 백성이었다.

사도 바울은 고린도 교인이 자신들의 위대함을 깨닫기 바랐지만 그들 역시 인간이다 보니 사회적 신분이나 재산, 학식 등에서 스스로 열등하고 보잘것없는 사람으로 여겼다.

5절, "그들의 다수를 하나님이 기뻐하지 아니하셨으므로"

이스라엘 백성은 세상적인 눈으로 보면 땅도 없고 군대도 없고 정부도 없이 언제 죽을지 모르는 난민의 처지였지만 영적으로는 위대한 백성이었다. 그러나 이스라엘 백성이 이 사실을 깨닫지 못하고 하나님을 원망하고 불평했을 때 하나님은 그들의 행동을 기뻐하지 아니하셨다.

사도 바울은 이스라엘 백성이 자신들의 위대함을 깨닫지 못하고 하나님의 마음을 상하게 했던 것을 세 가지 예를 들어 설명하고 있다.

첫 번째는 시내산 밑에서 이스라엘 백성이 금송아지를 만들어 우상을 숭배했던 때다.

7절, "기록된 바 백성이 앉아서 먹고 마시며 일어나서 뛰논다 함과 같으니라"

이스라엘 백성은 모세의 신앙이 너무 말씀 중심이어서 재미없고 딱딱하다고 생각했다. 그들은 모세가 돌비를 받으러 시내산에 올라가 있는 동안 그가 죽었을 거라고 생각해 금송아지를 만들어 먹고 마시고 춤을 추고 신나게 뛰노는 신앙을 만들었다. 그때 이스라엘 백성은 하나님을 배반했다.

두 번째는 광야 여행을 거의 끝마칠 때 그들은 모압 여인의 유혹에 넘어가서 음행하고 우상의 제물을 먹었다.

8절, "그들 중의 어떤 사람들이 음행하다가 하루에 이만 삼천 명이 죽었

나니"

이스라엘 백성도 인간이었기에 육체적 유혹을 이겨내지 못하고 모압 여인들의 유혹에 넘어가 음행하고 우상의 제물을 먹고 우상 숭배까지 하다가 2만 3,000명이나 되는 사람이 온역으로 죽었다. 민수기에는 2만 4,000명으로 되어 있는데(민 25:9) 착오라기보다는 대략적인 숫자로 보는 것이 좋을 것 같다. 그만큼 많은 사람이 음행으로 죽었다는 뜻이다. 2만 3,000명이 죽어 누워 있는 것을 상상해 본다면 실로 엄청날 것이다. 하나님은 이토록 하나님의 백성이 음행에 빠지는 것을 싫어하시는데, 고린도에서는 여전히 많은 음행과 우상 숭배가 행해지고 있었다.

세 번째는 광야 여행 도중에 일어난 일인데, 이스라엘 백성이 하나님을 원망하다가 불뱀의 공격으로 많은 사람이 뱀에 물려 죽은 사건이었다.

9절, "주를 시험하다가 뱀에게 멸망하였나니"

여기서 '시험하다'는 하나님을 불신해 원망하고 불평하는 것을 말한다. 물론 이스라엘 백성의 형편을 생각해 보면 무려 40년 동안 뜨거운 광야를 정처 없이 떠돌아다니다 보니 원망과 불평이 터져 나올 수 있었지만, 그래도 그들은 하나님을 끝까지 신뢰해야 했다.

여기서 사도 바울은 고린도 교인에게 두 가지 권면을 하고 있다. 하나는 너희도 옛날 조상같이 하나님을 원망하지 말라는 것이다(10절). 또 하나는 이런 성경의 기록은 말세를 만난 우리를 위해 기록되었다는 사실이다(11절). 즉 오늘 우리는 사탄이 더욱 발악하는 시대에 살고 있다. 그래서 우리는 눈에 보이지 않는 영의 세계를 볼 수 있어야 한다.

12절, "그런즉 선 줄로 생각하는 자는 넘어질까 조심하라"

가파른 산길이나 미끄러운 눈길을 걷는 사람이 조심하지 않고 걸어간다면 미끄러져 떨어지거나 머리를 다칠 수 있다. 지금은 아주 미끄러운 때이고 시험과 유혹이 많은 때이기에 뻣뻣하게 서서 다니지 말고 주저앉아 살금살금 걸어가거나 기다시피 해야 넘어지지 않고 다치지 않는다. 결국 하나님의 백성이라는 정체성을 깨닫지 못하고 세상적인 것을 가지고 으스대고 잘난 체하다가는 사탄의 시험에 빠져 망하고 만다.

13절, "사람이 감당할 시험밖에는 너희가 당한 것이 없나니"

사도 바울은 어려움을 당한 하나님의 백성을 위하여 가장 위대한 위로의 말씀을 전하고 있다. 본문은 '사람'이라고 말씀하는데, 하나님은 우리가 음식을 먹어야 하고 물을 마셔야 하고 옷을 입어야 하고 숨을 쉬어야 사는 연약한 사람임을 아신다는 뜻이다. 그래서 하나님은 우리가 천사인 것처럼 불가능한 어려움을 절대 주지 않으신다. 하나님은 신실한 분이기에 절대로 우리 기대를 배반하지 않으시며, 우리가 감당하지 못하는 시험을 당하도록 내버려두지도 않으신다. 또한 하나님은 우리가 감당하기 어려운 시험을 당하게 될 때 피할 길을 주어 능히 감당하게 하신다.

본문 이해를 위한 질문

1. 이스라엘 조상은 어떤 사람이었는가?

인간적인 눈으로 볼 때 그들은 집도 없이 애굽에서 쫓겨나다시피 한 난민이었지만 바다를 기적으로 건너고 하늘의 음식을 먹고 하늘의 음료를 마신 기적의 사람이었다.

2. 이스라엘 백성이 자신들의 정체성을 잘 깨닫지 못했을 때 어떤 시험에 빠지게 되었는가?

그들은 시내산 아래서 모세가 산에서 내려오지 않는 틈을 타서 그가 죽었다고 여겨 금송아지를 만들어 먹고 마시고 뛰놀았으며, 광야에서 하나님을 원망하다가 불뱀의 공격을 받기도 했고, 나중에는 모압 여인들의 유혹에 넘어가 음행하다가 병에 걸려 2만 3,000명이 죽기도 했다.

3. 우리는 이 말세에 어떤 자세로 살아야 하는가?

절대로 하나님을 원망해서는 안 되고 음행에 넘어가서도 안 된다. 우리는 다 된 사람인 것처럼 방자하게 행동해서도 안 되고 시험에 넘어가지 않도록 조심조심 걸어가야 한다. 그리고 아무리 어려운 시험이 닥쳐도 하나님은 감당할 수 있도록 하시기 때문에 그분을 불신해서는 안 된다.

성경 강해

이 세상을 살아가면서 일을 순리대로 풀어가는 사람이 있는가 하면, 순리를 거스르며 사는 사람도 있습니다. 예를 들어 고속도로를 달릴 때 길을 따라가야 하는데 반대 방향으로 운전한다면 대형 사고가 일어납니다. 또한 버스 운전자는 장거리 운전을 하기 전 충분히 잠을 자두어야 안전운행을 할 수 있는데, 잠을 거의 자지 않은 채 운전대를 잡는다면 졸음운전으로 사고가 일어날 확률이 높아집니다. 그리고 자신에게 주어진 것에 만족하지 못하고 지나치게 욕심을 부릴 때 사람은 사고를 칩니다.

우리나라에는 바다에 들어가 전복이나 해삼 등 해산물을 채취하는 해녀들이 있는데, 이들이 벌어들이는 수입에 대단하다고 합니다. 해녀들이 바다에서 사고를 당할 때가 있는데, 그것은 욕심 때문입니다. 해녀가 물질하다가 숨이 차면 물 위로 올라와야 하는데, 그때 갑자기 큰 조개나 멍게를 발견하고 그것까지 따서 올라오려고 무리하다가 제때 올라오지 않아서 사고를 당하고 맙니다. 마찬가지로 에베레스트처럼 높은 산을 등반하는 산악인도 정상을 눈앞에 둔 지점에서 탈진 상태가 오면 비록 정상을 정복하지 못하더라도 하산해야 합니다. 무리해 정상을 정복한다면 결국 하산할 때 탈진으로 위험한 상황에 처해 죽는 경우가 많다고 합니다. 이것은 모두 순리를 거스르고 욕심을 내다가 목숨을 잃는 것입니다.

하나님의 백성의 순리는 세상 사람의 순리와 다를 때가 많습니다. 즉 세상 사람은 안전하고 많은 사람이 가는 길이 순리이겠지만, 하나님의 백성은 먹을 것도 없고 미래가 보장되지도 않아도 하나님 말씀을 따라가는 것이 순리일 때가 많습니다.

애굽을 탈출한 이스라엘 백성은 그들 앞에 행복한 생활이 기다리고 있을 거라고 생각했는데 실제는 매일 죽느냐 사느냐 하는 위기의 연속이었습니다. 이스라엘 백성은 애굽을 떠난 직후부터 홍해라는 엄청난 장애를 만나는 바람에 전 백성이 몰살당할 수도 있었습니다. 그리고 지도자 모세가 얼마나 무모한 사람이었던지 그 많은 이스라엘 백성을 물도 양식도 없는 기친 광야로 하나님 말씀이라고 하면서 전부 데리고 갔습니다. 이스라엘 백성은 풀 한 포기 나지 않고 나무 한 그루 없는 뜨거운 광야에서 하루하루를 견뎌야 했습니다. 당시 이스라엘 백성의 생사를 결정한 것은 다름 아닌 물이었습니다. 광야에는 이스라엘 백성이 마실 수 있는 물이 없었습니다.

그런데 놀랍게도 이스라엘 백성이 가는 곳마다 물이 있었습니다. 좀 더 자세히 말하면 이스라엘 백성을 인도해 가는 곳에 있는 바위를 모세가 지팡이로 내려치기만 하면 물이 터져 나왔던 것입니다. 사실 광야에 있는 반석은 우리나라의 바위처럼 물기를 머금은 촉촉한 바위가 아니라 그야말로 푸석푸석하고 바싹 마른 바위였는데, 오직 모세가 지팡이로 내려치기만 하면 반석이 갈라지면서 물이 솟아났던 것입니다. 나중에 이스라엘 백성은 자신들이 광야에서 살아난 것을 생각하면 신기하고 이해되지 않는 일투성이였다고 생각했을 것입니다. 게다가 이스라엘 백성은 모세가 어떻게 그 넓은 광야에서 물이 나올 곳을 알았고, 그곳의 반석을 내려칠 때마다 물이 나왔을까 이해하기 어려웠을 수도 있습니다. 이 문제를 두고 사도 바울은 오랫동안 묵상하다가 드디어 그 해답을 찾았습니다. 하나님의 백성은 엄청난 능력과 축복을 가진 백성임을 깨달은 것입니다. 즉 이스라엘 백성이 가는 곳마다 하나님은 물을 준비하고 계셨던 것입니다. 그러면서 사도 바울은 모세가 쳤던 그 반석이 오늘 예수 그리스도를 상징한다고 했습니다.

오늘 우리도 미래를 알지 못한 채 정신없이 가고 있지만 우리 밑에는 물이 따라오고 하늘에는 양식이 따라오고 있습니다. 우리는 오직 하나님 말씀을 통해 기적을 일으킬 수 있습니다. 위기가 닥쳤을 때 자신의 재주를 믿고 머리를 믿는 것은 자살하는 것과 같습니다.

1. 이스라엘 백성의 새 신분

청년이 군대에 입대하면 가장 먼저 깨우쳐야 하는 것은 더 이상 민간인이 아니라는 사실입니다. 군인은 부대에서 기상 나팔을 불면 일어나야 하고, 정해진 시간에 식사를 해야 하고, 부대 밖으로 함부로 나갈 수 없으며,

전투 명령이 떨어지면 나가 싸워야 합니다.

마찬가지로 애굽을 떠나 홍해를 건넌 뒤 이스라엘 백성에게 일어난 가장 중요한 변화는 이제 일반인이 아니라 하나님의 백성이 되었다는 사실입니다. 그러나 이스라엘 백성은 종종 이것을 잊어버리는 바람에 실패했습니다. 이스라엘 백성은 출애굽하기 전이나 출애굽한 후나 같은 사람이었습니다. 늘 같은 옷을 입고 있었고 늘 똑같이 가난했기 때문에 그들은 자기 자신들이 크게 변했다는 사실을 깨닫지 못했던 것입니다.

사도 바울은 이스라엘 백성이 출애굽하고 홍해를 건넌 것을 신약시대에 우리가 세례 받은 것에 비유했습니다. 이것은 사실 사도 바울만이 할 수 있는 탁월한 구약 해석입니다. 우리는 이 해석을 통해 이스라엘 백성의 문제를 완전히 새로운 각도에서 보게 됩니다.

1-2절, "형제들아 나는 너희가 알지 못하기를 원하지 아니하노니 우리 조상들이 다 구름 아래에 있고 바다 가운데로 지나며 모세에게 속하여 다 구름과 바다에서 세례를 받고"

이스라엘 백성이 하나님의 열 가지 재앙으로 애굽을 탈출하고 모세가 홍해를 갈라 그곳을 건너게 되었을 때 이스라엘 백성의 지위와 신분에는 엄청난 변화가 생겼습니다. 이스라엘 백성은 출애굽하기 전까지만 해도 바로의 노예 신분이었던 것입니다. 그러나 이스라엘 백성이 홍해를 건너면서 그들은 노예에서 해방되어 하나님 백성의 신분을 얻게 되었고, 모세에게 속한 자가 되었습니다. 쉽게 말해 모세가 그들의 지휘관이 된 것입니다. 이스라엘 백성이 깨닫지 못하고 있었던 것은 홍해를 통과하고 구름 기둥 아래를 걸으면서 그들 모두 세례를 받았다는 사실입니다. 세례는 크게 중요한 몇 가지 뜻을 가지는데, 하나는 옛 사람이 죽는다는 뜻이 있습니다. 세례를 받으면 옛날의 지위나 신분은 다 없어집니다. 이것은 청년이 입대해 머리를 짧게 깎고 군인으로서 서약하는 순간 그들은 더 이상 민간인 신분이 아닌 것과 같습니다. 이들은 대한민국의 군인이라고 하는 새로운 지위와 신분을 얻게 됩니다.

군인 신분이 되면 훈련을 받아야 하고 그에게는 군인의 옷과 계급장, 총이 지급됩니다. 그리고 부대 배치를 받는데 군인은 아무리 춥고 험난한 곳일지라도 지휘관이 명령하면 가야 하고 그곳에서 전투나 훈련을 해야 합니다. 마찬가지로 출애굽해서 홍해를 건너고 하나님의 구름을 통과한 뒤 이스라엘 백성은 옛날 사람이 아니라 이제는 하나님의 백성이 되었고, 모세가 그들의 지휘관이 되었습니다. 하나님은 이제부터 모세만 상대해 말씀하시기 때문에 이스라엘 백성은 모세의 말에 따르면 무조건 살고 모세의 말에 대적하면 죽을 수밖에 없었습니다.

본문에서 사도 바울은 고린도 교인들에게 "형제들아 나는 너희가 알지 못하기를 원하지 아니하노니"라고 말합니다. 이것은 모든 그리스도인도 이 사실을 알아야 한다는 뜻입니다. 즉 예수를 믿고 세례를 받고 말씀을 들은 후부터 우리 삶의 원리에는 엄청난 변화가 생기게 됩니다. 그것은 우리가 민간인에서 하나님의 군사로 신분이 변하게 된다는 뜻입니다.

3-4절, "다 같은 신령한 음식을 먹으며 다 같은 신령한 음료를 마셨으니 이는 그들을 따르는 신령한 반석으로부터 마셨으매 그 반석은 곧 그리스도시라"

이스라엘 백성은 일단 출애굽한 후부터는 이 세상에 없는 음식을 먹었습니다. 여기서 '신령한 음식'은 이 세상에 없는 하늘의 음식이라는 뜻입니다. 이것은 마치 군인이 군대에서 민간인 음식을 먹지 않고 군인이 먹는 밥을 먹어야 하는 것과 같습니다. 군인이 군대에서 먹는 밥은 취사병이 스팀으로 찌는 밥이라서 별로 맛이 없습니다. 그러나 군인은 그 밥도 배가 고파서 더 먹고 싶어 합니다. 군대에서는 건빵을 줄 때도 있는데, 그 안에 들어있는 별사탕이 별미입니다. 군인이 작전을 나가면 작전 나간 곳으로 취사병이 트럭에 밥과 국을 실어 오게 됩니다. 군인은 절대로 정해진 시간에 식사를 해야 합니다. 만약 군인이 정해진 시간에 식사하지 못한다면 전투를 할 수 없기 때문에 아주 심각한 문제가 발생합니다. 마찬가지로 이스라엘 백성은 하늘 백성만 먹을 수 있는 양식인 만나를 먹었습니다. 사실 이스라엘 백성은 광야에서 물을 구할 수가 없었습니다. 만약 이스라엘 백성이 광야에서 물을 구하지 못했다면 하늘에서 만나가 내렸어도 모두 탈수증으로 죽을 수밖에 없었을 것입니다.

당시 이스라엘 백성에게 놀라운 것은 모세가 그들을 데리고 가는 곳마다 바위가 있었는데, 모세가 지팡이로 바위를 내리치기만 하면 그 바위가 갈라지면서 물이 터져 나왔다는 것입니다. 다시 말해 모세가 지팡이로 때리는 바위마다 수도꼭지가 되었던 것입니다.

나중에 세월이 흐른 뒤 이스라엘 백성은 이 일을 참 신기하게 생각했습니다. 즉 모세가 어떻게 알고 귀신같이 물이 나올 만한 데를 알고 이스라엘 백성을 데리고 갔을까 하는 것입니다. 그런데 사도 바울은 이 말씀을 깊이 묵상하는 가운데 모세가 물이 나오는 곳을 알아서 이스라엘 백성을 데리고 간 것이 아니라는 사실을 알게 되었습니다. 이스라엘 백성이 가는 곳에는 땅 속 저 깊은 곳에서 물이 따라가고 있었던 것입니다.

본문 4절에 보면 "그들을 따르는 신령한 반석으로부터"라고 말씀합니다. 이스라엘 백성이 가는 곳에는 땅 속 깊은 곳에서 물이 따라가고 있었습니다. 그러면서 "그 반석은 곧 그리스도시라"고 말씀합니다. 이스라엘 백성은 모르고 있었지만 주님은 그들이 어디를 가든지 함께 가셨고, 그들보다 먼저 가서 기다리고 계셨던 것입니다. 우리가 생각해야 할 것은 이스라엘 백성이 얼마나 대단한 사람이었는가 하면 그들이 이동하는 곳에는 이미 땅 속 깊은 곳에서 물이 따라가고 있었으며, 그들이 가는 곳의 바위가 모두 수도꼭지였다는 사실입니다. 단지 이스라엘 백성은 모세만 죽어라 따라가면 되었습니다. 다시 말해 이스라엘 백성은 애굽에서의 일을 잊어버리고 죽어라 신앙이 좋아지는 것만이 살길이었습니다.

2. 이스라엘 백성의 실패

우리는 이스라엘 백성이 얼마나 대단한 백성이었는지 생각할 필요가 있습니다. 이스라엘 백성은 낮에는 아주 덥고 뜨거운 광야에서 보냈고, 때로 사막의 모래 폭풍이 불어오면 앞이 보이지 않을 정도로 강한 바람에 눈을 뜨지 못한 채 걸어야 했으며, 밤에는 잠을 자기 어려울 정도의 추위에 입을 덜덜 떨어야 하는 죽음의 광야로 죽어라 모세를 따라갔습니다. 사실 이스라엘 백성이 광야에서 하나님을 원망하고 대적했다고 하지만 40년 동안 이 정도밖에 원망하지 않았다고 하는 것은 엄청나게 믿음이 좋았기 때문입니다. 그럼에도 이스라엘 백성의 신앙은 하나님 앞에서 합격점을 받지 못했습니다.

5절, "그러나 그들의 다수를 하나님이 기뻐하지 아니하셨으므로 그들이 광야에서 멸망을 받았느니라"

객관적으로 생각해 보면 이스라엘 백성이 모세의 말을 따라 광야로 따라간 것 자체가 대단한 결단이었고, 어려운 역경 가운데서 그래도 참았다는 사실을 보면 대단한 것 같은데 성경 본문은 "그들의 다수를 하나님이 기뻐하지 아니하셨으므로"라고 했습니다. 여기서 '다수'는 이스라엘 백성 가운데서 어른이 대부분이었다는 것입니다. 우리가 생각하기에 모든 이스라엘 백성은 애굽을 떠났고 홍해를 건넜고 광야까지 모세를 따라왔으면 충분할 것 같은데, 하나님의 기준에서는 거의 모든 이스라엘 백성이 믿음에서 실패했습니다. 우리가 보기에 이스라엘 백성이 모세를 원망했든지 안 했든지 끝까지 따라온 것만으로도 대단한 것 같지만 하나님은 그렇게 생각하지 않으셨습니다. 하나님은 이 열악한 환경에서 이스라엘 백성이 모세나 하나님을 원망했다고 해서 그들을 기뻐하지 않으셨다는 뜻이 아닙니다. 오히려 우리 인간은 불편한 환경에서 죽을지도 모르는 위험한 상황이라면 불안해할 수 있고 불평할 수도 있습니다. 우리는 버스를 기다리다가도 늦게 오면 욕을 하고, 집에 전기가 나가거나 윗집에서 물이 새도 욕을 하고, 엘리베이터가 고장 나서 계단을 걸어 집까지 올라가야 할 때도 욕을 합니다. 그런데 하나님이 중요하게 생각하시는 것은 근본적으로 이스라엘 백성이 하나님이나 하나님 말씀에 대한 신뢰가 있느냐 하는 것입니다.

하나님은 외적 형식을 보시는 것이 아니라 마음속에 일어나는 기쁨의 순종을 보시는 것입니다. 그런데 거기서 대부분의 이스라엘 백성은 하나님 앞에서 합격점을 받지 못했습니다. 그들은 하나님의 지혜보다는 자신의 머리를 믿었기 때문입니다. 그래서 어른으로 애굽을 떠났던 이스라엘 백성 가운데서 단 두 명을 제외하고는 60만 명 전부가 실패했습니다. 즉 이스라엘 백성 가운데 하나님 앞에서 합격점을 받았던 사람은 단 두 명이었습니다. 과거 우리나라에서는 사법고시에 합격하기가 아주 어려웠습니다. 그런데 하나님의 믿음의 시험에서 이스라엘 백성 60만 명 가운데 두 명만 합격하고 모두 떨어졌습니다.

오늘 우리나라는 예수 믿는 사람이 1,000만 명이 넘고 목회자도 수만 명이나 됩니다. 그런데 하나님은 수를 보지 않으시고 얼마나 하나님 말씀을 믿는지 보십니다. 양은 목자가 사막 어딘가로 데리고 가든지 아무 의심이나 불평 없이 따라가고, 어린 아기는 엄마가 자기를 어떤 광야나 산으로 데리고 가더라도 의심하지 않고 따라갑니다. 결국 이스라엘 백성 가운데서 실패한 많은 사람은 양이 되는 데 실패했고, 어린 아이가 되는 데 실패했던 것입니다. 하나님 말씀은 때때로 우리를 유치하게 만들고 미련하게 보이게 할 때가 많습니다. 그러나 유치하고 싶지 않고 우직하고 싶지 않았던 대부분의 이스라엘 백성은 하나님 앞에서 실패하고 말았습니다. 어른으로 출애굽했던 이스라엘 백성 모두가 광야에서 죽었습니다. 이 유능하고 똑똑한 이스라엘 백성은 마치 다람쥐 쳇바퀴 돌 듯 40년간 광야를 떠돌다가 모두 광야에서 죽고 말았습니다. 왜냐하면 하나님이 그들을 기뻐하지 않으셨기 때문입니다.

우리가 봤을 때 너무 많은 사람이 자기 운명의 쳇바퀴에서 벗어나지 못한 채 계속 헛돌고 있습니다. 어떤 사람은 방황의 악순환에서 헛돌고, 어떤 사람은 미움과 원한의 악순환에서 벗어나지 못합니다. 우리나라 정치계에서도 "출구가 없다"는 말을 자주 씁니다. 이 말은 지금 당장 혼란에서 빠져나와야 하는데 빠져 나올 구멍을 찾지 못하고 있다는 뜻입니다. 그 이유는 자신이나 이 세상의 악순환에서 빠져 나올 수 있는 출구를 찾는 것이 너무 어렵기 때문입니다.

예를 들어 산에서 길을 잃어버렸거나 광야에서 길을 잃은 사람은 당황한 나머지 계속 길을 헤매게 되어 있습니다. 광야에서나 산에서 길 잃은 사람이 길을 찾는 것이 얼마나 어려운 일인지 모릅니다. 사실 이것은 혼자 힘으로 불가능합니다. 반드시 그 부근을 지나는 사람을 만나 길을 물어봐야 합니다.

마찬가지로 이 세상에서 아무리 머리가 좋고 유능해도 자기 생각만으로 길을 찾아내는 사람은 없습니다. 우리는 길을 잘 아는 사람에게 물어봐야 합니다. 그래서 예수님은 "내가 곧 길이요 진리요 생명이라" 고 말씀하셨습니다. 우리 인간은 예수님을 만나 믿어야만 악순환의 광야에서 빠져 나올 수 있습니다. 이것 외에는 길이 없습니다.

하나님 말씀 없이는 누구든지 단 한 걸음도 앞으로 나아가지 못하고 계속 원망과 불평과 회의의 악순환을 반복하게 됩니다. 바다에 나가 보면 앞으로 나아가는 것이 쉬울 것 같지만 실제로는 파도나 바람 때문에 나아가기가 어렵습니다. 그런데 하나님 말씀은 배의 엔진 같아서 아무리 거친 바다도 건너갈 수 있습니다. 하나님 말씀을 붙들고 있다면 아무리 이 세상의 파도가 거칠어도 우리는 능히 이기고 앞으로 나아갈 수 있습니다. 하나님 말씀을 믿지 못하고 그리스도를 믿지 못하고 끝까지 자기 자신을 믿었던 대부분의 이스라엘 백성은 고생은 고생대로 하면서 광야를 벗어나지도 못하고, 그렇다고 해서 애굽 땅으로 돌아가지도 못하고 광야에서 화만 내다가 죽고 말았습니다.

6절, "이러한 일은 우리의 본보기가 되어 우리로 하여금 그들이 악을 즐겨 한 것같이 즐겨 하는 자가 되지 않게 하려 함이니"

이스라엘 백성 가운데 어른 60만 명 거의 대부분이 실패한 것은 우리에게 본보기가 되어줄 것입니다. 우리는 예수 잘 믿는 형식을 중요하게 생각하며 우리 집안이 몇 대째 믿어 왔고, 평생 예배에 빠지지 않았다는 것을 자랑으로 삼을지 모르지만 하나님은 그런 것을 보지 않으십니다. 하나님은 우리가 하나님 말씀으로 얼마나 어린 아이가 되었으며, 얼마나 양이 되는 데 성공했느냐 하는 것을 보십니다. 그러므로 우리는 스스로 어른이라고 생각하거나 똑똑하다고 생각하면 결국에 망하고 맙니다. 다른 사람 앞에서 자신이 얼마나 똑똑하고 유능한가 하는 것은 전혀 중요하지 않습니다. 자신이 얼마나 어린 아이같이 하나님을 믿고 따라가느냐, 자신이 얼마나 순종적인 양이 되어 목자이신 주님을 즐겁게 따라가느냐 하는 것이 중요합니다.

본문에는 이스라엘 백성이 실패한 예를 들어 말씀하고 있습니다. 그 예는 세 가지입니다.

첫 번째는 홍해를 건넌 직후 이스라엘 백성이 시내산에 갔을 때였습니다. 이때 모세는 율법의 돌비를 받기 위해 시내산에 올라갔는데, 그가 오랫동안 내려오지 않자 이스라엘 백성은 금송아지를 만들고 엉뚱한 길로 갔습니다.

7절, "그들 가운데 어떤 사람들과 같이 너희는 우상 숭배하는 자가 되지 말라 기록된 바 백성이 앉아서 먹고 마시며 일어나서 뛰논다 함과 같으니라"

하나님의 종교는 말씀의 종교이므로 모든 백성은 모세 한 사람이 말하는 것을 듣고 그 말씀대로 순종해야 했습니다. 그러나 이스라엘 백성은 이것을 아주 답답하게 생각했습니다. 우상의 종교는 자기감정을 표현하고 마음껏 떠들 수 있는 표현의 종교였습니다. 그래서 독일 신학자 슐라이어마허는 "종교는 감정의 표현이다"라고 말했습니다. 이스라엘 백성이 보기에 모세의 신앙은 자기감정의 표현도 없고 그냥 죽어라 하나님 말씀을 듣기만 해야 하니까 너무 답답했던 것입니다. 그렇다 보니 그들은 모세가 시내산에 올라갔다가 한동안 돌아오지 않자 모세가 죽었다고 여겨 금송아지 우상을 만들고 그 앞에서 소리를 지르고 춤도 추며 마음껏 방탕하게 행동하니 기분이 좋았을 것입니다. 그때 하나님은 진노하셔서 이스라엘 백성을 전부 멸절시키려고 하셨습니다. 물론 우리는 하나님께 자기감정을 표현할 수 있지만 먼저 하나님 말씀을 들은 뒤 찬양하고 기도하면서 자기감정을 표현해야 합니다.

두 번째는 광야 여행을 거의 마칠 때였습니다. 이때 거짓 선지자 발람은 모압 왕의 사주를 받아서 이스라엘 백성이 성적 유혹과 우상 숭배에 넘어지게 하기 위해 유혹했습니다. 그런데 이스라엘 백성이 알지 못했던 것은 그들이 하나님을 배신하면 염병과 재앙이 터져 나온다는 사실이었습니다. 이스라엘 백성은 참았던 정욕을 이기지 못해 모압 여인들과 성관계를 맺고 우상의 재물을 먹고 우상에 절까지 했는데 하루에 2만 3,000명의 사람이 병으로 죽었습니다.

세 번째는 이스라엘 백성이 광야 생활을 하는 중반쯤 되어 하나님과 모세를 원망하고 불평했다가 불뱀에 물린 사건이었습니다.

9절, "그들 가운데 어떤 사람들이 주를 시험하다가 뱀에게 멸망하였나니 우리는 그들과 같이 시험하지 말자"

사람은 몸을 가지고 있기 때문에 더위가 계속되면 짜증이 나고 불편한 점이 개선되지 않으면 신경질적인 반응을 보이게 되어 있습니다. 하나님은 이런 이유를 들어 불뱀에게 이스라엘 백성을 습격해 물게 하신 것이 아니었습니다. 당시 이스라엘 백성은 자신들의 불평을 조직적으로 드러냈습니다. 즉 이스라엘 백성은 모세가 꼼짝하지 못하고 자기들의 말을 들을 수밖에 없도록 역할 분담을 해서 대적했던 것입니다. 당시 이들이 모르고 있었던 것은 광야에는 불뱀 떼가 우글거리고 있었는데 하나님의 영광과 능력이 그 불뱀 떼를 막고 있었다는 사실입니다. 이스라엘 백성이 조직적으로 불평을 드러내자 이스라엘 진에서 하나님의 영광이 사라지면서 불뱀 떼의 공격이 시작되었습니다. 여기서 우리가 알아야 할 것은 하나님의 백성은 그분의 말씀을 듣고 가만히 있기만 해도 땅 밑에서 물줄기가 움직이고, 공중에서 하나님의 영광이 불뱀을 막고 있었다는 것입니다. 당시 이스라엘 백성은 자신을 너무 과소평가했습니다.

3. 피할 길을 주시는 하나님

모세와 함께 홍해를 건너고 하나님의 구름 기둥을 통과한 순간부터 이스라엘 백성의 갈 길은 하나밖에 없었습니다. 그것은 모든 이스라엘 백성이 죽어라 모세의 말을 듣고 하나님 말씀을 믿고 가는 것이었습니다. 그들이 하나님 말씀을 믿지 않고 훨씬 더 높은 수준으로 믿으려고 해봐야 사실 그것은 죽는 길이었습니다.

10절, "그들 가운데 어떤 사람들이 원망하다가 멸망시키는 자에게 멸망하였나니 너희는 그들과 같이 원망하지 말라"

이스라엘 백성이 광야에서 겪었던 것은 그들이 겪은 것으로 끝나는 게 아니라는 것입니다. 즉 오늘 우리를 위하여 본보기로 기록된 것입니다. 출애굽한 어른 60만 명 가운데서 유일하게 살아남은 여호수아와 갈렙은 어떤 사람이었습니까? 그들은 사실 무모할 정도로 하나님 말씀을 믿은 사람이었습니다. 사도 바울이 말하는 말세는 어떤 세대일까요? 사람이 자기감정이나 자기 생각을 더 절대적으로 믿는 시대를 말합니다. 하나님 말씀이 하나의 형식이나 겉치레가 되어버리고, 믿는 형식만 가지고 자기만족에 빠지는 시대입니다. 우리는 절대로 다른 사람이 하는 것을 따라가서는 안 됩니다. 이것은 썩은 통나무 신앙이고 죽은 시체 신앙입니다.

물론 우리도 인간이기에 육체의 정욕이나 불평이 생기고 자기 생각을 주장하고 싶을 때가 있습니다. 그러나 하나님 말씀으로 자신을 설득시켜 주저앉힐 때 우리는 양이 되고 어린 아이가 되는 데 성공할 수 있습니다. 반면 불평을 조직적으로 할 때 하나님의 영광이 사라지고 하나님의 백성이 가진 특권을 박탈당하게 됩니다.

12절, "그런즉 선 줄로 생각하는 자는 넘어질까 조심하라"

높은 산에 오르는 사람 가운데 정상에 거의 올라갔는데 탈진해 쓰러져 죽는 사람이 있는가 하면 발이 미끄러져 떨어져 죽는 사람도 있습니다. 그래서 등산의 목표는 정상 정복이 아니라 안전하게 내려오는 것이어야 한다고 합니다. 아무리 정상이 보이고 욕심이 생겨도 탈진 상태까지 가서 안전하게 내려갈 자신이 없으면 정상을 포기하고 내려가야 합니다. 마찬가지로 우리 사회에서 거의 정상에 올라간 사람 가운데 갑자기 바닥으로 떨어져 망하는 사람이 많습니다. 그들은 높은 자리가 얼마나 미끄럽고 균형 잡기 어려우며 다른 사람이 시기하는 자리인지 알지 못해 그런 것입니다. 보통 사람은 넘어져도 다른 사람이 별로 관심을 갖지 않고 알아주지도 않기 때문에 큰 충격이 되지 않습니다. 그러나 유명한 사람이 실패하면 사회나 국민, 믿는 신자들에게 큰 충격을 주게 됩니다.

세상적으로 봤을 때 성공했고 너무 훌륭해서 절대로 넘어지지 않을 거라고 믿었던 사람이 있을 것입니다. 그러나 사실 높은 자리나 성공한 자리, 유명한 자리는 모두 외롭고 미끄러워 한번 미끄러지면 천 길 낭떠러지로 떨어지고 맙니다. 사람 가운데 자기는 이미 도덕적으로 완전하고 지각이 있고 분별력이 있어 절대로 넘어지지 않는다고 자신하는 사람이 있습니다. 이들이 알지 못하는 것은 바로 자기 안에 미친 광기가 있다는 사실입니다. 사람은 술이 한잔 들어가거나 어떤 일에 한번 몰두하거나 집착하면 거의 미친 사람처럼 되고 마는데, 그때는 스스로를 통제하지 못하게 됩니다.

만약 빙판 위를 걸어간다거나 아주 위험한 비탈길을 자신 있게 두 팔을 흔들며 당당하게 걸어간다면 얼마 걷지 못하고 미끄러지거나 발을 헛디뎌 절벽에서 떨어질 것입니다. 위험하고 미끄러운 길을 갈 때는 조금 볼품이 없어도 주저앉아 엉금엉금 기어가야 넘어지지 않고 안전하게 갈 수 있습니다. 우리가 가는 이 믿음의 길은 정말 미끄럽고 대단히 위험해서 당당하게 활개를 치며 걸어간다면 반드시 넘어지고 말 것입니다.

반면 자신이 부족한 줄 알고 조심하는 사람은 절대 넘어지지 않습니다. 왜냐하면 영원한 반석이신 그리스도가 우리를 지켜주시며 모든 시험을 이기기 하시기 때문입니다.

13절, "사람이 감당할 시험밖에는 너희가 당한 것이 없나니 오직 하나님은 미쁘사 너희가 감당하지 못할 시험 당함을 허락하지 아니하시고 시험 당할 즈음에 또한 피할 길을 내사 너희로 능히 감당하게 하시느니라"

하나님은 그분을 의지하는 사람을 반드시 시험에서 지켜주어 넘어지지 않게 하시고 반드시 살길을 내어주십니다. 그리고 설사 우리에게 어려운 시험이 닥친다고 하더라도 피할 길을 주어 망하지 않게 하십니다. 지금 우리는 북한의 핵무기 위협 상황에 처해 있는데, 하나님은 반드시 피할 길을 주실 것입니다.

우리는 오직 하나님 말씀만 죽어라 붙들고 부흥을 일으키는 것밖에 다른 길이 없습니다. 사탄의 불바람이 불 때는 맞불을 일으키는 수밖에 없습니다. 다른 인간적인 방법을 써봐야 이 거대한 사탄의 불바람을 이길 수가 없습니다. 그런데 우리가 죽어라 하나님 말씀만 붙들고 사생결단해서 부흥을 일으키면 한 사람 한 사람이 달라질 것입니다. 즉 자신감이 생기고 최선을 다하는 등 절대 자포자기하지 않게 되는데, 그러면 어떤 어려움도 이길 수 있습니다.

우리나라 사람은 제멋대로 행동하고 단결하지 않는다고 하는데, 사실 이것은 우리가 지금까지 살아남는 방법이었습니다. 우리에게 가장 위험한 것은 파벌 싸움에 빠져 모두를 바보로 만드는 것입니다. 우리는 지금 그런 함정에 빠져 있지만 죽어라 하나님만 의지하면 사람의 생각이 달라질 것입니다. 또한 우리나라 사람은 한번 한다면 하는 사람입니다. 하나님은 그런 창의력을 주시고 결단력을 주셔서 모든 시험을 다 이기게 하실 것입니다.

자기 머리를 의지하는 사람은 자신도 망하고 다른 사람도 망하게 만들 것입니다. 그러나 우리가 하나님 말씀을 들으면 하나님의 양이 되고 어린아이가 되는 믿음을 갖게 됩니다. 하나님은 반드시 우리 믿는 사람이 모든 시험을 이기고 승리하게 하실 것입니다.

결국 이제부터는 자기를 믿느냐 하나님 말씀을 믿느냐 하는 싸움입니다. 우리 모든 성도님은 믿음에 합격하는 사람이 되시기 바랍니다.

성경 토의

1. 우리는 세상적인 눈으로 보는 자기 자신의 형편이나 처지와 하나님 말씀에서 깨닫는 자기 자신의 모습이 너무 달라서 혼동을 겪을 때가 많다. 또한 우리는 세상에서 성공하지 못할 수도 있고 가난할 수도 있고 심지어 비참한 상황에 처해질 수도 있다. 과연 자신이 누구이며, 어떤 사람이라고 생각하는가?

2. 쉽게 유혹에 넘어가거나 화를 잘 내는 사람을 보면 자신의 정체성이 분명치 않는 경우가 많다. 즉 자신을 존귀하게 생각하는 사람일수록 유혹에도 덜 넘어가고 화도 쉽게 내지 않는 것을 본다. 만약 우리가 자신의 가치를 깨닫지 못하고 자포자기 심정으로 살게 된다면 어떤 죄에 빠지게 될까? 지금 정신을 차려야 할 것은 무엇이며, 멀리해야 할 죄는 무엇이라고 생각하는가?

3. 도저히 이해할 수 없는 고난이 찾아올 때도 있고 고치기 어려운 병으로 고생할 때도 있다. 또한 미래에 대해 막연하게 두려운 생각이 들거나 불안할 때도 있다. 그러나 하나님은 우리가 감당치 못할 시험은 허락하지 않는다고 약속하셨다. 우리는 이것을 어떻게 체험했으며, 하나님은 환난 가운데 우리에게 어떤 피할 길을 주셨는가?

22_깨끗해야 하는 사람

고린도전서 10:14-33

전체적 설명

이 세상 직업 가운데는 다른 직업보다 정결함을 최우선순위로 두는 것이 있다. 예를 들어 식당의 요리사라든지 병원의 의사와 간호사, 원전의 기술자들은 다른 직종에서 일하는 사람보다 먼지나 병균 없는 깨끗한 상태에서 일해야 한다. 마찬가지로 이 세상에서 가장 깨끗한 생각과 윤리, 태도가 필요한 사람이 하나님 말씀을 전하고 예배를 드리는 목회자와 그리스도인이다. 아무리 목회자나 성도일지라도 인간이기에 정욕이 일어나기도 하고 죄의 유혹에 빠지기도 한다. 이런 인간인 우리가 어떻게 우상을 섬기면서 하나님을 섬길 수 있겠는가? 그것은 불가능한 일이다. 당시 고린도 교인 가운데는 하나님께 예배드리는 것이 하나의 종교 의식에 불과하다고 생각하는 사람이 있었다. 그러나 그것은 대단히 잘못된 생각이고 자기 자신을 비롯해 다른 사람까지 망하게 하는 일이다.

설교
프리노트

14절, "사랑하는 자들아 우상 숭배하는 일을 피하라"

세상 사람에게 옛 습관을 버린다고 하는 건 결코 쉬운 일이 아니다. 왜냐하면 오래전부터 해오던 일은 그 사람의 인격이나 삶의 일부분으로 굳어져 그것을 떼어 내는 순간 다른 사람이 되어야 하기 때문이다. 예수 믿는 사람도 예수 믿기 전에는 자연스럽게 우상 숭배를 하던 자였기 때문에 어느 날 갑자기 미신이나 우상 숭배를 버리는 것은 쉬운 일이 아니다. 그러나 예수 믿는 사람은 유일하신 하나님을 섬기는 자들이기에 모든 거짓 신을 다 버려야 한다.

15절, "지혜 있는 자들에게 말함과 같이"

우리나라에서는 대학을 나왔거나 공부를 많이 한 사람을 지식 있는 자라고 한다. 속된 말로 "저 사람은 가방 끈이 길다"라고 말하기도 한다. 옛날 그리스인들은 그리스어를 읽고 철학을 논할 수 있으면 지혜 있는 자로 생각했던 것 같다. 그러면 모든 그리스도인은 지혜 있는 자다. 왜냐하면 성령께서 하나님을 알게 하시고 하나님 말씀을 깨닫게 하시기 때문이다. 그래서 모든 그리스도인은 어떤 상황이나 일에 있어 다른 사람에게 일일이 물어보지 않아도 스스로 판단할 수 있다.

16절, "우리가 축복하는 바 축복의 잔은"

우리가 성찬에 참여하는 것은 하나님의 축복에 참여하는 것이고, 우리 자신을 복되게 하는 것이다. 우리가 잔을 마시는 것은 그리스도의 거룩한 죽으심에 참여하는 것이고, 우리가 떡을 먹는 것은 그리스도의 십자가 죽으심에 참여하는 것이다. 우리는 성찬의 잔을 마심으로써 이미 그리스도와 하나가 되었다. 즉 우리 몸에 그리스도의 피가 돌고 있는 것과 마찬가지다. 또한 떡을 먹음으로써 우리 몸은 그리스도의 몸이 되었다. 이제 우리는 예전의 우리가 아니다. 그리스도의 몸과 피가 되었기 때문에 오직 그리스도의 뜻에 따라 하나님의 영광을 위해 살아야 한다.

17절, "떡이 하나요 많은 우리가 한 몸이니"

성찬은 하나의 떡을 떼어 먹는 것이다. 그래서 모든 성도는 한 몸이다.

몸은 머리가 시키는 대로 하나로 움직여야지 제멋대로 따로 움직이면 그 몸은 미친 몸이 되고 만다. 그런데 몸의 일부가 제멋대로 다른 곳에 가서 우상에게 제사를 드리면 몸 전체가 미치고 만다.

18절, **"제물을 먹는 자들이 제단에 참여하는 자들이 아니냐"**

이스라엘 백성 가운데서 여자들과 아이들은 직접 제사에 참여하지 않고 가장이 제사 드리고 가지고 온 제물을 나눠 먹었다. 그들은 그 제물을 먹기 위해 몸을 정결하게 해야 했으며, 부정한 몸으로는 제물을 먹을 수 없었다.

20절, **"무릇 이방인이 제사하는 것은 귀신에게 하는 것이요"**

이방인이 제사를 드리는 것은 귀신에게 제물을 바치고 복을 비는 것이다. 이는 하나님께 제사를 드리는 것이 아니라 하나님을 부정하는 것이고 하나님께 반역하는 것이며 하나님이 가장 싫어하는 짓이다. 하나님은 그분의 백성이 귀신과 교제하고 귀신의 복을 받는 것을 가장 싫어하신다.

21절, **"너희가 주의 잔과 귀신의 잔을"**

성찬에 참여해 하나님의 잔을 마신 자들은 이방인이 지내는 귀신의 제사에 참여해 귀신의 잔을 마실 수 없다. 이것은 하나님과 귀신을 같은 자리에 놓고 숭배하는 것으로, 하나님을 노여우시게 만드는 일이다. 우리는 감히 하나님을 우상의 수준에 가져다 놓아서는 안 된다. 우리는 결코 하나님보다 강하지 못하다(22절). 즉 우리는 하나님의 도우심을 받아야 살 수 있는 연약한 자들이기에 하나님을 노엽게 만드는 것은 우리가 죽는 길이다.

23절, **"모든 것이 가하나 모든 것이 유익한 것은 아니요"**

세상에서는 옳고 그른 것을 법으로 정해놓고 법적으로 틀리지 않은 일은 누구나 할 수 있다고 말한다. 그러나 법적으로 죄가 아니지만 그리스도인에게 신앙적으로 유익하지 않은 일이 많이 있다. 그런 것은 다른 사람에게 덕을 세우지 못하게 만들기 때문에 해서는 절대 안 되는 일이다. 여기서 '덕을 세운다'는 것은 신앙적 유익을 끼치는 것을 말한다. 그리스도인은 자신의 유익보다는 다른 사람의 유익을 먼저 생각할 줄 알아야 한다.

25절, "무릇 시장에서 파는 것은"

요즘은 시장에서 육류를 팔 때 도축장에서 정상적인 방법으로 도살해 고기를 팔지만 옛날에는 우상을 모신 신전의 제물이 시장에서 고기로 팔리는 경우가 많았다. 사실 성도들이 음식을 만들기 위해 고기가 필요한 경우 시장에서 가서 일일이 고기가 어디서 나왔느냐고 물어볼 필요는 없다. 어떤 고기든지 상한 고기만 아니라면 먹어도 되기 때문이다. 이 세상에서 살다 보면 모든 것을 신앙적으로 할 수만은 없다. 예를 들어 환자가 수술을 받을 때 반드시 신앙을 가진 의사에게 수술을 받아야 하는 것도 아니고, 학교에서 수업을 들을 때 반드시 신앙을 가진 교수에게 학점을 따야 하는 것도 아니다. "땅과 거기 충만한 것이 주의 것"이기 때문이다(26절). 그리고 예수 믿지 않는 친구 집에 초대 받아 갔을 때 육류로 만든 음식이 나오면 일일이 그 고기가 어디서 나온 것이냐고 물을 필요 없이 그냥 먹으면 된다. 입으로 들어가는 고기 자체가 우리를 부정하게 하는 것은 아니기 때문이다. 그런데 거기 있는 어떤 사람이 "이 고기는 우상의 신전에서 가져온 것이다"라고 말했다면 모든 사람의 양심을 위해 먹지 않는 것이 유익하다. 왜냐하면 그것은 신자가 우상의 제사에 참여하는 것으로 인정되기 때문이다(28절).

31절, "그런즉 너희가 먹든지 마시든지 무엇을 하든지"

먹는 문제에 대한 최종적 결론은 하나님의 영광이다. 우리는 자신이 더 행복하고 더 기분이 좋고 건강해지기 위해 먹는 것이 아니라 먹는 것조차도 하나님의 영광을 위해 먹든지 거절하든지 해야 하기 때문이다. 그래서 모든 성도는 자기 주위에 있는 사람이 유대인이든지 헬라인이든지 그들의 양심에 걸림돌이 되어선 안 된다(32절). 즉 먹는 문제를 가지고 다른 사람이 우리 신앙을 의심하거나 판단하거나(29절) 실망하게 해서는 안 된다. 사도 바울은 먹는 문제로 다른 사람을 실망시키지 않겠다고 결심한 것 같다. 그래서 그는 자기 식욕이나 입맛을 위해 식사하지 않고 많은 사람이 신앙에 유익을 얻어 구원에 도움이 되는 방향으로 식사를 했다(33절).

본문 이해를 위한 질문

1. 그리스도인은 왜 우상 숭배에 참여하거나 우상의 제물을 먹어선 안 되는가?

주님의 성찬에 참여하면 우리 피에 예수님의 피가 흘러 우리 몸은 예수님 몸의 일부가 되었기 때문에 자기 마음대로 아무 데나 가서 몸을 더럽힐 수 없기 때문이다. 만약 예수 믿는 사람이 우상 숭배에 참여하거나 우상의 제물을 먹으면 머리가 두 개 달린 사람이 된다. 즉 하나님과 귀신을 같이 섬기는 자가 된다는 뜻이다.

2. 우리는 법적으로 틀린 것이 아니면 모든 일을 할 수 있는가?

세상 사람은 법적으로 틀린 것이 아니면 무엇이든 할 수 있고 그것 때문에 비난 받지 않는다. 그러나 그리스도인은 법적으로 옳고 그른 것을 떠나 남에게 나쁜 영향을 주지 않고, 자신의 신앙 양심을 더럽히지 않아야 옳은 것이다.

3. 우리는 먹고 마시는 기준을 어디에 두어야 하는가?

우리는 먹는 것과 마시는 것의 기준을 자기 욕망이나 자유에 두어선 안 되고, 먹든지 마시든지 무엇을 하든지 하나님의 영광을 위해 해야 한다.

성경 강해

이 세상에서는 다른 사람보다 더 청결함이 요구되는 사람이 있습니다. 그런 사람 가운데 식당에서 음식을 만드는 조리사가 있을 것입니다. 조리사는 음식에 머리카락 하나라도 들어가면 안 되고, 음식을 먹는 손님이 식중독을 일으킬 수 있는 상한 재료를 써서도 안 됩니다. 머리에는 하얀 모자를 쓰고, 입에는 마스크를 착용하고, 깨끗한 도마나 칼을 사용해 음식을 조리해야 합니다. 또한 병원 수술실에서 환자를 수술하는 의사와 간호

사도 특별히 청결해야 합니다. 그렇지 않으면 환자는 수술하는 동안 병균에 감염되어 죽게 될 것입니다. 이런 이유로 의사나 간호사는 수술실에 들어가기 전 깨끗한 수술 가운을 입고 손을 깨끗하게 씻고 입에도 마스크를 써야 합니다. 얼마 전 어떤 간호사가 환자에게 다른 혈액형의 피를 수혈하는 바람에 환자가 중태에 빠졌다고 합니다. 만약 어떤 의사나 간호사가 하수구를 청소하다가 그 상태 그대로 수술실에 들어가 수술한다면 환자들은 병균에 감염되어 죽을 것입니다.

며칠 전 2차 세계대전과 관련된 책을 보았는데, 결국 강한 국민이 이기는 것이 아니라 자신에 대해 높은 자부심을 가진 국민이 이긴다는 것을 알게 되었습니다. 2차 세계대전 때 히틀러는 독일 군인이나 국민에게 광기를 심어주었고, 독일 군대와 국민은 미친 사람처럼 다른 나라와 전쟁을 벌였습니다. 그러나 이런 광기는 강할 때는 상관없는데 어려운 선택의 문제가 생겼을 때는 스스로 판단을 내리지 못하고 모든 결정을 히틀러가 내려주어야 했습니다. 결국 히틀러의 잘못된 결정으로 군대와 나라 전체가 망하게 되었습니다. 히틀러는 영국을 폭격할 때 군수 시설이 있는 곳이 아니라 런던 시내를 공격했습니다. 이로 말미암아 영국 국민에게 엄청난 공포심을 안겨주었지만 군수 시설은 살아남았습니다. 히틀러는 자신감에 넘쳐 러시아와 유럽 두 군데서 전쟁을 벌이기 위해 군사력을 나누게 됩니다. 히틀러는 미군이 노르망디에 상륙하지 않으리라고 판단해 사령관을 후방으로 불러들였습니다. 이런 오판으로 독일은 결국 전쟁에서 패배하고 말았습니다. 반면 영국의 처칠 수상은 국민에게 자부심을 안겨주었습니다. 영국 과학자와 기술자, 군인은 철저하게 자신이 맡은 일에 최선을 다해 레이더를 개발하거나 비행기 엔진을 강화시키거나 독일의 암호를 해독했습니다.

우리나라 사람을 보면 예전에 비해 지적 수준이 높고 아는 것은 많은데 자기 자신이 어떤 사람인지 정체성을 잃고 광기에 미쳐 날뛰는 것을 볼 수 있습니다. 미친 사람은 결코 정확한 판단을 내릴 수 없고 냉정하게 전체를 살필 능력도 없습니다.

사도 바울은 이스라엘 백성의 광야 체험에 대해 깊이 생각하는 시간을 가졌습니다. 그중 사도 바울이 가장 이해하기 어려웠던 것은 이스라엘 백성이 물도 양식도 없는 광야에서 살아남은 것도 대단하지만 어떻게 그들이 가는 곳마다 반석에서 물이 솟아나올 수 있었느냐는 것입니다. 거기서 사도 바울이 깨달았던 것은 이스라엘 백성이 정말 대단했다는 사실입니다. 왜냐하면 이스라엘 백성이 가는 곳에는 지하 50미터, 100미터에서 물이 따라오고 있었기 때문입니다. 즉 물이 이스라엘 백성이 가는 곳에 먼저 가서 대기하고 있었던 것입니다.

그런데 이스라엘 백성을 위기에 빠트려 무더기로 죽게 만들었던 것은 광야라고 하는 열악한 환경이 아니라 하나님에 대해 원망하고 불평하면서 호기심이나 반항심에 우상 숭배를 하고 성적 유혹에 빠진 것임을 알 수 있습니다.

예를 들어 하나님의 백성이 가는 곳마다 물이 터져 나온다고 하지만 그 물이 오염된 물이라면 아무리 물이 많이 나와 봐야 사람은 그 물을 마시고 배가 아프거나 병에 걸리게 될 것입니다. 사도 바울은 고린도 교인이 세상적인 이슈에 동화되거나 그것을 따라가면서 쉽게 자신들의 정체성을 포기하고 잃어버리는 것을 보았습니다. 이것은 하나님의 백성을 통하여 하나님의 능력이 나타나더라고 오염된 능력이 나타나거나 저주가 나타나기 때문에 좋지 못한 일이라고 말씀하고 있습니다. 하나님의 백성은 세상을 따라가서는 안 됩니다. 하나님의 백성은 가능한 한 세상과 거리를 두고 자기 자신을 깨끗하게 해야 세상을 도울 수가 있습니다. 교회가 세상 속에 세워져 죽어가는 세상 사람을 건지려고 하는 것은 좋은 일입니다. 교회는 어떤 고립된 섬의 수도원으로 있어서도 안 되고, 깊은 산 속의 수도원으로 있어서도 안 됩니다. 교회가 기억해야 할 것은 가능한 한 세상으로부터 고립되어 자기 자신을 순결하게 하지 않으면 아무리 좋은 것을 많이 뿜어낼지라도 오염되어 오히려 세상을 죽이고 만다는 점입니다.

1. 타 종교와의 관계

우리나라의 훌륭한 전통 가운데 하나는 3대 종교라고 할 수 있는 큰 종교가 서로 싸우지 않고 상대방을 욕하지 않고 묵묵히 자기 자리를 지키고 있다는 점입니다. 그런데 어느 순간부터 종교인들 가운데서 정치에 들락거리는 사람이 생기게 되었습니다. 이런 사람들 가운데 종교인의 신분을 넘어서서 과도하게 정치에 개입하거나 정치에 압력을 넣어 이용하려는 사람이 생겨났습니다. 그러면서 종교지도자들도 상대 종교를 비난하고 나중에는 종교나 정치, 그 정신계가 어지러워지게 되었습니다.

이 세상의 모든 종교는 사람이 도덕성을 지키고 세상을 정화하는 기능을 가지고 있어야 합니다. 이런 기능을 갖지 못한 종교를 사교라고 부릅니다. 그런데 기독교는 이런 차원을 넘어서서 아주 높은 정체성을 가지고 있습니다. 그것은 바로 이 세상에 하나님의 구원을 가져오고 하나님의 능력을 가져올 수 있다는 점입니다. 우리 사람의 눈에는 보이지 않지만 하나님은 그분의 백성을 통하여 이 세상을 살리기 원하고 복 주기를 원하십니다. 그래서 하나님의 백성은 마치 수술실에 들어가는 의사나 간호사처럼 특별한 순결이 요구됩니다. 여기서 문제는 우리가 이미 죄로 오염된 이 세상에 살다 보니 완전히 깨끗할 수가 없다는 것입니다. 이것은 수술실에 들어가는 의사도 마찬가지입니다. 의사도 늘 수술실에만 있을 수 없고 밖에서 일을 보고 사람을 만나다 보면 병균과 접촉할 수밖에 없습니다. 그러나 수술실에 들어갈 때는 깨끗하게 세탁된 수술복으로 갈아입고 손을 몇 번씩 깨끗하게 씻고 수술모를 쓰고 마스크를 쓰고 들어가야 합니다. 마찬가지로 이 세상을 돌아다니다 보면 버스 손잡이나 엘리베이터 버튼, 심지어는 돈에도 병균이 많습니다. 한번은 현금 자동지급기에서 돈을 빼면서 보니 완전히 낡은 헌 돈만 있는 것을 보고 놀란 적이 있습니다. 이 세상에 사는 동안 우리가 특히 조심해야 할 것은 텔레비전으로 보는 영화라든지, 신문에 실린 기사, 사람의 입에서 나오는 거친 표현이 우리 정신이나 사상을 오염시킨다는 사실입니다. 영안실에서 시신을 만질 때 사람들은 함부로 만지지 않을 것입니다. 왜냐하면 시신에는 우리 눈에 보이지 않는 병균이 득실거린다고 생각하기 때문입니다. 일본에서는 경찰이나 구급대원이 시신을 수습하기 전 반드시 하얀 장갑을 끼고 합장 기도를 합니다. 중국은 원래 일본 사람을 좋아하지 않지만 쓰촨성에서 지진이 일어나 많은 사람이 죽었을 때 일본 구급대원이 두 손을 모으고 기도하는 것을 보고 '중국 사람을 소중하게 생각하는구나' 라는 생각이 들어 좋아했다고 합니다. 하나님의 백성은 이 세상에 하나님의 능력을 끌고 올 수 있는 사람입니다. 그러나 그들이 하나님의 능력을 끌고 오기 전 특별히 조심해야 할 것이 바로 자기 자신이 오염되지 않아야 한다는 것입니다. 여기서 하나님의 백성을 특별히 오염시킬 수 있는 것으로 사상적 오염이 있습니다. 하나님을 부정하는 허무적인 철학이라든지 귀신을 찬양하는 타 종교라든지 음란한 세상의 문화나 분위기라든지 술이라든지 동성애라든지 우상 숭배 등은 영적으로 병균이 득실거리기 때문에 이런 것에 접촉하면 짧게 기도를 하거나 비누로 한 번 씻는 정도로는 절대 깨끗해지지 않습니다. 당시 고린도 교인은 이런 문화에 많이 노출되어 있어서 사도 바울은 아주 조심할 필요가 있다고 주의를 주고 있습니다.

14절, "그런즉 내 사랑하는 자들아 우상 숭배하는 일을 피하라"

이 세상에서 한번 스쳐 지나가는 것만으로도 정신적 오염이 되는가 하면, 아예 회복하기 어려울 정도로 오염되는 경우도 있습니다. 예를 들어 타 종교 행사를 밖에서 호기심으로 구경한 경우 사상이 완전히 오염되었다고 볼 수 없지만 결코 정신적으로 좋다고 볼 수 없습니다. 우리는 인간이기에 좋지 않은 드라마나 영화를 호기심에 볼 수도 있습니다. 사실 우리 영혼은 어느 정도 이미 오염되었다고 볼 수 있습니다. 그러나 그런 행위에 적극적으로 가담하거나 참여한다면 한평생 씻기 어려운 심각한 오염이 일어날 수 있습니다. 성적인 죄를 머리로 생각하는 것도 좋지 않지만 이것을 실제 행동으로 옮겼을 때는 아주 심각한 오염이 일어나 자신도 모르는 사이에 음란의 병균을 퍼뜨리게 됩니다. 특히 고린도에 산재한 타 종교는 아주 음란하고 광적이었습니다. 이런 종교를 구경하는 것만으로도 상당한 정신적 오염을 각오해야 하는데 적극적으로 참여한다면 실로 엄청난 오염을 각오해야 할 것입니다.

사도 바울은 고린도 교인에게 우상 의식에 참여하는 일을 피하라고 말합니다. 왜냐하면 대부분은 다른 사람과의 관계 때문에 이런 우상 행사에 참여하게 되는데, 가능하면 차라리 고립되는 한이 있더라도 영적 병균이 득실거리는 곳에 가지 말라는 것입니다.

본문에서는 그 이유를 이렇게 설명하고 있습니다.

20절, "무릇 이방인이 제사하는 것은 귀신에게 하는 것이요 하나님께 제사하는 것이 아니니 나는 너희가 귀신과 교제하는 자가 되기를 원하지 아니하노라"

물론 타 종교를 믿는 사람 모두가 귀신과 교제하는 건 아닐지라도 그들은 하나님을 모르기 때문에 은근히 모든 것에 귀신의 능력을 빌리려고 할 것입니다. 만약 우리에게 하나님의 능력이 필요 없다면 자기 마음대로 행동해도 되겠지만, 하나님께 진정으로 기도해 응답받기를 원하고 도움받기를 원한다면 삼가야 할 것이 많습니다. 예를 들면 술 마시는 것도 조심해야 하고 성적으로 타락한 곳도 피해야 하고 점치는 곳이나 우상 숭배하는 곳, 인간적 권모술수를 가지고 머리를 짜내는 곳을 피해야 깨끗하고 오염되지 않은 하나님의 능력을 이 세상에 가져올 수 있습니다.

니체는 독일의 위대한 철학자로, 많은 사람이 그의 철학에 매력을 느끼고 연구해 박사 학위도 받고 학생을 가르치기도 합니다. 니체는 원래 신학을 공부해 목사가 되려고 했던 사람입니다. 그러다가 기독교의 신에 능력이 없다고 생각한 그는 그리스 철학에 빠지는데, 특히 디오니소스라는 광란의 신을 숭배하게 됩니다. 결국 니체의 사상은 광기의 사상입니다. 니체는 자기 자신에 대해서는 철저하게 연구하고 사색하고 글을 썼지만, 궁극적으로 그의 사상은 광기를 포함하고 있습니다. 이런 사상은 영적 병균이 들끓고 있다고 봐야 합니다. 니체가 쓴 책을 읽는 동안 여러 차례 멈출 수밖에 없었습니다. 잘 맞지 않아서인지 읽기가 어려웠습니다. 하나님 없는 사상이나 하나님 없는 종교, 하나님 없는 문화와 사람과의 만남은 겉보기에 멋있는 것 같고 매력적으로 보이지만 사실 그 안에는 광기와 허무가 있고 자포자기가 있고 음란이 있어 잘 씻지 않으면 오염이 지워지지 않습니다. 간혹 씻어지지 않는 부분도 있으니 특별히 조심해야 합니다. 우리가 예배드리는 것은 더러운 것을 씻고 하나님께 나아가는 것입니다.

15절, "나는 지혜 있는 자들에게 말함과 같이 하노니 너희는 내가 이르는 말을 스스로 판단하라"

여기서 '지혜 있는 자'는 철학을 한 사람을 가리키거나 지식을 말합니다. 사도 바울은 이들에게 "스스로 판단하라"고 말합니다. 소크라테스가 한 말 가운데 가장 유명한 것이 "너 자신을 알라"입니다. 철학하는 자세는 자신을 아는 것인데, 소크라테스는 자신이 아무것도 모른다는 사실을 알았다고 말합니다. 이것이 소크라테스가 말한 '이중 무지'입니다. 다른 사람은 아무것도 모르지만 스스로 많은 것을 알고 있다고 생각하는 데 반해 소크라테스는 자신이 아무것도 모른다는 것을 알기에 그들보다 현명하다고 말하고 있습니다.

여기서 사도 바울이 말하고자 한 것은 우리가 자신을 객관적인 눈으로 볼 수만 있어도 많은 실수나 죄에 빠지는 것을 막을 수 있다는 것입니다. 사실 우리는 자기 자신이 얼마나 아름답고 얼마나 순결하며 얼마나 존경스러운지 모르기 때문에 자신과 맞지 않는 세상 유혹이나 욕심에 넘어가 자신을 더럽게 만드는 것입니다.

우리는 때때로 자신을 아름답게 보는 것에 대해 교만하다고 생각하기 쉽습니다. 그러나 우리는 자신을 객관적인 눈으로 볼 수 있어야 하고, 성경 말씀대로 우리가 얼마나 대단한 사람인지 알아야 합니다.

2. 하나님의 능력에 대한 증거

우리 그리스도인이 하나님의 능력의 공급처가 된다는 증거를 어디서 찾을 수 있을까 하는 것입니다. 농부들이 농사를 잘 지으려고 하면 씨만 뿌린다고 해서 되는 게 아닙니다. 농사를 잘 짓겠다고 하면 농수로가 있어 물이 잘 공급되어야 합니다. 중국 진나라 때 이웃나라의 한 신하가 찾아와서 거대한 농수로를 만들어야 한다고 했습니다. 그런데 진시황은 그가 염탐꾼이라는 사실을 나중에야 알게 되었습니다. 그를 불러 "왜 우리나라에 와서 이런 짓을 했느냐"라고 물으니 원래 의도는 거대한 토목 공사를 일으켜 나라의 힘을 빼놓으려고 농수로 건설 제안을 했다고 시인했습니다. 이 이야기를 들은 진시황은 그 사람을 살려두어 농수로를 완성하게 했고, 그 후 진나라는 양식이 풍족하게 되었습니다.

이 세상에서 복을 받으려면 먼저 하나님의 백성으로서 올바른 신앙을 가져야 합니다. 하나님의 백성이 이 세상에 하나님의 복을 가져올 수 있어야 이 나라의 정치, 경제, 학문이 제대로 발전할 수 있기 때문입니다.

그러면 하나님의 백성이 하나님의 능력의 공급처라는 증거가 있을까요? 그 증거는 바로 성찬식입니다.

16절, "우리가 축복하는 바 축복의 잔은 그리스도의 피에 참여함이 아니며 우리가 떼는 떡은 그리스도의 몸에 참여함이 아니냐"

우리가 성찬식에서 포도즙을 마실 때 이것이 엄청난 축복의 잔이라고 말씀합니다. 즉 우리는 이 포도즙을 마시는 것을 통해 그리스도의 피에 참여하게 되는데, 우리 안에 있는 모든 죄의 피는 다 빠져 나가고 예수님의 능력의 피가 우리 안에 들어오게 됩니다. 예수님의 피는 우리를 하나님 앞에서 완전히 정결하게 하며 우리를 당당하게 하기 때문에 우리는 이 세상의 어떤 공격이나 어려움도 두려워할 필요가 없습니다. 예수님의 피는 우리의 모든 허물과 죄를 하나님 앞에서 씻어내고 능력의 사람이 되게 합니다. 그래서 우리의 피가 깨끗해야 하나님께 기도했을 때 기도의 응답이 이루어집니다.

제 친구가 혈액암에 걸렸습니다. 이 병은 피를 만드는 모세포가 암에 걸려 암을 가진 피를 만들어내는 것이 문제입니다. 그는 우리나라 모 정치인도 자기와 같은 병에 걸렸다가 나았다고 했습니다. 그는 자신의 피를 전부 걸러 깨끗하게 하고 자기 피를 다시 이식해 모세포와 혈액을 깨끗하게 하는 데 성공했습니다.

우리 안에 정욕의 나쁜 피가 있고 음란의 더러운 피가 있어 결국 온 세상을 오염시키고 모두 죽을 수밖에 없습니다. 그런데 성찬식을 하고 예수님의 말씀을 들을 때 우리는 하나님 앞에서 깨끗하게 되어 우리가 사는 세상에도 하나님의 축복을 가져오게 할 수 있습니다.

우리는 성찬식에서 떡을 먹는데, 이것은 그리스도의 몸에 참예하는 것입니다. 즉 우리는 예수님의 몸의 일부가 되어 하나님으로부터 오는 새 능력을 공급받게 됩니다. 그래서 우리는 하나님의 능력을 공급 받아 모든 어려움을 이기고 기적적인 축복을 이 세상에 가져오게 됩니다. 만약 우리가 예배를 드리고 설교를 듣고 성찬식에 참예하면서도 세상의 죄를 끊어내지 못한다면 오염된 복을 가져오는 것입니다.

18절, "육신을 따라 난 이스라엘을 보라 제물을 먹는 자들이 제단에 참여하는 자들이 아니냐"

'육신을 따라 난 이스라엘'은 육신의 이스라엘을 말합니다. 40년 동안 광야 훈련을 잘 받은 이스라엘 백성은 모압 여자들이 우상의 제물을 차려 놓고 유혹하는 곳에 갔다가 온역이 퍼지게 되었습니다. 즉 하나님의 백성이 타락하면 그 현장에서부터 재앙이 일어납니다.

그러면 우리도 인간인데 어떻게 해야 이 세상의 모든 죄를 끊어낼 수 있을까요? 솔직히 말해 세상의 죄는 예배보다 재미있고 세상일은 유익한 것 같고 사람 사는 맛이 나고 다른 사람으로부터 인정 받거나 인기를 얻는 것은 너무 매력적인데 어떻게 해야 합니까? 이때 우리에게 중요한 것은 자신의 올바른 정체성을 깨닫는 것입니다. 즉 '지금 나는 누구이며, 이 시대와 사람이 나에게 궁극적으로 기대하는 것이 무엇이냐?' 하는 것입니다. 결국 사람은 자신의 정체성을 잃어버렸기 때문에 자기답지 않은 행동을 하다가 망하고 마는 것입니다.

21-22절, "너희가 주의 잔과 귀신의 잔을 겸하여 마시지 못하고 주의 식탁과 귀신의 식탁에 겸하여 참여하지 못하리라 그러면 우리가 주를 노여워하시게 하겠느냐 우리가 주보다 강한 자냐"

하나님의 백성이 많은 것을 할 수 없는 이유는 우리에게 하나님의 능력이 공급되고 있기 때문입니다. 예를 들어 아무리 수돗물이 좋다고 해도 수도꼭지가 오염되어 있으면 그 수돗물을 마시지 못할 것입니다. 또 아무리 참기름이 좋아도 그 안에 파리가 빠져 죽어 있으면 그 참기름을 버려야 할 것입니다. 마찬가지로 수도꼭지가 오염되어 있으면 하나님의 진노가 공급됩니다. 결국 다른 모든 사람을 죽이는 기독교가 되는 것입니다.

3. 하나님께 영광이 되는가

우리는 무엇이 옳고 그른가 하는 것을 분별하기 어려울 때가 많습니다. 그러나 하나님의 백성에게는 양심이 있어 자기 양심이 옳고 그른 것의 기준이 됩니다.

예수를 믿기 전에 사실 사람의 양심은 거의 죽은 상태여서 제대로 작동하지 않습니다. 그래서 사람은 위험한 데를 가면서도 위험한 줄 모르고 죄에 빠져 지내면서도 죄인인 줄 모릅니다. 우리도 죄를 먹고 마시면서도 부끄러운 줄 모르는 무감각한 자였습니다. 사람 가운데 술을 많이 마신 것을 자랑하기도 하고 음란한 짓을 저지른 것을 떠들고 자랑하는 사람이 있습니다. 그러나 우리는 예수를 믿고 난 뒤 양심이 살아나서 수치심이나 부끄러움의 감정도 살아나게 되었습니다. 우리 예수 믿는 사람의 문제는 양심이 너무 예민하게 되어 시도 때도 없이 불필요할 정도로 반응할 때가 있다는 것입니다. 이로 말미암아 힘들 때도 있지만 이렇게 과잉 반응하는 것이 우리에게는 안전합니다.

우리에게는 반드시 죄라고는 볼 수 없지만 결코 유익하지 않은 것이 있습니다.

23-24절, "모든 것이 가하나 모든 것이 유익한 것은 아니요 모든 것이 가하나 모든 것이 덕을 세우는 것은 아니니 누구든지 자기의 유익을 구하지 말고 남의 유익을 구하라"

사실 예수를 믿지 않는 사람은 죄냐 아니냐 하는 것보다 다른 사람에게 들키느냐 들키지 않느냐 하는 것을 더 중요하게 생각합니다. 그래서 사람은 죄를 짓지만 남들에게 들키지만 않으면 상관없다고 말합니다. 그러다가 우연히 죄가 들통 나서 붙들리면 재수가 나빴다는 식으로 생각합니다.

그리스도인은 일단 죄가 아닌 이상 무엇이든지 할 수 있습니다. 이것이 '가한 것' 입니다. 그러나 신앙생활을 하다 보면 죄는 아니지만 신앙적으로는 떳떳하지 못한 것이 있을 수 있고, 남에게 덕이 되지 않는 것이 있습니다. 이런 것은 모두 죄가 될 수 있습니다. 즉 자기에게는 죄가 아니라고 강변할 수도 있겠지만 남에게 상처를 주거나 남을 시험에 들게 하는 것은 다 죄입니다.

본문 24절을 보면 "누구든지 자기의 유익을 구하지 말고 남의 유익을 구하라"고 말씀합니다. 자기에게 죄가 되지 않고 문제가 없다고 해서 옳은 것이 아니라 남에게 걸림돌이 되거나 시험거리가 되는 것도 다 죄가 됩니다. 그래서 하나님의 백성은 죄를 짓지 않았다고 해서 죄가 없는 것이 아니라 남을 사랑할 수 있음에도 사랑하지 않은 것도 죄가 되는 것입니다.

과거 개척교회의 전도사로 있을 때 어느 교회에 초청을 받아 설교를 하러 가게 되었습니다. 그것은 당시 저에게 큰 명예였습니다. 그래서 마음속에 신학적으로 수준 높은 설교를 해서 얼마나 학식 있는 설교자인지 알리고 싶은 마음이 있었지만, 머지않아 그런 생각이 하나님이 기뻐하시는 마음이 아니라는 것을 깨달았습니다. 깊이 회개한 뒤 늘 제가 하던 아주 쉬운 설교, 중학생도 알아들을 수 있는 수준의 설교를 했습니다. 그런데 그때 아주 강한 성령의 능력이 모든 교인에게 나타나게 되었습니다. 교인들은 그 설교에서 엄청난 은혜를 받았습니다. 그때 깨달은 것은 유식하고 수준 높은 설교라고 해서 하나님의 능력이 나타나는 것이 아니라는 사실이었습니다. 오히려 하나님은 겸손한 마음을 더 좋아하셨습니다.

우리는 다른 사람의 양심이 스스로 해결하도록 모르는 체하면서 기다려야 할 때도 있고, 아무리 정의로운 일이라고 생각할지라도 자신을 드러내고 다른 사람에게 상처를 주는 것이면 하지 말아야 할 때가 있습니다. 세상 사람은 그것이 불의한 일이고, 오히려 나쁜 것을 용납하는 것이 아니냐고 할지도 모르지만 그것은 하나님께 더 불의한 것입니다. 그래서 교회 안에서나 신자 사이에서 많이 알고 똑똑하고 정의로운 것이 절대로 좋은 건 아닙니다. 다른 사람을 많이 참아주고 기다려주어 스스로 깨닫게 하고 바로 잡게 할 때 우리는 하나님을 기쁘시게 하고 사람을 살릴 수 있습니다.

이 세상에 있는 모든 것은 근본적으로 하나님이 만드셨고 선한 것이기에 감사한 마음으로 사용하면 이상이 없다고 했습니다. 즉 사도 바울은 시장에서 고기를 사거나 먹을 때 사실 많은 고기가 우상의 신전에서 나온 것이지만 그냥 모르고 사 먹는 것은 죄가 아니라고 했습니다. 그래서 신자들은 고기를 살 때 일일이 어디서 나왔느냐고 묻지 말고 상한 고기가 아니면 사 먹으라는 것입니다. 요즘 신문이나 텔레비전에서 건강에 좋지 않다고 말하는 것을 일일이 따지면 우리는 아무것도 먹을 수가 없습니다. 또 어느 집에 초대되어 식사할 때는 음식 재료 하나하나마다 어디서 나온 것이냐고 물어선 안 됩니다. 예를 들어 생선을 먹을 때 혹시 일본에서 수입한 것이 아니냐고 물어선 안 됩니다. 그리고 우리가 병원에서 수술 받을 때 의사가 꼭 교인이어야 할 필요도 없습니다.

상대방이 너무 심하게 타 종교를 신봉하고 다른 사람을 설득하려고 할 때는 피하는 것이 좋습니다. 왜냐하면 그 사람은 우리 양심에 나쁜 영향을 줄 수 있는 자이기 때문입니다.

우리는 다른 사람의 양심을 상하게 할 자유가 없습니다. 그래서 자기가 할 수 있고 자기 자유라고 하더라도 다른 사람의 양심에 상처가 되고 시험을 안겨주는 일을 해서는 안 됩니다. 요즘 우리 사회에서는 '갑질'이라고 해서 아주 예민하게 여기는 문제들이 있습니다. 옛날에는 가진 자들이 없는 자들을 무시하고 강한 자들이 약한 자들을 함부로 대하는 것이 가능했지만, 이제는 이것이 절대 통하지 않습니다.

31절, "그런즉 너희가 먹든지 마시든지 무엇을 하든지 다 하나님의 영광을 위하여 하라"

우리가 행하는 모든 것은 자신의 명예만 관계되는 것이 아니라 지극히 높으신 하나님의 영광과 관계가 됩니다. 그래서 먹는 것이나 마시는 것 하나하나에도 세심한 주의를 기울여야 합니다. 특히 말할 때는 더 신경을 써야 합니다. 다시 말해 우리의 먹는 것이나 입는 것이 조금이라도 하나님의 영광에 걸림돌이 된다고 생각되면 주저하거나 고민하지 말고 즉시 중단해야 합니다.

예전에 어느 교회에서 30주년 행사를 너무 거창하게 했습니다. 사실 그 교회는 크게 부흥한 교회였지만 다른 교회에서 온 교인이 많았습니다. 자신들은 교회가 크게 부흥되어 기쁘겠지만 주위에 있는 작은 교회의 교인이나 목회자는 이 행사를 지켜보며 마음이 아팠을 것입니다. 그러므로 이런 일은 하지 말아야 합니다.

32-33절, "유대인에게나 헬라인에게나 하나님의 교회에나 거치는 자가 되지 말고 나와 같이 모든 일에 모든 사람을 기쁘게 하여 자신의 유익을 구하지 아니하고 많은 사람의 유익을 구하여 그들로 구원을 받게 하라"

사실 헬라인과 유대인 사이에는 서로 이해관계가 대치되는 예민한 문제가 많았습니다. 성숙한 그리스도인이라면 그 문제를 건드리지 말아야 합니다. 목회자는 정치와 관련해 지역감정이나 예민한 문제를 건드려 잘난 체하지 말아야 합니다. 왜냐하면 입장이 다른 성도가 상처를 입기 때문입니다. 우리는 교회에서 걸림돌이 되어서는 안 됩니다. 다른 사람이 신앙적으로 잘 달려가도록 힘이 되어주고 격려가 되어야지, 잘 달려가는 사람을 걸려 넘어지게 하는 걸림돌이 되어서는 안 됩니다.

우리는 먹든지 마시든지 하나님의 영광을 위해 하고, 나중에 주님 앞에서 잘했다고 칭찬 받는 성도가 되시기를 바랍니다.

성경 토의

1. 우리나라에서 예수 믿는 사람에게 가장 문제되었던 것이 돌아가신 부모나 조상에게 제사를 지내는 것이었다. 교회에 출석하는 그리스도인 여성과 청년 가운데 상당수가 제사 문제로 집안에서 많은 핍박을 당했다. 일제강점기에는 이것이 신사참배 문제로 나타났다. 신사참배를 하지 않는 목회자와 교인은 일본 경찰에게 끌려가 많은 고문을 당했다. 오늘 우리에게 이와 비슷한 것으로 어떤 일이 있는가?

2. 세상에는 법적으로 죄가 아니면 무엇이든지 할 수 있고, 또 그것을 해도 비난의 대상이 되지 않는다. 그러나 세상에서는 죄가 아니지만 그리스도인이라면 해서는 안 되는 것이 있는데, 어떤 것이라고 생각하는가?

3. 먹든지 마시든지 무엇을 하든지 하나님의 영광을 위해 하라고 말씀하는데, 생활할 때 지나치게 남을 의식해서 한다면 그것도 위선이 되지 않겠는가? 그리고 하나님의 영광을 위해 먹는다는 것은 어떤 의미인가? 믿지 않는 사람 앞에서 감사기도를 하고 식사하는 것을 말하는가? 시장에서 파는 음식들 가운데 건강이나 신앙에 좋지 않은 음식이나 음료에는 어떤 것이 있는가?

23_여성의 역할

고린도전서 11:1-16

전체적 설명 과거 사회에서 여성은 남성에 비해 힘이 없기 때문에 억압당할 때가 많았고, 현대에 와서도 여성은 직장생활이나 승진에서 남성에 비해 차별을 당할 때가 많다. '유리천장' 이라고 해서 여성은 승진할 수 있는 한계가 정해져 있고 결혼과 임신, 출산, 자녀양육 때문에 직장을 그만두어야 하는 경우도 많다. 최근 많은 여성이 노력한 결과 이런 차별을 이겨내고 높은 자리까지 승진하거나 사업가로서 성공한 예를 종종 볼 수 있다. 그렇다면 교회 안에서는 과연 어떤 모습일까? 교회 안에서 여성이 남성보다 그 수가 많고 수고와 봉사도 많이 하는데 반드시 남자가 교회의 지도자가 되어야 하고, 여성은 시키는 대로 해야만 하는 존재인가 묻는 것이다. 물론 여성이라고 해서 교회에서 반드시 수동적인 역할만 해야 하는 것은 아니며, 지도자가 될 수 없다는 뜻도 아니다. 단지 하나님은 원래 남자가 잘할 수 있는 것과 여성이 잘할 수 있는 것을 다르게 만드셨기 때문에 그것을 잘 살리는 것이 더 유익할 때가 많다는 뜻이지 이것을 반드시 남녀 차별의 문제로 생각해서는 안 된다. 즉 '서로 다르다' 고 하는 것이 반드시 '틀린 것' 은 아닌 것이다.

1절, "내가 그리스도를 본받는 자가 된 것같이"

설교 프리노트

이론으로 배우는 것과 어떤 사람이 하는 것을 보고 배우는 것 사이에는 큰 차이가 있다. 예를 들어 이론으로 배운 지식은 실제 상황에 맞닥뜨리게 되어서야 이것을 어떻게 적용해야 하는지 생각해야 하지만, 누가 하는 것을 보고 배운 것은 이미 피가 되고 살이 되었기 때문에 즉시 행동에 옮길 수 있다는 장점이 있다. 사도 바울은 그리스도를 본받는 자가 되었는데, 그는 예수께로부터 직접 모든 것을 배운 것은 아니지만 말씀 묵상과 고난을 당하면서 예수님을 본받게 되었다. 사도 바울은 자기부정의 삶을 살았고 성도들을 위해 고난당하고 낮아지는 삶을 살았다. 그는 고린도 교인에게도 신앙을 하나의 이론으로만 배우려고 하지 말고 자신의 행동을 보고 실천하는 신앙이 되기를 바랐다.

2절, "너희가 모든 일에 나를 기억하고"

고린도 교인에게는 귀한 장점이 있었는데, 그것은 사도 바울을 기억하고 있었다는 것이다. 고린도 교인은 사도 바울의 가르침을 기억하고 지키려고 했을 뿐 아니라 그의 가르침이 자신의 신앙을 이루는 기초임을 인정했고, 그의 관점에서 모든 것을 보려고 노력했다. 그리고 사도 바울이 가르쳐준 '전통(유전을 말하는 것 같음)'을 잘 지키고 있었다. 즉 고린도 교회는 예배 형식이라든지 성찬이라든지 신앙교육도 사도 바울이 가르쳐준 대로 잘 지키고 있었다. 그래서 사도 바울은 다른 곳에 가서도 고린도 교회의 이런 점을 칭찬하곤 했다.

3절, "각 남자의 머리는 그리스도요"

이번에 사도 바울이 이야기하려고 하는 것은 '머리'의 문제다. 즉 우리 몸에 여러 부분이 있지만 모든 지체가 머리의 지시에 따라 움직이는 것처럼 우리 그리스도인도 머리가 있어 질서 있게 움직여야 한다는 것이다. 물론 모든 그리스도인은 다 같은 주님의 한 지체이지만 하나님은 남자와 여자에게 순서를 정해주셨다. 그래서 삼위 하나님도 같은 하나님이시지만 성자의 머리는 성부 하나님이시다. 성자는 결코 성부 하나님을 제치고 머리가 되지 않으신다. 마찬가지로 교회 안에서 남자나 여자나 다 같은 주님의 지체이지만 하나님은 남자를 여자의 머리로 두셨고, 남자 위에는 그리스도를 머리로 두셨다. 물론 그리스도가 우리의 대표이고 머리가 되시는 것은 그분이 우리를 위해 죽으셨고 구원하셨으므로 당연한 일이다. 그렇다면 남자나 여자나 다 똑같이 예수를 믿고 구원을 받았는데 남자가 여자의 머리가 된 데는 어떤 이유가 있는가? 그것은 하나님이 남자와 여자에게 각기 잘할 수 있는 것을 주셨기 때문이다. 물론 반드시 꼭 그런 것은 아니지만 남자는 아무래도 결정을 내리고 위기를 이겨내고 책임지는 부분에서 강하게 하셨고, 여자는 다른 약한 사람을 보살피고 남을 인정하고 따라가는 데 강하게 하셨다. 그래서 남자가 여자의 머리가 되는 것이 유리하고 자연스러울 때가 많다. 다만 여기에는 많은 지혜와 신앙의 성숙이 필요하다. 예를 들어 어느 가정에서 머리 된 남편이 신앙도 없고 잘못된 방향으로 가정을 이끌어갈 경우 여자는 남자를 무조건 반대하고 이기려고 할 것이 아니라 잘 설득하고 순종해 마음을 돌이키도록 해야 한다. 그래서 하나님의 백성에게는 좋은 머리를 얻기 위하여 많은 인내가 필요하다.

4절, "무릇 남자로서 머리에 무엇을 쓰고"

당시 고린도 교회의 예배 의식을 예를 들어 설명하는 것 같다. 이방 종교에서는 남자 사제가 예언할 때 머리에 수건이나 천 같은 것을 쓰고 예언했다. 이것은 무엇인가 거룩하게 보이기 위한 의도였던 것 같다. 그러나 하나님의 종은 머리에 수건 같은 것을 덮어쓰고 예언할 필요가 없다. 하나님은 정상적인 상태에서 얼마든지 말씀을 주시기 때문이다. 그래서 공연히 종교적인 체하는 겉치레는 하나님의 종에게 수치가 된다. 다만 여성의 경우에는 당시 머리에 천을 쓰지 않고 예언하거나 돌아다닌 사람은 주로 창녀들이었던 것 같다. 당시 창녀들은 남자들을 유혹할 목적으로 머리를 풀어헤치고 다녔던 것 같다. 한편 정숙한 여성은 모두 머리에 수건을 쓰고 외부 출입을 했던 것으로 보인다. 그래서 예수 믿는 여성이 교회에 와서 수건이나 천을 벗어버리면 모르는 사람이 오해할 수도 있어 사도 바울은 여성을 향해 교회에서 반드시 수건을 쓰도록 했다. 그렇다고 해서 지금 시대에 교회에서 여성이 예배를 드릴 때 머리에 수건을 써야 하는 것은 아니다.

7절, "남자는 하나님의 형상과 영광이니"

사도 바울은 남녀 문제를 신학적으로 해석하고 있다. 즉 남자는 하나님의 형상이고 영광이기에 머리를 가리면 안 된다는 것이다. 이것은 물론 남자만 하나님의 형상이고 여자는 아니라는 뜻은 아니다. 그러나 하나님 말씀이 임할 때 남자를 통해 임하는 경우가 많았다. 여성에게도 얼마든지 하나님 말씀이 임할 수 있지만 말씀 듣는 은사도 말하는 은사 이상으로 중요하다. 하나님은 여성에게는 남자의 말을 들어주는 데 탁월한 은사를 주셨는데, 여자는 남자의 영광이라고 했다. 이것은 여자가 남자를 세워줄 때 더 큰 일을 하고 좋은 일을 많이 할 수 있다는 뜻이고, 이런 여자를 만나는 남자는 큰 복을 받은 것이라고 했다. 사도 바울은 여자가 남자에게서 났다고 말한다. 이것은 하나님이 처음 사람을 창조할 때 남자를 먼저 창조하시고 여자를 돕는 자로 지으신 것을 말한다. 그런데 돕는 자가 반드시 열등하다는 뜻은 아니다. 예를 들어 운동선수를 돕는 코치는 선수보다 오히려 경력이나 실력이 뛰어나지만 선수를 높이기 위해 도와주는 것이다. 여성도 남자를 돕는다고 해서 반드시 남자보다 열등하다는 뜻이 아니다. 오히려 여성이 남성보다 자질 면에서 더 뛰어날 수 있지만 여성은 남자를 머리로 만드는 재능을 가진 것이다.

10절, "여자는 천사들로 말미암아 권세 아래에 있는 표를 그 머리 위에 둘지니라"

여자는 자질이나 성품이 워낙 뛰어나기 때문에 통제가 필요한데, 굳이 남자의 지배를 받기보다는 천사들 앞에서 하나님의 권위를 인정하는 표를 머리에 수건을 씀으로써 나타내는 것이다. 그래서 여자는 남자에게 복종하고 순종함을 통해 남자에게 복종하는 것이 아니라 주님께 복종하고 하나님께 복종하는 것이다. 사도 바울은 주 안에서는 남자나 여자나 모두 똑같이 하나님에게서 났다고 말한다(11-12절).

14절, "만일 남자에게 긴 머리가 있으면"

나라와 민족에 따라 남자와 여자의 헤어스타일에는 차이가 난다. 옛날 우리나라 사람은 남자와 여자 모두 신체와 머리카락을 부모로부터 받은 것이기에 자르지 않고 길렀다. 그래서 결혼과 미혼의 차이는 상투나 비녀 같은 것을 통해 표시했다. 한편 그리스와 로마 시대 남자들은 야만인이 아닌 이상 머리를 짧게 잘랐다. 머리를 길게 기르는 자는 모두 게르만족 같은 야만인이었다. 그 대신 로마 시대 여인은 머리를 짧게 자르지 않고 길렀다. 아마 여자들 가운데서 머리를 짧게 자른 여자는 노예였을 것이다. 사도 바울은 교회 안에서도 남자는 머리를 짧게 자르는 것이 좋고, 여자는 머리를 길게 기르는 것이 아름답다고 말했다.

본문 이해를 위한 질문

1. 신앙생활에서 본받을 사람이 있는 것은 어떤 유익이 있는가?

이론적으로만 배운 신앙은 실천할 때 바로 나타나지 않고 다시 자신의 것으로 소화해야 하지만 본보기를 보고 배운 진리는 이미 자체적으로 소화되었기 때문에 바로 행동으로 나타나게 된다.

2. 교회 안에서 남자와 여자의 영적 우선순위는 어떻게 되는가?

이방 종교에서는 주로 여자 사제가 신의 음성을 들었고 남자들은 머리에 수건을 쓰고 그것을 전달하거나 해석하는 역할을 했다. 그러나 교회에서는 남자 장로가 머리에 수건을 쓰지 않고 정상적인 상태에서 하나님 말씀을 들었고, 여성은 주로 듣고 순종하는 입장이었다. 사도 바울은 교회가 이교도의 관습이나 의식을 따라가서는 안 된다고 말했다.

3. 신학적으로 남자와 여자는 하나님 앞에서 어떤 차이가 있는가?

남자는 하나님의 형상과 영광이고 여자는 남자의 영광이라고 했다. 이것은 여성이 남자에 비해 열등한 존재라는 뜻이 아니라 여성은 남자를 세워주고 말씀을 들음으로써 온 지체가 하나 되게 하신 것이다.

성경 강해

요즘 세계 어느 나라든 여성의 위치가 중요해지고 있습니다. 그래서 여성이 대통령이나 수상 자리에 오르고, 남성 세계였던 군대나 경찰에도 많은 여성이 일하고 있습니다. 또한 사법고시와 외무고시에서 여성 합격자 수가 증가하고, 초등교육계에서는 여성이 거의 지배하다시피 하는 것을 볼 수 있습니다.

얼마 전 텔레비전에서 보니 노르웨이에서는 남녀가 똑같이 군대생활을 하는데 내무반조차 남녀가 같이 사용한다고 합니다. 기자가 여군에게 남자 군인과 같은 방을 쓸 때 어떻게 옷을 갈아입느냐고 물으니 담요 같은 것을 사용하면 되고, 남자와 같은 방을 쓰는 것이 전혀 문제되지 않고 오히려 협력하는 데 도움이 된다고 했습니다. 노르웨이는 남녀평등에서 가장 앞선 나라인 것 같습니다. 그래서 노르웨이에서는 여성이 무거운 짐을 들고 힘들어 한다고 해서 함부로 도와주면 오히려 싫어한다고 합니다. 즉 '왜 당신은 여자가 약한 존재이고 남자의 도움을 받아야 하는 존재라고 생각하느냐'고 여긴다는 것입니다.

요즘 우리나라에서도 여성이 남성 이상 가는 지위와 권세를 누리고 있다고 말할 수 있을 것입니다. 백화점은 이미 여성에 의하여 점령되었고 유명 음식점도 손님 가운데 여성이 다수를 차지하고 은행이나 증권사의 VIP 고객 가운데 여성이 상당수를 차지하고 있습니다.

한번은 청년집회를 마치고 돌아가는데 한 청년이 저에게 편지를 주었습니다. 그 편지에는 자기는 집회 내내 모자를 눌러쓰고 설교를 들었다는 내용이 있었습니다. 그래서 가만히 생각해 보니 집회 내내 모자를 푹 눌러쓰고 인상을 쓰면서 설교를 듣던 형제가 기억났습니다. 그는 죄의식 때문에 고개를 들 수 없어 모자를 쓰고 설교를 들었는데 은혜를 많이 받아서 감사하다고 편지를 쓴 것이라고 했습니다. 다른 사람이 봤을 때 설교 시간에 청년이 모자를 푹 눌러쓰고 설교 듣는 모습이 반항적이라고 생각했을 수도 있는데, 본인은 하나님 앞에서 너무 죄송해서 고개를 들 수 없어 모자를 썼고 은혜를 많이 받았다고 하니 얼마나 좋은 일입니까? 예전에 어느 교회에 갔을 때 그 교회의 장로님 한 분이 화가 단단히 나셨는데, 예배 시간에 젊은이들이 모자를 쓰고 예배를 드리는 것이 못마땅했던 모양입니다. 그래서 모자를 벗고 세상으로 나가 지옥 가는 것보다 모자를 쓰고라도 설교를 듣고 천국 가는 것이 낫지 않겠느냐고 말한 적이 있습니다.

요즘은 새로운 형태의 예배가 많이 도입되고 있는데, 기존의 신자 중심으로 이루어진 예배가 아니고 믿지 않는 자들을 위한 예배도 있습니다. 그렇다 보니 찬송도 굳이 하나님을 위한 찬송이 아니라 세상 노래를 부르기도 하고, 설교자도 정장 대신에 청바지와 티셔츠 차림으로 올라가 설교하기도 합니다. 또 어떤 경우에는 설교 없이 찬양으로만 예배를 드리기도 하고, 설교도 성경을 강해하기보다는 자기 인생 체험을 기독교적으로 이야기하는 경우도 있습니다.

얼마 전 다른 교단의 교사집회에 참석해 보니 모든 것이 강의로 되어 있고, 제 설교도 강의로 바뀌어 있었습니다. 그래서 저는 강의보다 설교를 할 계획이라고 말했습니다. 그 집회에서 참으로 놀랐던 것은 참석한 사람이 거의 성경을 가지고 오지 않았다는 것입니다. 그때 '아, 이들에게는 하나님 말씀이 너무나 필요하겠구나' 라는 생각이 들었습니다. 그리고 설교하는 가운데 참 놀라운 일이 벌어졌는데, 참석한 사람 거의 모두가 하나님 말씀에 빠져 큰 은혜를 받았습니다.

본문 말씀을 보면 고린도 교회에서 예배를 드릴 때 여성이 머리에 수건을 써야 하느냐 하는 문제를 다루고 있음을 볼 수 있습니다. 지금도 천주교에서는 미사를 드릴 때 여성은 모두 머리에 레이스로 짠 수건을 씁니다. 어떻게 보면 참 정결하게 보이기도 하고 아름답게 보일 수도 있습니다. 그런데 당시 여성이 머리에 수건을 써야 하느냐 말아야 하느냐 하는 문제는 예배 모범의 문제를 떠나 기독교 안에서 여성과 남성의 권한이 어떻게 되느냐 하는 문제까지 발전되었습니다.

1. 그리스도를 본받는 것

이 세상의 정신과 예수님의 정신에서 가장 큰 차이는 자기 자신의 정체성을 어떻게 찾느냐 하는 데서 나타납니다. 우선 이 세상의 정신은 신이 가진 능력을 다 개발하고 나타낼 때 자기 자신을 찾을 수 있다고 생각합니다. 그래서 세상 사람은 끊임없이 자신을 주장하고 자신의 뜻을 관철시키고 높은 자리에 올라가려고 합니다. 반면 그리스도의 정신은 자신을 부정하고 특히 하나님 말씀에 자신을 쳐서 복종시키는 것을 통해 자신의 정체성을 확인할 수 있습니다. 이 점에 있어 믿지 않는 사람의 세계와 그리스도인의 세계는 크게 다르다고 보아야 합니다.

1-2절, "내가 그리스도를 본받는 자가 된 것같이 너희는 나를 본받는 자가 되라 너희가 모든 일에 나를 기억하고 또 내가 너희에게 전하여 준 대로 그 전통을 너희가 지키므로 너희를 칭찬하노라"

예수님은 하나님의 아들이지만 사람에게 하나님의 아들이 가진 권리를 요구하지 아니하시고, 오히려 종이 되어 제자들의 발을 친히 물로 씻어주셨습니다. 예수님은 제자들을 뽑으실 때도 유대 사회의 엘리트 출신이나 학자 출신을 뽑지 않으시고 어부와 세리 같은 사람을 뽑으셨습니다. 예수님의 제자 가운데는 열심당원도 있었는데, 그는 셀롯인 시몬이라는 사람이었습니다. 예수님은 참으로 겸손하셨는데, 자기 자신이 누구라는 것을 한 번도 주장하지 아니하셨습니다. 오히려 자신을 칭할 때 '사람의 아들' 이라고 해서 '인자' 라는 칭호를 사용하셨습니다.

사도 바울은 예수님을 만나기 전 참으로 교만한 사람이었고, 자기가 최고인 줄 알았던 사람입니다. 그는 이 세상에서 예수 믿는 광신자들을 모두 잡아 감옥에 가두기 위해 다메섹으로 가다가 어느 무덤에서 썩고 있을 거라고 생각했던 예수님을 만나고 자기 생각이 완전히 틀렸다는 것을 깨닫게 되었습니다. 그때 예수님은 바울에게 가시채를 뒷발질하는 것이 얼마나 힘든지 아느냐고 말씀하셨습니다. 바울은 지금까지 앞으로 잘 나아가고 있다고 생각했는데, 사실은 철조망 같은 가시채를 뒷발로 차고 있었던 것입니다.

지금 모든 사람은 나름 자신의 인생을 잘 달리고 있으며 성공적인 삶을 살고 있다고 생각하지만, 사실은 제자리걸음을 하고 있으면서 열심히 철조망을 뒷발질하고 있습니다. 자기 발꿈치가 피투성이가 되었는데도 깨닫지 못하고 있는 것입니다. 사도 바울은 죽은 줄 알았던 예수님을 만나고 난 후 그가 진정한 하나님의 아들이신 줄 알고 자기가 지금까지 붙들고 있던 학문이나 자랑을 모두 쓰레기같이 버립니다. 그리고 그는 오직 예수님을 본받기 원했습니다. 바울이 본받기 원했던 예수님은 묵묵히 자기 십자가를 지고 죽을 곳을 찾아가시는 하나님의 어린 양이었습니다. 이때부터 바울은 세상 지식이나 사람의 인정을 구하지 아니하고 오직 하나님 말씀에 자신을 쳐서 복종시키는 삶을 살았습니다. 그랬더니 주님의 말씀에 복종할수록 뜨거운 부흥과 기적과 능력이 나타나게 되었습니다. 바울은 고린도 교인에게 자신을 본받으라고 가르쳤습니다. 이는 고린도 교인이 하나님 말씀에 복종할수록 기적과 능력이 나타나기 때문입니다.

그 가르침 가운데 하나는 바울이 고린도 교인에게 전해준 예배의 전통이었습니다.

2절 말씀을 다시 보면 "너희가 모든 일에 나를 기억하고 또 내가 너희에게 전하여 준 대로 그 전통을 너희가 지키므로 너희를 칭찬하노라"고 했습니다. 우리가 하나님을 믿고 예배한다고 하지만 구체적으로 어떻게 예배를 드려야 하는지는 보지 않으면 잘 알 수가 없습니다. 예배 때 노래는 불러야 하는지 말아야 하는지, 성찬은 해야 하는지 말아야 하는지, 누가 예배를 리드해야 하는지 어떤 본보기가 없으면 우왕좌왕하다가 엉망이 되기 쉽습니다. 어떤 모임에서 공평하게 돌아가며 한 마디씩 하기로 했는데 그중 중복되는 내용도 있고 어떤 사람은 너무 길게 이야기하고 어떤 사람은 너무 주관적인 이야기를 하거나 남을 공격하는 말을 해서 도움이 되기보다는 시험이 들 때도 있습니다.

예수님이 오시기 전까지 유대인은 레위기를 참고해 짐승을 잡아 죽이는 제사를 예배로 드렸고, 제사는 아니지만 회당에서 율법을 듣고 교훈을 받는 것도 예배의 일부로 지켜오고 있었습니다. 그런데 예수님은 사마리아 수가 성의 어떤 타락한 여자를 전도하면서 이제부터는 새로운 방식으로 예배드리게 될 거라고 말씀하셨습니다. 그것은 예루살렘 성전에서 드리는 제사도 아니고 사마리아인이 드리는 제사도 아니고 하나님은 영이시기 때문에 영과 진리로 예배드리게 된다고 말씀하셨습니다. 그런데 신약시대 예배드리는 방식에 대해서는 레위기 같은 성경에는 나와 있지 않습니다. 그냥 예수님이 사마리아 여인에게 말씀하신 대로 '하나님은 영이시기 때문에 영과 진리로 드리는 예배가 진짜 예배' 인 것입니다. 사도들은 교인에게 예배드리는 방식을 대충 전통으로 전해주었던 것 같습니다. 그들은 대개 안식일이 지난 첫날 아침에 모여 찬송을 부르고 기도하고 예수님의 말씀을 듣고 성찬식을 하고 헤어졌던 것입니다.

로마 시대 소아시아 총독으로 있던 플로루스라는 사람이 황제에게 보고한 것을 보면 그리스도인은 아침에 해뜨기 전 모여 예수에 대한 노래를 부르고 기도하고 죄짓지 않기로 약속하고 헤어진다고 했습니다. 영화 〈쿼바디스〉를 보면 밤중에 카타콤이라는 지하 동굴에 그리스도인이 모이는데, 그곳에 베드로가 와서 예수님의 산상수훈을 거의 그대로 가르칩니다. 그런데 놀라운 것은 그리스도인이 모였을 때 영화임에도 예수님의 산상수훈만 들어도 얼마나 감동적이고 눈물이 나는지 모릅니다. 이로써 예수님의 말씀은 참으로 위대한 능력을 가졌음을 알 수 있습니다. 그런데 이렇게 단순했던 기독교 예배가 고린도에 와서는 아주 복잡해집니다. 그중에 여성이 머리에 수건을 쓰는 문제도 있었지만, 고린도 교회에는 방언하는 사람도 많았고 예언하는 사람도 많았던 것 같습니다. 그리고 성찬하는 데 있어서도 빈부의 차이로 먼저 먹는 자가 있는가 하면 먹지 못하는 자도 있었습니다. 소아시아 지방은 아시아였습니다. 아시아에서는 예배 형식이 큰 문제가 되지 않았던 것 같습니다. 한편 고린도는 유럽이고 서방인데, 서방에서는 문제가 아주 복잡했다는 것을 알 수 있습니다. 이것은 사고방식의 차이이고, 문화의 차이입니다.

영국의 고 마틴 로이드 존스(Martyn Lloyd Jones) 목사의 설교집을 읽어 본 사람은 느꼈을 테지만 그의 설교는 아주 논리적이고 교리적인 특징을 가지고 있습니다. 그런데 영국인들은 하루 종일 무슨 주제를 가지고 논쟁하고 따지는 것을 좋아하는 것 같습니다. 한편 우리나라 사람은 논리적이고 따지는 것보다 은혜로운 것을 좋아하고 체험적인 것을 좋아하는 것 같습니다. 어떤 사람은 농담 삼아 로이드 존스 목사가 우리나라에서 개척교회를 했다면 부흥하기 어려웠을 거라고 말합니다. 반면 미국 설교자들이 설교하는 것을 들어 보면 현실 상황으로부터 교훈을 이끌어내어 설교하는 것을 많이 볼 수 있습니다. 당시 사도 바울은 고린도 교인에게 예배 문제를 정리해줄 필요성을 절감했습니다. 그 이유는 고린도나 그리스 지방에는 아주 무서운 예배 형식이 있었는데, 그것은 바로 광란의 의식인 디오니소스를 숭배하는 열광적이다 못해 광란적인 종교의식이었습니다.

오늘 우리는 청교도의 전통을 이어받은 선교사들이 전해준 예배 형식에 따라 예배드리고 있습니다. 그러다가 최근 미국의 영향을 받은 목회자들이 다양한 방식으로 예배드리는 것이 도입되고 있지만, 옛날 방식이 그래도 주를 이루고 있습니다. 사도 바울은 고린도 교인이 자기가 정해준 전통을 잘 지켜 칭찬한다고 말합니다.

그런데 청교도의 예배를 잘못 이해하면 모든 사람이 너무 소극적으로 예배에 참예한다는 생각이 들 수도 있습니다. 즉 청중은 가만히 앉아 예배를 드림으로써 방관자 또는 구경꾼이 되기가 쉽다는 것입니다. 그런 점에서 흑인의 예배는 굉장히 격동적인 것 같습니다. 특히 찬송하면서 전원이 일어나 춤을 추는데 얼마나 신나게 춤을 추는지 모릅니다. 이것은 원래 흑인이 춤을 좋아해서 그런 것 같습니다. 반면 백인은 예배 시간에 감정 표현을 하거나 움직이는 것을 불경스럽다고 생각하는 경향이 있었습니다.

옛날 구약시대 예배에서는 짐승을 죽였습니다. 그래서 살아있는 짐승이 눈물을 뚝뚝 흘리고, 나중에 피를 흘리며 죽고, 제사장이 가죽을 벗기고 머리를 베고 불에 태우면 고기 타는 냄새가 나게 됩니다. 오늘날 예배에는 이런 것이 없고 설교 중심으로 진행되어 설교에서 은혜를 받지 못하면 예배가 공허해지기 쉽습니다. 요즘은 교인도 예배에 참여해야 한다고 해서 교인이 간증도 하고 화면을 이용해 드라마나 영화의 감동적인 장면을 보여주기도 하는데, 여전히 설교만한 것이 없다고 봐야 할 것입니다.

2. 머리의 문제

오토바이를 타는 사람이 주의해야 할 사항이 있는데, 반드시 안전모를 써야 한다는 것입니다. 그 이유는 오토바이를 타다가 사고가 나면 대부분 머리로 떨어지는데, 팔 다리가 부러지면 그나마 다행이지만 머리를 다치면 살 수가 없기 때문입니다. 그런데 기독교 신앙에서는 머리와 몸이 똑같이 중요합니다.

3절, "그러나 나는 너희가 알기를 원하노니 각 남자의 머리는 그리스도요 여자의 머리는 남자요 그리스도의 머리는 하나님이시라"

하나님은 우리를 구원하시되 머리의 원리를 사용하십니다. 이 머리의 원리를 '대표의 원리' 라고 말하기도 합니다.

예를 들어 하나님은 이 세상 모든 것의 머리로 사람을 세우셨습니다. 그래서 노아가 살던 당시 인간이 타락했을 때 하나님은 코로 숨 쉬는 새나 곤충을 비롯해 모든 동물을 심판하셨습니다. 심지어 하나님은 인간이 타락했다고 해서 이 지구까지 거의 파괴하다시피 하셨습니다. 노아의 홍수는 단순한 홍수가 아니라 홍수와 지진이 합쳐진 대쓰나미였습니다. 이 일을 통해 이 지구를 살리려고 하면 우리 인간이 정신을 똑바로 차리면 된다는 사실을 알 수 있습니다. 특히 하나님은 인간의 대표로 우리 그리스도인을 세우셨습니다. 그래서 믿지 않는 사람이 이 사실을 인정하든 그렇지 않든 간에 믿는 사람이 회개하고 바르게 살면 믿지 않는 자들까지 복을 받고 전쟁이나 지진을 막을 수 있습니다. 하나님은 예수 그리스도를 인류의 머리로 삼으셔서 누구든지 예수 믿는 자는 모두 멸망치 않고 구원을 얻게 하셨습니다. 그러므로 예배를 드릴 때 누구의 이름으로 드리느냐 하는 것이 중요합니다. 우리가 아무리 거창한 예배를 드린다고 해도 예수 믿는 믿음 없이 드린다면 그 예배를 하나님이 받지 않으시고, 단체가 아니라 교회라는 이름을 쓴다고 해도 거기에는 하나님의 성령이 임하지 않습니다.

그렇다고 해서 기독교 예배는 머리만 중요하고 한 사람 한 사람이 덜 중요하다는 뜻은 아닙니다. 오순절에 성령이 임하셨을 때 제자들이 성령 충만해 여러 나라에서 온 사람에게 갈릴리 방언으로 말하는데, 거기에 참석한 모든 사람이 자기 나라 말로 알아들을 수 있도록 동시통역이 되었습니다. 지금도 바른 믿음으로 예배드릴 때 우리가 처한 형편과 처지는 저마다 다르지만 모두 자기 처지에 맞는 말씀으로 알아듣게 됩니다. 이것이 기독교 예배의 놀라운 신비입니다.

본문을 보면 여자의 머리는 남자라고 말씀합니다. 이는 창조의 원리를 말하는 것으로, 하나님은 남자를 여자의 머리가 되도록 창조하셨습니다. 이것은 여성이 남성보다 열등하다거나 자질이 떨어진다는 뜻이 아닙니다. 하나님이 순서를 그런 식으로 정하셨다는 뜻입니다. 그래서 예배에서 남자가 사회를 맡는다거나 예배를 진행하는 것이 창조의 순서에 맞습니다. 다만 여성이라고 해서 전혀 할 수 없다는 뜻은 아닙니다. 예를 들어 여성이 모여 예배를 드린다거나 남성이 있지만 신앙이 없거나 건강이 좋지 못하거나 할 때는 여성이 예배를 인도할 수도 있습니다. 다만 하나님의 창조 원리에서는 남성이 예배에서 머리 역할을 맡아 지도자가 되고, 여성은 뒤에서 따라가고 밀어주는 것이 맞다는 뜻입니다.

여성은 사람을 만드는 능력이 있습니다. 물론 여성이 아이를 낳기도 하지만 남자를 크게 만들기도 합니다. 예를 들어 교회에서 훌륭한 설교자가 나오는 것은 그 설교를 들어주는 사람이 있기 때문입니다. 결국 회중이 뛰어난 설교자를 만듭니다. 그래서 모든 회중이 설교자가 되려고 강단에서 설교자를 끌어내릴 필요가 없습니다. 마찬가지로 모든 여성이 전쟁하려고 남자가 될 필요는 없습니다. 남자를 많이 낳고 잘 키우면 되기 때문입니다. 체첸 여성은 아이를 가능한 한 많이 낳으려고 하는데, 그 이유가 아이를 키워 전쟁터에 보내려고 한다는 것입니다.

옛날에는 결혼한 여자가 예수를 믿는데 남편이나 시집 식구가 많이 핍박하고 괴롭히면 아무 말 없이 아이를 많이 낳아 길러 모두 훌륭한 신자로, 또 학자와 교수로 키워 나중에는 믿지 않던 식구들이 자식이나 조카에게 항복하고 교회에 나오게 됩니다. 또한 여성은 굳이 사업하지 않아도 남편의 사업이 잘 되도록 하면 사모님이 될 수 있습니다. 물론 여성도 얼마든지 사업할 수 있고, 정치할 수 있고, 공부할 수 있습니다. 그러나 모든 여성이 그럴 필요는 없습니다.

위대한 정치인은 국민이 만듭니다. 우리나라는 대통령이 자기와 생각이 맞지 않는다고 너무 끌어내리고 욕하는데, 그것은 자기 자신이 바보가 되는 것입니다. 예의를 지켜줄 것은 지켜주고 칭찬해줄 것은 칭찬해주면서 일을 잘하게 하는 것이 훨씬 더 머리를 잘 쓰는 사람입니다.

우리 속담에 "사공이 많으면 배가 산으로 간다"는 말이 있듯 머리가 많으면 일이 안 되는 것과 같은 원리입니다. 일단 머리가 많으면 생각이 복잡해지고 입이 많아서 말이 많아지게 됩니다. 그래서 여러 입이 한꺼번에 떠들면 이 소리 저 소리가 섞여 도저히 무슨 소리인지 알 수 없는데, 고린도 교회에서 이런 일이 일어났습니다.

가끔 교회 안에서 분열이 일어나면 두 그룹이 같은 장소에서 따로 예배드릴 때 이쪽에서는 찬송하고 저쪽에서는 기도하고, 이쪽은 이 설교를 하고 저쪽은 다른 설교를 할 때 예배인지 소동인지 그 혼란은 말하지 않아도 알 수 있습니다. 예배에서 물론 예수님이 머리이지만 누군가가 머리가 되어 예배 전체를 이끌어 나가야 혼란이 없습니다. 거기서 전부 자기가 똑똑하다고 고개를 쳐들게 되면 이것은 예배가 아니라 도떼기시장이 되고 맙니다. 동양권에서는 이것이 문제될 일이 거의 없는데 고린도에서는 문제가 되었습니다. 그 이유는 고린도의 이교도 사원에서는 대부분의 여성이 예배도 인도하고 예언도 전했기 때문입니다. 가장 중요한 것이 델포이 신전의 신탁이라고 해서 신의 음성을 듣는 것인데, 이것은 전부 무녀라고 해서 여성이 예언했습니다.

기독교에서는 여성도 예언할 수 있지만 남성을 통해 하나님 말씀을 전하는 것이 압도적으로 우세했습니다.

여기에 보면 예언하는 사람의 모습을 볼 수 있습니다.

4-5절, “무릇 남자로서 머리에 무엇을 쓰고 기도나 예언을 하는 자는 그 머리를 욕되게 하는 것이요 무릇 여자로서 머리에 쓴 것을 벗고 기도나 예언을 하는 자는 그 머리를 욕되게 하는 것이니 이는 머리를 민 것과 다름이 없음이라”

옛날 이교도의 예언자들은 머리에 수건을 쓰고 예언했습니다. 그런데 하나님의 종은 예언하거나 하나님 말씀을 전할 때 수건을 쓰지 않고 말씀을 전했습니다. 놀랍게도 이교도의 신전에서는 여사제가 신의 말을 전할 때도 있었는데, 이들은 좀 흥분된 상태에서 중얼거리는 말을 했습니다. 이 여사제들이 머리에 수건을 쓰고 중얼거리는 말을 했는지 알 수 없습니다. 그러나 고린도에서 정숙한 여인은 집 밖에 외출할 때 반드시 머리에 수건을 썼습니다. 거리에서 수건을 쓰지 않고 다니는 여인은 대개 창녀나 종이었습니다. 우리나라에서도 옛날 양갓집 규수는 외출할 때 장옷이라고 해서 머리 위에 뒤집어쓰는 옷이 있었습니다. 대개 그런 것 없이 돌아다니는 여성은 평민이었습니다.

사도 바울은 누군가 예수 믿지 않는 사람이 전도를 받아서 처음 교회에 왔는데, 교회 안에서 여성이 수건을 쓰지 않고 있으면 창녀나 노예라고 생각해 함부로 대할 수 있다고 생각한 것 같습니다.

지금도 아랍 여성은 외출할 때 반드시 히잡이라고 해서 수건을 쓰는데, 육상 선수 가운데 히잡을 쓰고 달리는 여자 선수를 종종 봅니다. 그래서 우리나라 여성도 아랍에 가면 무시당하거나 공격을 당하지 않기 위해 히잡을 써야 합니다. 우리나라 대통령도 사우디 등 아랍에 가면 히잡 쓰는 것을 볼 수 있습니다. 또한 아랍에서는 남자가 수염을 길러야 어른으로 인정받기 때문에 선교사도 수염을 기릅니다. 그리스도인이 굳이 세상의 풍습에 얽매일 필요는 없지만 오해 받으면서까지 자유롭게 행동해서는 안 된다고 말씀합니다. 허드슨 테일러는 중국에서 선교할 때 영국인이지만 변발하고 중국인이 즐겨 입는 옷을 입었는데, 중국인들이 무척 좋아했다고 합니다. 한국에 온 선교사들은 바닥에 앉아 책상다리를 하는 것이 아주 힘들어 했다고 하는데, 그렇게 할 때 그 선교사를 큰 거부감 없이 받아들였다고 합니다.

잘못하면 사소한 것으로 그 나라 사람을 화나게 하거나 오해를 받아서 복음이 막힐 수도 있습니다. 초대교회 때는 믿지 않는 사람이 성찬식을 두고 아기를 잡아먹는 의식이라고 오해하기도 했다고 합니다. 초대 기독교에서는 남녀를 따로 예배드리게 했는데, 교회는 남녀가 모여 연애하는 곳이 아니라는 것을 나타낼 필요가 있었기 때문입니다. 그래서 남자 좌석과 여자 좌석을 구별해 칸막이를 하거나 천으로 가려 보지 못하게 하기도 했습니다.

3. 믿는 자의 능력의 비결

기독교는 남자나 여자가 자신을 높이고 최고가 되기 위해 노력하는 종교가 아닙니다. 예수님은 누구든지 자기를 높이는 자는 낮아지게 되고 낮아지는 자는 높아질 것이라고 말씀하셨습니다. 그럼에도 개신교 안에서 서로 높은 자리에 앉으려고 기를 쓰는 것을 보면 아무래도 권력이 좋기는 좋은 모양입니다. 예수님은 그 많은 사람이 예수님을 따랐지만 그들 모두 자기 교인이 되게 하지 아니하시고 그들을 도로 돌아가게 하셨습니다. 또한 유대 지도자들과 손만 잡았더라면 참으로 높은 자리까지 올라갈 수 있었지만 그것을 거부하고 죽임을 당하기까지 하셨습니다. 그런데 그리스도인이 교회 안에서 서로 높아지기 위해 경쟁하고 권력을 가지려고 싸운다면 그들은 결코 신자가 아닌 것입니다. 그리스도의 제자들은 국적을 불문하고 바로 알아볼 수 있습니다. 그들은 겸손한 사람들이지만, 하나님 말씀을 전할 때는 열정적으로 변합니다.

10절, "그러므로 여자는 천사들로 말미암아 권세 아래에 있는 표를 그 머리 위에 둘지니라"

교회에서 예배드릴 때 우리끼리만 예배를 드리는 것이 아니라 천사도 같이 예배를 드립니다. 그런데 우리 성도보다 지위가 높지 않지만 여성이 머리에 수건을 씀으로써 남자에게 복종하는 양갓집 부인이나 딸이라는 것을 표시할 때 천사도 아주 좋아한다는 것입니다. 옛날에는 우리 인간이 천사를 모델로 삼았는데, 이제는 천사들이 우리 성도 가운데 특별히 여성을 모델로 삼고 있어 머리에 수건 쓰는 것이 여러모로 도움이 된다는 뜻입니다.

오늘날 우리 사회에서 남성과 여성의 차이가 점점 사라지고 있습니다. 옛날에는 간호사라고 하면 여성의 영역으로 생각했지만 이제는 수술실이라든지 정신병동 같은 데 남자 간호사가 많이 필요하고 많은 남성이 간호사로 지원하고 있습니다. 의사도 외과는 여성을 잘 받지 않았는데 이제는 수술하는 외과 의사 가운데 여성이 많다고 합니다. 특히 유방외과라든지 산부인과 같은 데는 여성 의사가 많다고 합니다. 요즘에는 여자 군인이 점차 늘고 있으며, 교사는 거의 여인천하라고 말할 수 있습니다. 또한 사법고시에서 여성의 합격률이 높아지고 있다고 합니다. 그러나 여전히 사회적으로 여성이 많은 차별을 당하고 있습니다.

7-9절, "남자는 하나님의 형상과 영광이니 그 머리를 마땅히 가리지 않거니와 여자는 남자의 영광이니라 남자가 여자에게서 난 것이 아니요 여자가 남자에게서 났으며 또 남자가 여자를 위하여 지음을 받지 아니하고 여자가 남자를 위하여 지음을 받은 것이니"

여기서 사도 바울은 남자가 여자보다 하나님 앞에서 더 우월하다고 말하고 있는 것 같습니다. 남자는 하나님의 형상과 영광이라고 하면서 여자는 남자의 영광이라고 말합니다. 그러면 여자는 하나님의 형상이 아니라는 뜻입니까? 이 본문 말씀은 그런 뜻이 아닙니다. 남자가 하나님의 형상이 될 수 있고 영광이 될 수 있는 것은 그가 예수를 믿었기 때문입니다. 남자가 예수를 믿고 말씀에 순종하면 그리스도 같은 믿음과 영광을 가질 수 있습니다. 그런데 누가 남자를 이렇게 만드느냐 하면 여성이 그렇게 만든다는 것입니다.

예를 들어 어떤 사람이 뛰어난 설교자가 될 수 있는 것은 물론 자신이 하나님 말씀을 깊이 연구해서 설교를 잘해 그럴 수도 있겠지만 더 중요한 것은 그의 설교를 들어주는 교인이 있었기 때문입니다. 그래서 설교자가 위대하다는 것은 교인이 위대한 것과 같습니다. 마찬가지로 남자가 위대할 수 있는 것은 여성이 그를 그렇게 만들었고 믿어주었기에 가능하다는 뜻입니다.

모든 사람이 자기가 최고로 잘났다고 생각해 서로 높아지려고 다투고 싸운다면 아무것도 남지 않게 됩니다. 그래서 하나님은 여성에게 남자를 위대하게 만들 수 있는 능력을 많이 주셨고, 여성은 남자를 위대하게 만들어 큰일을 많이 하도록 만들 수 있다는 뜻입니다.

11-12절, "그러나 주 안에는 남자 없이 여자만 있지 않고 여자 없이 남자만 있지 아니하니라 이는 여자가 남자에게서 난 것같이 남자도 여자로 말미암아 났음이라 그리고 모든 것은 하나님에게서 났느니라"

원래 인간이 만들어질 때 순서상으로 남자가 먼저이지만 남자와 여자는 서로를 도와 완성시켜 주어야 합니다.

아내가 남편을 신앙적으로 바로 이끌었다면 그는 최고로 남편을 사랑한 것입니다. 그리고 남편이 아내를 바른 말씀으로 풍성한 삶을 살게 한다면 이것보다 아내를 더 사랑하는 일은 없습니다.

마찬가지로 교회 안에서도 남자의 역할이 있고 여자의 역할이 있습니다. 교회 안에서 여자의 역할이 남자에게 밀리게 된 것은 교회가 제도화되면서부터였습니다. 사실 교회 안에서 목회자를 도와주고 약한 자를 돌보아주는 것은 여성의 탁월한 역할이었습니다. 또한 교회가 어려울 때 여자의 수고로 교회가 부흥될 수 있었습니다.

사도 바울의 빌립보 사역에 큰 힘이 되어준 사람은 루디아라는 자주 옷감 장사였습니다. 그리고 바울의 로마서를 로마로 가져간 사람은 뵈뵈라는 여자 집사였습니다. 예수님이 십자가에 못 박히셨을 때 그 무덤을 찾아간 사람도 여자들이었습니다. 예수님의 발에 향유를 부어 장사를 준비한 사람도 여자였습니다. 물론 여자는 독자적으로 성장할 수도 있지만 하나님은 여자가 남자의 도움으로 더 아름답게 성장하게 하셨고, 자신이 직접 나서는 것보다 남을 세워주고 도와줄 때 더 위대하게 하셨습니다.

13절, "너희는 스스로 판단하라 여자가 머리를 가리지 않고 하나님께 기도하는 것이 마땅하냐"

지금은 예배드릴 때 여자라고 해서 머리에 뭔가를 쓰거나 하지 않습니다. 오히려 머리에 무엇을 쓰는 것이 이상할 정도입니다. 그러나 당시 고린도에서는 창녀나 노예가 아닌 이상 여자는 반드시 머리에 뭔가를 썼고 머리에 아무것도 쓰지 않고 기도하는 모습은 아무리 자신의 의도가 그렇지 않다고 하더라도 아름답게 보일 수 없다고 말씀합니다.

이것은 다른 사람을 다 무시하고 자기 혼자 하나님께 나아가겠다는 고집으로 보인다는 것입니다.

14-15절, "만일 남자에게 긴 머리가 있으면 자기에게 부끄러움이 되는 것을 본성이 너희에게 가르치지 아니하느냐 만일 여자가 긴 머리가 있으면 자기에게 영광이 되나니 긴 머리는 가리는 것을 대신하여 주셨기 때문이니라"

본문 말씀은 남자의 장발과 여자의 장발에 대해 가장 분명한 성경적 해석을 내려주고 있습니다. 일단 남자가 장발이면 우리에게 어떤 인상을 줍니까? 무엇인가 자유분방하고 다른 사람에게 얽매이지 않는다는 인상을 줍니다. 남자가 말총머리를 하고 할리 데이비슨 오토바이를 타고 가면 자유로운 사람이라는 인상을 심어줍니다. 그러나 남자는 한 여자와 가정을 책임져야 할 존재로, 남자가 머리를 짧게 자르는 것은 자기가 가정을 책임지겠다는 뜻입니다.

반대로 여자가 머리를 기르는 것은 자기에게 사랑하는 남자가 있다는 뜻입니다. '나는 지금 사랑받고 있습니다. 한 남자가 나를 죽도록 사랑하고 있습니다. 나는 그 사랑에 만족합니다' 라는 뜻이 있습니다. 어느 날 갑자기 여자가 머리를 아주 짧게 자르면 그 사랑에 불만이 생겼다는 뜻으로 해석되기도 합니다. 여자가 다른 사람의 온전한 사랑을 받는 것은 영광이긴 하지만, 그렇다고 해서 다른 일을 하지 못한다는 뜻은 아닙니다. 영국에서는 여왕도 남편이 있고, 여자 수상도 남편이 있습니다. 그들은 한 남자의 사랑을 받는 신실한 아내입니다. 그렇다고 해서 그들이 왕으로서의 자질이 떨어진다거나 나라 일을 제대로 수행하지 못한다고 말할 사람은 아무도 없습니다.

요즘 여성은 머리에 신경을 많이 씁니다. 이것은 아름답게 보이기 위한 것이고 좋은 일입니다. 오늘 성경이 말씀하는 것은 남자는 무조건 머리를 기르면 안 되고 여자는 자르면 안 된다는 것이 아닙니다. 남자는 너무 자유분방하려고 하면 안 되며 반드시 책임지는 존재가 되어야 하고, 여자는 한 남자의 사랑을 받는 것이 잘못이 아니며 그것을 나약함으로 여겨서는 안 된다는 것입니다. 여성이 아름다운 것은 죄가 아닙니다. 반대로 남자가 강한 책임감을 가지는 것도 나쁜 것이 아닙니다. 우리 모두 하나님 앞에서 아름다운 사람이 되기를 바랍니다.

성경 토의

1. 과거에 대부분의 남편은 가장으로서 집안의 모든 중요한 문제에 대해 결정을 내렸지만, 요즘은 가정 안에서도 자녀교육이나 경제 문제에서 여성의 주도권이 점점 더 커지고 있다. 가정 내에서 영적인 부분에 있어서는 먼저 믿은 자가 가장 역할을 한다고 보아야 할 것이다. 또한 자녀들이 성장함에 따라 부모의 역할이 줄어들고 가정이 해체되는 모습을 종종 보는데, 가정이 신앙으로 하나 되기 위해 무엇이 필요하다고 생각하는가?

2. 여성의 사회 진출이 활발해짐에 따라 여성의 역할이 중요해지고 있다. 그럼에도 출산이나 자녀양육에서 여성은 많은 어려움을 겪고 있으며, 그런 점이 출산율 저하로 나타나고 있다. 이런 점에서 그리스도인이 해야 할 일에 어떤 것이 있다고 생각하는가?

3. 요즘 여성 목사 안수를 허락하는 교단이 있는가 하면 여전히 반대하는 교단도 있다. 여성 목사 안수는 어떤 장점이 있으며, 어떤 문제가 있다고 생각하는가?

24_거룩한 성찬

고린도전서 11:17-34

전체적 설명

우리 그리스도인에게 가장 위대한 일은 예수 그리스도의 십자가의 죽으심이다. 예수님은 우리 그리스도인의 모임이 주님의 십자가와 하나님 말씀 중심으로 이루어지기를 원하셨다. 그래서 그리스도인은 모일 때마다 하나님 말씀을 듣고 가능한 한 자주 주님의 죽으심을 나타내는 성찬을 해야 한다. 그러나 고린도 교회에서는 이 성찬이 그냥 교인들 사이에서 하나의 식사처럼 인식되는 바람에 오히려 불만과 분열의 원인이 되었다. 즉 집에서 식사할 때 종이 음식을 준비하고 상전은 앉아 있다가 먼저 먹는 것처럼 교회에서도 먼저 먹는 사람이 있고 먹지 못하는 사람이 있었다. 사도 바울은 고린도 교회에 다시 한 번 성찬의 중요성을 가르치면서 성찬은 집에서 하는 식사가 아니가 우리 주님의 죽으심으로써 나타내는 언약의 의식이므로 모든 사람이 참여하고, 합당치 않게 먹고 마시면 자기 죄를 먹고 마시는 것이 된다고 경고했다. 루터의 종교개혁 때 성찬 문제는 아주 중요한 부분을 차지했는데, 나중에 루터파와 츠빙글리파가 하나 되지 못하는 원인이 되었다.

17절, "이 일에 너희를 칭찬하지 아니하나니"

설교 프리노트

여기서 '이 일'은 바로 성찬식을 말한다. 고린도 교회는 은사나 지식 면에서 칭찬할 점이 많았지만 성찬식에 있어서만큼은 결코 칭찬할 수 없을 정도로 잘못 행해지고 있었다. 그래서 이 잘못된 성찬으로 말미암아 고린도 교인은 예배 모임에서 마음의 상처를 입고 교회에 실망하게 되었다.

"이는 너희의 모임이 유익이 못되고 도리어 해로움이라"

'너희의 모임'은 교회로 모이는 것을 말한다. 당시 고린도 교회는 예배로 모이면서 성찬식을 행했던 것 같은데, 그들은 이 성찬식도 하나의 식사로 생각해 종들은 죽어라 식사 준비만 하고 정작 식사를 하지 못한 반면 상전들은 앉아서 성찬의 떡과 포도주를 먹었다. 그러자 종과 가난한 자들은 교회가 세상과 다를 바 없다고 생각하게 되었던 것이다. 물론 당시에는 종이 상전과 함께 음식을 먹는다고 하는 것은 상상도 할 수 없는 일이었다. 그럼에도 그리스도 안에서는 종이나 상전이나 가난한 자나 부유한 자 모두 한 영혼이다.

18절, "먼저 너희가 교회에 모일 때에"

'너희 모임'을 설명해주고 있다. 이것은 사적으로 고린도 교인이 모인 것이 아니라 교회로 모인 것을 말한다. 사도 바울은 고린도 교인 가운데 분쟁이 있다는 말을 듣고 어느 정도 예상했던 일이라고 말한다. 왜냐하면 고린도에는 노예가 많이 있었고, 그들 가운데 예수 믿는 사람이 많았기 때문이다. 당시는 노예와 주인이 결코 한 자리에서 함께 음식을 먹을 수 없는 사회적 분위기였는데, 교회에서는 모두 함께 성찬식을 행했던 것이다.

19절, "너희 중에 파당이 있어야"

고린도 교인 가운데 어떤 사람은 종과 상전이 함께 음식 먹는 것에 대해 강하게 반발했는데, 그들은 도저히 종들과는 함께 음식을 먹을 수 없다는 이유를 내세워 파당을 만들었다. 그렇게 해야 자신의 사회적 지위가 우월하다는 것을 드러낼 수 있기 때문이다.

20절, "그런즉 너희가 함께 모여서 주의 만찬을 먹을 수 없으니"

교인 가운데 사회적 신분이나 빈부의 틀을 깨지 못해 신분이 낮은 사람과 함께 성찬식에 참여 하는 것을 거부하는 자들이 있었다. 그들은 성찬식을 할 때 자기 것을 먼저 먹고 마셔버렸는데, 너무 많이 마시는 바람에 취한 사람이 있는가 하면 전혀 먹지도 마시지도 못한 채 예배를 드려야 하는 사람도 있었다(21절). 이것은 결코 잘한 일이 아니었는데, 교회를 업신여기는 것이고 가난한 자들을 부끄럽게 만드는 짓이었다(22절). 교회에서 먹고 마시는 성찬은 배부르게 먹거나 자신의 신분이나 부를 과시하기 위한 식사가 아니었기 때문이다.

23절, "내가 너희에게 전한 것은 주께 받은 것이니"

사도 바울은 고린도 교회에 있을 때 성찬의 의미와 방법에 대해 가르쳐준 적이 있다. 이것은 사도 바울 혼자 생각해낸 것이 아니라 주님으로부터 계시를 통해 직접 배운 것이었다. 그런데 이것은 복음서에 나오는 예수님이 잡히시기 전 제자들과 나누었던 성찬의 기록과 놀랍게도 일치한다. 이처럼 성찬은 우리 마음대로 바꾸거나 새로 만들 수 있는 것이 아니다. 우리는 주님이 가르쳐주신 그대로 주님이 다시 오실 때까지 행해야 한다.

24절, "이것은 너희를 위하는 내 몸이니 이것을 행하여 나를 기념하라"

성찬의 떡은 예수님의 찢겨진 살을 나타낸다. 그런데 이것이 진짜 예수님의 살이냐 단순히 예수님의 죽으심을 기념하는 것이냐 하는 것을 두고 루터파와 츠빙글리파 사이에 심각한 논쟁과 다툼이 있었다. 물론 떡은 떡이고 주님의 살로 변하는 것은 아니다. 그렇다고 해서 성찬이 단순히 주님의 죽으심을 기념하는 정도로 끝나서도 안 된다. 우리는 주님의 몸이 우리를 위하여 찢기셨음을 떡을 통해 몸으로 받아들이고 믿어야 한다. 그래야만 우리 마음속에 다시 한 번 죄 용서에 대한 확신이 생기고 은혜가 임하게 된다.

25절, "이 잔은 내 피로 세운 새 언약이니"

포도주 잔은 예수의 죽으심에서 한 걸음 더 나아가 예수의 죽으심이 새로운 언약을 세운 것을 나타낸다. 예수의 피로 우리의 모든 죄는 씻음을 받았고, 우리는 하나님의 자녀가 된 것이다. 이 언약은 목숨을 걸고 피로 세운 언약이므로 어떤 일이 있어도 취소할 수 없다.

26절, **"주의 죽으심을 그가 오실 때까지 전하는 것이니라"**

성찬의 떡과 잔은 단순한 식사가 아니라 우리가 주님의 죽으심과 피의 언약을 믿고 거기에 동참하는 것이며, 예수님이 다시 오실 것을 믿고 그 것을 고백하고 증거 하는 일이다. 우리는 성찬을 통해 주님이 살아계시며, 우리에게 하나님의 나라가 임했고, 주님이 다시 오실 것을 고백하고 증거 해야 한다.

27절, **"누구든지 주의 떡이나 잔을 합당하지 않게 먹고 마시는 자는"**

여기서 "합당하지 않게 먹고 마시는"이라는 것은 무슨 뜻일까? 우선 주님의 대속의 죽음을 믿지 않는 자가 성찬에 참예하는 것은 합당치 않다는 뜻이다. 또한 주님의 대속의 죽음을 믿는 자라 하더라도 성찬을 가볍게 식사 정도로 여긴 채 먹고 마시는 것도 합당치 않다는 뜻이다. 그리고 죄를 짓고 회개하지 않은 채 성찬을 먹는 것도 뻔뻔스러운 것이고 합당치 않다는 뜻이다. 이런 잘못된 성찬은 죄를 짓는 것이다.

28절, **"사람이 자기를 살피고"**

"자기를 살피고"는 우선 우리가 하나님 앞에 죄인이었으며 예수님의 보혈로 죄 용서를 받았음을 생각하는 것이다. 그럼에도 우리는 인간이기에 이 세상에 많은 죄를 짓는다. 우리에게는 언제나 주님의 보혈의 도우심이 필요하다. 우리는 성찬식을 통해 우리 죄가 예수의 십자가와 보혈로 한꺼번에 해결되었음을 다시 한 번 깨닫고 믿고 감사드려야 한다.

29절, **"주의 몸을 분별하지 못하고 먹고 마시는 자는"**

여기서 '주의 몸'은 성찬의 의미를 말한다. 예수의 십자가의 죽으심과 성찬의 의미를 전혀 알지 못하고 성찬을 먹는 자는 그냥 떡이나 포도주를 먹는 것으로 끝나는 것이 아니라 자기 죄를 다시 먹고 마시는 것이므로 양심이 더욱 굳어지게 된다.

30절, **"너희 중에 약한 자와 병든 자가 많고 잠자는 자도 적지 아니하니"**

고린도 교회가 성찬을 잘못 행하는 바람에 하나님이 그들의 예배를 기뻐하지 않으셔서 병든 자도 있고 그 병이 깊어지거나 병으로 죽은 자까지 생겼다. 예배드리면서 위로 받지 못하고 오히려 마음이 상하게 되면 병이 생긴다. 물론 모든 교인이 다 건강할 수는 없지만 많은 교인이 병중에 있다면 영적 상태를 점검해 볼 필요가 있다. 사도 바울은 고린도 교인에게 먼저 먹지 말고 모두 함께 먹도록 기다리라고 하면서(33절), 배가 많이 고픈 사람이 있으면 집에서 식사하고 오도록 해서 예배가 판단 받는 모임이 되지 않도록 하라고 권면한다(34절).

본문 이해를 위한 질문

1. 고린도 교회에는 어떤 책망 받을 일이 있었는가?

교회가 성찬을 바르게 거행하지 않아서 분쟁이 일어나고 마음 상하는 일이 많아지고 있었다.

2. 성찬은 어떤 의미가 있는가?

떡은 예수님의 몸이 우리를 위하여 찢겨진 것을 나타내는데, 우리는 떡을 먹음으로써 주님이 우리 죄를 대신하여 죽으셨음을 다시 한 번 확신하고 은혜에 참여하게 된다. 그리고 한 걸음 더 나아가 피는 예수님의 피로 하나님과의 새 언약이 체결되었음을 뜻하는 것이다. 예수 믿는 자들은 모두 예수님의 피로 죄 용서를 받고 하나님의 자녀가 되며 영원한 천국의 상속자가 되는 것이 새 언약이다.

3. 성찬을 합당치 않게 먹고 마시면 어떻게 되는가?

이것은 단순히 떡을 먹고 잔을 마시는 것으로 끝나는 것이 아니라 자신의 불신앙을 확인하는 것이 되어서 양심이 더 굳어지고, 하나님의 진노로 병이 생기기도 하고, 교회 자체가 세상으로부터 손가락질을 당하는 일이 일어나기도 한다.

성경 강해

어렸을 때 도시락을 싸서 학교에 가면 겨울에는 난로 위에 도시락을 하나씩 쌓아 올려 데워먹는 것이 큰 즐거움이었습니다. 수업이 시작되면 난로에서 맛있는 냄새가 피어올라 용감한 아이는 1교시 때부터 도시락을 먹기 시작하고 겁이 많은 아이는 둘째 시간부터 먹든지 해서 점심시간이 되면 도시락이 남아 있지 않았습니다. 우리나라의 한 작가가 주먹만 한 닥종이 인형을 가지고 우리가 어렸을 때 경험했던 것을 똑같이 만들어 큰 인기를 끌었습니다. 거기에 보면 교실 난로 위에 알루미늄 도시락을 층계층계 쌓아놓은 장면, 우물가에 엎드려 등목하는 장면, 엿장수가 왔을 때 아이들이 헌 고무신이나 빈 병 등을 들고 몰려드는 장면이 있었습니다. 그중 한 아이가 맞아죽을 각오를 하고 집에 있는 무쇠 솥을 새끼줄에 엮어 끌고 오는 장면도 있었습니다. 이 전시회를 보면서 가장 순수했던 시절의 모습이라는 생각이 들었습니다. 그런데 우리나라가 얼마나 대단한 나라인가 하면 그때 그 까까머리를 했던 아이들이 자라 교수도 되고 사장도 되고 정치인도 되어 잘사는 나라를 만들었습니다.

로마가 세계사에 갑자기 등장한 것은 카르타고를 멸망시키고 지중해를 제패하면서부터였습니다. 로마가 세계 강국으로 군림하기까지 이미 500년이라는 역사가 흘렀습니다. 그래서 사람은 "로마는 하루아침에 만들어지지 않았다"는 말을 합니다. 역사가들은 로마가 어떻게 해서 지중해를 내해로 하는 세계적 강대국이 될 수 있었는지 궁금해했습니다. 로마인들은 게르만인처럼 체격이 크지도 않고 기술이 뛰어난 것도 아니고 바다에 나가 본 적이 없었기 때문입니다. 역사가들은 로마가 세계적인 강대국이 된 것은 다른 나라의 문화와 기술, 사람을 받아들이고 흡수하는 데 뛰어났기 때문이라고 생각했습니다.

기독교는 로마의 티베리우스 황제 때 예루살렘에서 갈릴리 출신의 한 선지자 예수가 십자가에 못 박혀 죽는 데서부터 시작됩니다. 전 세계는 그런 사람이 있는 줄도 몰랐으며, 예수가 십자가에 못 박혀 죽으심으로써 모든 것이 끝났다고 생각했습니다. 그러나 기독교는 들불같이 세계로 퍼져 나가기 시작했습니다. 기독교는 단숨에 소아시아를 정복했고, 고린도 등 그리스 지방을 흡수했고, 나중에는 로마까지 상당히 많은 그리스도인이 퍼져 나가게 되었습니다. 네로 황제 때 로마에 큰 화재가 일어났는데, 네로는 그리스도인이 불을 질렀다고 해서 수백 명의 그리스도인을 붙잡아 원형 경기장에게 십자가에 못 박고 불에 태우고 사자에 물려 죽게 했습니다. 이것을 보면 당시 로마에 그리스도인이 많았다는 걸 알 수 있습니다. 그렇다면 기독교가 단숨에 세계를 지배하게 된 이유는 무엇이었을까요? 그것은 바로 하나님의 사랑이었습니다. 하나님의 사랑을 모른 채 하나님의 사랑에 목말라 하던 사람에게 기독교는 복음의 기쁜 소식이었습니다. 그러나 기독교는 교회가 커지고 돈과 권력을 갖게 되면서 하나님의 사랑이 없어지고 허울뿐인 형식만 남게 됩니다. 이것은 기독교에서 언제나 나타나는 현상이었습니다.

중세 때 로마 교황은 유럽 황제들을 충동질해 성지를 되찾아야 한다는 명목으로 십자군전쟁을 일으키게 했습니다. 역사상 가장 무의미한 전쟁 가운데 하나가 바로 십자군전쟁일 것입니다.

오늘 우리나라 교회도 풀어야 할 숙제가 있습니다. 그리스도인이 많아지고 교회가 커지면서 왜 하나님의 사랑은 없어지고 껍데기 같은 형식만 남게 되는지 고민해야 합니다. 이런 현상은 고린도 교회에서도 나타났습니다. 고린도 교회는 교인이 많아지고 똑똑해지자 하나님의 사랑이 없어지고 말라빠진 형식만 남게 되었습니다. 그중 대표적인 것이 우리 주님의 성찬이었습니다.

1. 성찬의 오류

지금도 교파를 막론하고 누구든지 예수님 믿는 교회는 성찬식을 행하고 있습니다. 물론 개신교와 천주교의 성찬식이 다르고, 교회와 교파마다 성찬 형식이 다를 수 있지만 성찬식을 하는 것은 틀림없습니다.

옛날 고린도 교회에서는 성찬을 가지기는 했지만 지금 우리가 가지는 의식보다 교제에 가까운 모습이었습니다. 물론 그리스도인이 한 자리에 모여 사랑의 교제를 나누는 것은 참 아름다운 일이지만, 옛날에는 부자와 가난한 자, 주인과 종이 한 자리에 앉아 식사한다는 것은 상상도 할 수 없는 일이었습니다. 종들은 어디를 가더라도 주인이나 주인 가족들이 먹을 음식을 가져가고 시중을 들어야만 했습니다.

또 고린도 교회는 교인들 사이에 많은 파벌이 생겨났습니다. 즉 예루살렘 제자들에게 배운 파, 사도 바울에게 배운 파, 플라톤이나 소크라테스의 철학을 배운 파 등 파벌이 여러 개로 나눠다 보니 함께 식사조차 하지 않으려고 했던 것입니다.

17-18절, "내가 명하는 이 일에 너희를 칭찬하지 아니하나니 이는 너희의 모임이 유익이 못 되고 도리어 해로움이라 먼저 너희가 교회에 모일 때에 너희 중에 분쟁이 있다 함을 듣고 어느 정도 믿거니와"

당시 교인들은 매주 모여 예배를 드렸던 것 같습니다. 그들은 주님의 가르침과 사도 바울의 가르침으로 예배드린 후에는 성찬식을 가져야 한다는 것을 알았습니다. 그래서 예배를 드리러 올 때 떡과 포도주를 준비해 가지고 왔는데, 사실 교인들 가운데 종이나 가난한 사람은 떡이나 포도주를 가지고 올 형편이 되지 못했습니다. 형편이 좀 나은 교인들이나 떡과 포도주를 가지고 왔으며, 지역이 다르거나 주인이 다르면 같은 교인이라고 해도 별로 친하지 않았습니다. 그래서 고린도 교인은 성찬을 아주 가볍게 여겨 예배 전이나 예배 후 식사하면서 나누는 교제 정도로 생각했던 것 같습니다. 그들은 자신이 떡을 사오고 포도주를 담아 왔기 때문에 간혹 모임이 시작되기도 전에 친한 사람끼리 모여 먼저 먹어버렸습니다. 그들 가운데는 예배 전에 이미 포도주에 취한 사람도 있었습니다. 또한 가난한 사람과 종들은 감히 주인이나 부자들과 함께 떡을 먹을 수 없어 떡이나 포도주를 입에 대지도 못했습니다. 가난하고 신분이 낮은 자들은 배가 고픈 상태에서 예배를 드렸던 것입니다.

특히 고린도 교인 가운데는 파당을 자신의 우월감을 드러내는 기회로 생각하는 사람이 있었습니다.

19절, "너희 중에 파당이 있어야 너희 중에 옳다 인정함을 받은 자들이 나타나게 되리라"

고린도 교인 가운데 스스로 똑똑하고 많은 지식을 가졌다고 여겨 가만히 있는 것을 참지 못하는 사람이 있었습니다. 이들은 무슨 사소한 일이라도 자기가 많이 알고 똑똑한 것을 주장해야지만 직성이 풀렸습니다. 교회 안에서 공부를 많이 한 사람은 무식한 교인을 무시하고 업신여겼기 때문에 배우지 못한 사람은 항상 밀리는 입장에 있었습니다. 부자와 가난한 자, 주인과 종 등 갈라진 사람을 하나 되게 하는 것이 바로 성찬인데, 고린도 교회에서는 성찬이 오히려 사람을 더 갈라놓고 있었습니다.

사도 바울은 고린도 교인의 모임이 사람의 마음에 상처를 주고 성찬이 올바로 거행되지 못함으로써 큰 시험거리가 되고 있다고 책망했습니다.

20-21절, "그런즉 너희가 함께 모여서 주의 만찬을 먹을 수 없으니 이는 먹을 때에 각각 자기의 만찬을 먼저 갖다 먹으므로 어떤 사람은 시장하고 어떤 사람은 취함이라"

고린도 교인은 성찬식을 해야 한다는 말을 들은 적이 있지만 그것이 무엇을 뜻하는지 몰랐습니다. 그래서 교회 갈 때 도시락을 싸가지고 가서 친한 사람끼리 나누어 먹는 정도로 생각해 어떤 사람은 먼저 먹어버려 나중에 온 사람이나 종은 성찬에 참예하지 못했던 것입니다.

그렇다 보니 예배드릴 때 어떤 사람은 포도주를 너무 많이 마셔 자세가 흐트러진 경우도 있었고, 어떤 사람은 배고픔을 참으면서 예배를 드리는 경우도 있었습니다.

사도 바울은 고린도 교인, 특히 부자와 가진 자들을 아주 강하게 책망했습니다.

22 상반절, "너희가 먹고 마실 집이 없느냐 너희가 하나님의 교회를 업신여기고 빈궁한 자들을 부끄럽게 하느냐"

참으로 무서운 말이었습니다. 너희가 어찌하여 하나님의 교회를 업신여기고 제멋대로 행동하느냐는 것입니다. 그리고 음식을 먹고 싶으면 집에서 먹을 일이지, 왜 교회에 가져와서 제멋대로 행동하며 궁핍한 자들을 부끄럽게 만드느냐고 책망했습니다.

2. 하나님의 위대한 구원

하나님은 장차 우리 주 예수 그리스도를 통해 이루어질 위대한 구원을 오래전에 이스라엘 백성을 통해 실물 교훈으로 보여주셨습니다. 그것이 바로 위대한 출애굽의 구원이었습니다.

이스라엘 백성은 애굽의 노예가 되어 강제 노역을 하면서 많은 고통을 당했습니다. 심지어는 애굽 바로의 강제인구억제정책에 따라 남자 아기가 태어나면 나일강에 던져 죽게 만들 수밖에 없었습니다. 그때 하나님은 모세를 보내 하나님 말씀의 능력으로 이스라엘 백성을 건져내셨는데, 모세의 말 한 마디 한 마디로 놀라운 기적이 일어나면서 애굽은 초토화되었습니다. 하나님은 이스라엘 백성에게 이 놀라운 구원을 세 번의 절기로 지키게 하셨습니다.

그 첫 번째 절기가 유월절인데, 이는 애굽에 무려 열 가지 재앙을 내리시고 마지막 날 모든 장자가 죽는 재앙을 내리실 때 하나님이 어린 양의 피로 모든 이스라엘 장자를 살리신 것을 기념하는 절기였습니다. 이 유월절 어린 양의 피로 이스라엘 백성은 애굽의 속박에서 벗어날 수 있었고, 죽음에서도 벗어나 하나님의 장자가 되었습니다. 한편 애굽 사람은 뛰어난 문명과 군사력과 재력에도 불구하고 무려 열 가지 재앙으로 나라 전체가 폐허가 되다시피 했습니다. 이스라엘 백성은 유월절을 지내고 나서 바다가 갈라지는 체험을 하고 바다를 건너게 됩니다. 당시 이스라엘 백성을 뒤쫓던 바로와 그 군대는 바다에 빠져 죽게 됩니다. 어린 양의 피는 핵무기 몇 개보다 더 큰 능력을 가졌습니다. 이것은 하나님 말씀에 순종하고 어린 양의 피를 믿는 이스라엘 백성에게 구원의 능력으로 나타났습니다. 이스라엘 백성은 죽음의 천사를 이겼을 뿐 아니라 그들 앞에서 바다가 기적적으로 갈라졌습니다.

요즘 우리나라에 구제역 등 동물 전염병이 발생하는 것은 결코 예삿일이 아닙니다. 또 배가 뒤집어져 많은 청소년이 희생되고 북한이 핵무기로 위협하는 것도 예삿일이 아닙니다. 이것은 하나님이 지금 우리의 소속을 묻고 계신 것입니다.

두 번째 절기에 대한 것입니다. 이스라엘 백성이 시내산까지 갔을 때 시내산 전체가 불붙는 가운데 모세는 산 위에 올라가 사십 일 밤낮을 먹지도 마시지도 않고 하나님 앞에서 기도해 언약의 두 돌비를 받아 가지고 내려왔습니다. 이스라엘 백성은 이를 기념하는 맥추절을 통해 하나님의 율법의 말씀을 받았습니다. 이 말씀은 모든 미신과 사탄의 세력을 이기는 능력의 말씀이었습니다. 이스라엘 백성은 아말렉 족속의 공격을 당할 때 모세가 산 위에서 팔을 들면 여호수아와 이스라엘이 이기고 팔을 내리면 아말렉이 이기는 장면을 보게 되었습니다. 이것은 어느 누구도 논리적으로 설명할 수 없는 일이었습니다. 그래서 아론과 훌이 양쪽에서 모세의 손을 잡고 올리자 이스라엘 백성은 아말렉을 물리칠 수 있었습니다. 우리는 하나님 말씀을 붙들고 기도하면 어떤 위기도 다 이겨낼 수 있습니다. 반면 원망하거나 불평하고 하나님 말씀을 업신여기면 망하게 됩니다.

세 번째 절기에 대한 것입니다. 이스라엘 백성은 광야에서 지내게 되는데 무려 사십 년간 물이 나지 않는 광야를 떠돌게 됩니다. 당시 하나님은 반석을 쳐서 물이 나오게 해서 이스라엘 백성을 살게 하셨는데, 이스라엘 백성은 이 절기를 장막절로 지켰습니다.

하나님은 이 모든 절기를 추수로 연결시켜 이스라엘 백성이 먹고 마심으로써 살 수 있게 하셨습니다. 유월절은 보리와 밀 추수의 시작이었고, 맥추절은 그 추수를 마치는 때였습니다. 그리고 장막절은 가을 추수를 마친 때였습니다. 즉 하나님은 과거의 구원을 미래의 새로운 삶으로 연결시키신 것입니다.

이스라엘 백성의 이 모든 구원을 단 한 번에 이루신 것은 예수님의 십자가 죽음이요 부활이었습니다. 그래서 예수님의 십자가 죽음은 처음 이 우주를 창조하신 것보다 더 큰 능력이고 더 큰 구원이었습니다.

예수님은 십자가에 죽기 전날, 잡히시기 전 제자들과 함께 성찬의 떡과 포도주를 나누셨습니다.

23-24절, "내가 너희에게 전한 것은 주께 받은 것이니 곧 주 예수께서 잡히시던 밤에 떡을 가지사 축사하시고 떼어 이르시되 이것은 너희를 위하는 내 몸이니 이것을 행하여 나를 기념하라 하시고"

사도 바울이 고린도 교회에 전해주었던 성찬 예식은 주님으로부터 받은 것이었습니다. 사도 바울은 이것을 예수님의 열한 제자로부터 배운 것이 아니라 주님으로부터 직접 가르침을 받았습니다. 그런데 그 내용은 복음서에 기록된 것과 놀랍게 같은 것을 알 수 있습니다. 사도 바울은 자기는 예루살렘 제자들로부터 이런 내용을 배우지 않았다고 했습니다.

잡히시던 밤에 예수님은 떡을 가지고 축사하셨는데, 축복의 기도를 하셨다는 뜻입니다. 예수님은 우리를 위하여 죽으시는 것을 아주 기뻐하셨고 "이것은 너희를 위하는 내 몸이니"라고 말씀하셨습니다. 이것은 떡을 말하는 것이 아니라 예수님의 십자가 죽음을 말하는 것입니다. 그런데 예수님은 자신의 몸을 떡으로 주어 죽음을 식사로 바꾸셨습니다. 이는 우리에게 참으로 놀라운 일이 아닐 수 없습니다.

십자가는 사람을 못 박혀 죽이는 것이지만 떡은 사람이 먹고 살 수 있게 합니다. 예수님은 죽으셨지만 자신의 죽음을 우리의 생명으로 바꾸셨습니다. 십자가 죽음을 통해 과거의 죽음을 미래의 생명으로 바꾸신 것입니다. 그래서 우리는 과거의 죄나 예수님의 죽음으로 무한정 슬퍼하는 것이 아니라 예수님의 십자가 능력을 통해 미래를 살아야 합니다. 예수님의 떡은 미래의 생명이 됩니다. 우리는 미래가 불안하고 두려울 때 성찬의 떡을 통해 하나님의 능력을 확인할 수 있습니다.

25절, "식후에 또한 그와 같이 잔을 가지시고 이르시되 이 잔은 내 피로 세운 새 언약이니 이것을 행하여 마실 때마다 나를 기념하라 하셨으니"

새 언약에 대해 예레미야 선지자가 증거 한 적이 있습니다.

"그러나 그 날 후에 내가 이스라엘 집과 맺을 언약은 이러하니 곧 내가 나의 법을 그들의 속에 두며 그들의 마음에 기록하여 나는 그들의 하나님이 되고 그들은 내 백성이 될 것이라 여호와의 말씀이니라"(렘 31:33).

이스라엘 백성은 하나님의 율법을 돌에 기록했지만 그것을 깨뜨림으로써 망했습니다. 그러나 하나님은 이제 그분의 말씀을 우리 마음에 새길 것이라고 하셨습니다. 위대한 출애굽과 시내산 기적의 한계는 하나님 말씀을 마음에 새길 수 없다는 점이었습니다. 이 세상에서 가장 위대한 것은 하나님 말씀을 마음에 새기고, 하나님의 아들의 피로 보증하는 것입니다.

한 국가에서 법은 대통령이 발표하고 국회에서 인준하면 시행됩니다. 그러나 이 세상에서 가장 위대한 것은 하나님 말씀이 우리 마음에 새겨지는 것입니다. 많은 사람이 그렇게 똑똑하고 유능한데도 불구하고 하나님이나 성경이 믿어지지 않는다고 말합니다.

여기서 피로 보증한다는 것은 죽음으로 약속한다는 뜻입니다. 우리는 마음속에 하나님 말씀이 있는 사람으로, 그분의 말씀을 믿고 기도하면 무조건 기적이 일어나게 되어 있습니다.

3. 위대한 미래를 주신 하나님

예수님의 성찬은 심심해서 성도나 친한 사람이 교제를 위해 떡을 나누어 먹거나 포도주를 마시는 것이 아닙니다. 우리는 예수님의 죽음을 먹은 자이며, 예수님의 능력으로 살아난 사람입니다.

우리는 예수님의 죽으심을 욕할 수 없으며, 성찬으로 농담을 하거나 자기 배를 채우려고 해서는 안 됩니다. 성찬은 식사하는 것이 아니라 하나님의 약속을 먹는 것이며, 우리의 위대한 미래를 약속받는 것입니다.

비유를 들면 성찬식은 어떤 사람이 병으로 다 죽게 되었을 때 한 사람이 대표로 수술을 받고 살아난 것과 같습니다. 우리는 예수님의 죽으심으로 우리도 죽었고 예수님이 살아나심으로써 우리도 살아났습니다. 이때 우리는 그냥 죽음으로부터 살아난 것이 아니라 위대한 미래를 약속받고 살아났습니다.

27절, "그러므로 누구든지 주의 떡이나 잔을 합당하지 않게 먹고 마시는 자는 주의 몸과 피에 대하여 죄를 짓는 것이니라"

예수님의 십자가 죽음은 우리 죄를 위한 죽으심이고 그 피는 우리의 모든 죄를 씻는 보혈인데, 예수님의 떡을 가볍게 생각하고 포도주를 취할 정도까지 마시는 것은 그분의 십자가를 저주하고 비웃을 행동밖에 되지 않습니다.

우리가 아무리 똑똑하고 잘났다고 해도 죄인입니다. 그래서 우리는 다른 그리스도인을 정죄하거나 파벌을 나누거나 자기 이론을 가지고 떠들어댈 권리가 없습니다.

만약 교회가 성찬을 장난스럽게 하고 자기 생각에 따라 멋대로 분열한다면 심각한 문제가 일어날 수 있습니다.

첫째는 교회 안에서 그리스도의 십자가의 능력이 없어지게 됩니다. 기독교의 가장 중요한 열매는 겸손이고 사랑입니다. 원래 그리스도인은 세상적 지식이 많은 것도 아니고 말을 잘하는 것도 아니었습니다. 그런데 유달리 고린도에서는 세상 철학의 영향으로 잘난 체하는 교인이나 지도자가 많았던 것 같습니다. 이렇듯 겸손을 잃고 하나님 말씀의 열정을 잃은 교회에서는 십자가의 능력이 나타나지 않게 됩니다. 그런 교회는 성공하고 잘 믿는 사람이 자기를 자랑하고 먹고 마시는 곳이지 죽은 영혼을 살리는 곳이 아닙니다. 이런 경우 교회는 세상의 존경을 상실하게 됩니다. 참으로 놀라운 것은 세상에서 성공했고 지식인도 많은데 세상 사람은 교회를 존경하거나 신뢰하지 않는다는 것입니다. 그 이유는 본인은 잘 모르지만 그 안에 하나님의 능력이 사라졌기 때문입니다. 결국 기도의 응답도 사라지고 병도 쉽사리 낫지 않게 됩니다. 물론 교회는 세상을 바꾸는 능력도 잃어버리게 됩니다.

28-29절, "사람이 자기를 살피고 그 후에야 이 떡을 먹고 이 잔을 마실지니 주의 몸을 분별하지 못하고 먹고 마시는 자는 자기의 죄를 먹고 마시는 것이니라"

누구든지 성찬하기 전에는 반드시 자신을 살펴야 합니다. 즉 하나님 앞에서 무서운 죄인이었으며, 오직 예수님의 피로 죄 씻음을 받았다는 것을 확인해야 합니다. 그렇지 않고 주님의 성찬을 하나의 식사나 교제로 생각해 먹고 마시는 사람은 자신의 죄가 씻어지지 않을 뿐 아니라 예수님의 죽으심을 욕되게 만드는 죄를 짓는 것입니다. 여기서 자기 죄를 먹고 마신다고 하는 것은 성찬을 행할수록 죄가 없어지는 것이 아니라 더 많아진다는 뜻입니다.

예수님은 십자가 죽음을 성찬으로 바꾸어 죽음을 생명이 되게 하시고, 과거의 죄가 미래의 기적이 되게 하셨습니다. 예수님의 성찬은 옛날 이스라엘 백성의 절기를 모두 합친 것보다 더 큰 축복입니다. 우리는 예수님의 십자가를 통해 폐허 위에서 아름다운 새 삶을 건설할 수 있게 되었습니다. 앞으로 이 땅에 전쟁이 일어나지 않고 하나님의 심판이 없게 하려면 자기 머리로 믿으려고 해서는 안 됩니다. 우리는 무조건 하나님 말씀을 믿고 두 손 들고 기도함으로써 하나님의 기적의 능력이 우리에게 임하도록 해야 합니다.

고린도 교인은 같은 예수를 믿으면서도 서로 용서하지 않고 미워하는 마음을 가지고 있었습니다. 그 분노와 미움은 서로를 병들게 하고 심지어 죽게 만들었습니다.

30절, "그러므로 너희 중에 약한 자와 병든 자가 많고 잠자는 자도 적지 아니하니"

어떻게 보면 그리스도인은 순진한 사람입니다. 교회 안에서 세상보다 못한 다툼이나 분열이 일어나 서로 공격하고 존경하지 않을 때 목회자나 교인은 심한 충격을 받습니다. 그렇게 되면 그 후부터 자꾸 아프기 시작합니다. 우리나라 사람은 이런 사실을 오래전부터 알았습니다. 그것이 바로 화병입니다. 이런 실망과 분노는 삶의 질을 떨어뜨리고 교회에 대한 기대와 소망을 무너뜨려 결국에는 죽게 만듭니다. 교인이 교회에서 바른 말씀을 듣지 못하면 우울증이 생깁니다. 우울증이 생기면 세상의 모든 일에 의욕을 잃게 되고 맙니다. 이런 사람은 돈도 있고 세상 지위도 있지만 자꾸 병들어 가게 됩니다.

요즘 우리나라는 믿는 자와 믿지 않는 자의 구별이 없어지고 있습니다. 왜냐하면 그리스도인이 정신적으로 병들어 있기 때문입니다. 게다가 그리스도인 가운데도 자살하는 사람이 많습니다.

이 모든 것은 교회가 커지고 교인의 수준은 높아지지만 예수님의 정신과 십자가의 능력을 잃어버려 생겨나는 일입니다.

오늘 우리 그리스도인은 서로 용서하지 않음으로써 얼마나 큰 고통을 받고 있는지 모릅니다. 교회 안에서 서로 다투는 것은 자기 살을 물어뜯는 것과 같습니다. 오늘 우리 그리스도인은 엄청 싸우고 있으며, 절대로 상대방의 죄와 허물을 용서할 수 없다고 주장합니다.

예수님은 위대한 일을 행하셨는데 우리가 그 복을 누리지 못하고 서로 물어뜯고 싸우고 있다면 이것보다 더 큰 수치는 없을 것입니다.

예수님은 누군가 오른 빰을 때리면 왼편 빰을 돌려 대라고 하셨고, 친히 물로 제자들의 발을 씻어주셨습니다. 기독교가 위대한 종교가 되고자 한다면 빰을 맞기도 하고 서로의 발을 씻어주는 종교가 되어야 할 것입니다.

성경 토의

1. 교회에서 예배드릴 때 가난한 자와 부유한 자, 지식 있는 자와 많이 배우지 못한 자를 차별함으로써 불평이 일거나 좋지 못한 사건이 일어난 적이 있는가?

2. 성찬 예식을 행할 때 어떤 생각을 하며, 은혜 받지 못하는 가벼운 마음으로 성찬식에 참여하고 있지는 않은가?

3. 우리는 교회의 직원에게 예배에 참석하지 못하는 것을 당연하게 생각하거나 상전 노릇을 하고 있지는 않은가? 주차장이나 사무실, 식당에서 자기 뜻대로 되지 않는다고 해서 화를 낸 적은 없는가?

25_교회의 유기적 연합

고린도전서 12:1-11

전체적 설명

오늘 개신교의 가장 심각한 문제는 교회가 모두 독자적으로 움직여 유기적인 연합이 잘 이루어지지 않는다는 점이다. 마치 어떤 기계가 해체되어 길바닥에 널려 있는 것처럼 보인다. 예를 들어 기계라면 한 덩어리로 결합해 돌아가야 제 기능을 발휘해 물건을 만들 수 있는데, 부속품 모두가 각기 분해되어 있다면 아무것도 할 수 없다. 그러나 교회의 이런 모습은 초대교회 때부터 시작된 것이다. 그럼에도 교회가 하나일 수 있었던 것은 눈에 보이지 않는 주님에 대한 믿음과 성령으로 연합되어 있기 때문이다. 우리 인간은 죄성을 가지고 있어 자꾸 제멋대로 하려고 하며, 최고가 되려고 할 때가 많다. 우리는 말씀과 성령으로 강하게 연합되어 있지 않으면 정말 분해된 고철 노릇밖에 하지 못할 것이다. 우리는 이 세상에서 살기 위해서라도 서로 연합해야 한다.

1절, "형제들아 신령한 것에 대하여"

설교 프리노트

'신령한 것'은 우리 눈에 보이는 물질적 세계와 대비되는 세계를 말한다. 사람의 눈으로 모든 것을 보면 세상에는 돈을 가진 자나 지식을 가진 자나 권력을 가진 자가 최고이고, 그것을 가지고 다른 사람을 지배한다는 것을 알게 된다. 그러나 우리 믿음의 눈이 열려 믿음의 눈으로 세상을 보면 이런 세상 권력이나 지식을 가진 자들이 마귀의 종이 되어 마귀가 끌고 가는 대로 끌려가는 것을 알게 된다. 또한 우리에게 놀라운 하나님의 나라가 임했으며 우리 각자에게 하나님의 은사와 능력이 임하는 것을 알게 된다. 우리가 육신의 눈으로 세상을 보는 것과 믿음의 눈으로 세상을 보는 것은 정반대일 때가 많다. 즉 세상적으로 가난한 자가 영적으로는 부요하며, 세상 지식을 많이 가진 자가 영적으로는 무지하며, 세상 권력을 가진 자가 영적으로는 죄와 마귀의 노예인 것이다.

2절, "너희가 이방인으로 있을 때에 말 못하는 우상에게로 끄는 그대로 끌려갔느니라"

사람이 예수님을 믿지 못하면 영적으로 어떤 상태에 있게 되는지 보여준다. 사도 바울은 소를 염두에 두고 이 비유를 말하고 있다. 소는 덩치가 크고 힘이 세지만 너무 순해서 누구든지 고삐를 잡고 끌어당기면 끌려가게 되어 있다. 어느 때는 힘없는 어린 아이가 큰 소를 끌고 갈 때도 있고 소도둑이 끌고 갈 때도 있다. 그런데 사람이 하나님을 모를 때는 얼마나 어리석은지 말도 하지 못하는 우상이 고삐를 끌어당기는 대로 따라간다. 이것은 정치인이나 학자, 장군도 마찬가지다. 하나님을 모르는 모든 인간의 고삐를 우상이 쥐고 있기 때문에 우상에게 절하고 미신을 믿게 되는 것이다.

3절, "하나님의 영으로 말하는 자는"

이 세상의 모든 사람은 우상에게 코가 꿰인 자였고 마귀의 종이었는데, 이들 앞에 놀라운 사람이 나타났다. 이들은 바로 하나님의 영으로 말하기 시작하는 자들이다. 하나님의 영으로 말한다는 것은 하나님의 영이 그들에게 지각을 주어 우상의 고삐를 끊어내게 하고 모든 것을 바로 보고 말하기 시작한다는 것이다.

"예수를 저주할 자라 하지 아니하고"

여기서 '저주하다' 라는 단어에는 '욕하다' '혐오하다' 라는 뜻이 들어 있다. 사람은 예수에 대해 아무것도 모르면서 예수라는 이름만 나오면 욕을 하기도 하고 저주를 퍼붓기도 한다. 그 이유는 자기도 모르게 예수가 싫기 때문이다. 왜냐하면 이런 사람은 이미 마귀의 종이 되어 본성적으로 하나님의 아들의 이름을 싫어하고 미워하기 때문이다. 그러나 예수를 믿는 사람은 예수를 '주' 라고 부른다. 성령께서 놀라운 지각 가운데 예수님이 하나님의 아들이심을 알게 하시기 때문이다. 그래서 믿는 사람은 예수께 자신의 모든 존재와 미래를 다 바쳐 주인으로 섬기게 되는 것이다.

4절, "은사는 여러 가지나 성령은 같고"

겉으로 보기에 그리스도인은 모두 뿔뿔이 흩어진 조각처럼 느껴지지만 실제로는 놀라운 능력으로 연합되어 한 몸을 이루고 있다. 기계를 보면 여러 가지 부속품으로 조립되어 힘차게 움직이지만 사람과 동물의 몸이 움직이는 것에 비하면 자연스럽지 못하다. 사람과 동물의 몸은 신경이나 근육으로 연합되어 있기 때문에 엄청난 순발력을 가지고 달리거나 움직일 수 있다. 모든 그리스도인은 한 몸으로 연합되어 있다. 그리스도인을 연결시키는 것은 말씀과 성령과 은사다. '은사' 는 성령의 능력이 교회 안에서 구체적으로 나타나는 모습을 말하는데 말씀이나 찬양, 리더십, 귀신에 대적하는 것 등등 여러 가지로 나타난다. '직분' 은 이런 은사가 고정된 채 직책이 되어 지속적으로 교회를 섬길 수 있게 하는 것을 말한다. 즉 목사나 장로, 집사 등은 직분이다. 그리고 '사역' 은 여러 가지 활동이나 사업으로 볼 수 있다. 즉 가난한 자를 구제하기 위한 헌금이나 선교사를 보내기 위한 사업, 고아들을 돌보기 위한 사업을 생각할 수 있다. 은사와 직분, 사역은 다양하지만 모두 한 성령 한 주님 한 하나님으로 말미암아 통제되고 있다. 그래서 일을 맡은 자는 독단적으로 행동해서는 안 되고 서로 협력해서 일해야 한다.

7절, "성령을 나타내심은 유익하게 하려 하심이라"

하나님이 이런 다양한 은사나 직분을 주시는 이유는 교회를 유익하게 하시려는 것이다. 그래서 은사나 직분을 가진 자는 자기를 높이거나 자신의 유익을 위해 은사나 직분을 사용해서는 안 된다.

8-10절, "성령으로 말미암아 지혜의 말씀을……"

교회 안에서 여러 가지 은사와 직분이 나타나는 구체적인 예를 보여주고 있다. 가족들이 살아가는 데 있어 가장 필요한 것은 음식을 먹는 일일 것이다. 마찬가지로 하나님의 가족들이 살기 위해 가장 필요한 것은 누군가가 신실한 청지기가 되어 하나님의 지혜의 말씀을 가르쳐주는 것이다. 아무리 신앙이 좋은 자라고 하더라도 지속적으로 하나님 말씀을 먹지 않으면 그 신앙은 병들게 된다.

"지식의 말씀을"

기독교 안에는 놀라운 교리의 지식이 있다. 이런 지식은 우리 신앙의 뼈대를 세우는 데 중요한 역할을 한다. 그래서 교리를 잘 가르쳐주는 은사가 있어야 어린 아이나 처음 믿는 자들의 신앙이 올바르게 자란다.

"믿음을"

믿음은 교회가 어떤 위기나 어려움에 빠지게 되었을 때 흔들리지 않고 중심을 잡아서 공동체를 이끌어 나가는 지도력을 말한다. 모세는 이런 믿음이 있었기 때문에 이스라엘 백성을 하나님 말씀대로 광야로 이끌 수 있었다.

"병 고치는 은사를"

옛날에는 병 고치는 자가 주로 무당이었기 때문에 교인의 경우 병들었다고 해서 무당을 찾아갈 수 없었다. 그때 교회 안에는 기도나 약으로 병을 잘 고치는 사람이 있었다.

"능력 행함을"

귀신을 쫓아내고 어려운 시험을 이기는 능력을 말한다.

"예언함을"

미래에 일어날 어떤 큰일을 알아내거나 개인적으로 상담하거나 조언할 수 있는 능력을 말한다.

"영들 분별함을"

누군가가 거짓된 가르침을 가지고 교회에 들어왔을 때 그것을 분별할 수 있는 능력을 말한다.

"각종 방언을 말함을"

다양한 언어를 사용하는 사람이 모였을 때 방언을 말할 수 있는 사람이 있으면 말씀으로 하나 되고 함께 은혜를 나눌 수가 있다.

"방언들 통역함을"

누군가가 모르는 언어로 말할 때 그 방언을 통역해주면 영적으로 많은 유익을 얻을 수 있다.

11절, "이 모든 일은 같은 한 성령이 행하사"

교회 안에서 나타나는 은사는 다양한데, 성령께서는 각 사람에게 다른 은사를 나누어주어 서로 돕고 협력하고 배우게 하신다. 그래서 교회에 모였을 때 그리스도인은 눈에 보이지 않는 은사로 이미 하나로 연합하여 활동하게 된다.

본문 이해를 위한 질문

1. 영적인 눈으로 봤을 때 우리에게 어떤 일이 일어났는가?

미련한 소가 누구든 고삐를 끌고 가면 그대로 따라갔던 것처럼 예수를 알지 못했을 때 우리는 말도 하지 못하는 우상에게 코가 꿰어 끌려갔다. 그러나 이제는 성령이 우리 눈을 뜨게 하셔서 모든 것을 올바로 볼 수 있게 되었다.

2. 그리스도인은 어떻게 연합되어 있는가?

겉으로 보기에는 모두 뿔뿔이 흩어져 있는 것 같지만 성령과 주님과 하나님이 주시는 은사와 직분, 사역으로 연합되어 있다.

3. 성령의 은사는 어떻게 나타나는가?

지혜의 말씀과 지식을 가르치는 것, 지도력, 병 고치는 은사, 영을 분별하는 능력, 방언과 방언을 통역하는 것으로 나타나게 된다.

성경 강해

텔레비전에서 사자나 표범이 먹이를 잡으러 전력으로 달려가는 모습을 슬로비디오로 보여줄 때가 있습니다. 그때 전력 질주하는 사자나 표범의 근육이 얼마나 아름답고 생동감 넘치는지 모릅니다. 사자는 짐승이 도망가는 것에 따라 방향을 바꾸기도 하고 점프도 하면서 결국 사냥감에게 덤벼들어 목덜미를 물어 쓰러뜨린 뒤 잡아먹습니다. 마찬가지로 운동선수들이 목표를 향하여 전력 질주하는 것을 보면 팔다리의 근육이나 숨쉬는 것이 그렇게 힘차고 아름다울 수가 없습니다. 그러나 로봇의 경우 아무리 잘 만들었다고 하더라도 그 행동은 사람이나 동물이 움직이는 것에 비해 자연스럽지 못하고 빠르지도 못합니다. 그 이유는 사람이나 동물은 온몸이 신경이나 핏줄로 연결되어 있어 한 몸처럼 움직이지만 기계는 아무래도 부속품으로 조립되어 있기 때문에 한 몸같이 움직일 수가 없습니다. 그러나 요즘은 자동차나 비행기 같은 기계도 점점 사람을 닮아 한 몸처럼 움직이는 방향으로 가고 있습니다. 이는 4차 산업혁명의 핵심이라고 볼 수 있습니다.

우리는 최근 기독교를 말할 때 '제각각' 이라는 단어를 자주 쓰고, 종종 '삐걱거리다' 라는 표현을 쓰기도 합니다. 천주교의 경우에는 생각이나 사상이 달라도 각기 천주교라고 하는 하나의 큰 조직 안에서 움직이다 보니 연합되어 있는 것 같은데 개신교 경우에는 각 교회마다 독립되어 있어 서로 연합하지 않으면 세상에 힘을 나타내지 못한다는 생각을 종종 합니다. 또한 우리 기독교가 개인적으로나 교회적으로 세상에서 빛과 소금의 역할을 하지 못하고 있다는 생각이 듭니다. 소금과 빛이 되는 것이 말만으로 쉽게 되는 것이 아니기 때문입니다.

건축업자가 큰 건물을 세우려고 할 때 그 재료는 모두 각각일 것입니다.

철근과 모래도 따로 되어 있고, 시멘트나 전기 재료도 모두 연결되어 있지 않고 따로 놀고 있을 것입니다. 그러나 건축 기술자가 설계 도면에 따라 철근을 세우고 모래와 시멘트를 섞어 붓고, 전기를 가설해 연결시키면 환상적인 건물이 만들어집니다. 심지어 기술만 있으면 100층이 넘는 빌딩을 세울 수도 있는데, 그 안에는 백화점도 있고 호텔도 있고 오피스텔도 있어 수많은 사람이 그 빌딩을 이용하게 될 것입니다. 마찬가지로 이 세상에서 아무리 지식과 기술과 재능이 있다고 하더라도 그것이 한 몸으로 연결되어 있지 않으면 각각의 재료를 그냥 모아놓은 것처럼 전혀 힘을 발휘할 수 없습니다. 마찬가지로 그리스도인은 모두 연결되어 있어야 힘을 발휘할 수 있습니다. 그런데 그리스도인은 육체적으로 연합되거나 그냥 뭉쳐지지 않는 것이 특징입니다. 그리스도인은 성령으로 연합되어야 합니다. 그렇게 될 때 사자나 표범처럼 한 몸같이 움직이게 되고 능력이 나타나게 됩니다. 그것도 눈에 보이지 않는 능력으로 나타나게 됩니다.

1. 우리가 연결되지 않았을 때

아무리 좋은 건축 재료가 있다고 하더라도 하나로 연결되지 않으면 아무 쓸모가 없을 것입니다. 예를 들어 아주 높은 빌딩을 짓기 위해 모래와 시멘트, 철근, 전선, 타일 등 건축 재료를 아무리 많이 가져와서 쌓아놓아도 그것이 유기적으로 연결되지 않으면 자리만 차지할 뿐 아무 쓸모가 없습니다. 특히 100층 건물에 쓸 재료라면 얼마나 많은 재료가 필요하겠습니까? 그러나 고급 재료나 많은 재료도 한 철근이나 콘크리트로 연합되어 있지 않으면 아무 힘도 없고 쓸모도 없습니다.

마찬가지로 우리 한 사람 한 사람이 아무리 머리가 좋고 지식이 뛰어나고 세상적인 능력을 많이 가졌다고 하더라도 한 몸으로 연합되어 있지 않으면 자리만 차지하지 능력이 나타나지 않습니다. 여기서 그리스도인의 연합은 육체적 연합이 아닙니다. 그리스도인의 능력은 큰 교회가 되어 많은 교인이 모이거나 어떤 조직을 만들어 우두머리를 뽑고 활동 계획을 세운다고 해서 나타나는 것이 아닙니다. 다시 말해 그리스도인의 연합은 성령으로 연합되는 것입니다. 그리스도인이 성령으로 연결될 때 그들은 한 몸이 되어 사자나 표범처럼 강해집니다. 이렇듯 그리스도인은 단순히 사람이 많이 모인다거나 어떤 조직을 만들어 활동한다고 해서 능력이 나타나는 것은 아닙니다.

1절, "형제들아 신령한 것에 대하여 나는 너희가 알지 못하기를 원하지 아니하노니"

여기서 '신령한 것' 은 우리 눈에 보이지 않는 영적 세계를 말합니다. 한 가지 예를 들면 불과 반세기 전만 해도 사람은 인터넷 세계를 알지 못했습니다. 그들은 단순히 컴퓨터라는 것이 있다는 정도만 알았습니다. 그러나 이제는 돈 거래라든지 물건을 사고파는 것이라든지 정보를 주고받는 것, 결재하는 것, 군사시설이나 전기 시스템 등 모든 것을 인터넷으로 조종하고 있습니다. 요즘 미군은 드론이라는 무인 비행기를 공중에 띄워 관찰하기도 하고 심지어 폭격해서 사람을 죽이기도 합니다. 또한 다른 사람의 컴퓨터 안에 들어가면 상대방의 모든 정보를 알아낼 수 있고, 심지어 기계까지 조작할 수 있습니다. 과거에는 거래를 하거나 기계를 움직일 때 직접 사람이 가서 물건을 주고받거나 스위치를 올리는 식이었습니다. 그렇다 보니 사람이 직접 가야 했고 모여야만 했습니다. 그러나 기독교는 원래부터 인터넷 방식을 좋아했습니다. 그것은 그리스도인이 한 자리에 모이거나 많이 모이는 것도 중요하지만 더 중요한 것은 성령으로 한 몸이 되어 움직여야 하기 때문입니다.

사도 바울은 우리가 신령한 것에 대해 모르는 것을 원치 않는다고 말했습니다. 사도 바울은 특히 이 방식을 잘 사용했는데, 그것은 바로 서신서를 써서 온 교회에 돌리는 것이었습니다. 그렇게 하면 모든 그리스도인이 굳이 한 자리에 모여 사도 바울의 설교를 듣지 않아도 그 서신을 통해 은혜를 받고 능력을 받을 수 있기 때문입니다. 마틴 루터가 종교개혁에 성공할 수 있었던 것은 마침 그때 독일에서 인쇄술이 발달해 루터가 글을 쓰면 인쇄

업자들이 인쇄해서 온 독일에 뿌릴 수 있었기 때문입니다. 기독교가 이처럼 전 세계에 퍼질 수 있었던 것도 성경책을 사용했기 때문입니다. 그래서 이교도 왕이나 관리들이 기독교를 막으려고 해도 성경을 가지고 들어와 믿으니 도저히 막을 수가 없었습니다. 로마 당국 역시 사도 바울을 감옥에 가둘 수는 있었지만 그가 쓴 서신을 통해 읽혀지는 하나님 말씀은 막을 수 없었습니다.

그러나 우리가 성령으로 하나 되는 것이 결코 쉬운 일이 아니라는 사실을 알 필요가 있습니다. 건축 재료를 모아놓았다고 해서 저절로 건물이 만들어지지 않습니다. 예를 들어 100층이 넘는 거대한 빌딩을 지으려고 하면 먼저 땅을 파고 들어가 기초를 튼튼히 세워야 하고, 그다음 설계도에 따라 철근과 콘크리트로 한 층 한 층 쌓아올려야 하고, 그 안에 전기선이라든지 수도라든지 환기구라든지 나중에는 엘리베이터까지 하나씩 하나씩 설치하면서 올라가야 나중에 완벽한 건물이 될 수 있습니다.

사도 바울은 우리가 하나님을 모를 때 우리 재능을 제대로 쓰지 못할 뿐 아니라 그 뛰어난 재능을 잘못된 방향으로 쓰게 된다고 말합니다.

2절, “너희도 알거니와 너희가 이방인으로 있을 때에 말 못하는 우상에게로 끄는 그대로 끌려 갔느니라”

하나님을 모를 때도 우리에게는 재능이 있었습니다. 어떤 사람은 공부를 기막히게 잘해서 학문적 지식을 쌓은 사람도 있고, 높은 자리에 올라가는 사람도 있고, 돈을 많이 벌어 부자가 된 사람도 있습니다. 요즘 뛰어난 재능을 가진 사람은 큰 기업체를 경영하기도 하고 엄청난 기술을 개발하기도 하고 세계적인 사업가로 성공하기도 합니다. 그렇지 않다고 하더라도 모든 사람에게는 나름의 재능과 능력이 있습니다. 본문을 보면 우리가 하나님을 몰랐을 때는 말 못하는 우상에게 끄는 대로 끌려갔다고 말씀합니다. 이 개념은 소가 아무리 힘이 세어도 아무 생각이 없어 누구든지 고삐를 잡고 끌고 가기만 하면 따라가는 것과 같습니다. 소는 어린 아이가 끈을 끌고 가도 따라가고 도둑이 끌고 가도 따라가고 누구든지 줄을 끄는 대로 따라갈 수밖에 없습니다. 마찬가지로 이 세상 사람은 뛰어난 머리와 재능, 젊음을 가지고 결국 돈이나 벌고 세상에서 유명해지고 편하게 사는 길로 가는 수밖에 없었습니다. 모든 사람의 소망은 어떻게 하면 이 세상에서 성공의 사다리를 더 높이 올라갈 것인가, 어떻게 하면 유명해져 돈을 많이 벌 것인가, 어떻게 하면 좋은 집에서 편하게 살 것인가 하는 것입니다. 그런데 하나님을 알고 나면 우리의 지식과 재능, 인생을 그런 식으로 허비하고 싶지 않을 것입니다. 뛰어난 머리를 가지고 공부만 죽어라 해서 좋은 학벌을 가지려고 하는 것이 아니라 어떻게 하면 이 머리로 하나님 말씀을 더 깨닫고 다른 사람, 즉 하나님을 모르는 사람에게 진리를 가르쳐 그들의 영혼을 살릴 것인지 고민해야 합니다. 이 소중한 인생을 살면서 죽어라 돈만 벌어 좋은 옷을 입고 좋은 음식을 먹는 것으로 만족할 것이 아니라 어떻게 하면 하나님의 영광을 나타내며 하나님의 뜻을 이룰 수 있을까 생각해야 합니다. 그래서 부흥이 일어날 때 최고로 머리 좋은 사람과 최고로 재능 있는 사람이 세상적 성공을 버리고 복음과 하나님 말씀을 위하여 자신의 인생을 바치는 것을 볼 수 있습니다.

우리가 예수 믿고 은혜를 받았다고 해서 자동적으로 하나님의 능력이 나타나는 것은 아닙니다. 이것이 우리에게는 아주 어려운 문제입니다. 많은 사람이 하나님 말씀을 듣고 은혜는 받았지만 주님을 위해 일하고 싶어도 능력이 나타나지 않아 곤란을 겪는 경우가 너무 많습니다. 사도 바울도 다메섹으로 가다가 예수님을 만나 거꾸러져 사람이 완전히 변했지만 그는 오래 기다려야만 했습니다. 사도 바울은 주님을 만난 뒤 뜨거운 열정을 가지고 복음을 전했지만 아무도 그를 믿어주지 않았습니다. 오히려 유대인들이 그를 죽이려고 해서 바구니를 타고 다메섹에서 도망친 후 자기 집 다소에 가서 십사 년 정도 기다려야만 했습니다. 예수님은 제자들에게 예수님의 부활을 보고 하나님 나라의 많은 말씀을 들은 후에도 예루살렘을 떠나지 말고 하나님의 약속하신 성령을 기다리라고 말씀하셨습니다. 우리가 예수 믿고 은혜 받았다고 해서 그 즉시 능력이 나타나는 건 아닙니다. 먼저 우리는 든든한 성전으로 지어져야 합니다.

2. 영적 세계

우리가 보기에 이 세상은 성공한 사람과 성공하지 못한 사람, 높은 자리에 있는 사람과 낮은 자리에 있는 사람으로 나눠진 것 같습니다. 그렇다 보니 옛날에는 권력의 힘이라고 하는 것이 얼마나 대단했는지 모릅니다. 지배자의 명령은 거의 하나님의 명령처럼 절대적이었고, 그 명령을 거역했다가는 비참하게 죽을 수밖에 없었습니다. 사도 바울 당시에는 로마에 대항한 민족은 살아남을 수 없었습니다.

그러나 믿음의 눈으로 보면 세상의 구성이 지배자와 피지배자, 성공한 자와 성공하지 못한 자로 이루어져 있다고 보이지 않습니다. 오직 예수를 주로 부르는 자와 예수를 주로 부르지 않는 자가 있을 뿐입니다.

3절, "그러므로 내가 너희에게 알리노니 하나님의 영으로 말하는 자는 누구든지 예수를 저주할 자라 하지 아니하고 또 성령으로 아니하고는 누구든지 예수를 주시라 할 수 없느니라"

우리 마음에 성령이 오시지 않으면 절대로 예수를 주라고 고백할 수가 없습니다. 아무리 예수에 대해 들어도 알아들을 수가 없고 이해되지 않기 때문입니다. 오히려 마음속에 다른 영이 들어 있는 자들은 예수의 이름만 들어도 입에서 욕이 나올 것입니다. 그 이유는 자기도 모르게 예수가 밉기 때문입니다. 그래서 예수 믿는 사람이 찬송을 부르거나 기도하거나 예배드리는 것을 보면 입에서 욕이 나오고 방해하고 싶은 생각이 들고 공격하고 싶은 생각이 드는 것입니다. 그 이유가 뭔지 본인도 잘 알지 못합니다. 왜냐하면 그 사람의 마음에 다른 영이 들어 있기 때문입니다.

예수를 믿지 않는 사람은 예수에 대한 반발심이 있습니다. 그것은 바로 하나님에 대한 반발심입니다. 그래서 어느 때는 하나님이 하지 말라고 하는 것만 찾아 하면서 하나님께 반항하고 싶어 합니다. 술도 일부러 많이 마시고 우상의 제물도 먹고 방탕한 생활도 합니다. 그러나 하나님은 이미 그 사람을 부르고 계십니다. 그가 아무리 반항하고 아무리 교회를 욕하고 세상적인 것을 추구하더라도 하나님은 그를 이미 강한 줄로 끌어당기고 계십니다.

앞서 말했듯 우리가 예수를 주로 영접했다고 해서 당장 능력이 나타나는 것은 아닙니다. 우리가 예수 믿는 것은 어린 아이로 태어나는 것이기 때문에 자랄 시간이 필요합니다. 우리는 처음 예수를 믿고 너무 좋아서 뜨거운 열정으로 봉사하고 전도도 하고 교회 일도 합니다. 그러나 남이 알아주기를 바라고 뜻대로 되지 않으면 쉽게 낙심하기도 하고 개성이 너무 강해 다른 사람과 화합하지도 못합니다. 그러므로 우리는 많은 시간을 갈고 닦아야 하고 부서져 가루가 되어야 합니다.

이스라엘 백성은 하나님께 진설병이라고 해서 떡을 바쳤습니다. 그 떡은 모두 열두 개였는데 곡식을 부수어 가루로 만든 뒤 구운 떡이었습니다. 즉 곡식 알갱이 그대로는 하나님께 바칠 수가 없습니다. 곡식 알갱이를 잘게 부수어 고운 가루로 만들어야 하고, 거기에 물을 부어 반죽을 해야 합니다. 그리고 불에 구우면 하나님께 바칠 수 있는 떡이 됩니다.

마찬가지로 건축할 때 모래나 철근, 시멘트가 그냥 그대로 있으면 건물이 만들어지지 않습니다. 기술자는 모래와 시멘트와 물을 적당한 비율로 섞고, 설계 도면에 따라 이 시멘트 물을 부은 후 굳혀야 합니다. 그러면 서서히 건물이 만들어지기 시작하는데 나중에는 100층까지도 올라가게 됩니다. 마찬가지로 하나님의 백성은 하나님 말씀을 들으면서 자꾸 부서져야 합니다. 나중에는 아주 고운 가루가 되어 형체도 알아보기 어려운데 거기에다 또 물을 부어야 합니다. 그다음에는 그 가운데 철근이 들어가야 하고 시간을 두고 굳혀야 합니다. 그러면 우리 눈에 보이지 않지만 하나님의 거대한 구조물이 만들어집니다. 거기에는 댐도 있고 다리도 있고 100층 건물도 있어 능력이 나타나기 시작합니다. 이 과정을 모르고 자꾸 교회만 키우고 조직만 만든다면 재료만 모으는 것이고 능력이 나타나지 않습니다.

4-6절, "은사는 여러 가지나 성령은 같고 직분은 여러 가지나 주는 같으며 또 사역은 여러 가지나 모든 것을 모든 사람 가운데서 이루시는 하나님은 같으니"

'은사'는 '카리스마타'인데 선물을 뜻합니다. 하나님은 우리 각자에게 새로운 재능을 주시거나 이미 가지고 있던 재능을 하나님을 위해 쓰게 하십니다. 예를 들어 법을 전공한 사람은 법으로 하나님을 위해 사용될 수 있고 다른 일을 할 수도 있습니다. 또 음악을 잘하는 사람은 음악을 통해 주를 위해 쓰일 수도 있고 전혀 다른 은사를 가질 수도 있습니다.

'직분' 은 그야말로 교회 안의 다양한 자리를 뜻합니다. 그러나 주님은 같다고 했습니다. 주님은 하나님이 필요하신 대로 각자에게 집사의 직분이나 장로의 직분, 목사의 직분을 주십니다. 그렇다고 해서 자신이 상관이라고 생각해서는 안 됩니다. 그 이유는 직분은 계급이 아니기 때문입니다.

'사역'은 '에네르게마타' 라고 해서 하나님의 일을 행할 수 있는 능력을 뜻합니다. 사람마다 지혜를 가질 수도 있고 돈을 가질 수도 있고 리더십을 가질 수도 있습니다. 그러나 모든 사람 가운데 이루시는 하나님은 같으십니다.

3. 능력의 표시

하나님 말씀을 들으면서 자기 자신을 부정하는 훈련을 받을 때 우리는 성령으로 연합하게 됩니다. 그러므로 우리는 먼저 하나님 말씀을 듣는 훈련을 해야 합니다. 예를 들어 군대가 작전을 펼쳐야 하는데 통신하는 법을 전혀 모른다면 그 작전은 실패할 수밖에 없습니다. 처음에는 하나님 말씀을 들어도 우리 귀에 명확하게 들리지 않습니다. 왜냐하면 그런 쪽으로 지각이 발달되지 않았기 때문입니다. 우리는 열심히 자꾸 하려고 하는 것을 부인해야 합니다. 왜냐하면 그 당시에는 옳고 필요한 것 같지만 시간이 흐르고 나면 아닌 경우가 많기 때문입니다. 자꾸 자기를 부인하다 보면 자기는 아무것도 아닌데 우리 눈에 보이지 않는 거대한 구조물이 나타나게 됩니다. 즉 눈에 보이지 않는 믿음의 다리라든지 댐이라든지 건물이 생기게 되는 것입니다.

이때 하나님은 여러 사람에게 필요한 은사를 나누어주십니다. 그러나 이것이 전부라고 생각하면 안 됩니다. 즉 눈에 보이지 않는 연합이 더 중요합니다. 그것이 없으면 아무리 은사가 있어도 능력이 나타나지 않습니다. 그래서 7절에 "각 사람에게 성령을 나타내심은 유익하게 하려 하심이라"고 했습니다. 즉 성령의 능력이 나타나는 것은 다른 교인에게 유익을 주기 위한 것이지 자기를 나타내거나 높아지거나 더 많은 인기를 끌거나 돈을 모으기 위한 것이 아닙니다. 그래서 아무리 자기에게 은사가 있고 재능이 있어도 남에게 유익이 되지 않는다고 생각하면 하지 말아야 합니다. 그것을 위해 교회에 감독이 있고 목사가 있고 장로가 있는 것입니다.

하나님이 주시는 은사 가운데서 가장 절실하고 중요한 것이 말씀의 은사입니다. 이 말씀의 은사가 사탄을 물리치는 능력이기 때문입니다.

8절, "어떤 사람에게는 성령으로 말미암아 지혜의 말씀을, 어떤 사람에게는 같은 성령을 따라 지식의 말씀을"

본문에 보면 성령의 은사에 따라 지혜로 섬기는 자가 있고 지식으로 섬기는 자가 있음을 볼 수 있습니다. 여기서 지식은 성경의 지식 체계를 말합니다. 즉 성경의 교리를 잘 알아서 가르치는 사람을 말하는 것입니다. 옛날 청교도 목사들은 대부분 기독교의 교리를 잘 알았으며, 교리를 잘 가르치는 학자였습니다. 한편 구체적인 삶 가운데 우리가 어떻게 살아야 하고 어떻게 믿어야 하는지를 잘 가르치는 사람도 있습니다. 이런 경우에는 지혜가 되는 것입니다. 그러나 지혜와 지식은 서로 상반되는 것이 아니라 보완적 관계라고 보는 것이 좋습니다. 하나님 말씀을 잘 풀어 해석해주면 교인은 삶 가운데서 하나님의 지혜를 얻게 됩니다.

9-10절, "다른 사람에게는 같은 성령으로 믿음을, 어떤 사람에게는 한 성령으로 병 고치는 은사를, 어떤 사람에게는 능력 행함을, 어떤 사람에게는 예언함을, 어떤 사람에게는 영들 분별함을, 다른 사람에게는 각종 방언 말함을, 어떤 사람에게는 방언들 통역함을 주시나니"

여기에 보면 교회 안에서 필요로 하는 많은 은사가 나옵니다. 그중 '믿음'이 있는데 이것은 예수 믿는 믿음을 말하는 것이 아닙니다. 예수 믿는 믿음은 누구나 가지고 있지만 교회 안에서 어려움을 헤치고 앞으로 나아가려고 하면 리더십을 가진 사람이 필요합니다. 이때 세상적 리더십을 가진 사람은 자꾸 눈에 보이는 세상적 방법을 쓰려고 하지만 하나님의 리더십을 가진 사람은 눈에 보이지 않는 하나님의 능력을 믿어야 합니다. 모세는 하나님의 능력을 믿었기 때문에 홍해를 가르고 이스라엘 백성에게 바다를 건너도록 할 수 있었습니다. 마찬가지로 오늘 우리는 불확실성 가운데 살아가야 하고 무엇인가를 결정해야 합니다. 이때 리더에게 하나님을 믿는 믿음이 있어야 교인들이 안심하고 따라갈 수 있습니다.

다음으로 병 고치는 은사가 나오는데, 요즘은 병원이나 의사가 많아서 병에 걸리면 병원을 찾아가서 치료 받을 수 있지만 옛날에는 병이 나면 대개 무당에게 가서 굿을 한다든지 해서 치료를 받았습니다. 그래서 교회 안에는 기도로 병을 고치는 사람이 있었을 뿐 아니라 누가 같은 의사도 있었고 약에 지식이 있는 사람도 있었습니다. 요즘은 의학이 워낙 발달해서 웬만한 병은 병원에서 고칠 수 있습니다. 그러나 오진이 있을 수 있고 못 고치는 경우도 더러 있기 때문에 기도하는 것이 아주 중요합니다.

어떤 사람은 능력을 행한다고 했는데, 이것은 사탄의 공격을 물리치는 것을 말합니다. 옛날에는 무당이나 미신의 공격이 심했습니다. 그때 능력 있는 자들은 이런 사탄의 세력을 벌벌 떨게 만들었고, 귀신 들린 사람을 고치기도 했습니다.

예언의 은사는 어떤 일을 알아내는 능력을 말합니다. 예를 들어 태풍이나 지진이 온다든지 격심한 기근이 오는 것을 미리 알아내는 능력을 말합니다. 미국의 인디언들은 비버가 댐 안에 집을 지을 때 아주 두껍게 지으면 큰 추위가 온다고 했는데 맞는 경우가 많았다고 합니다. 보통 쥐나 야생동물은 제 6감이 있어 지진파를 미리 감지하는데, 그리스도인 가운데서 기도하는 동안 지진이나 재난을 미리 알고 피하라고 알려주는 사람도 있습니다. 그런데 요즘 이런 예언은 개인적 권면인 경우가 많습니다. 사도 바울이 예루살렘에 헌금을 가지고 올라갈 때 빌립 집사의 딸들은 모두 예언하는 사람으로 바울더러 올라가지 말라고 했습니다. 그러나 사도 바울은 올라갔습니다. 예루살렘에 올라가면 붙들리게 되리라는 것을 알았지만 올라가는 것이 더 옳다고 믿었기 때문입니다. 이처럼 다른 사람의 예언은 그대로 되지 않는 경우도 있기 때문에 그냥 참고하면 좋을 것입니다.

능력을 행하고 병을 고치는 사람이나 지식을 가르치는 사람 가운데 처음에는 바른 신앙을 가르치는 것처럼 보이다가 나중에는 잘못된 쪽으로 가는 사람이 많습니다. 대개 성령운동을 하는 사람 가운데 처음에는 병도 낫고 설교도 능력 있게 하는 것 같고 새로운 지식을 가르치는 것 같았는데 나중에 보니 돈에 망하고 비성경적 진리였던 것으로 나타나는 경우가 많습니다. 이것을 분별하는 능력도 중요합니다. 우리나라는 새로운 가르침이 생겨나면 한 번씩 유행을 합니다. 그래서 천국을 보았다고 해서 사람의 인기를 끌기도 하고, 깔깔거리면서 웃는 것이 성령의 역사라고 가르치면서 많은 사람을 잡아끌기도 했습니다. 이런 것은 모두 영적 분별력이 없어 따라가는 것입니다.

방언은 대개 성령의 감동이 넘칠 때 흥분 상태에서 '알아들을 수 없는 말' 을 하는 것입니다. 그러나 방언은 의미 없는 경우가 많습니다. 굳이 그것을 통역하면 '나는 기뻐요, 행복해요, 하나님 감사해요' 정도로 해석할 수 있습니다. 옛날에는 외국어 의미를 가진 방언을 할 때도 있어 통역하는 은사가 있었습니다. 그러나 이런 은사는 일시적인 때가 많습니다. 만약 그렇지 않다면 우리는 외국어를 배울 필요가 없을 것입니다. 선교지에 가면 언어가 몇 단계를 거쳐 통역되기도 합니다. 예를 들어 한국인이 설교하면 그것을 영어나 중국어로 통역하고 그것을 다시 현지인의 언어로 통역해야 알아듣는 경우도 있습니다.

11절, "이 모든 일은 같은 한 성령이 행하사 그의 뜻대로 각 사람에게 나누어 주시는 것이니라"

대개 사탄의 영성은 사람을 미치게 만들고 미신에 빠지게 해서 맹목적으로 추종하도록 만들어 망하게 합니다. 그러나 성령은 이 세상에 진정한 지성을 주고 예술을 주어 세상을 아름답게 하십니다. 더욱이 우리 성도에게는 특별한 은사를 주어 교회를 세우게 하시는데, 그 이유는 교회는 성령의 집이고 하나님 말씀으로 사람을 구원으로 이끄는 곳이기 때문입니다.

진정으로 세상을 구원하려고 하면 세상에 바로 영향을 끼치려고 하기보다 하나님의 집을 세우는 것이 더 중요합니다. 하나님의 백성이 말씀과 성령으로 충만할 때 거기서부터 시작되어 세상으로 생명을 살리는 능력이 흘러가게 됩니다. 성령의 능력은 다양하지만 주시는 분은 한 분, 한 성령이십니다. 그래서 그리스도인에게 중요한 것은 자기 은사가 아니라 겸손의 영을 가지는 것입니다. 겸손하지 않으면 집을 세울 수 없기 때문입니다.

오늘 우리 사회는 미친 악령이 온 세상을 지배하고 있고 미치게 만들고 있으며 음란하고 더러운 사상의 바람이 강하게 불고 있습니다. 이때 교회로부터 부는 성령의 새 바람이 이 세상을 살리게 될 것입니다.

성경 토의

1. 오늘 우리나라의 교회 사정을 보면 교회나 교인이 모두 뿔뿔이 흩어져 역동적으로 움직이지 못하는 것 같은데, 어떻게 하면 능력 있는 그리스도인이 될 수 있는가?

2. 세상적인 눈으로 보면 지식이나 권력, 재물을 가진 자들이 세상을 이끌고 가는 것 같은데 믿음의 눈으로 보면 무엇을 깨닫게 되는가?

3. 성령께서 오늘 우리 그리스도인이나 교회에 주신 은사로 어떤 것이 있으며, 현실의 어려움들을 이기기 위해서는 어떤 능력과 은사가 더 필요하다고 생각하는가?

26_몸과 지체의 원리

고린도전서 12:12-21

전체적 설명

우리 몸은 하나이지만 몸에는 많은 지체가 있어 생명을 유지하기도 하고 활동하기도 한다. 즉 눈은 외부의 물체를 보고, 손은 물건을 잡고, 심장은 피를 돌리고, 허파는 숨 쉬는 일을 한다. 우리 몸에 있는 지체를 보면 주로 생명을 유지하는 기관은 몸 안에 있어 보이지 않는 반면 육체적인 활동을 하는 기관은 겉으로 드러나 있다. 사람은 생명 유지와 상관없는 겉으로 드러난 기관은 아름다운 옷을 입혀 보호하지만 속에 있는 심장이나 허파, 간, 뇌 등은 몸 자체가 감싸고 있어 따로 멋을 부릴 필요가 없다. 마찬가지로 우리 그리스도인은 모두 예수님을 머리로 해서 한 몸으로 연결되어 있다. 우리 생각으로는 언어도 다르고 인종도 다르고 지역도 서로 떨어져 있는 그리스도인이 어떻게 한 몸의 지체가 될 수 있는지 잘 이해되지 않을지도 모른다. 군인들을 보면 부대가 떨어져 있지만 통신이나 지휘 체계에 따라 잘 연결되어 있는 것을 본다. 마찬가지로 우리 모든 그리스도인은 성령과 말씀으로 연결되어 있는 지체다. 그래서 서로를 무시하고 거역하는 것은 몸이 반란을 일으키는 것과 같고 몸이 술에 취했거나 미쳐서 제멋대로 움직이는 것과 같다.

12절, "몸은 하나인데 많은 지체가 있고"

설교 프리노트

사도 바울은 너무 당연한 예를 들고 있다. 즉 사람이나 짐승 모두 몸은 하나지만 몸에는 많은 기관이 있어 저마다 다양한 역할을 수행하고 있다. 몸의 이 많은 기관 가운데서 하나만 제대로 작동하지 않아도 큰 불편을 느끼거나 죽게 된다. 앞을 보지 못하면 불편하지만 심장이 뛰지 않으면 죽는다.

"그리스도도 그러하니라"

여기서 '그리스도'는 예수님과 모든 믿는 자로 구성되는 믿음의 세계를 말한다. 즉 모든 그리스도인은 예수님을 머리로 세운 한 몸이고 지체인 것이다.

13절, "유대인이나 헬라인이나 종이나 자유인이나"

이 세상에서 그리스도인의 신분이나 인종은 다양하다. 그리스도인 가운데 유대인도 있고 헬라인도 있고 로마인도 있고 야만인도 있었다. 또한 신분에 있어 자유인도 있었지만 노예인 자도 많았고, 직업에 있어 군인도 있고 상인도 있었다. 그러나 하나님은 모든 그리스도이 "한 성령으로 세례를 받아 한 몸이 되었고 한 성령을 마시게" 하셨다. 여기에 "세례를 받아 한 몸이 되었고"라는 표현이 나오고, "한 성령을 마시게 하셨느니라"는 말이 나온다. 여기서 "세례를 받아 한 몸이 되었고"는 우리를 식물로 비유해 세상 나무에서 끊어져 하나님의 몸에 접붙임된 것을 말한다. 즉 사도 바울의 비유처럼 돌 감람나무에서 끊어져 참 감람나무에 접붙임이 된 것이다(롬 11:17). 그리고 "한 성령을 마시게 하셨느니라"는 우리 각자의 몸 안에 성령이 충만하게 부어진 것을 나타낸다. 즉 우리는 세상으로부터 끊어져 그리스도께 접붙임을 받았을 뿐 아니라 우리 안에 성령이 충만히 임하시게 되었다. 그래서 우리 말과 행실에서 성령의 성품과 능력이 자연스레 흘러나오게 되었다. 이것이 바로 우리가 한 몸인 증거다.

15절, "만일 발이 이르되 나는 손이 아니니 몸에 붙지 아니하였다 할지라도"

이것은 지체 사이의 반란을 말한다. 예를 들어 발이 자기는 손이 아니기 때문에 몸에 붙지 않고 제멋대로 돌아다니겠다고 말한다면 그 몸은 엄청나게 고생할 것이며, 잘못하면 높은 데서 굴러 떨어져 다치거나 죽게 될 것이다. 사도 바울은 이런 예를 계속해서 말하고 있다. 즉 귀가 자기는 눈이 아니기 때문에 몸에 붙지 않겠다고 말한다면 그 귀는 천하에 쓸모없는 귀가 되고 말 것이고 결국 썩어 버리게 될 것이다(16절). 또 눈이 중요하다고 해서 온몸이 눈으로 되어 있다면 쓸데없이 눈만 많아서 흉측할 것이고 보아서는 안 되는 것을 너무 많이 보게 될 것이다. 온몸에 코만 있거나 귀만 있어도 쓸데없는 것만 많이 달려 있어서 거추장스럽고 보기에도 이상할 것이다. 그래서 우리 몸에는 꼭 필요한 만큼의 기관이 있고 지체가 있다.

21절, "눈이 손더러 내가 너를 쓸 데가 없다 하거나"

눈이 손더러 쓸 데가 없다고 하면 눈만 가지고 살아야 하는데, 그러면 세수도 못 하고 음식도 먹지 못해 아주 고통스러울 것이다.

"머리가 발더러 내가 너를 쓸 데가 없다"

이 경우 발이 없는 몸이니 기어 다녀야 할 것이다. 그리스도인은 머리도 있지만 발도 있어야 하고 눈도 있지만 손도 있어야 한다.

본문 이해를 위한 질문

1. 처음부터 기독교는 특정 민족을 위한 종교가 아니라 전 세계인을 품는 신앙이고 종교다. 전 세계의 다양한 민족과 다양한 나라의 사람은 어떻게 한 신앙을 가질 수 있을까?

유대인이나 헬라인, 자유인이나 종 모두 한 성령으로 세례를 받아 그리스도의 몸이 되었고 우리는 성령을 마심으로써 한 영을 가지게 되었다.

2. 그리스도인이 다른 그리스도인의 존재를 부정하고 자기는 다르다고 주장한다면 어떤 일이 일어나는가?

자신이 특별한 존재임을 주장한다고 해서 달라지는 것은 아무것도 없으며, 그는 여전히 그리스도의 한 몸일 뿐이다. 단지 다른 지체를 인정하지 않는 만큼 그는 역동적인 삶을 살거나 충만한 은혜를 누리지 못하게 될 것이다.

3. 사람의 몸에 지체가 부족해도 보기에 좋지 않지만 같은 기관이 너무 많이 달려 있어도 보기에 좋지 않다. 몸에 눈이 너무 많거나 귀가 너무 많거나, 손이나 발을 인정하지 않으면 어떻게 되는가?

우리 몸에 동일한 지체가 많은 것도 불편하고 보기에도 좋지 않다. 사람은 이런 것을 기형이라고 말한다. 교회도 획일화되거나 같은 은사만 너무 많이 받는 것도 좋지 않다.

성경 강해

요즘은 남성이나 여성 모두 몸의 아름다움에 많은 관심을 가지고 있습니다. 그래서 그런지 몰라도 요즘 우리나라 텔레비전 드라마에 출연하는 배우들을 보면 모두 예쁘고 잘생겼는데, 특히 남자가 더 잘생긴 것 같습니다.

얼마 전에 큰 인기를 끌었던 드라마가 있는데 우연히 지나가면서 한 장면을 보니 잘 아는 배우가 나왔습니다. 유심히 보니 그 배우가 너무 말랐다는 생각이 들었습니다. 요즘 다이어트를 과도하게 하는 것이 아닌가 걱정스러운 마음까지 들었습니다. 그런데 불과 얼마 지나지 않아 암으로 죽었다는 신문 기사를 읽게 되었습니다. 암으로 고통 받는 상태에서도 연기를 계속하며 배우로서 마지막까지 최선을 다했다는 내용이 있었습니다. 그 기사를 보며 목회자가 설교에 온 힘을 다하고, 죽어가면서도 목회자로서 사명감을 다할 때 교회와 목회가 얼마나 아름다울까 하는 생각이 들었습니다. 최근 유명한 목회자, 특히 메가처치급 목회자에게서 '저 사람은 목회자가 아니라 대기업의 경영자 같다' 라는 느낌이 들 때가 많습니다. 목회자는 목회자 느낌이 나야 하는데 그렇지 않고 기업체 회장이나 부동산업자, 정치인 느낌이 든다면 성도들은 실망할 것입니다.

어떤 사람에게서 풍기는 이미지는 아주 중요합니다. 예를 들어 어떤 여성이 외모가 화려하고 비싼 옷을 걸치고 외국의 명품으로 온갖 치장을 했는데 그의 언어가 너무 천박하고 하는 행동이 공격적이면 사람은 그 외모를 아름답게 보지 않을 것입니다. 어떤 선생님에게 선생님의 이미지가 풍기고 어떤 의사에게 의사의 이미지가 풍기고 어떤 사장에게 사장님이지만 소탈한 이미지가 풍길 때 사람은 그를 좋아하고 온 세상이 아름답다는 생각을 할 것입니다.

여인으로서 아름답고자 한다면 우선 건강해야 합니다. 아무리 미인이고 유명한 사람이라고 하더라도 병으로 죽어가고 있다면 아름답게 보이지 않을 것입니다. 또한 하는 말이나 행동이 상식에 맞고 아름다워야 합니다. 이 세상에서 아름다운 말을 하는 것보다 더 어려운 일은 없을 것입니다. 대학원에 다닐 때 지도교수님이 하버드 대학에서 박사 학위를 받으셨는데, 그분은 권위적이지도 않고 강의도 잘하시고 신문에 글도 많이 투고하셨습니다. 그리고 그분이 쓴 책은 대부분 베스트셀러에 올랐습니다. 어느 날 강의 시간에 그분은 말하는 것을 다시 배우고 싶다고 하면서 그런 것을 가르쳐 주는 곳이 있으면 자기에게 알려 달라고 했습니다. 사실 사람은 살면서 헤어릴 수 없이 많은 말을 하는데 왜 저런 말을 하는지 이해되지 않거나 말 때문에 좋았던 이미지가 완전히 깰 때가 있습니다. 초대교회가 아름다울 수 있었던 것은 그들이 아름다운 말을 할 수 있었고 그들의 얼굴에 기쁨이 있었고 그들의 삶에 무엇인가 알 수 없는 깨끗함과 겸손함과 진실함이 있었기 때문입니다. 어떤 여성의 이목구비가 뚜렷하고 균형이 잘 잡혀 있으면 미인이라며 치켜세울 것입니다. 그러나 머리가 너무 크다거나 입이 너무 크다거나 상체에 비해 하체가 너무 짧다거나 하면 아름답게 보이지 않을 것입니다.

오늘 기독교는 아름다워 보이지 않습니다. 일단 목회자와 교인이 수없이 많은 말을 쏟아내는데 그 말이 겸손하지도 진실하지도 않습니다. 그리고 기독교가 전혀 균형 잡혀 있지 않은 것을 봅니다. 큰 곳은 너무 크고 작은 곳은 너무 작은데, 더 이상한 것은 모두 가슴은 빈약하고 머리만 큰 모습을 하고 있다는 것입니다. 그러면 절대로 아름다운 몸을 가질 수 없고 매력적으로 보이지 않아 사람을 끌어모을 수도 없습니다.

1. 세계를 품은 기독교

요즘 해운대에 가면 외국인을 많이 볼 수 있습니다. 그리고 공장이 모여 있는 대구 변두리에 가면 피부색이 검은 동남아시아 사람이 많습니다. 언젠가 한 TV 프로그램에서 돈을 벌기 위해 우리나라에 온 우즈베키스탄 사람이 몇 년 동안 집에 가지 못하고 죽어라 일만 했는데 가족들이 찾아오는 모습을 보여주었습니다. 그 남편은 부인과 아이들이 왔다는 사실을 전혀 모른 채 일하고 있다가 갑자기 가족들이 나타나자 너무 반가워 서로 부둥켜안고 우는데 사람은 어딜 가나 똑같다는 생각이 들었습니다.

중국이 강대국에게 침략당했을 때 상하이에는 많은 외국인이 들어와 살고 있었습니다. 그런데 거기에는 일본인이 사는 지역, 독일인이 사는 지역, 영국인이 사는 지역이 마치 물과 기름처럼 나뉘어 있었고 백인은 백인끼리 사귀었습니다. 동양인과는 그들이 특별한 권력을 가졌거나 큰 부자가 아닌 이상 절대로 사귀지 않았습니다. 여기서 기독교가 놀라운 것은 이스라엘 가운데서도 정말 가난하고 무식한 자들이 살던 갈릴리라는 곳에서 시작되었고, 그 그릇이 전 세계적이었다는 점입니다. 예수님도 새 술은 새 부대에 담아야 한다고 말씀하셨는데, 기독교는 처음부터 세계를 품는 종교였습니다.

본문을 보면 아주 놀라운 말씀을 하고 있는데, 그 내용은 두 가지로 요약됩니다.

하나는 이 세상에서 아무리 적대적인 관계에 있는 자라도 같은 신앙의 형제자매가 될 수 있다는 사실입니다.

13절, "우리가 유대인이나 헬라인이나 종이나 자유인이나 다 한 성령으로 세례를 받아 한 몸이 되었고 또 다 한 성령을 마시게 하셨느니라"

우리는 유대인과 헬라인이 얼마나 적대적인 관계였는지 알 수 없습니다. 로마 세계에서 가장 적대적인 관계에 있는 사람은 유대인과 헬라인이었고, 그들은 자주 폭동을 일으켜 상대를 공격하기도 하고 죽이기도 했다고 합니다. 특히 아프리카의 알렉산드리아에는 유대인과 헬라인이 많이 살았는데, 그곳은 상대가 사는 지역에 함부로 들어갈 수조차 없을 정도로 위험했습니다. 그곳에서 유대인과 헬라인 사이에 큰 폭동이 일어났을 때 로마 황제가 중재하려고 했지만 그것 역시 쉽지 않았습니다. 일단 유대인과 헬라인은 자기들이 세계 최고라는 자부심을 가지고 있었습니다. 유대인은 전 세계에서 유일하게 여호와 하나님의 택함을 받은 족속이었고 율법을 가진 자들이었습니다. 거기에 비해 헬라인은 세계 최고의 지성인이었고 신화와 철학을 가진 자라는 자부심을 가지고 있었습니다. 또한 헬라인은 일찍부터 외국에 나가 많은 식민지를 개척했고, 유대인은 돈을 버는 데 귀신같은 재주를 가지고 있었습니다. 그러다 보니 유대인과 헬라인은 각자 자신들의 이권을 지키기 위해 자주 충돌했고, 그렇다 보니 서로를 미워하고 증오했습니다.

성경은 그리스도 안에서는 유대인이나 헬라인 모두 하나라고 했습니다. 옛날 로마인에게 헬라인이라고 하면 믿을 수 없는 사람으로 유명했습니다. 즉 로마인에게 헬라인은 거짓말을 잘하는 사람이었습니다. 그들은 이교도였고 우상 숭배자였습니다. 특히 헬라는 유대를 지배하고 있을 때 에피파네스라고 해서 아주 지독한 왕이 있어 유대인을 심하게 학대한 적이 있습니다. 그는 유대 성전 안에 돼지 피를 뿌렸고 안식일을 지키는 자들을 죽였으며 차마 말로 표현하기 어려울 정도로 유대인을 핍박했습니다. 거기에 비해 헬라인은 유대인을 돈만 알고 자기 신밖에 모르는 지독하게 꽉 막힌 자라고 생각했습니다.

그리스도 안에서는 유대인도 헬라인도 모두 같은 그리스도인이라고 했습니다. 그런데 이것이 과연 가능한 일일까요? 인간적으로는 절대로 불가능한 일이었지만, 그리스도의 성령으로는 가능했습니다. 사도 바울이 전도해 부흥이 일어났던 고린도 지역에는 많은 헬라인이 살고 있었습니다.

사도 바울이 말씀을 전해 부흥이 일어났던 에베소 지역에 살던 사람은 오늘날로 치면 터키인이었습니다. 당시 자유인과 종은 도저히 하나 될 수 없는 별개의 사람이었습니다. 자유인은 인간이지만 종은 인간이 아니었습니다. 종은 모두 주인의 소유로 소나 말처럼 사고팔 수 있는 짐승과 다를 바 없는 존재였습니다. 종은 사고파는 것뿐 아니라 다른 사람에게 빌려주어 일을 시키고 돈을 받기도 했으며, 그들에게 인격이 있다는 사실은 전혀 인정되지 않았습니다. 그러나 그리스도 안에서는 자유인이나 노예 모두 한 성도였습니다.

이것이 어떻게 가능할 수 있을까요? 그것은 우리 안에 들어오는 성령이 우리를 완전히 새로운 사람으로 만들기 때문입니다. 우리는 한 성령으로 세례를 받아 한 몸이 되었다고 했습니다. 이것은 우리 모두 세례를 받아 하나님께 접붙임이 된 것을 말합니다. 우리는 예수 믿고 세례를 받아 이 세상의 뿌리는 모두 뽑혀지고 하나님의 뿌리에 연결되었습니다. 그래서 붙어 있으나 떨어져 있으나 뿌리는 모두 한 뿌리입니다. 예를 들어 들판 여기저기에 한 자리 차지한 식물을 보면 서로 다른 식물처럼 보이지만 그 안에 들어가 보면 모두 거대한 하나의 뿌리, 즉 하나님께 연결되어 있는 하나의 식물입니다. 그 식물이 헬라인일 수도 있고 로마인일 수도 있고 유대인일 수도 있고 일본인이거나 중국인일 수도 있습니다. 그러나 그 안에 있는 뿌리는 모두 같은 뿌리, 하나님입니다. 결국 하나님의 백성끼리 서로 욕하고 싸우면 자기 몸을 치는 것이 됩니다. 가끔 보면 술에 취했거나 정신이 이상해져 자기 몸을 치는 사람이 있습니다. 자기 가족을 닥치는 대로 때리거나 몽둥이로 위협하거나 욕하는 사람이 있다면 그는 정신이 이상한 사람이고 아주 위험한 사람입니다. 물론 자기 자녀나 가족이 잘못된 행동을 했을 수도 있습니다. 그러나 가족이라면 조용히 지켜보다가 나중에 기회를 봐서 잘 타이르거나 가르쳐야 합니다. 그리스도인끼리 적대감을 가지거나 큰 소리로 욕하거나 폭력을 행사하는 것은 소중한 자기 몸을 치는 것이고 자기 뿌리를 찍는 것입니다.

본문을 보면 "한 성령을 마시게 하셨느니라" 고 말씀합니다. 하나님의 백성은 모두 뿌리를 통해 하나님의 진액이 공급이 되는 사람입니다. 그래서 하나님의 백성은 누구든지 그 속을 갈라 보면 하나님의 사랑이 있고 진리가 있습니다. 성령이 오시고 나서 이런 진액이 공급될 뿐 아니라 우리가 성령을 마시기도 합니다. 성령을 마신다는 것은 갈증을 느낀 사람이 물컵에 물을 잔뜩 따라 벌컥벌컥 마시는 모습을 연상시킵니다. 신약시대에 하나님이 우리에게 주시는 가장 놀라운 축복은 하나님의 성령을 이런 식으로 벌컥벌컥 마실 수 있게 하셨다는 점입니다. 그러면 단번에 갈증이 사라질 뿐 아니라 병도 치료되고 하나님의 지각이 생기며 영적으로 성숙하고 힘을 내게 됩니다. 이것이 바로 신약시대 그리스도인의 정의입니다.

그리스도인은 헬라인의 지식이나 자부심으로 사는 사람도 아니고 유대인처럼 되는 것도 아니고 자유인의 권세를 누리는 것도 아니고 종으로 사는 것도 아닙니다. 우리는 예배를 드리면서 성령을 마시게 됩니다. 우리는 뿌리로 하나님과 연결되어 완전히 새로운 인간이 되었을 뿐 아니라 새로운 능력을 공급 받는 자가 되었습니다. 그래서 그리스도인은 처음부터 세계인입니다. 예를 들어 어떤 품종이 있는데 갑자기 슈퍼품종이 나타나면 옛날의 품종은 외면 받을 것입니다. 요즘은 개도 너무 개량되어 털이 풍성하고 얼굴도 예쁘고 지능도 뛰어난 경우 많은 사랑을 받고 있습니다. 개를 데리고 다니는 사람을 보면 개들이 얼마나 예쁜지 사진을 찍고 싶을 정도입니다. 스마트폰의 경우 기능도 다채롭고 속도도 빠르고 배터리도 오래 가고 홍채 인식이라든지 음성 지시 기능이라든지 다양한 새 기능이 장착된다면 옛날 스마트폰은 없어지고 말 것입니다. 예전에 애용하던 타자기나 삐삐 등 없어진 제품은 모두 기능이 떨어졌기 때문입니다. 사람의 경우도 지능이 뛰어나고 외모도 잘생기고 신체적으로 건강하다면 그 사람을 싫어할 사람은 없을 것입니다.

그런데 그것보다 1천 배 이상 좋은 게 성령을 마시는 것입니다. 우리는 모두 새 인간이 되었습니다. 다만 아직 그 기능을 제대로 사용할 줄 몰라서 옛날 수준으로 살고 있습니다. 우리는 미국인보다 탁월하고 천사처럼 살아야 하는데 그냥 한 나라의 국민으로 만족한다면 그건 자신의 기능을 너무 모르는 것입니다.

여기서 놀라운 것은 하나님의 모든 백성은 각기 다른 캐릭터를 가지고 있다는 사실입니다.

12절, "몸은 하나인데 많은 지체가 있고 몸의 지체가 많으나 한 몸임과 같이 그리스도도 그러하니라"

꽃이나 짐승은 다양하지만 품종에 따라 거의 똑같다는 것을 알 수 있습니다. 예를 들어 벚꽃이라든지 개라든지 소라든지 종류는 다양해도 같은 품종 안에서는 거의 비슷합니다. 그런데 사람은 수십억 명이 살고 있지만 얼굴이 저마다 다릅니다. 물론 쌍둥이 가운데 거의 구별하기 어려울 정도로 똑같은 얼굴을 가진 사람도 있지만 손바닥의 지문은 같은 사람이 없다고 하니 너무 신기합니다. 누가 발견했는지 모르지만 사람의 지문이 다 다르다는 사실을 알아냄으로써 범죄 수사에 엄청난 발전이 있었습니다. 범인이 아무리 죄짓지 않았다고 시치미를 뗀다고 해도 범죄 현장에 지문이 남아 있으면 꼼짝 못 하고 범인이 됩니다. 그리고 똑같은 생각을 가진 사람은 단 한 명도 없습니다. 아무리 쌍둥이 형제나 자매라고 해도, 심지어 아무리 친한 친구나 애인이라고 해도 생각이 같은 사람은 없습니다. 놀라운 것은 '사랑'은 사람의 생각을 하나 되게 합니다. 친구가 서로 사랑하거나 남녀가 사랑에 빠지면 생각이 하나 됩니다. 그런데 더 놀라운 것은 성령으로 예수 믿는 사람들은 생각만이 아니라 성품까지 같아진다는 것입니다. 이렇게 하나 된 사람 전체를 성경은 '그리스도인'이라고 말하고 있습니다. 그리스도인 개개인은 형편도 다르고 처지도 다릅니다. 왜냐하면 붙어 있는 위치가 다르고 해야 하는 기능이 다르기 때문입니다. 예를 들어 몸에 여러 지체가 있어 손도 있고 발도 있고 배도 있으나 각기 다르게 기능하는 것처럼 그리스도인도 달라야 정상입니다.

2. 그리스도인의 다양성

우리는 앞선 말씀에서 어떻게 하면 사람이 폭발적인 능력으로 달리거나 활동할 수 있는지 생각해 보았습니다. 단거리 선수가 달리거나 축구 선수가 공을 몰고 가거나 피겨 스케이팅 선수가 공중회전을 하는 것을 보면 그야말로 폭발적인 에너지를 가지고 달리거나 점프하는 것을 봅니다. 그것은 기계처럼 부품으로 연결되지 않고 신경과 핏줄과 근육으로 연결되어 있기 때문입니다. 이제는 우리 몸 안에서 지체 하나하나의 다양한 기능을 살펴보겠습니다.

15-16절, "만일 발이 이르되 나는 손이 아니니 몸에 붙지 아니하였다 할지라도 이로써 몸에 붙지 아니한 것이 아니요 또 귀가 이르되 나는 눈이 아니니 몸에 붙지 아니하였다 할지라도 이로써 몸에 붙지 아니한 것이 아니니"

운동선수들 가운데는 달리는 능력이 아주 중요한 사람이 있습니다. 축구 선수나 단거리 달리기 선수의 경우 달릴 때 모든 힘이 다리에서 나옵니다. 그래서 축구 선수나 단거리 선수의 다리가 교만하게도 엄청난 연봉을 받는 것이 다 자기 때문이라고 하면서 다른 몸과 붙어 있지 않고 따로 있겠다고 한다면 모든 연봉을 받을 수 있을까요? 절대로 그렇게 되지 않을 것입니다. 다리가 몸에서 분리되는 순간 그 사람은 더 이상 축구를 하지 못하고 달리기를 하지 못하기 때문입니다. 몸에서 떨어져 나온 다리는 죽은 다리입니다. 그 다리는 돈을 독차지하려고 몸에서 떨어져 나왔지만 결국 죽고 맙니다. 다리의 그 뛰어난 힘은 심장에서 오는 것이고, 팔 근육에서 오는 것이며, 위에서 음식을 소화해 혈관을 통해 보내 그만한 힘이 나오는 것입니다. 운동선수들 가운데 평소 건강을 자신해 자신의 몸을 돌보지 않은 채 술을 많이 마셔 주위 사람보다 더 일찍 죽는 사람이 있습니다. 이렇듯 몸은 전체가 중요합니다.

다리가 다른 지체를 인정하지 않으면 결국 자기만 장애를 갖게 되고 자기만 죽게 됩니다. 몸이 가장 뛰어난 기량을 발휘하는 것은 뇌와 신경의 지시로 다른 지체의 도움을 받아서 자신이 세운 목적에 맞춰 최적의 훈련을 받을 때입니다.

예를 들어 우리 귓바퀴를 보면 천하에 쓸모없는 존재처럼 보입니다. 귓바퀴는 물건을 들 수도 없고 몸을 움직이는 데도 전혀 도움이 되지 않습니다. 그래서 옛날에는 노예들이 말을 잘 듣지 않으면 귀를 잘라버리기도 했습니다. 귀를 자르면 소리를 듣는 데 어려움을 느끼게 됩니다. 귓바퀴가 소리를 모아주는 역할을 하기 때문입니다. 요즘은 많은 사람이 안경을 쓰는데 귀가 없으면 안경을 쓸 수가 없습니다. 여름에 선글라스를 쓰고 싶어도 귀가 없으면 쓸 수가 없습니다.

눈썹은 확실한 기능이 없는 것처럼 보입니다. 과거 미인들 가운데는 눈썹을 밀어버리는 사람도 있었습니다. 그러나 눈썹이 없으면 이마의 땀이 눈으로 바로 들어와 눈이 따가울 뿐 아니라 미인은 미인인데 무엇인가 허전한 미인이 되고 맙니다.

요즘 그리스도인은 자기가 최고인 줄 알고 남을 잘 인정하려고 하지 않는 경향이 있습니다. 일단 우리가 성경을 번역한 것이 아닙니다. 누군가가 성경을 잘 번역해주었기 때문에 성경을 읽을 수 있는 것입니다. 누군가가 전도해주었고, 누군가가 교회를 세워주었기에 우리는 신앙생활을 할 수 있습니다. 또한 누군가가 예배당을 지어주었기에 장소의 어려움이나 돈의 어려움 없이 신앙생활을 할 수 있습니다. 도대체 우리가 잘난 것이 뭐 있다고 남들 앞에서 잘 믿는 것처럼 행세하는지 이해되지 않습니다. 특히 노인을 무시하는 사람이 있는데 노인 없이 어떻게 우리가 존재할 수 있습니까? 그리고 우리도 머지않아 노인이 될 텐데 말입니다.

저보다 앞서 목회를 하셨던 목사님이 계신데, 스승이자 교과서 역할을 해주셨습니다. 너무 생생한 교과서 역할을 해주셔서 혼자 유명하게 되고 성공한 사람은 알지 못하는 비밀을 저는 알고 있습니다.

언젠가 청년들이 몸의 지체라는 소재로 드라마를 만들었는데, 그 드라마에서 머리와 손과 발이 서로를 미워해 도와주지 않았습니다. 손은 얼굴을 씻어주지 않았습니다. 그래서 얼굴은 금방 시커멓게 더러워졌습니다. 머리는 발에게 어디로 가야 하는지 가르쳐주지 않았습니다. 그래서 발은 무

작정 가다가 자꾸 넘어져 많이 다쳤습니다. 손은 발을 씻어주지 않았습니다. 물론 뒤도 닦아주지 않았습니다. 그래서 발에 더러운 때가 끼었고 몸에는 냄새가 많이 났습니다. 입은 귀찮다고 음식을 먹지 않았습니다. 손은 자주 얼굴을 때렸습니다. 결국 그 몸은 쓰러지고 말았습니다. 마침내 각 지체는 서로의 도움이 필요하다는 것을 깨달았습니다. 그래서 손은 음식을 집어 입에 넣어주었고 입은 열심히 음식을 먹었습니다. 발은 물이 있는 곳으로 걸어갔고 손은 얼굴과 다리를 씻어주었습니다. 그리하여 다시 멋진 몸이 되었습니다. 사실 몸의 각 부분이 따로 노는 것은 술 취한 사람에게서나 볼 수 있습니다. 사실 몸은 술을 싫어하는데 손이 술을 자꾸 입 안으로 부어 넣습니다. 술을 자꾸 마시면 운동신경이 마비되어 다리가 휘청거리게 됩니다. 입은 자꾸 벌어져 실없이 웃습니다. 손은 아무것이나 때립니다. 다리는 몸을 시궁창에 처박아버립니다. 그런데 여기서 더 나아가 큰 사고가 일어나면 몸이 부서지고 말 것입니다. 술 취한 채로 운전하면 정말 큰일이 일어납니다. 일단 우리 몸은 지체가 붙어 있지 않으면 죽은 것입니다.

이것이 가족에게는 대화입니다. 가족끼리 대화가 없으면 끊어진 것입니다. 교인에게는 말씀을 듣는 것입니다. 하나님 말씀을 바로 듣지 않으면 그는 끊어진 것입니다.

구약성경에 보면 "~하는 자는 이스라엘 중에서 끊어지리라"는 말씀이 많이 나옵니다. 그는 이스라엘 안에서 죽은 자입니다. 다리가 잘리고 배가 찢어져 죽은 것입니다. 그는 썩어가고 있으며 아무것도 할 수가 없습니다. 모양만 있을 뿐 실제로는 죽은 것과 같습니다.

3. 기독교가 아름답게 보이지 않는 이유

오늘날 기독교는 참으로 멋진 예배당으로 지어지고, 세상에서 성공하고 유명한 많은 성도가 있고, 목사들 가운데 박사가 수두룩하고, 연예인 이상으로 인기 있는 사람이 많은데 별로 아름답지 않은 것을 볼 수 있습니다.

그 이유가 무엇일까요? 가장 중요한 이유는 하나하나는 아름답지만 전체가 하나님 말씀으로 연결되어 있지 않아서 아름다울 수가 없는 것입니다. 즉 손과 팔과 다리가 다 떨어져 나가버린 것입니다. 게다가 어떤 것은 너무 비대해지고 또 어떤 것은 너무 허약합니다. 개중에는 모두 똑같아지게 된 것도 많습니다. 즉 지적으로는 비대하지만 팔과 다리가 허약하고 가슴이 빈약합니다.

17절, "만일 온몸이 눈이면 듣는 곳은 어디며 온몸이 듣는 곳이면 냄새 맡는 곳은 어디냐"

사람에게는 눈이 아주 중요합니다. 시력을 잃어 앞을 보지 못하면 얼마나 불편한지 모릅니다. 사실 넘어질 때도 많고 위험한 순간도 많을 것입니다. 그래서 어떤 사람은 온몸을 눈으로 만들기로 했는데 100개가 넘는 눈을 가지게 되었습니다. 눈이 100개 있으면 어떨까요? 아마 이 사람은 남이 하는 행동을 전부 볼 수 있을 것입니다. 머리 뒤에도 눈이 있고 손끝에도 눈이 있어 몰래 카메라 같은 역할을 할 것입니다. 그러나 이렇게 눈이 많은 사람은 겉으로 봤을 때 징그럽고 그 자신도 아주 불편할 것입니다. 왜냐하면 눈을 관리하기가 보통 까다로운 일이 아니기 때문입니다. 어떤 사람이 다른 사람의 마음을 읽는다고 합시다. 과연 그 사람이 행복할 수 있을까요? 절대로 행복하지 않습니다. 우리는 다른 사람의 마음을 모르는 것이 훨씬 좋습니다. 사람은 생각하는 것이 언제나 악하기 때문입니다. 눈은 두 개만 있으면 충분하고 더 이상 많을 필요가 없습니다. 모든 사람이 목사가 될 필요도 없습니다. 그리고 모든 사람이 선교사가 되어야 하는 것도 아닙니다. 모든 사람이 장군이 되고 모든 사람이 사장이 되고 모든 사람이 교수가 되고 모든 사람이 의사가 된다면 그것은 엄청난 낭비일 뿐 아니라 망하는 길입니다. 이처럼 우리 모두가 상류층이 되고자 하고 모두 높아지려고 하니까 불편한 것이 많습니다. 모두가 자신이 잘났다고 생각하고 자신이 최고라고 생각하기 때문입니다. 이것은 결코 보기 좋은 모습이 아닙니다.

예를 들어 온몸이 귀라고 하면 냄새 맡는 코는 어디에 있습니까? 사람이 냄새를 못 맡으면 불이 났을 때 재빨리 알아채지 못해 죽을 수도 있습니다.

냄새를 맡지 못하면 향수가 무슨 소용이 있을까요? 획일화는 이처럼 무서운 결과를 가져올 수 있습니다.

오늘날 교회는 머리만 너무 커져 있습니다. 전부 가르치는 자가 되려 하고, 마주치는 사람 전부 교수이고, 전부 의사이고, 전부 목사라면 누가 배우고 누가 설교를 들으며 누가 수술을 받으려고 할까요?

생텍쥐페리가 쓴 《어린왕자》를 보면 "어른들은 참 이상해"라는 내용이 나옵니다. 어떤 어른은 왕인데 백성이 한 명도 없습니다. 어떤 어른은 별을 계산해 은행에 저금하려고 합니다. 어른은 관객도 없는데 자기 혼자 쇼를 하고 있습니다. 그래서 어린 왕자는 어른들의 생각이 참 이상하다고 말합니다. 어른들은 자기를 죽이는 일인 줄 모르고 술을 마십니다. 어른들은 자기를 죽이는 줄 모르고 죽어라 일만 하고 돈만 모읍니다. 어른들은 스스로를 죽이는 줄 모르고 자기 몸을 때리고 자기 머리를 때립니다.

21절, "눈이 손더러 내가 너를 쓸 데가 없다 하거나 또한 머리가 발더러 내가 너를 쓸 데가 없다 하지 못하리라"

머리가 다리한테 쓸데없다고 말하지만 대부분의 사람은 머리가 큰 것을 싫어하고 오히려 머리는 작지만 다리가 긴 사람을 멋있다고 말합니다. 눈이 손한테 쓸데없다고 말하지만 돈을 벌고 입 안에 음식을 넣는 것은 손이 하는 일입니다.

지금 예배당은 너무 훌륭하고 교인은 세상적으로 성공했는데 전체적으로 보면 괴물이 되고 말았습니다. 그 이유는 겸손하지 않고 남을 인정할 줄 모르고 자기만 최고인 줄 아는, 균형도 전혀 맞지 않고 제멋대로 날뛰는 욕심쟁이가 되었기 때문입니다. 우리에게는 하나의 주님만 계시고 우리에게는 하나의 진리만 있습니다. 여러 개의 진리를 가진 것은 괴물입니다. 그러나 하나의 진리를 배우고 한 성령을 마시면 우리는 다시 아름다워질 수 있습니다. 그래서 세계 최고의 미인이 될 수 있습니다.

성경 토의

1. 오늘 세계는 정보와 통신과 교통수단의 발달로 하나가 되어가고 있다. 거기에 비해 정치인은 오직 자기 나라만을 위하여 보호무역주의를 채택하고 있다. 오늘 세계 그리스도인은 어떻게 해야 하나가 되고, 역동적인 신앙생활을 할 수 있는가?

2. 우리나라 기독교는 많은 교파로 분열되어 아름답지 못한 모습을 보여주고 있다. 모든 교인이 하나 되고 더 가까워질 수 있는 방법은 무엇인가? 예를 들어 각 지역별로 모이고 있는 부활절 연합예배는 잘 진행되고 있는가?

3. 한국 교회가 훌륭한 예배당과 많은 교인 수에도 불구하고 아름답게 보이지 못하는 이유는 무엇이며, 어떻게 하면 아름다운 기독교의 모습을 회복할 수 있다고 생각하는가?

27_균형 잡힌 몸매

고린도전서 12:22-31

전체적 설명

사람은 모두 아름다운 몸을 가지기를 원한다. 특히 최근 사람은 더 멋지고 아름답게 보이기 위해 살을 빼거나 성형 수술을 많이 하고 있다. 그러나 사람은 생각하지도 못했던 암이나 스트레스로 돌연사를 많이 하는 것을 볼 수 있다. 이것은 외모만 중요하게 생각했지 정작 자신의 생명을 지키는 일을 등한시했기 때문이다. 이것은 교회도 마찬가지다. 교회가 자신의 생명을 지탱하는 말씀과 성령의 역사를 소홀히 하고 외형만 과도하게 키우고 화려하게 치장함으로써 사람을 끌려고 할 때 자칫 잘못하면 돌연사하게 되는 것이다. 교회의 가장 중요한 은사는 순수한 하나님 말씀을 전하는 것이고, 이것이 제대로 되어질 때 교회는 사랑이 공동체로 만들어져 성령의 열매가 넘치게 된다.

설교 프리노트

22절, "약하게 보이는 몸의 지체가 도리어 요긴하고"

"약하게 보이는 몸의 지체"가 무엇을 말하는지 정확하게는 알 수 없다. 눈 같은 지체는 약한 지체인 것은 틀림없다. 그러나 우리 몸을 전체적으로 볼 때 생명을 유지하는 기관은 전부 몸 안에 있고 약한 지체다. 심장도 약하고 허파도 약하고 간도 약하다. 이들 지체가 고장 나면 사람은 온몸이 아프게 되고 제대로 치료 받지 않으면 목숨을 잃게 된다. 한편 심장이나 허파, 간에 비해 팔이나 다리는 덜 중요하지만 겉으로 드러난 부분이기 때문에 사람은 아름다운 옷을 입힌다.

23절, "아름답지 못한 지체는 더욱 아름다운 것을 얻느니라"

몸의 아름답지 못한 부분은 아무래도 감추고 싶을 것이다. 그런데 우리 몸에서 감추고 싶어 하는 부분이 가장 예민하고 살아가는 데 중요한 역할을 한다. 그 부분이 잘못되면 그 사람의 인격 전체는 파멸하고 만다.

24절, "우리의 아름다운 지체는 그럴 필요가 없느니라"

사람의 얼굴은 이미 아름다워서 많이 꾸밀 필요가 없다. 그럼에도 많은 여성이 더 아름답게 보이기 위해 화장을 한다.

"오직 하나님이 몸을 고르게 하여"

하나님은 온몸에서 쓸모없는 부분이 하나도 없게 하셨을 뿐 아니라 지체 사이에도 공평함을 유지하셔서 생명에 중요한 기관은 몸 안에 감추고 덜 중요한 지체는 아름다운 옷을 입히게 하고 부끄러운 지체는 더 소중하게 만들어 공평하게 하셨다. 그래서 우리 몸에서 덜 중요한 부분은 하나도 없고 멸시 받아야 할 지체도 없다.

25절, "몸 가운데서 분쟁이 없고"

지체끼리 치고박고 싸운다면 온몸은 만신창이가 되고 말 것이다. 그럼에도 정신이 이상하거나 술에 만취하면 사람은 자기 몸을 때리거나 다른 데 부딪치거나 해서 상하게 만든다. 사람에게 있어 가장 악한 것이 '자살'인데 잘못된 생각이 결국 일부 몸과 작당해서 온몸을 죽이는 것이다.

26절, "만일 한 지체가 고통을 받으면"

이것은 상식적인 이야기다. 우리 몸에서 어느 한 부분만 다쳐도 온몸이 아파 아무것도 할 수가 없다. 우리 몸은 신경으로 다 연결되어 있기 때문이다. 또한 몸 가운데서 일부만 상을 받아도, 즉 목에 메달을 걸거나 손으로 상장을 받아도 온몸이 영광스러워진다. 이처럼 지체는 몸 전체를 고통스럽게 할 수도 있고 몸 전체를 영광스럽게 할 수도 있다.

27절, **"너희는 그리스도의 몸이요"**

참으로 놀라운 선언이다. 교회는 단순히 예배하는 모임이 아니라 그리스도의 한 몸으로 촘촘한 신경을 통해 연결되어 있다. 그래서 내 상태가 다른 그리스도인에게 중요한 영향을 미치고, 또 다른 그리스도인이나 교회의 상태도 나에게 중요한 영향을 미친다. 즉 다른 그리스도인이 아프면 나도 아프게 되고 다른 그리스도인에게 부흥이 일어나면 나 역시 기쁘게 된다.

28절, **"하나님이 교회 중에 몇을 세우셨으니"**

하나님은 교회가 세워지고 힘을 내도록 하기 위해 직분자를 세우셨다. 그런데 모든 사람에게 직분을 준 것은 아니고 '몇' 을 세웠다고 하셨다. 몇 명만 직분자로 세워도 충분하기 때문이다. '사도' 는 주님의 보내심을 받아 진리로 교회를 세우는 사명을 맡은 자다. 그래서 사도의 가르침은 바로 주님의 가르침이다. '선지자' 는 하나님 말씀을 예언으로 전하는 자를 말하는데, 초대교회 때는 사도들의 지도 아래 말씀을 전하기도 하고 성경을 기록하기도 했다. '교사' 는 기독교 진리를 가르치는 자를 말하는데, 교리를 잘 가르치는 사람을 말한다. 목회자가 바로 이런 일을 한다. '능력 행하는 자' 는 어려운 시험이나 위기를 잘 물리치는 리더십을 가진 사람을 말한다. '병 고치는 은사' 는 기도나 약으로 성도들의 병을 잘 고치는 것을 말한다. '서로 돕는 것' 은 물질로 도와주는 것을 말한다. '다스리는 것' 은 교회의 여러 가지 행정적인 일을 처리하는 것을 말한다. '각종 방언' 은 말이 다른 사람이 있는 경우 그 사람과 의사소통하는 것을 말한다.

29절, **"다 사도이겠느냐 다 선지자이겠느냐"**

아마도 고린도 교인은 모든 사람이 은사를 가져야 한다고 생각했던 모양이다. 그래서 많은 사람이 사도가 되고자 하고 선지자가 되고자 하고 병 고치는 은사를 가지려고 한 것 같은데 바울은 그럴 필요가 없다고 했다.

본문 이해를 위한 질문

1. 우리 몸의 지체 비유와 우리의 교회 신앙생활 사이에는 어떤 관계가 있는가?

우리 몸에 쓸모없는 부분이 하나도 없고 덜 중요한 부분도 없듯이 교회와 그리스도인 모두 소중하고 쓸모있기 때문에 존재하는 것이다.

2. 우리 몸에 소중한 부분과 덜 중요한 부분은 어떻게 다른가?

소중한 부분은 그 자체로 중요하지만 덜 중요한 부분은 아름답게 꾸며주어야 자기 자신의 외모 전체가 아름답게 보인다.

3. 하나님은 교회에 어떤 은사를 주셨는가?

말씀을 전해 교회를 세우는 사도의 은사와 예언의 은사와 교사의 은사를 주셨고, 교인을 돕기 위해 능력을 행하고 병을 고치고 물질로 돕는 은사를 주셨다.

성경 강해

요즘 우리는 주위에서 멀쩡하던 사람이 이유도 없이 돌연사하는 것을 많이 봅니다. 어떤 유명한 피아니스트는 연주회 준비를 하다가 술을 마신 뒤 택시를 타고 집으로 가던 중 숨을 거두고 말았습니다. 이런 사람은 휴식을 취하지 않고 균형을 잃은 상태에서 과도한 스트레스가 쌓여 혈관이나 심장에 무리를 주어 갑자기 운명을 달리하게 된 것입니다. 이런 사람은 겉보기에 이상이 없는 것처럼 보이지만 과도한 스트레스로 혈관이 좁아졌다거나 내장 근육이 오랫동안 긴장 상태로 있어 소화가 제대로 안 됐다거나 하는 이상 현상이 진행되고 있었던 것입니다.

오늘 우리는 세상에서 성공하거나 세상에 영향력을 미치는 것을 중요하게 생각합니다. 그런데 세상에 영향을 미치는 방법으로 몸집을 키우거나 돈으로 해결하려고 하는 사람이 많습니다. 이것은 모두 과거에 실패했던 방법입니다. 그리스도인도 세상에서 성공하려고 하는데 너무 성급하게 머리로만 성공하려고 합니다. 외국에서 성공하려면 학교 공부만 잘하는 것은 아무 소용이 없습니다. 하버드대학교나 스탠퍼드대학교 같은 곳의 졸업식에 연사로 초청 받아 졸업 연설을 하는 사람을 보면 상당수가 대학을 중퇴했습니다. 그들은 학교의 졸업장이나 커리큘럼 같은 것에 구애받지 않고 자기 나름대로의 길을 뚫었기 때문에 성공할 수 있었던 것입니다. 마찬가지로 우리 그리스도인이 이 세상에서 성공하는 방법이 있고, 교회도 세상에 영향을 미칠 수 있는 방법이 있습니다. 우리는 이것을 세상에서 배우지 말고 성경에서 배워야 합니다. 과연 내가 잘할 수 있는 것이 무엇이며, 어떻게 하면 나 자신을 제대로 훈련시킬 수 있는지 고민해야 합니다. 교회도 과연 어떻게 하는 것이 진정한 교회의 모습인지 생각해야 합니다. 우리 그리스도인이 생각해야 하는 성공의 비결은 세상이 요구하는 것과 하나님이 훈련시키시는 것 두 가지를 다 해야 한다는 사실입니다. 세상 사람은 세상이 요구하는 것만 잘하면 되지만 그리스도인은 그것만 가지고는 안 됩니다. 세상 것만 잘한다면 세상 사람과 다른 것이 아무것도 없기 때문입니다. 교회가 인간적인 방법으로 성공하고 세상에 돈을 퍼부어도 나중에는 욕을 먹고 실패하게 됩니다. 교회가 세상에 주어야 하는 것이 돈이 아니기 때문입니다. 우리가 이 세상 사람에게 주어야 할 것은 돈이 아니라 하나님의 능력과 사랑입니다.

1. 인간 몸의 비유

사람의 몸은 십대 후반이나 이십대 중반까지 폭발적으로 성장하고 왕성한 에너지를 가지고 활동합니다. 그러다가 이십대 후반부터는 조금씩 체력이 떨어지고, 그것을 대신할 수 있는 경험이나 지혜가 쌓이게 됩니다. 사람은 자주 만나면 늙지 않고 그대로인 것 같지만 십 년 단위로 보면 현저하게 늙은 것을 알 수 있는데, 나이에 맞춰 살아야 병에 걸리지 않습니다.

최근 인간에게 가장 무서운 적은 스트레스입니다. 스트레스는 어떤 일에 대해 단기간에 높은 성과를 나타내기 위해 자기 자신을 극도로 긴장시키는 것을 말합니다. 사실 사람은 어느 정도 스트레스가 있어야 어려운 일을 해낼 수 있고, 수준 높은 결과를 만들어낼 수 있습니다. 그런데 문제는 우리 몸이 강한 스트레스를 언제나 감당할 수 있는 게 아니라는 사실입니다. 사람이 젊었을 때는 혈관이나 신경, 내장 세포가 아직 건강하고 힘이 있어 강도 높은 긴장을 감당할 수 있고, 그 중간에 휴식을 취하면 긴장이 풀리면서 정상으로 돌아갑니다. 그러나 나이가 들고 스트레스가 계속 쌓이면 혈관이나 내장, 근육이 쉬어준다고 해도 정상으로 잘 돌아가지 않고 이것이 정도를 넘어서면 어디가 끊어지든지 막히든지 해서 죽거나 병이 생깁니다.

22-23절, "그뿐 아니라 더 약하게 보이는 몸의 지체가 도리어 요긴하고 우리가 몸의 덜 귀히 여기는 그것들을 더욱 귀한 것들로 입혀 주며 우리의 아름답지 못한 지체는 더욱 아름다운 것을 얻느니라"

지금까지 크게 두 가지를 살펴보았는데, 하나는 사람이나 맹수가 폭발적인 에너지로 달리거나 운동할 수 있는 것은 유기적으로 연합되었기 때문이라는 것입니다. 즉 로봇 경우에는 기계적으로 조립되어 있기 때문에 빨리 결정을 내리거나 움직일 수 없습니다. 반면 사람이나 짐승의 몸은 신경과 근육과 힘줄로 연결되어 있어서 운동할 수 있도록 에너지를 내게 됩니다. 하나님의 백성이 세상에서 폭발적 에너지를 나타내려고 하면 유기적으로 연합되어 있어야 하는데, 그것이 바로 말씀과 성령입니다. 그리고 모두 서로 달라야 합니다. 모두 머리이고 모두 지적인 것은 괴물이지 미인이 아닙니다.

우리 몸에는 크게 두 종류의 기관이 있습니다. 하나는 생명을 유지하는 기관이고, 다른 하나는 활동하는 기관입니다. 생명을 유지하는 기관은 모두 몸 안에 있는데 심장이라든지 뇌, 간, 신장, 혈관 같은 것입니다. 이것은 눈에 보이지 않기 때문에 사실 우리는 어떤 상태인지 알 수 없습니다. 그러나 생명과 관계되는 기관은 조금만 이상이 생기면 바로 죽습니다. 즉 뇌에 출혈이 있거나 심장이 뛰지 않거나 폐에 물이 찼다면 바로 수술하거나 치료하지 않으면 죽습니다. 한편 활동과 관계되는 기관도 있는데, 그중 가장 많은 활동을 하는 것이 손과 팔, 다리입니다. 여기에는 입도 있고 눈도 있고 코도 있습니다. 이런 기관은 겉으로 드러나는 기관일 뿐 아니라 사람의 외모에 중요한 영향을 미칩니다. 사람의 다리 길이는 생명을 유지하는 데 아무 관계가 없습니다. 그러나 사람에게 인기를 끌거나 좋은 인상을 주려면 키가 큰 것만큼 유리한 것도 없는 것 같습니다. 여성이나 남성 가운데서 키가 크면 자동적으로 점수를 따고 들어갈 때가 많습니다.

현대인의 문제는 성공하기 위해 눈에 보이지 않는 생명과 관련된 기관을 소홀히 하는 데 있습니다. 우리 몸에서 간은 웬만큼 아파서는 겉으로 드러나지 않습니다. 그래서 사람은 끊임없이 간을 혹사시킵니다. 자꾸 술을 마시고 신경을 과도하게 사용하고 고지방 음식물을 무리하게 섭취합니다. 그러면 나중에 간 기능을 잃는데 간이 고장 나면 쉽게 회복하기 어려울 뿐 아니라 목숨이 위태롭게 됩니다.

사실 우리 몸에는 중요하지 않은 기관이 없습니다. 우리는 병도 들지 않아야 하겠지만 보기에도 멋있어야 합니다. 그런데 중요한 것은 이 두 가지를 모두 가지려고 하면 체계적으로 자신을 훈련시켜 나가야 한다는 사실입니다.

우리나라 공부는 암기 위주여서 암기력이 좋은 사람이 공부를 잘합니다. 그런데 이것이 외국에 유학을 가서는 통하지 않습니다. 거기서는 엉덩이의 힘으로 공부한다고 할 정도로 의자에 오래 앉아 집중적으로 파고들어야 하기 때문입니다. 사실 우리는 토론을 잘하지 못합니다. 우리나라에서는 교수님의 강의에 반박하거나 질문하면 야단부터 맞기 때문에 묻고 싶은 것이 있어도 질문을 잘 하지 않습니다. 그런데 미국에 가보니 학생이 교수가 화를 낼 만한 주장도 하고 반박도 하는데 교수가 전혀 개의치 않는 것입니다. 이런 것을 보면 역시 우리는 우물 안 개구리라는 생각이 듭니다.

하나님의 자녀는 세상 공부와 하나님의 공부를 다 해야 합니다. 하나님의 백성은 하나님 말씀도 배워야 하고 공부도 해야 합니다. 공부할 때는 공부 방향이 아주 중요합니다. 혼자 죽어라 공부해 봐야 아무 결과도 얻지 못할 때가 많습니다. 사실 옛날 고시 공부하는 사람을 보면 혼자 절에 들어가거나 고시원에서 법전이나 고시 관련 책을 죽어라 외워 시험에 합격했습니니다. 그런데 그런 식으로 공부한 사람은 사회성이 현저하게 떨어지고 한번 판단을 잘못하면 고치기가 정말 어렵습니다.

여기에 하나님의 백성이 처한 어려움이 있습니다. 세상 사람은 세상 처세만 잘하면 되지만 하나님의 백성은 하나님의 능력이 와야 하는 것입니다. 처음에는 세상 능력도 안 되고 하나님의 도우심도 안 오기 때문에 거의 죽을 지경이 됩니다. 이때가 하나님의 백성에게는 가장 어중간하고 위험할 때입니다. 즉 사자나 표범도 새끼일 때는 다른 맹수에게 물려 죽는 일이 많은 것처럼 세상 능력도 없고 하나님의 도우심이 없을 때가 하나님의 백성에게 가장 위험합니다. 이스라엘 백성이 홍해 앞에 섰을 때와 같고, 광야에서 마실 물이 없어 죽어갈 때와 같습니다. 세상에 붙을 것인지, 끝까지 하나님 말씀을 붙들고 죽을 것인지는 아주 결정하기 어려운 문제입니다. 우리는 이 시기를 이겨내어 살아남아야 하고 하나님의 능력이 오는 비결을 배워야 합니다. 이 광야에서 살아남아야 앞으로 어떤 전쟁도 이겨낼 수 있습니다. 결국 하나님의 백성은 두 가지를 다 해내야 합니다. 즉 하나님 말씀도 알아야 하고 세상 공부나 일도 해내야 합니다. 세상 일만 해내면 신앙이 만년 어린 아이가 되어 자라지 않습니다. 그것은 성장판이 죽어버린 것과 같습니다. 그래서 하나님 말씀을 들을 줄도 모르고 자꾸 세상 생각이나 방법으로 하나님의 일을 하려고 합니다. 우리는 어려운 상황에서도 말씀과 기도로 살아남아야 당당할 수 있고 창의적으로 일을 수행할 수 있고 결국 가나안과 타협하지 않고 어려움을 이겨낼 수 있습니다.

2. 소중한 부분과 아름답게 꾸며야 할 부분

우리 몸 안에는 많은 기관이 있는데, 하나님은 전혀 손을 댈 필요가 없을 정도로 완벽하게 만들어놓으셨습니다. 그런데 현대인은 지나치게 자기 몸을 혹사해 빨리 상하게 합니다. 이 세상에는 홀로 강철 같은 사람이나 영웅은 없습니다. 사람의 절대적 힘은 제한되어 있기 때문에 많이 쓰는 사람이 빨리 소모할 수밖에 없습니다. 그래서 한창 때 자기 자신을 혹사시킨 사람은 나중에 소모품처럼 너덜너덜해집니다. 우리는 성공하면서 소모품이 되느냐, 아니면 덜 성공하고 덜 소모되느냐 하는 것을 잘 분별할 수 있어야 합니다.

우리 몸에는 굳이 아름답게 꾸미지 않아도 그 자체로 중요한 기관이 있습니다. 뇌라든지 심장, 간 등 주로 몸 안에 있는 기관은 거기에 반지를 끼우거나 장식품을 달지 않아도 충분히 소중할 뿐 아니라 오히려 거기에 장식품을 끼우면 안 됩니다. 그러나 사람의 몸 밖에 있는 얼굴이라든지 팔, 다리는 아름답게 꾸미지 않으면 안 됩니다.

23-24절, "우리가 몸의 덜 귀히 여기는 그것들을 더욱 귀한 것들로 입혀 주며 우리의 아름답지 못한 지체는 더욱 아름다운 것을 얻느니라 그런즉 우리의 아름다운 지체는 그럴 필요가 없느니라 오직 하나님이 몸을 고르게 하여 부족한 지체에게 귀중함을 더하사"

남자나 여자 모두 가장 많이 꾸미는 지체가 얼굴입니다. 특히 여성은 자기 얼굴 위에 새로운 그림을 그려야 하기 때문에 얼마나 많은 화장품과 얼마나 많은 색깔이 필요한지 모릅니다. 얼굴 가운데 눈은 특히 중요한데, 눈 자체만으로 충분하기 때문에 손을 댈 필요가 없습니다. 단지 눈 위에 있는 꺼풀에 색만 잘 칠하면 됩니다. 어떤 사람은 눈 주위에 까만 마스카라를 칠해 눈을 더 크고 뚜렷하게 보이도록 하는데 시력과는 아무 상관이 없습니다. 여성의 입술은 생명이나 음식을 먹는 데 큰 영향이 없는데 거기에 색칠하는 것을 아주 중요하게 여깁니다. 여성의 입술 색은 생명에 지장이 없을지 몰라도 매력에는 아주 중요한 역할을 합니다. 그다음으로 중요한 것이 머리카락입니다. 사실 사람의 생명에 중요한 것은 뇌이지 머리카락이 아닙니다. 그러나 여자나 남자 모두 머리카락을 자르는 것이 이미지에 얼마나 중요한 영향을 미치는지 모릅니다. 특히 여성에게 머리카락은 거의 생명이나 마찬가지로 중요한 부분을 차지합니다. 머리를 길게 기르느냐 짧게 자르느냐, 직모로 하느냐 구불구불하게 하느냐 하는 것은 아름다움에 아주 중요한 역할을 합니다. 남자도 머리 스타일이 중요한데, 머리숱이 없는 사람에게는 가발이 중요한 역할을 합니다.

사람의 손은 많은 일을 합니다. 여성은 손에 아무것도 끼지 않으면 허전해서 안 된다고 말합니다. 손에 아름다운 반지를 하나 끼면 얼마나 아름답게 빛나는지 모릅니다. 목도 사실 목 안이 중요한데 여성은 목에 목걸이를 하나 걸치는 것과 걸치지 않는 것이 얼마나 다른지 모른다고 말합니다.

여기서 알 수 있는 것은 사람은 남에게 보이는 부분을 가능한 한 아름답게 보이려고 한다는 것입니다. 그 이유는 다른 사람에게 자신이 아름답게 보이도록 하기 위해서입니다. 그래서 머리 스타일이 중요하고 화장을 하고 손톱을 다듬고 예쁜 색으로 색칠을 합니다. 왜냐하면 이런 부분이 약하기 때문입니다. 특히 사람의 속옷은 아주 부드러운 천으로 만들어 살갗을 아프지 않게 하고 더 귀하게 취급하도록 해야 합니다. 그래서 남자나 여자에게 성적으로 중요한 부분은 가장 약하게 만들어졌는데, 가장 소중하게 지키게 하셨고 가장 행복하게 만드셨습니다. 사도 바울은 이것에 대해 바로 하나님이 우리 몸을 골고루 소중하게 만드신 것이라고 했습니다.

그런데 이것이 교회에서는 무엇을 의미할까요? 우리는 교회 안에서 모두 똑같은 형제나 자매이고 심장이나 허파, 간과 같습니다. 교회 안에서 설교자나 장로는 충분히 존중 받기 때문에 너무 자신을 주장하지 않는 것이 좋습니다. 그래서 교회 안에서는 신앙이 어린 자들이 가장 중요하고 그들을 가장 소중하게 생각해 어린 아이 하나라도 실족지 않게 해야 합니다. 교회 안에서 자신의 위신을 나타내고 위세를 부리는 것은 바보들이나 하는 짓입니다. 우리는 교인이 세상에 나가 세상을 이기고 성공적으로 살도록 말씀으로 무장시켜야 하고 축복으로 아름답게 해주어야 합니다. 그런데 목사나 장로, 교인 가운데 세상에서 힘을 잃을수록 교회 안에서 왕 노릇하려는 사람이 많습니다. 어떤 경우에는 교회 안에서 담임목사가 거의 영웅시되고 왕처럼 군림하는 것을 보게 되는데, 그럴수록 교인은 세상에서 힘을 잃고 못난 사람이 되고 맙니다. 교회는 교인이 교회 안에서 높아지려 하지 말고 세상에 나가 이기도록 무장시켜 주어야 하고 자신감을 가지게 해야 하고 지혜와 믿음으로 어려운 현실을 이길 수 있게 해야 합니다.

그런데 교회가 능력을 잃으면 잃을수록 교회 안에서 서로 높아지려고 싸우고 다툽니다. 이것이 바로 바보들이나 하는 짓입니다.

25절, "몸 가운데서 분쟁이 없고 오직 여러 지체가 서로 같이 돌보게 하셨느니라"

사람 가운데서 자기 몸을 가지고 자신을 치는 사람이 있습니다. 어떤 사람은 술에 취하면 주먹으로 유리창이나 거울을 치는 사람이 있는데 손이 다 찢어지기도 합니다. 어떤 사람은 답답하다고 자기 머리털을 쥐어뜯는가 하면 자기 얼굴을 때리기도 합니다.

우리는 자기 몸을 공격해서는 안 됩니다. 마찬가지로 교인이나 목사, 장로 다 죄인이기 때문에 하는 짓이 미울 수도 있고 그 생각이 틀릴 수도 있습니다. 그렇다고 해서 말로 공격하거나 상처를 주면 자기 자신을 치는 것이 됩니다.

마귀가 가장 무서워하는 것은 교회가 하나 되는 것입니다. 교회가 하나님 말씀으로 하나 되고 소리 없이 돌아가려면 엄청난 훈련이 필요합니다. 이때 마귀는 맥을 추지 못하고 무저갱으로 들어가게 됩니다. 하나님의 백성은 말만 하지 않으면 좋습니다. 오직 말을 기도하는 데 쓰고 찬송하는 데 쓴다면 마귀는 벌벌 떨 것입니다. 안다고 떠들기 시작하는 순간 마귀는 좋아서 춤을 추면서 온갖 장난질을 할 것입니다.

교회는 '그리스도의 신부' 로 비유되기도 합니다. 결혼식에서 가장 아름다운 사람은 신부입니다. 여자가 어렸을 때는 어리고 미숙한 것이 많습니다. 그러나 결혼식 날이 되어 신부 화장을 하고 나타나면 도저히 흠을 잡을 수 없는 완전한 모습으로 나타납니다. 이 지상에서 교회는 아직 어리기 때문에 부족한 것도 많고 미숙한 것도 많습니다. 그러나 우리는 점점 성숙해지고 있고 아름다워지고 있습니다.

그런데 오늘날 그리스도의 신부인 교회는 할 수 있는 한 많은 사람을 끌어들이려고 짙은 화장을 하고 있습니다. 이것은 술집 여인이나 하는 짓입니다. 그리스도의 신부는 오직 진리 하나로 화장해야 하는데 온갖 싸구려 화장품이나 분으로 얼굴을 떡칠해 사람을 불러 모으고 있습니다. 이것은 정말 천박한 신부입니다. 아마 신랑이 보면 기절하고 달아날 것입니다. 예수님은 미련한 다섯 처녀 비유를 하셨는데, 이들은 마땅히 준비해야 할 것으로 자신을 준비하지 않았기 때문에 잔치에 들어갈 수 없었습니다.

3. 자기 몸을 아프게 하지 말자

사람의 몸은 신경으로 연결되어 있기 때문에 몸 가운데 한 부분이 아프면 온몸이 아프고 잘못하면 죽기도 합니다. 교회 역시 한 몸으로 연결되어 있기 때문에 한쪽이 아프면 온몸이 아프게 됩니다.

26-27절, "만일 한 지체가 고통을 받으면 모든 지체가 함께 고통을 받고 한 지체가 영광을 얻으면 모든 지체가 함께 즐거워하느니라 너희는 그리스도의 몸이요 지체의 각 부분이라"

사람이 배가 아프면 온몸이 아프고 머리가 아파도 아무것도 할 수 없습니다. 만약 어떤 사람이 손으로 상을 받거나 목에 금메달을 받아 걸게 되면 온몸이 영광을 받습니다. 각 교회가 열심히 노력해 자기 교회를 부흥시키는 것은 좋은 일입니다. 그러나 다른 교회의 교인을 빼앗아 교회를 키우는 것은 몸의 일부분을 떼어 다른 부분을 키우는 것과 같습니다. 이것은 창자를 떼어 간을 키우는 것과 같습니다. 그런데 지금 이런 일이 심심찮게 일어나고 있습니다. 옛날에는 교회가 없는 곳에 가서 전도했는데 요즘은 교회를 다니고 있는 사람을 자기 교회에 끌고 오는 것을 부흥으로 생각합니다. 사실 교인은 교회를 옮길 수 있고, 좋은 말씀의 설교자를 찾아갈 수도 있습니다. 그러나 그것이 어느 정도여야 하지 무한정으로 교회를 키우는 것은 암을 키우는 것과 같습니다. 우리는 자기 교회를 아프지 않게 하는 것이 모든 교회를 돕는 길임을 알아야 합니다. 어느 교회가 아름답고 그 교인들이 하나님 앞에서 상을 받을 때 세상의 모든 교회에게 영광이 돌아가게 됩니다. 한 교회에서 분쟁이 일어나 싸우게 되고 목회자를 쫓아내고 자기 마음대로 교회를 주장할 때 세상 사람은 교회 전체를 욕할 것입니다. 자기가 다니는 교회를 아름답게 지키고 주일학교에서 자기 반을 아름답게 부흥시키는 것이 미래의 소망을 가져올 수 있습니다. 사람의 몸에 갈등이 없으려면 일단 생각을 일치시키는 것이 중요합니다. 그리고 훈련을 받아야 합니다. 즉 교회 안에서 자기를 죽이는 훈련을 받아야 합니다.

우리 몸에 많은 지체가 있고 어느 것 하나 중요하지 않은 것은 없지만 그럼에도 중요성에 차이가 나는 것이 사실입니다. 마찬가지로 하나님이 교회 안에 주신 은사 역시 중요성에서 차이가 납니다.

28-30절, "하나님이 교회 중에 몇을 세우셨으니 첫째는 사도요 둘째는 선지자요 셋째는 교사요 그 다음은 능력을 행하는 자요 그다음은 병 고치는 은사와 서로 돕는 것과 다스리는 것과 각종 방언을 말하는 것이라 다 사도이겠느냐 다 선지자이겠느냐 다 교사이겠느냐 다 능력을 행하는 자이겠느냐 다 병 고치는 은사를 가진 자이겠느냐 다 방언을 말하는 자이겠느냐 다 통역하는 자이겠느냐"

교회에는 생명을 결정하는 가장 중요한 은사가 있는데, 이 부분이 잘못되면 교회는 바로 죽어버립니다. 마치 뇌와 같고 심장과 같은 부분입니다. 가장 중요한 세 가지는 사도와 선지자, 교사입니다. 이것은 개교회의 의지와 상관없이 주님이 주신 것입니다. 특히 이 세 가지는 말씀의 은사입니다. 사도의 가르침은 성경을 말합니다. 교회의 설교는 성경에 기초를 두어야 하고 성경만 가르쳐야 합니다. 다른 이론을 가르쳐선 안 됩니다.

목회자나 교인은 자신의 체험이 아무리 능력이 있다고 해도 성경보다 더 중요시하는 것은 옳지 않습니다. 요즘 교회 안에 성공 이론이나 경영 이론이나 심리학 이론이 많이 들어오고 있는데, 이로 말미암아 교회가 죽을 수도 있습니다. 독일은 일찍 철학이 들어왔습니다. 그리고 교회가 죽었습니다. 영국은 계몽주의가 들어왔습니다. 그리고 교회가 죽었습니다.

선지자는 설교를 말합니다. 초대교회 때는 성경이 다 완성되지 않아서 선지자가 설교를 했습니다. 그러나 성경이 완성된 후 선지자는 설교자로 바뀌게 되었습니다. 교회는 하나님 말씀을 선포해야 합니다. 성경은 하나님의 보물 창고이고 진리의 금광입니다. 이것을 캐내어 교인에게 나눠줄 때 교인이 세상을 정복할 수 있습니다. 교사는 기독교 교리를 가르치는 것을 말합니다. 기독교 안에는 많은 교리가 있습니다. 그것을 가르칠 때 신앙이 빨리 세워지게 됩니다. 예전에는 이것을 카테키즘(Catechism), 즉 교리문답이라고 했습니다. 목사는 말씀을 가르치면서 교인들을 돌보는 장로의 은사를 가지고 있습니다.

교회에는 말씀 외에도 실제적으로 필요한 은사가 있습니다. 예를 들어 능력은 위기를 이겨내는 은사를 말합니다. 초대교회에서는 어려운 일을 당할 때가 많았습니다. 그때 지도력을 가지고 교인을 바른 길로 이끌어가는 은사가 필요했습니다. 모세는 이스라엘 백성이 홍해 앞에서 두려워하고 불안해할 때 두려워하지 말고 하나님을 의지하라고 했습니다. 그러나 사도는 그 능력을 분명히 말씀 아래 두어야 합니다. 즉 하나님 말씀을 가지고 가르치는 것이 리더십보다 더 중요합니다. 그렇지 않으면 인간적인 방법으로 교인을 이끌어가게 됩니다. 우리는 하나님 말씀을 앞세워 나아가야 합니다.

본문에 보면 병 고치는 은사가 있습니다. 초대교회 때 누군가가 병들면 온 교회가 함께 기도하고 돌봐주는 가운데 병이 낫기도 하고 정신이 온전해지기도 했습니다. 또한 병원의 도움을 받아야 할 부분은 받아야 합니다. 왜냐하면 병원도 하나님이 사용하시는 중요한 은총이기 때문입니다.

다만 지나치게 약에 의존하거나 병원을 절대시하는 것은 좋지 않습니다. 그래서 야고보 사도는 육체의 병도 교회의 장로와 의논하라고 말합니다. 왜냐하면 잘못된 생활에서 오는 병도 있고 하나님이 주신 징계로 오는 병도 있기 때문입니다. 그렇지 않고 단순한 육체적 고통이라 하더라도 말씀으로 재조명해 위로와 힘을 얻을 필요가 있습니다.

그다음으로 서로 돕는 것과 다스리는 것, 각종 방언하는 은사를 포함시키고 있습니다. 여기서 서로 돕는 것은 재정을 관할하는 직분을 말하는 것 같습니다. 그리고 다스리는 것은 순서를 정하거나 질서를 유지하는 직분을 말합니다. 방언도 가종 방언이라고 한 것을 보면 여러 가지 종류가 있었던 것 같습니다. 당시는 다인종사회여서 아무래도 의사소통에 필요한 방언이 있었던 것 같고, 그런 것과 상관없는 신비한 언어로서 방언도 있었던 것 같습니다.

여기서 사도 바울은 어떻게 모든 사람이 사도가 될 수 있느냐고 말합니다. 모두 선지자가 되고 모두 교사가 되고 모두 능력을 행하는 자가 될 수 있느냐는 것입니다. 그리고 모두 병을 고치고 방언을 말하며 통역을 하겠느냐고 말합니다. 다시 말해 교회 안에서 은사는 필요한 만큼 최소한에 그쳐야지 뇌가 중요하다고 해서 다 뇌가 되려고 한다거나 심장이 중요하다고 해서 심장을 두 개, 세 개씩 달고 다니면 안 되는 일입니다.

마찬가지로 교회 안에서 은사도 다른 사람을 위하여 몇 명에게만 주는 것이지 모두에게 주는 것은 아닙니다. 다시 말해 대부분은 그런 은사 없이 평범한 그리스도인으로 살아간다는 뜻입니다.

그러나 우리는 세상을 이길 수 있습니다. 왜냐하면 온몸이 연결되어 폭발적인 힘이 나타나기 때문입니다.

교인은 특출한 한두 사람의 힘을 통해 교회가 유별나게 튀는 것보다 모두가 한 마음이 되어 말씀을 듣고 실천하며, 특히 이 세상에서 자신의 일을 열심히 하는 것이 능력을 나타내는 비결입니다. 그래서 그리스도인의 가정이 중요하고 직장이 중요합니다.

과거에는 많은 사람이 교회 안에서 인정받으려고 하는 바람에 교회의 직분에 집착하는 경향이 있었습니다. 그러나 진정한 그리스도인은 이 세상에서 빛과 소금의 직분을 다하는 것입니다. 교회는 이 세상에서도 소리 없이 일해야 합니다. 빛이 아무 소리 없이 진리를 비추고 소금이 아무 소리 없이 녹아들어 맛을 내고 음식물이 썩지 않게 하는 것처럼 그리스도인은 소리 없이 일하는 것이 중요합니다. 이때 모든 것을 개인에게 맡겨놓으면 개인주의가 되고 맙니다. 그래서 교회 안에서 균형을 잡는 것이 중요하고 누군가가 교회 안으로 관심이 쏠리도록 지도력을 발휘해야 합니다. 그들이 바로 책임을 맡은 자이며 헌신적으로 일하는 사람입니다. 그런 사람의 헌신이 없으면 모두의 마음이 개인의 일로 흩어져버리고 맙니다.

일주일에 한두 번 예배드리는 것으로는 절대 신앙이 자라지 않습니다.

그 공동체 안에 뿌리를 내려야 하고 서로 교제해야 합니다. 그러기 위해서는 자기 시간을 포기해야 하고 때로는 자기 생활을 포기해야 합니다. 자기는 손해 보지 않으면서 다른 사람이 자기에게 잘해 주기를 바라는 것은 병든 신앙입니다.

우리 가운데 대부분은 평범한 사람입니다. 그러나 진리는 항상 평범함 가운데 있습니다. 평범하면서도 힘 있는 것이 기독교의 가장 큰 특징입니다. 우리에게 가장 중요한 것은 말씀을 붙드는 것입니다. 결국 말씀 안에서 모든 것이 나오게 되어 있습니다.

성경 토의

1. 요즘 우리 주위를 둘러보면 한편으로는 외모지상주의로 말미암아 다이어트를 하고 성형 수술을 하는 것이 유행하지만, 다른 한편으로는 자살도 많아지고 암 환자도 늘어나고 돌연사도 많아지고 있다. 왜 사람은 갈수록 외모는 훌륭해지는데 마음은 행복해지지 않는 걸까?

2. 몸의 일부분만 아파도 온몸이 아프고 한 지체가 영광을 얻을지라도 온몸이 영광을 얻는다고 했는데, 우리는 자기 몸을 아프게 하지는 않는가? 자기 몸 전체를 영광스럽게 하려면 우리는 어떤 지체를 훈련시켜야 하는가?

3. 우리 한국 교회 전체를 볼 때 그렇게 많이 아픈 이유가 어디에 있다고 생각하며, 그것을 치료할 수 있는 방법이 어디에 있다고 생각하는가?

28_사랑이 최고로 중요하다

고린도전서 13:1-3

전체적 설명

고린도전서 13장은 그 유명한 '사랑의 장' 이다. 우리는 보통 '사랑' 이라고 하면 감정적으로 누군가를 좋아하는 것으로 생각한다. 그래서 사랑하는 사람은 자꾸 만나고 싶고 가까이 하고 싶고 좋은 것을 주고 싶어 한다. 게다가 남녀 사이에는 사랑의 감정이 불붙게 되면 육체적으로 결합하려고 하며, 자기 사랑을 빼앗기지 않기 위해 질투의 감정까지 가지게 된다. 그러나 사도 바울은 고린도전서 13장에서 사랑이 어떤 것인지 설명하기 전 사랑 없는 위대한 방언이나 설교나 희생이나 봉사가 어떻게 되는지부터 먼저 말하고 있다. 즉 사람이 아무리 위대한 방언을 하고 예언을 하고 희생을 하고 봉사를 해도 사랑이 없으면 그 모든 것이 다른 사람이나 자신에게 아무 유익을 주지 못하고 본인도 아무 쓸모없게 된다고 말하고 있다. 이것을 통해 사랑은 모든 사람이나 은사, 희생을 가치 있게 만드는 기초가 된다는 것을 알 수 있다.

1절, "내가 사람의 방언과 천사의 말을 할지라도"

설교 프리노트

당시 고린도 교인 사이에서 가장 가치 있게 생각했던 은사는 방언이었음을 알 수 있다. '사람의 방언' 과 '천사의 말' 이라고 해서 이 두 가지가 전혀 다른 것을 말하기보다는 후자가 전자를 설명해준다고 보면 좋을 것이다. 고린도 교인 가운데는 방언의 은사를 받아 말하는 사람이 많았고 그것은 어떤 의미에서 천상의 언어, 즉 천사의 말이라고 할 수도 있다. 사도 바울은 다른 사람이 아니라 자기 자신을 예를 들어 설명하고 있다. 사도 바울이 아름다운 방언의 은사를 받아 천사의 말을 가지고 여러 사람 앞에서 말하는데, 다른 사람은 전혀 알아듣지 못하는 말을 한다고 생각해 보자는 것이다. 사도 바울의 마음속에 사랑이 전혀 없는데도 자신의 방언을 뽐내고 싶은 마음에서 오랫동안 방언한다면 사람들은 처음에 흥미를 가지고 들을지 모르지만 곧 싫증을 내고 말 것이다. 전혀 알아듣지 못하는 소리이기 때문이다. 그럼에도 사도 바울이 계속해서 방언을 말한다면 다른 사람은 곧 질리고 듣기 싫어 자리를 뜰 것이다. '방언' 은 두 가지 종류가 있는데, 하나는 외국어로 말하는 방언이 있고 다른 하나는 성령이 강하게 임해 영적으로 흥분되어 이상한 언어가 튀어나오는 경우가 있다. 당시 고린도 교인에게는 이 두 가지 방언이 다 있었던 것 같다. 최근 20세기 들어 나타나는 방언 가운데는 영적 흥분으로 일어나는 방언이 많은데, 우리나라에도 많은 영향을 미쳤다. 그러나 사도 바울은 사랑 없이 방언하는 것은 아무 소용이 없다고 말한다.

"사랑이 없으면 소리 나는 구리와 울리는 꽹과리가 되고"

물론 방언은 하나님을 향하여 하는 말이기 때문에 다른 사람이 어떻게 생각하느냐 하는 것이 중요하지 않을지도 모른다. 그러나 교회 안에서 모든 은사는 다른 사람의 영혼에 깊은 영향을 미치기 때문에 항상 자기 마음속에 사랑의 동기가 있는지 살펴보아야 한다. '소리 나는 구리나 꽹과리' 는 길을 지나면서 한 번씩 치는 징이나 꽹과리를 말한다. 이것은 사람의 관심을 끌기 위한 것이지만 결코 아름다운 소리가 아니어서 계속 같은 소리를 들으면 소음처럼 느껴질 수 있다. 그래서 아무리 아름다운 방언이라도 마음속에 다른 교인을 사랑하는 마음이 없으면 하지 말아야 한다.

2절, "내가 예언하는 능력이 있어 모든 비밀과 모든 지식을 알고"

교회 안에서 가장 중요한 은사가 예언의 은사이고, 이 '예언'은 하나님 말씀을 대언하는 은사다. 당시에는 성경이 완성되지 않아서 하나님으로부터 직접 말씀을 받아 예언하는 사람이 있었다. 이것이 오늘날 '설교'의 은사로 발전하게 되었다. '모든 비밀'은 구속사적인 진리를 말한다고 생각할 수 있다. 그리고 '지식'은 기독교의 체계적 교리를 말한다고 볼 수 있다. 어떤 사람이 성경에 대한 깊은 지식을 가져 즉흥적으로 가볍게 예언하는 것이 아니라 하나님의 구원이라는 비밀을 알고 교리적 지식을 가지고 있다면 보통 대단한 설교자가 아닌 것이다. 그러나 그에게 한 가지 단점이 있다면 '사랑'이 없다는 것이다. 사랑이 없으면 이 설교자나 예언자는 분노로 하나님 말씀을 전하게 될 것이고, 하나님의 귀한 말씀이 교인에게는 저주가 될 것이다. 그러면서 "내가 아무것도 아니요"라고 말씀하고 있다. 즉 이 설교자는 자신의 진리나 지식으로 남을 저주하고 있기 때문에 그는 가치 없는 사람이 되고 마는 것이다.

"또 산을 옮길 만한 모든 믿음이 있을지라도"

예수님은 제자들에게 "믿음이 겨자씨 한 알만큼만 있어도 이 산을 명하여 여기서 저기로 옮겨지라 하면 옮겨질 것이요"라고 말씀하셨다(마 17:20). 산을 옮길 만한 믿음을 가졌다는 것은 틀림없이 엄청난 믿음을 가졌다는 뜻일 것이다. 산을 옮기려고 하면 기적이 일어나야 하는데, 그것도 보통 기적이 아니라 거의 지진에 가까운 기적이 일어나야 한다. 이런 엄청난 믿음을 가진 사람이 기도하면 기적 같은 대단한 일이 일어날 수 있었던 모양이다. 그러나 이런 능력을 가진 사람에게도 '사랑'이 없으면 그는 아무것도 아니다. 결국 자기 이름을 높이기 위하여 이런 엄청난 일을 한 것밖에 되지 않기 때문이다.

3절, "내가 내게 있는 모든 것으로 구제하고"

이번에는 구제하는 것에 대해 예를 들어 말한다. 자기에게 있는 모든 것을 다른 사람을 위해 구제하는 데 썼다면 보통 희생적인 사람이 아닐 것이다. 그런데 이 사람에게 사랑이 없었다면, 즉 의무감에서 구제하는 일을 했거나 다른 사람의 인정을 받기 위해 이런 일을 했다면 그는 하나님 앞에서 인정받지 못할 것이다. 아나니아와 삽비라 같은 사람은 교회에 헌금하고도 사랑이 없었기 때문에 저주를 받아 죽었다(행 5:5).

"또 내 몸을 불사르게 내줄지라도"

사람이 어떤 불의에 항거하기 위해 자기 몸을 불살라 죽는 것은 최고 희생이고 위대한 일이다. 그럼에도 이 사람의 마음속에 다른 영혼에 대한 '사랑'이 없다면 그 화형의 고통과 희생이 아무 유익이 없게 된다. 왜냐하면 그것은 하나님의 뜻과는 아무 상관없는 일이기 때문이다.

본문 이해를 위한 질문

1. 당시 교회에서 최고의 은사로 생각되던 것이 방언의 은사였는데, 사랑이 없는 방언은 어떤 결과로 나타나게 되는가?

그것은 소리 나는 징이나 꽹과리처럼 계속 들으면 소음밖에 되지 않는다.

2. 오늘 우리 사회에서 사람의 지식이나 능력, 희생은 가치 있는 것으로 취급되지만 사랑이 없으면 어떤 일이 일어나는가?

사람이 자신의 가치를 찾지 못할 뿐 아니라 다른 사람에게도 유익을 주지 못하고 마찰만 많아지게 된다.

3. 오늘 대부분의 성도는 천사의 소리도 내지 못하고 산을 옮기는 믿음이나 자기 몸을 불사르게 내어줄 믿음도 없는데 사랑은 어떤 가치가 있는가?

우리에게 사랑이 있다면 얼마든지 남을 아름답게 할 수 있고 자기 자신도 가치 있게 만들 수 있다.

성경 강해

얼마 전 한 아파트에 불이 난 것을 어느 청년이 알게 되었습니다. 가장 먼저 그 건물을 빠져 나온 그는 119에 신고했습니다. 그러나 그 청년은 지금 아파트에서 정신없이 잠을 자고 있을 사람을 생각하니 가만히 있을 수가 없었습니다. 그는 모두 곤하게 자는 시간이라 집집마다 돌면서 초인종을 누리고 문을 두드려 사람을 깨우기 시작했습니다. 그의 희생으로 많은 사람이 새벽에 일어나 불을 피하여 목숨을 건질 수 있었습니다. 그런데 정작 그 청년은 연기를 너무 많이 마신 바람에 질식되어 죽었습니다. 그 청년에게는 다른 사람의 생명을 사랑하는 마음이 있었습니다. 그 사랑이 많은 사람을 살게 했지만 그 청년은 죽었습니다. 알고 보니 그 청년은 교회에 다니는 그리스도인이었습니다.

요즘 유럽에는 자신의 이념 때문에 다른 많은 사람을 죽이는 테러가 일어나고 있습니다. 온몸에 폭탄을 감고 사람이 많이 모인 곳에서 자살 폭탄을 터뜨리기도 하고, 자동차를 몰아 사람에게 돌진해 죽게 만들고 있습니다. 그런 사람이 얼마나 숭고한 이념을 가지고 있었는지 모르지만 사랑이 없었다는 건 분명합니다. 성경은 아무리 숭고한 이념이나 사상일지라도 사랑 없는 것은 아무 가치 없는 쓰레기에 불과하다고 말씀합니다.

요즘 우리나라에서는 사랑이 없어 많은 사람이 죽는 것을 볼 수 있습니다. 사람의 마음속에 다른 사람의 생명을 조금이라도 사랑하는 마음이 있었다면 얼마든지 사고를 막을 수 있고 또 사고가 났을 때 빨리 수습해서 더 많은 사람을 살릴 수도 있었을 것입니다. 그러나 그들은 돈 벌 생각만 하고 자신이 죽는 게 아니라고 생각했기 때문에 아까운 많은 사람이 죽고 자기 자신도 망하거나 죽는 것을 봅니다. 오늘 우리 시대는 누군가가 사랑을 많이 가지고 있다고 해서 아무도 알아주지 않습니다. 오히려 우리 사회나 기독교마저도 너무 공격적으로 변해 사랑만 가지고 있는 사람은 아무도 알아주지 않을 뿐 아니라 바보 취급을 합니다. 사람은 사랑은 없지만 성공한 사람, 설교를 잘하고 큰 교회에서 목회하는 사람, 실력 있고 높은 지위를 가진 사람을 알아줍니다. 그러나 사람의 마음에 사랑이 없으면 얼마든지 살릴 수 있는 사람을 죽게 할 뿐 아니라 대형 사고가 터졌을 때 세상의 지식이나 권력을 가지고 할 수 있는 것이 아무것도 없음을 알게 됩니다. 오늘날 많은 젊은이는 아무도 자기를 알아주지 않고 관심을 가져주지 않아 자살을 합니다. 심지어 사람은 주위 사람에게 독이 찬 말을 퍼부음으로써 그의 인생을 망치고 그 가족들의 인생을 망치는 것을 볼 수 있습니다. 우리 사회나 기독교계는 예전에 비해 엄청난 지식과 지혜를 가지고 있으며 엄청나게 많은 돈을 가지게 되었지만 사랑이 없어 사람이 죽어가고 있습니다.

누군가 우리에게 사람이 알아주지 않더라도 사랑이 많은 것을 택하겠느냐, 사랑이 없더라도 똑똑하고 성공하는 것을 택하겠느냐고 물어본다면 당연히 사랑이 없더라도 유명해지고 성공하는 것을 원한다고 말할 것입니다. 그래서 앞으로 우리 사회에서는 사랑받지 못한 많은 사람이 사고나 외로움으로 죽어가고, 언젠가는 그것이 부메랑이 되어 우리 자신이나 우리 자녀에게 돌아올 것입니다.

고린도전서 13장은 사랑의 서편이라고 불릴 정도로 사랑이 얼마나 중요하고, 구체적으로 어떤 것인지 설명해주고 있습니다. 우리는 기독교 세계를 먹이를 잡기 위하여 달리는 사자나 표범, 100미터를 질주하는 운동선수에 비유할 수 있습니다. 사자나 표범, 운동선수가 그렇게 역동적으로 달릴 수 있는 것은 몸이 로봇처럼 조립된 것이 아니라 근육과 혈관과 신경으로 연결되어 있기 때문입니다.

하나님은 우리 믿는 사람에게 많은 기관을 주시고 많은 에너지를 주셨습니다. 그래서 기독교는 처음부터 역동적이었습니다. 갈릴리 출신의 어부로부터 시작된 기독교가 단숨에 세계적 종교가 될 수 있었던 것은 그 안에 폭발적 능력이 있었기 때문입니다.

그리고 기독교는 아름다워야 합니다. 머리가 좋다고 해서 머리를 다섯 개씩 달고 있거나 발이 예쁘다고 해서 자기 혼자 떨어져 나가면 안 됩니다. 하나님은 우리 그리스도인이 이 세상에서 아름답고 능력이 있도록 하기 위하여 말씀의 은사도 주셨고 병 고치는 은사도 주셨고 능력을 행하는 은사도 주셨습니다. 그러나 사도 바울은 하나님이 주시는 은사 가운데서도 최고의 은사가 있다고 말합니다. 그것은 바로 이 세상이나 교회에서 아무도 알아주지 않는 사랑의 은사입니다.

1. 사랑이 없는 세상

이 세상에서 가장 위험한 일이 있다면 어떤 건물이 부실공사로 지어졌다는 사실을 모른 채 사용하는 것입니다. 어떤 고층 건물이 있는데 그 안에 철근도 제대로 안 들었고 시멘트로 제대로 섞지 않은 채 건물을 세워 학교나 병원, 백화점으로 사용하고 있다면 굉장히 위험할 것입니다. 그런 부실건물은 겉으로 아무리 멋있게 장식한다고 해도 머지않아 삐걱거리기도 하고 물이 새기도 하고 작은 충격에도 흔들릴 것입니다. 그러다가 어느 순간 갑자기 무너지거나 불에 타면 그 건물에 있던 사람은 불에 타거나 깔려 죽을 수밖에 없습니다. 배도 마찬가지인데 손님을 더 많이 태우려고 자기 마음대로 증축한 배를 아무것도 모른 채 탔다가 배가 뒤집어지는 바람에 많은 학생이 희생당했습니다. 그런데 이런 것은 전문적인 내용이라 일반인의 지식으로는 도저히 알 수가 없습니다. 전문가가 괜찮다고 하니까 '괜찮겠지' 하고 따라가다가 갑자기 건물이 무너지거나 배가 뒤집어지거나 비행기가 추락해 죽는 것입니다. 그것을 만든 사람은 쏙 빠져 자기들은 사는 것입니다. 이것을 '지식인의 배반' 이라고 합니다. 즉 어느 사회든 간에 지식인이나 전문가는 자기검증에 더 철저하고 자신들의 영역에서 양심을 지켜야 하는데, 사람이 성공이나 돈 버는 것의 환상에 빠지는 순간 양심을 팔아 자기 배만 채우고 자기 목숨만 살려고 합니다.

사실 이 세상은 사랑이 없어야 정상일 것입니다. 죄에 빠진 죄수들은 자기만 살려고 하지 다른 사람을 사랑한다면 얼마나 사랑하겠습니까? 그런데 하나님은 우리에게 사랑을 가르쳐주셨습니다. 하나님은 우리를 아무 조건 없이 사랑하셨고, 우리가 얼마나 사랑받을 자격이 있는지 가르쳐주셨습니다. 우리가 예수를 믿는 이유는 하나님의 사랑에 우리의 단단한 마음이 녹았고 감동을 받았기 때문입니다. 하나님은 우리에게 이 세상의 모든 사람은 사랑받을 가치가 있다는 것을 가르쳐주셨습니다. 모든 남성이 잘생겼든 못생겼든 공부를 많이 했든 많이 하지 못했든, 모든 여성이 부잣집 사람이든 가난한 집 사람이든 외모가 예쁘든 그렇게 매력적이지 않든 이 세상의 모든 사람은 사랑받을 가치가 있음을 가르쳐주신 것입니다. 이로 말미암아 우리는 사랑을 알게 되었지만, 우리가 이 세상에서 사랑으로 할 수 있는 것은 아무것도 없습니다. 왜냐하면 이 세상을 움직이는 것은 돈이고 권력이고 지식이지 사랑이 아니기 때문입니다. 그러나 사랑 없는 사회는 부실한 사회라서 갑자기 무너지고 망하고 맙니다. 소돔성은 사랑이 없었기 때문에 한순간 하늘에서 유황불이 내려 모든 사람과 짐승을 다 태워 죽였고, 폼페이성은 사랑이 없었기 때문에 인근의 베수비오스산에서 터진 화산으로 재에 묻혀 흔적마저 없어지고 말았습니다.

하나님은 교회에 최고의 은사를 주셨는데, 그것은 바로 사랑의 은사입니다. 사랑은 남에게 상처를 입히지 않기 위해 자기가 상처를 입는 것입니다. 사랑은 말로 공격하기 이전에 상대방을 기다려주는 것입니다. 사랑은 다른 사람을 틀렸다고 말하기 이전에 그를 이해해 보려고 노력하는 것입니다. 사랑은 좋아하는 사람에게 최고로 좋은 것을 주기를 원합니다. 사랑은 사랑하는 사람에게 가짜나 짝퉁을 진짜라고 속이지 않습니다. 사랑은 사랑하는 사람에게 가짜는 가짜라고 하면서 오히려 속지 않도록 주의를 줍니다. 사랑 없는 회사나 사랑 없는 사회는 철근 콘크리트가 빠진 건물과 같아서 어느 순간 무너지고 맙니다. 최근 세계 최고의 기업으로 있다가 망한 기업이 많습니다. 그들 기업의 공통점은 성공에 도취되어 오만했다는 것입니다. 그들은 자기 기술이 세계 최고라고 생각해 남의 말을 들으려고 하지 않았습니다. 그들은 자기 생각만 최고라고 여겨 돈을 더 벌기 위해 좋지 못한 부품을 써서 고객을 속이려고 했습니다. 그들은 얼마든지 세상이 변할 수 있고 자신들이 망할 수 있다는 것을 인정하려고 하지 않았습니다. 어떤 회사는 조금 더 이익을 남기기 위해 사람의 몸에 해로운 제품을 팔기도 했습니다. 그러다가 그들의 잘못으로 사람이 죽게 되면서 거짓이 드러나고,

신뢰를 잃어 회사가 무너지고 말았습니다. 우리 하나님의 백성은 이 세상의 전문가도 아니고 전문 지식을 가지고 있지도 않습니다. 우리는 어디서 어떤 재앙이 터질지 알지 못합니다. 그러나 우리가 바른 길을 찾아 꾸준히 하루하루 걸어가면 망하지 않으리라는 것을 확신합니다. 그것은 바로 하나님 말씀이고 사랑입니다. 하나님 말씀을 붙들고 그것을 방향으로 삼아 매일 매일을 사랑으로 살아갈 때 우리는 하나님의 철근 콘크리트로 지어진 집과 같아서 무너지지 않고 안전할 수 있습니다. 그래서 교회는 사랑으로 가야 합니다. 성공도 아니고 많은 사업도 아니고 사람의 인기도 아닙니다. 남들이 보기에 미련하게 보일지 몰라도 사랑으로 가야 안전할 수 있습니다. 그렇게 할 때 하나님의 능력이 있기 때문입니다.

2. 사랑 없는 성공

오늘 우리 사회에서 가장 중요하게 생각하는 것은 '성공'입니다. 우리는 신문이나 텔레비전, 사람의 말을 통해 '성공 신화'라는 말을 많이 듣습니다. 세상에서는 누가 장관이 되었다거나 어떤 사람이 세계 일등을 했다거나 기업이 어떤 제품을 만들어 엄청난 돈을 벌었다고 하면 인정해주고 유명해집니다. 교회도 교인이 수만 명이 되었다거나 목사가 대통령 앞에서 설교를 했다거나 하면 유명해집니다. 그리하여 우리 사회에서 성공은 우상이 되었습니다. 즉 모두가 성공을 위해 살고 성공을 위해서라면 무슨 짓을 해도 된다고 생각합니다. 그런데 하나님의 눈으로 보기에 사랑 없는 이런 성공은 아무 가치가 없습니다. 하나님은 이런 성공을 거둔 사람은 아무것도 아니고 자기에게 아무 유익도 없다고 말씀하셨습니다. 당시 고린도 교인 가운데는 방언의 은사가 최고의 은사로 인식되었습니다. 이 방언의 은사 가운데 외국어를 능통하게 하는 것과 다른 사람은 알아듣지 못하는 신비로운 언어로 말하는 것이 있습니다. 고린도 교인은 이 두 가지 은사를 가진 사람이 나타나면 최고로 인정했습니다. 그러나 하나님은 사랑 없는 방언이나 천사의 말은 소음밖에 되지 않는다고 말씀하셨습니다.

1절, "내가 사람의 방언과 천사의 말을 할지라도 사랑이 없으면 소리 나는 구리와 울리는 꽹과리가 되고"

사도 바울은 남을 비판하기 이전에 먼저 "내가 사람의 방언과 천사의 말을 할지라도"라며 자기 자신의 입장에서 예를 들어 말하고 있습니다.

사실 사도 바울은 외국어나 고대어에 능통한 사람이었습니다. 당시 유대인 가운데 히브리어를 할 수 있는 사람이 많지 않았습니다. 그래서 유대인은 결국 히브리 성경을 읽을 수 없어 성경을 헬라어로 번역했는데 이것을 칠십인경이라고 합니다. 이 칠십인경은 히브리 성경과 다른 부분이 많았고 의역도 많았습니다. 이 헬라어 성경을 잘 쓴 사람은 놀랍게도 그리스도인이었습니다. 사도 바울은 히브리어도 잘할 수 있었고 헬라어도 능통하게 사용할 수 있었습니다. 그는 길리기아의 다소라는 곳에서 자라서 여러 나라 말을 잘할 수 있었고, 그 자신도 방언의 체험이 있었던 것 같습니다. 고린도는 국제도시여서 여러 나라 말을 잘하는 사람을 아주 높이 평가했던 것 같은데, 특히 성령의 은사 가운데 방언의 은사를 최고로 생각했습니다. 사도 바울은 이 두 가지 측면에서 본다면 고린도에서 최고 인기를 끌 수 있는 사람이었습니다. 그러나 그는 자신의 언어 능력이나 방언을 자랑하지 않았습니다. 왜냐하면 고린도 교인을 사랑했기 때문입니다. 사도 바울은 고린도 교인에게 진실하기를 원했고 그들에게 가장 중요한 것을 주기 원했습니다. 그래서 자신의 언어 능력이나 방언을 고린도 교인에게 자랑하지 않았습니다. 자신의 해박한 헬라 지식을 자랑하지 않았고 율법 지식을 자랑하지도 않았습니다. 그는 고린도 교인에게 아무것도 자랑하지 않았습니다. 사랑은 자랑하지 않는 것이기 때문입니다. 우리 같으면 좋은 것이 있으면 자랑하려고 했을 것입니다. 물론 똑똑한 사람끼리야 서로 잘하는 것을 자랑해도 좋은 일이지만 공부를 잘하지 못한 사람에게는 이런 자랑이 상처가 될 수 있고 성령의 열정을 무너뜨리는 일이 될 수도 있습니다.

요즘도 여러 언어를 유창하게 할 줄 안다면 외국에 나가 많은 사람을 만날 수 있고, 외국의 많은 지식을 자랑할 수도 있을 것입니다. 우리나라에서는 영어를 잘할 수 있느냐 없느냐 하는 것이 공부하는 데 결정적으로 중요한 요소가 되고 있습니다. 일단 영어로 된 책이나 문서를 읽지 못하면 아무것도 할 수 없기 때문입니다. 그러나 교회에서는 외국어를 잘하는 것이 중요한 것이 아니라 자기 나라 말로 된 성경을 잘 이해하고 설교하는 것이 능력을 나타나는 비결입니다.

마틴 루터가 한 일 가운데 가장 위대한 일은 당시 라틴어로만 되어 있던 성경을 독일어로 번역한 것이었습니다. 그는 라틴어 성경이 오류가 많다는 것을 알고는 헬라어 성경을 갖고 직접 번역을 했습니다. 루터는 성경을 일반 사람이 알아들을 수 있도록 현실에서 쓰는 독일어로 한 절 한 절 번역했습니다. 그는 하나님 말씀과 독일인을 사랑했기 때문입니다. 당시 많은 사람은 자신들의 언어 지식을 자랑하기 위해 사람이 알아들을 수 없는 라틴어로 성경을 읽고 라틴어로 기도했지만 루터는 농민도 알아들을 수 있는 아주 쉬운 실용 독일어로 성경을 번역했습니다. 사실 신약성경을 쓴 헬라어는 가장 쉬운 코이네라는 헬라어였습니다. 칼뱅은 《기독교 강요》를 라틴어로 썼지만 프랑스어로도 번역했습니다. 그는 프랑스 사람을 사랑했기 때문입니다. 우리가 외국어를 배우는 것은 지식을 독점하기 위해서가 아니라 다른 사람을 사랑해 그들이 이해할 수 없는 것을 쉽게 이해하도록 하기 위해서입니다. 자기의 유식함을 나타내기 위해 남이 알아들을 수 없는 어려운 말을 지껄여대는 사람은 울리는 징이나 꽹과리처럼 소음이 되고 맙니다.

하나님이 우리 믿는 자들에게 주신 선물 가운데 '천사의 언어' 가 있습니다. 이것은 우리가 찬송을 부르거나 기도하는 가운데 성령이 충만하게 임해 이상한 언어로 말하는 것입니다. 이것이 방언입니다. 방언은 이 세상 사람 사이에서 의사소통을 하기 위해 하는 말이 아니라 하나님 앞에서 은혜를 받아 마음이 흥분되어 혀가 꼬이는 바람에 다른 소리가 나오는 것입니다. 이런 방언을 하면 하나님 앞에서 자신이 은혜를 받았고 마음이 기쁘고 흥분되었기 때문에 아주 기분이 좋습니다. 그런데 이런 방언도 사랑으로 해야 합니다. 이런 천사의 말을 할 때는 다른 사람이 없는 데서 해야 다른 사람에게 상처가 되지 않습니다. 왜냐하면 방언을 좋아하는 사람도 있지만 좋아하지 않는 사람도 있고, 깊이 묵상하며 기도하는 것을 좋아하는 사람도 있고 사람의 언어로 기도하는 것을 더 좋아하는 사람도 있기 때문입니다. 자신이 방언을 좋아한다고 해서 다른 사람이 있든지 말든지 혼자 떠들어댄다면 다른 사람에게 방해가 될 뿐 아니라 처음 믿기 시작하는 사람에게는 두려운 마음을 가지게 할 수도 있습니다.

사도 바울은 아무리 외국어에 능통해 기도를 잘하고 넓은 세계에 대한 지식을 가졌고 신비의 언어로 기도할 수 있다고 해도 사랑 없이 기도하고 방언한다면 결국 소리 나는 징이나 꽹과리 같은 소음에 불과하다고 했습니다. 옛날에는 사람이 장사하면서 손님을 끌거나 귀신을 부르는 내림굿을 할 때 징을 치고 꽹과리를 쳤는데, 이것은 아무 의미 없는 소음에 불과합니다. 사람은 기도하거나 방언하기 이전에 이것이 자기 자신을 나타내기 위한 것인지 교인, 특히 그중에서도 약한 교인을 사랑하는 마음으로 하는 것인지 생각해야 합니다. 사랑 없는 기도나 방언은 아무리 장황하고 웅장하게 한다고 해도 다른 사람에게 소음에 불과하고, 하나님 앞에서도 전혀 의미 없는 시끄러운 소리에 불과하기 때문입니다. 그래서 예수님은 제자들에게 기도할 때 이방인이 하는 것을 중언부언하지 말라고 하셨습니다. 즉 알아듣지 못하는 소리로 길게 경을 읽듯 하는 기도는 하나님이 듣지 않는다고 하셨습니다.

두 번째로 중요한 것이 예언이고 지식이었습니다. 이것은 사실 기독교의 은사 가운데서 가장 중요한 것이었습니다. 그러나 아무리 감동적인 설교이고 훌륭한 강의라고 해도 사랑이 빠진 설교나 강의는 일단 설교하고 강의하는 사람 자체를 가치 없게 만듭니다.

2 상반절, "내가 예언하는 능력이 있어 모든 비밀과 모든 지식을 알고"

초대교회 때는 설교라고 하지 않고 예언이라고 할 때가 많았습니다. 왜냐하면 그때만 해도 신약성경이 완성되지 않아서 성령님으로부터 직접 메시지를 받아 설교하는 사람이 있었기 때문입니다. 고린도 교회에서는 동시에 두 사람 이상에게 예언이 임해 한꺼번에 여러 사람이 예언하는 바람에 무슨 말인지 알아들을 수 없을 때도 있었습니다. 그리고 지식이라고 하는 것은 원어로 '무스테리온' 이라고 하는데 하나님의 비밀, 즉 성경의 교리를 말합니다. 요즘으로 치면 설교를 아주 잘하고 교리적인 지식에 정통한 신학자를 의미한다고 볼 수도 있습니다. 어떤 사람이 설교를 아주 유창하게 한다고 합시다. 그러나 교인을 사랑하는 마음이 없다면 그는 그 설교를 통해 교인을 무시할 것이고 책망할 것이며 하나님의 이름을 빙자해 제멋대로 할 것입니다. 우리가 진정으로 교인을 사랑한다면 최선을 다해 설교를 준비해야 하고, 설교할 때도 최대한 겸손한 마음으로 설교해야 합니다. 왜냐하면 하나님 말씀은 좌우에 날선 검과 같아서 좋은 마음으로 사용하면 교인의 병을 낫게 할 수 있지만 나쁜 마음으로 사용하면 치명상을 입힐 수 있기 때문입니다. 똑같은 칼이라도 환자의 생명을 사랑하고 실력 있는 의사의 손에 있으면 환자의 병을 치료할 수 있지만, 미치광이의 손에 들리면 멀쩡한 사람을 죽게 할 수도 있기 때문입니다.

중세 시대 피렌체에 사보나롤라라는 수도사가 있었습니다. 그는 아주 탁월한 설교로 사회변혁을 일으켰습니다. 교황을 비판하는 설교를 했고 사치를 비판하는 설교를 했습니다. 그는 청년들을 풀어 여성들이 지닌 목걸이를 비롯해 사치품을 모두 빼앗아 시내 중심가에 산더미처럼 쌓아놓고 불로 태우는 허영의 화형식을 했습니다. 그는 아주 날카로운 설교를 했는데 신의 음성을 듣고 설교한다고 했습니다. 당시 그의 설교를 듣기 위해 3만 명이 모일 정도였다고 합니다. 그러나 그의 말은 날카롭기만 했지 사랑이 없어 갈수록 인기가 떨어졌습니다. 당시 가톨릭에서는 도미니크 교단과 프란치스코 교단이 라이벌 관계였는데, 그는 어느 날 자기는 불 위를 걸어도 죽지 않는다고 설교했습니다. 그랬더니 시민들은 두 교단에서 대표 수도승을 뽑아 불 위를 걷게 하자고 제안했습니다. 결국 큰 비가 오는 바람에 두 수도승은 불 위를 걷지 못했습니다. 그러나 시민들은 화가 나서 사보나롤라를 붙잡아 고문했는데, 그는 신의 음성을 들은 적이 없다고 자백했습니다. 사람은 그를 목매달아 죽이고 그 시체를 불태웠습니다.

요즘은 신학을 전공한 신학자들이 너무 오만하고 자기 외에 다른 사람을 거의 무차별로 비판하고 공격하는 것을 보게 됩니다. 신학이 그런 오만한 학문으로 빠지면 실패한 것입니다. 하나님을 알면 알수록 우리는 자신의 부족함을 깨닫고 더 겸손해야 하고 더 부드러워져야 하고 더 열심히 공부해야 합니다. 그러나 가끔 보면 공부 좀 했다고 하면 남에게 비판적이고 다른 사람의 말은 일체 들으려고 하지 않는 오만한 사람을 봅니다. 이것이 바로 지식인의 배반입니다. 어떤 사람이 지식을 가지는 것은 지식 없는 사람을 잘 인도하기 위해서이지 그것으로 돈을 벌거나 자기를 나타내기 위한 것이 아닙니다. 사도 바울은 그런 사람은 아무것도 아니라고 말했습니다. 즉 그 사람 자체의 가치가 전혀 없다는 것입니다. 그 사람이 하는 말은 아무 가치가 없는 말이고, 그 사람은 아예 무시해도 되는 사람입니다. 어떤 사람이 쓴 글을 보면 노트에 긁적인 낙서 수준인 경우가 있습니다. 그 사람이나 그 글은 아무 가치가 없는 쓰레기에 불과합니다. 설교자는 설교하기 전에 혹시 자기를 자랑하거나 잘난 체하기 위한 내용이 아닌지 깊이 생각해야 합니다. 그래서 자기 지식을 자랑할 만한 내용은 설교하거나 강의하지 말아야 합니다. 설교하면서 교인이 알아듣지도 못하는 어려운 내용으로 설교하고, 강의할 때 학생들이 알아듣지도 못하고 근거도 없이 남을 비판만 한다면 그는 자기 지식과 설교와 자기 가치를 쓰레기로 만들고 있는 것입니다.

사도 바울은 그런 식으로 설교하고 가르친다면 자기 자신은 아무것도 아니라고 했습니다.

세 번째는 위대한 성공과 희생에 대한 것입니다.

어떤 사람이 정말 능력이 있어 기도로 모든 병을 고치고 큰일을 해내고 거의 산을 옮길 만한 믿음이 있는데, 모든 것을 자기가 했다고 자랑한다고 합시다. 그는 자기가 가진 모든 것으로 남을 구제할 정도로 희생적인 사람이었습니다. 가난한 사람을 보면 자신이 입고 있던 옷도 벗어주고 자기 자신은 돈 없이 살아가고 있었습니다. 그런데 그는 자기처럼 살지 않는 사람에게 너무 비판적이고 공격적이었습니다. 하나님은 절대 이런 희생과 믿음을 기뻐하지 않으십니다. 어떤 사람은 너무 정의로워서 이 세상의 불의를 참지 못합니다. 그는 불의에 항거하기 위해 자기 몸을 불사르게 내어주기까지 합니다. 분신자살까지 한 것입니다. 그러나 그에게는 사랑이 없습니다. 그렇다면 그의 죽음은 하나님 앞에서 아무 유익이 없습니다.

2절 중간에 보면 "또 산을 옮길 만한 모든 믿음이 있을지라도 사랑이 없으면 내가 아무것도 아니요"라고 했습니다. 믿음이 얼마나 좋은지 이 사람은 예수님의 말씀대로 거의 산을 옮길 정도로 강한 믿음을 가지고 있었습니다. 그는 자신의 믿음을 위해 어떤 싸움에서도 지지 않았습니다. 그는 끝까지 믿음을 위해 싸웠습니다. 그러나 그에게는 사랑이 없었습니다. 그는 자기 같은 믿음을 가지지 않은 자들을 저주했고 미워했습니다. 그는 아무것도 아니었습니다.

마틴 루터 당시 토머스 뮌처 같은 사람은 농민을 위해 전쟁을 했습니다. 그는 산상설교 같은 나라를 만들어야 한다고 주장했습니다. 그러나 그는 붙들려 처형을 당하고 말았습니다. 지도자가 사랑이 없으면 교인에게 헌신을 강요하게 됩니다. 때로는 자신의 생각을 하나님의 생각이라고 주장하며 복종할 것을 요구하기도 합니다. 이것은 맹인이 맹인을 인도해 모두 구렁텅이에 빠지게 되는 것과 같습니다. 하나님은 그런 믿음을 가진 사람은 아무 가치도 없다고 말씀합니다. 하나님은 잃은 양 한 마리를 사랑하시는 사랑의 하나님이시기 때문입니다.

어떤 사람이 얼마나 구제 정신이 강한지 자기 재산을 어려운 사람에게 다 내주었습니다. 세상에서 고통당하는 자들을 먹이기 위해 자기 집을 내놓고 전 재산을 내놓았습니다. 그러나 그는 그렇게 하지 않은 사람에 대해 다 바리새인이고 악마라고 욕했습니다. 그에게는 사랑이 없었습니다.

어떤 사람은 나이 많은 늙은 윤락 여성을 위해 좋은 일을 했습니다. 그는 정말 훌륭한 일을 하는 사람이었습니다. 그러나 그는 자기를 돕지 않은 목사나 교인은 다 바리새인이라고 공격했습니다. 그에게는 사랑이 없었습니다. 하나님은 이런 구제나 희생을 원치 않으십니다. 그것은 정의감에서 나온 영웅적인 행동이었을 뿐입니다. 하나님은 그런 것보다 사랑을 원하십니다.

3. 사랑을 위한 성숙

사도 바울의 말씀을 들으면서 참으로 다행이라는 생각이 들었습니다. 왜냐하면 우리는 천사의 말을 하지 못하고 산을 옮길 만한 믿음도 없고 전 재산을 내놓을 만한 돈도 없고 더욱이 자기 몸을 불사르게 내어줄 용기도 없기 때문입니다. 이런 사람을 생각해 보면 무엇인가 무서운 느낌이 드는 것이 사실입니다. 즉 신념을 지키기 위해 자기 몸을 불태우거나 자기 재산을 내놓아서 어려운 사람을 돕고 모든 지식을 가지고 있음에도 사랑이 없는 사람을 보면 섬뜩한 느낌이 드는 것입니다.

왜 이런 일이 일어날까요? 그는 우리 인간이 얼마나 연약하고 부족하며 사랑하기 어려운 존재인지 인간 이해가 제대로 되지 않은 자이기 때문입니다. 즉 자기 자신이나 인간 자체를 성경적으로 깊이 이해하면 우리가 할 수 있는 일이 아무것도 없다는 것을 깨닫게 됩니다. 우리는 전적으로 무가치한 존재인데, 남을 사랑할 수도 없고 사랑받을 수도 없는 무가치인 존재입니다. 단지 하나님이 우리를 사랑하셔서 그분을 믿게 하셨고 우리에게 남을 섬기게 하셨습니다. 그러나 우리는 여전히 죄인이며 무가치인 존재입니다. 물론 하나님이 우리를 쓰실 때는 사자같이 담대할 수 있지만 그럼에도 우리는 다른 사람과 똑같은 죄인입니다. 즉 죄인이 죄인에게 설교하고 죄인이 죄인에게 강의하고 죄인이 죄인을 돕는 것입니다. 그래서 우리는 늘 부족하고 자랑할 것이 없습니다. 우리가 할 수 있는 것은 사랑을 알게 하신 하나님을 나타내는 것밖에 없습니다. 자신의 무가치함을 안다면 우리는 감히 자신의 은사나 지식을 가지고 남을 무시하거나 판단하지 못할 것입니다.

우리는 선한 일을 할 때도 어린 아이가 할 수 있는 것과 청년이 할 수 있는 것과 어른이 할 수 있는 것이 다르다는 사실을 알아야 합니다. 즉 어린 아이는 모든 것을 좋아하는 사람에게 다 주고 싶어하지만 세상 물정을 모르고 할 수 있는 일도 별로 없습니다. 무조건 다른 사람에게 잘해주는 것만이 좋은 것이 아닙니다. 어느 때는 본인이 고민해서 해결해야 할 때도 있고, 어느 때는 본인이 하나님 앞에 나아가서 부딪혀야 해결될 때도 있습니다. 우리는 다른 사람이 어려워하는 것을 지켜보면서 기다려야 할 때도 있습니다. 의사도 환자가 아프면 나을 때까지 기다려야 합니다. 성장하지 않은 상태에서 의욕만 가지고 덤벼들 때 사실 돕는 것이 돕는 것이 아닐 때도 많습니다.

하나님이 하시는 일은 자연스럽고 아름다울 때가 많습니다. 그러나 우리는 억지로 어떤 일을 하려고 하다 보니 이상하게 보이고 힘겹기도 합니다. 즉 자기 몸을 불살라 가면서 정의를 부르짖는 것이 세상에서 볼 때는 위대할지 몰라도 하나님은 그런 것을 원치 않으십니다.

이 세상에서 가장 어려운 일이 다른 사람을 사랑하는 것입니다. 만일 다른 사랑하는 것이 우리 생각대로 흘러간다면 어려울 일이 없을 것입니다. 이 세상에서 가장 어려운 일이 다른 사람을 사랑하는 것인데, 우리는 사랑하는데 상대방이 우리를 원치 않는 경우도 많습니다.

우리는 사랑하는 사람에게 가장 좋은 것을 주기를 원합니다. 그 가장 좋은 것이 무엇일까요? 사람의 방언도 천사의 말도 예언도 산을 옮기는 것도 전 재산을 다 내어주고 몸을 불사르는 것도 아니라면 무엇이 가장 좋은 선물일까요? 그것은 바로 하나님 말씀을 주는 것입니다. 그냥 딱딱한 하나님 말씀이 아니고 사랑이 가득 찬 말씀을 주는 것이 사람을 살리는 길이고, 사람의 인생을 바꾸는 것이며, 하나님 앞에 가치 있는 선물입니다.

성경 토의

1. 지식이 발전하고 생활 수준이 높아졌음에도 불구하고 사랑이 없어 많은 사람이 자살하고 우울증을 앓고 있는데, 우리 사회에서 사랑이 없어진 이유가 어디에 있다고 생각하는가?

2. 최근 교회 안에서 제자훈련이나 양육 프로그램이 많이 행해지고 있음에도 전체적인 기독교는 침체되고 불신 받는 모습으로 나타나고 있는데, 어떻게 해야 고칠 수 있는가?

3. 자기 자신의 가치를 찾고 다른 사람에게 유익을 끼치기 위해 사랑이 중요하다고 말씀하는데, 어떻게 해야 우리 마음속에 사랑이 고갈되지 않고 넘쳐 흐르게 할 수 있을까?

29_사랑하는 방법

고린도전서 13:4-7

전체적 설명

다른 사람을 사랑하려고 할 때 마음으로는 사랑하지만 사랑하는 방법을 잘 알지 못해 오히려 상처를 주거나 고통을 줄 때가 종종 있다. 예를 들어 어떤 사람은 다른 사람을 사랑하기 때문에 때리는 경우도 있고, 사랑하기 때문에 무례한 말을 하거나 행동을 할 때도 있고, 사랑하기 때문에 자기 자랑을 늘어놓는 경우도 있다. 그러나 진정한 사랑은 다른 사람의 지금 상태를 사랑하는 것이 아니라 앞으로 회복될 온전한 모습을 기대하고 바라보면서 참고 기다리는 것이다. 예를 들어 어떤 사람이 술에 절어 있고 음행에 빠져 있을 때 현재의 모습을 좋아하는 것은 진정한 사랑이라고 할 수 없다. 오직 그가 아름답게 회복되리라는 것을 믿고 기다리고 도와주는 것이 사랑이다.

설교 프리노트

4절, "사랑은 오래 참고 사랑은 온유하며"

보통 남녀 사이의 사랑을 떠올리면 성급함과 열정이라는 단어가 생각난다. 그러나 성경은 사랑에 대해

"오래 참고 온유하며"라고 말씀한다. 왜 사랑은 오래 참는 것일까? 그것은 모든 사람이 정상적인 상태에 있지 못하기 때문이다. 우리 인간은 외모적으로 멋있고 지식이 있고 똑똑한 사람이 많지만 원래 하나님이 창조하신 모습과 비교한다면 너무나 심하게 망가져 있다. 그렇다 보니 사람이 온전하게 치료되려고 하면 조급하게 서두른다고 해서 되는 것이 아니라 아무리 바른 방법으로 사랑한다고 하더라도 오래 참고 기다려야 한다. "사랑은 오래 참고"의 의미는 무조건 오래 기다리기만 하면 된다는 뜻이 아니라 다른 사람을 바른 말씀과 기도로 도와주는 것을 전제해 말하고 있는 것이다. 우리는 아무리 하나님 말씀으로 은혜를 받았다고 해도 넘어지고 또 넘어지기 때문에 오래 참고 기다려주는 것이 필요하다.

'온유하다'는 것은 난폭하게 행동하지 않고 조심스럽게 대하는 것을 말한다. 만약 도와주는 사람이 중환자이거나 장애인일 때 우리가 난폭하게 행동하거나 거칠게 대한다면 큰 상처를 입게 될 것이다. 모든 사람은 치료 받는 중이거나 회복 중에 있는 환자와 같아서 거칠게 대하면 상태가 나빠질 수밖에 없다.

"시기하지 아니하며 사랑은 자랑하지 아니하며"

'시기하다'는 자신이 다른 사람보다 부족하다고 생각해 상대방의 멋있고 좋은 점을 미워하는 것을 말한다. 물론 다른 사람이 나보다 잘 되고 나보다 인기가 있고 성공하면 자신도 잘 되고 싶은 욕심에 시기심이 생기는 것은 자연스러운 현상이다. 그러나 그것은 어디까지나 겉보기에 그런 것이지 모든 사람의 속사정을 들여다보면 나름 어려움이 있고 고민이 있는 것을 알게 된다. 더욱이 우리가 하나님을 바로 알고 하나님의 사랑을 받는 자가 되었다는 것은 이 세상 어느 누구도 가질 수 없는 복을 가졌음을 뜻한다. 우리는 믿음의 눈으로 다른 사람을 보면 마음속 깊은 곳에서 동정심을 느끼게 된다. 즉 겉보기에는 부자이고 높은 자리에 있지만 나름의 어려움과 고민을 갖고 있는 것이다. "사랑은 자랑하지 아니하며"라고 했는데 물론 사랑하는 사람과 함께 있는 동안 좋은 일이 일어나면 자랑하고 기뻐할 수 있다. 그러나 다른 사람은 정작 고통 받고 있는데 자기 혼자만 좋은 일이 있다고 해서 뽐내고 자랑한다면 다른 사람은 위로받기보다 속이 상할 것이고, 상대가 남의 사정을 너무 모르는 철없는 사람 같다는 생각을 가지게 될 것이다.

"교만하지 아니하며"

여기서 교만한 것은 자기보다 못한 사람을 업신여김을 뜻한다. 사랑은 죄 때문에 망쳐진 사람을 회복시키는 것이 목적이기에 자기보다 못한 사람을 업신여긴다면 아무도 사랑할 수 없게 된다.

5절, "무례히 행하지 아니하며"

보통 친한 사람이나 사랑하는 사람 사이에서는 아무렇게나 행동하고 예의 없는 것이 더 친해지는 방법이라고 생각하기가 쉽다. 그러나 예의를 지킨다는 것은 다른 사람의 인격을 존중하고 남을 소중하게 대한다는 뜻이다.

"자기의 유익을 구하지 아니하며"

어떤 사람은 다른 사람과 친해지는 목적이 자신의 유익을 위해서라고 말한다. 그래서 자기에게 필요한 사람은 가까이 하고 필요 없다고 생각하는 사람은 멀리한다. 사람은 자기 자신을 존중해주는 사람을 끝까지 좋아하고 신뢰하지만 자기를 어떤 수단으로 이용하는 사람에 대해서는 실망하고 멀찍이 거리를 두게 된다.

"성내지 아니하며"

우리는 사랑하는 사람이 빨리 좋아지지 않거나 성공하지 못하면 화가 난다. 또한 그렇게 화를 내고 성내는 것이 상대방에게 좋은 자극제가 될 수 있다고 생각한다. 그러나 아무리 노력해도 잘 되지 않는 경우가 많다. 이런 사람에게 화를 내면 좌절감에 빠지게 되고 자신감을 잃어버리게 될 것이다.

"악한 것을 생각하지 아니하며"

이것은 다른 사람이 잘못되기를 마음속에서 바라거나 그의 좋지 못한 점에 대해 자꾸 생각하는 것을 말한다. 하나님의 백성은 마음속으로 생각하는 것도 기도에 해당되기 때문에 하나님은 악한 생각조차 좋아하지 않으신다. 그러나 우리는 인간이기에 다른 사람의 좋은 점보다 좋지 못한 행동을 자꾸 반복해 생각하는 경향이 있다. 이때 그 악한 생각을 끊는 것이 사랑이다.

6절, "불의를 기뻐하지 아니하며"

'불의를 기뻐한다' 는 것은 상대방을 기쁘게 하기 위해 죄짓는 일에 동참하는 행동을 말한다. 어느 때는 다른 사람이 원하기 때문에 거짓말하고 나쁜 일을 묵인하거나 동참할 때도 있다. 그러나 이것은 사랑이 아니다. 진정으로 상대방을 사랑한다면 비록 상대가 화를 내고 실망한다고 해도 죄를 짓지 못하게 막아야 한다.

"진리와 함께 기뻐하고"

우리는 상대방이 바른 길을 가고 바른 말씀을 함께 나누는 것을 기뻐해야 한다. 왜냐하면 이런 진리만이 상대방의 인격이나 삶을 아름답게 만들 수 있기 때문이다.

7절, "모든 것을 참으며 모든 것을 믿으며"

우리는 바른 길을 가고 있다면 비록 시간이 오래 걸린다고 해도 목표한 곳에 이르게 된다는 것을 알고 있다. 마찬가지로 우리가 하나님 말씀을 가지고 사랑한다면 시간이 오래 걸리고 상황이 당장 좋아지지 않는다고 해도 결국에는 아름다운 결과로 나타나게 될 것이다. 그래서 우리는 참을 수 있고 아름다운 결실을 맺을 거라고 믿는 것이다.

"모든 것을 바라며 모든 것을 견디느니라 "

하나님 말씀을 가지고 사랑으로 대한다면 우리는 아름다운 결과를 기대할 수 있다. 왜냐하면 하나님은 결코 우리를 실망시키지 않으실 것이기 때문이다. 그리고 우리는 그것 때문에 어떤 어려움이 닥치고 다른 사람이 비난하고 훼방해도 견딜 수 있다.

1. 진정한 사랑이란 무엇인가?

본문 이해를 위한 질문

우리는 사랑하는 방법을 알기 전에 진정한 사랑이 무엇인지부터 알아야 한다. 진정한 사랑은 다른 사람의 지금 모습이나 상태를 사랑하는 것이 아니라 하나님이 그 사람을 회복시키실 모습을 사랑하는 것이다. 그래서 지금 당장의 모습을 보면 성공하고 잘생긴 사람을 사랑하고 싶지만 하나님이 회복시키실 모습을 생각한다면 사랑하지 못할 사람이 없다.

2. 사랑하기 전에 해서는 안 되는 것이 무엇인가?

사랑은 먼저 오래 참아야 하고 난폭하면 안 되며 시기하거나 화를 내거나 자랑하거나 교만하거나 무례하게 행하면 안 된다. 더욱이 자기의 유익을 추구해 남을 이용하려고 하거나 악한 것을 생각해서는 안 된다.

3. 사랑하려면 무엇을 생각해야 하는가?

사랑은 진리와 함께 기뻐하는 것이다. 즉 하나님 말씀으로 사랑하면서 견디고 참으면 반드시 아름다운 결과가 나타날 것을 믿어야 한다.

성경 강해

우리는 누군가를 마음으로 사랑하기는 하지만 막상 실제로 사랑하려고 하면 사랑하는 방법을 몰라 상처를 주거나 관계가 악화될 때도 많습니다. 예를 들면 사랑한다고 하면서 무례한 경우도 있고, 사랑한다고 하면서 자기 자랑만 잔뜩 늘어놓는 사람도 있습니다. 또한 사랑한다고 하면서 너무 조급하게 구는 사람도 있습니다.

철학가 에리히 프롬은 《사랑의 기술(The Art of Loving)》을 썼습니다. 이 책을 읽으면 사랑의 테크닉을 배울 수 있을 거라는 희망을 갖는데, 이런 사람은 도중에 읽는 것을 포기하고 맙니다. 왜냐하면 그 내용이 너무나 어려운 철학적인 내용이기 때문입니다. C.S. 루이스는 《네 가지 사랑》을 썼습니다. 그는 우선 '주는 사랑' 이 있다고 했는데, 그 사랑은 부모님이 자녀에게 주는 것과 같은 사랑입니다. 우리는 누군가에게 사랑을 줄 수 있기 때문에 행복합니다. 또한 '받는 사랑' 이 있습니다. 자녀는 부모님의 사랑을 받아 행복합니다. 여자나 남자는 이성의 사랑을 받아 행복합니다. 다음으로 '주고받는 사랑' 도 있다고 했는데, 그것은 바로 친구 사이의 우정입니다. '종교적인 사랑' 도 있다고 했습니다. 예를 들어 신부나 수녀, 목사가 한센인을 돌보거나 노숙자를 보살피거나 비행 청소년을 선도하는 것은 종교적인 열정에서 사랑하는 것입니다.

오늘 시대는 사랑이 많다고 해서 알아주지 않습니다. 대부분의 사람은 사랑이 없어도 공부 잘하고 성공하고 돈 많은 것을 인정해주지 사랑이 많다고 해서 특별히 알아주거나 하지 않습니다. 그럼에도 많은 사람이 사랑받지 못해 자살하고 있습니다. 자살한 청소년들 가운데 상당수는 누군가 한 사람이라도 사랑해주고 돌봐주었더라도 절대 자살하지 않았을 것입니다. 오늘 우리 시대는 사랑이 없기 때문에 다른 사람의 생명이나 안전에 관심을 가지지 않고 대충 돈이나 벌려고 하다가 대형 사고가 터져 사람이 많이 죽습니다.

사도 바울은 우리가 아무리 능력이 많아서 천사의 말을 하고 하나님의 놀라운 신학 지식으로 자신의 전 재산을 내어놓고 구제해도 사랑이 없으면 그 사람도 가치가 없고 그 사람이 하는 일도 아무 의미가 없다고 말했습니다. 왜냐하면 사랑 없는 사람은 자기 자신을 모르면서 미쳐 날뛰는 사람밖에 되지 않기 때문입니다.

우리 기독교의 정신은 죄인이 죄인에게 설교하고, 죄인이 죄인을 구제하고, 죄인이 죄인을 사랑하는 것이 특징입니다. 예를 들어 어느 병원에서 의사가 암 환자를 치료하는데 그 의사 자신도 암 환자라고 합시다. 의사가 환자보다 조금 나은 것은 그가 의사이기 때문입니다. 그러나 의사나 치료 받는 환자 모두 똑같이 아픈 사람입니다. 우리가 아무리 천사의 소리를 하고 위대한 설교를 하고 정의로워 자기 몸을 불사르게 내어준다고 해도 죄인은 죄인일 수밖에 없습니다. 단지 우리는 같은 죄인으로서 다른 사람을 사랑해 조금 도와주는 것밖에 되지 않습니다. 절대적 정의를 부르짖어도 의미가 없고 전 재산을 털어 남을 구제한다고 할지라도 우리는 여전히 죄인이며, 자기를 알아주기를 바라고 남과 비교하기를 좋아하는 악한 이기주의자입니다.

1. 진정한 사랑이란

확실히 이성 간에 사랑하는 것과 친구 간의 우정은 다릅니다. 우정은 있는 그대로 상대방을 좋아하고 받아들이는 것이기 때문에 나중에 서로 생각이 달라져 멀어지더라도 상처를 덜 받습니다. 그러나 이성 간의 사랑은 자기 껍질을 깨고 상대방을 자기 안으로 받아들이는 것이기 때문에 사랑할 때도 불붙는 것처럼 확 붙는데다가 자신과 상대방도 화학적으로 변하게 됩니다. 그러다가 그 사랑이 깨어지면 마음이 너무나 아프고 한평생 잊을 수 없는 상처를 입게 됩니다. 특히 결혼한 사람이 사별하거나 이혼하게 되면 팔이 하나 떨어져 나가고 다리가 하나 떨어져 나가는 고통 속에서 살아가게 됩니다.

우선 사랑이라고 하는 것은 감정이 수반됩니다. 사람은 감정이 뜨거워지지 않는 상태에서 상대방을 사랑할 수 없고 감정적으로 좋은 마음이 생기기 때문에 좋아하는 것입니다. 게다가 사랑하면 기분이 좋고 행복한 마음이 듭니다. 만약 어떤 사람이 다른 사람을 사랑하는데 사랑할수록 기분이 나쁘고 불행하다고 느낀다면 그것은 좋은 사랑이 아닌 것이 분명합니다. 특히 남녀 간의 사랑은 한번 불이 붙으면 얼마나 뜨거운지 부모가 반대하면 도망쳐서라도 결혼해서 같이 삽니다. 전쟁 중이라도 남녀는 서로 사랑합니다. 남자들이 전쟁이나 어떤 위기에서 끝까지 살아남으려고 노력하는 것은 사랑하는 사람을 만나고 싶고 사랑하는 사람을 아프게 하지 않기 위해서일 때가 많습니다. 사람이 사람다울 수 있는 것은 사랑하는 마음이 있기 때문입니다. 만약 사람의 마음속에 다른 사람을 사랑하는 마음이 전혀 없다면 그는 늑대이고 악마이고 귀신이지 사람이 아닐 것입니다.

늑대는 어떻습니까? 일단 생긴 것도 징그럽게 생긴데다가 먹이를 보면

침을 질질 흘리면서 결국 덤벼들어 잡아먹고야 맙니다. 사랑이 없는 사람은 늑대입니다. 힘이 있는 남자가 자기보다 약한 여자를 먹이로 생각하거나 어른이 어린 아이를 잡아먹으려고 생각한다면 그는 늑대이지 인간이 아닙니다.

사람이 사람일 수 있는 것은 사랑이 있기 때문입니다. 사람은 이 사랑이 있어야 서로 믿으면서 살아갈 수 있습니다. 사람 사이에 이런 사랑과 믿음이 없다면 그곳은 사막이고 황무지이며 거기에 사는 사람은 방울뱀이나 전갈과 다를 바가 없습니다.

그런데 도대체 사랑이 무엇일까요? 우리는 사랑이 무엇인지 잘 알지 못합니다. 사랑을 바로 아는 이는 하나님 한 분밖에 없기 때문입니다. 요한일서 4장 8절에 보면 "이는 하나님은 사랑이심이라"고 했습니다. 진정으로 사랑을 아는 사람은 하나님 한 분밖에 없다는 뜻입니다. 지금 우리가 사랑하고 있으며 사랑을 느끼는 것은 하나님의 사랑 중 일부인데, 이는 변질된 사랑입니다. 이 정도의 사랑이라도 있기 때문에 우리는 최소한도의 인간성을 유지하고 사는 것입니다.

사랑은 지금 우리의 모습을 사랑하는 것이 아닙니다. 누군가를 사랑한다고 할 때 우리는 잘 모르는 가운데 그 사람의 더 완성되고 회복될 가능성을 믿고 사랑하는 것입니다. 누군가를 좋아할 때 지금 모습도 좋은 부분이 있겠지만 앞으로 더 좋아질 가능성이 보일 때 실망스러워도 그 실망을 이기고 끝까지 사랑하게 됩니다.

그런 의미에서 우리를 진정으로 사랑할 수 있는 분은 하나님 한 분밖에 없습니다. 우리는 자신의 타락하기 전 원래 모습이 어떠했는지 알지 못합니다. 또한 앞으로 얼마나 아름답게 변하게 될지도 알지 못합니다. 그렇다 보니 우리 자신이나 다른 사람에 대해 늘 실망하고 포기하려고 할 때가 많습니다.

하나님은 우리의 원래 모습을 알고 계십니다. 하나님은 우리가 원래 만들어질 때 얼마나 영광스럽고 멋지게 만들어졌는지 아십니다. 그리고 앞으로 우리가 하나님 말씀과 은혜로 회복되었을 때 얼마나 아름다워지고 얼마나 영광스러워질 것인지도 아십니다.

다른 사람이 원래 어떤 상태였는지 모르고 오직 현재 모습만 보고 판단하는 사람은 그 사람을 사랑할 수가 없습니다. 상대의 회복되어야 할 모습도 모르고 원래 모습도 모르기 때문입니다.

기독교는 단순히 세상의 어떤 일부만 바꾸거나 사람의 가려운 부분만 긁어주는 것이 아닙니다. 기독교 안에는 모든 사람이 원래 만들어질 때 타락하기 전의 사진과 그 사람이 하나님의 은혜로 회복되었을 때의 흠도 티도 없는 아름다운 모습의 사진이 있습니다.

예를 들어 알코올 중독자로 만나 사랑하거나 술집에서 정신없이 방황하다가 만난 사람을 맨 정신으로 사랑하기는 어려울 것입니다. 왜냐하면 그때 그 사람의 모습은 진정한 모습이 아니기 때문입니다.

미국 사람은 술을 집에 두고 마시기 때문에 알코올 중독에 빠지기가 쉽습니다. 그런데 알코올 중독자가 몸매가 좋고 얼굴이 잘생겼다고 해서 죽자고 사랑하는 것은 진정한 사랑이 아닙니다. 그의 부모나 형제는 그 사람의 원래 모습을 알기 때문에 사랑해서 원래 상태로 회복시키려고 노력할 것입니다.

하나님은 우리 각자의 원래 사진을 가지고 계십니다. 그것은 타락하기 전의 아담입니다. 이것이 원래 우리의 모습입니다. 그리고 우리가 앞으로 하나님의 사랑으로 만들어질 천사보다 더 멋진 사진이 있습니다. 이것은 거의 예수님에 가까운 모습입니다. 복음은 우리를 원래 범죄하기 전 상태로 돌려놓는 것이 아닙니다. 이 정도만 해도 엄청난 일인데, 하나님의 말씀과 사랑은 우리를 흠도 티도 없는 완전히 아름다운 모습으로 회복시킵니다. 우리는 그 사랑에 동참하고 사용되어야 합니다. 우리는 남녀의 사랑으로, 부부의 사랑으로, 성도 간의 사랑으로 다른 사람의 완전한 회복에 동참해야 합니다. 이것은 엄청난 수술이요 엄청난 치료 과정입니다.

얼마 전 어떤 사람이 뇌수술을 받는데 수술 시간이 무려 열 시간 넘게 걸렸다고 합니다. 저는 그런 점에서 의사들에게 경의를 표합니다. 열 시간이 넘는 동안 환자의 치료에 자신의 모든 신경을 집중시킨다고 하는 건 엄청난 일입니다. 사랑이라고 하는 것은 바로 그런 것입니다. 사랑은 단순히 지금의 모습이 멋있고 좋기 때문에 알아주고 좋아하는 것이 아닙니다.

진정한 사랑은 상대방을 가장 완전한 모습으로 회복시키는 것입니다. 하나님은 이것을 오래전부터 계획하셨는데, 우리를 통해 그 일을 하시는 것입니다. 아주 먼 옛날 하나님은 우리를 아름답게 하려고 계획하셨습니다. 그래서 남편이나 아내를 만나게 하셨고 예수를 믿게 하셨고 말씀을 듣게 하신 것입니다. 지금 이 시간에도 우리는 사랑받고 있습니다.

2. 사랑할 때 금기사항

사랑하는 것은 상대방을 한번 건드려 보는 불장난이 아니라 뇌수술과 심장 수술 등 전신 수술과 같습니다. 우리가 아무리 상대방을 뜨겁게 사랑한다고 해도 절대로 해서는 안 되는 것이 있습니다. 그렇지 않으면 사람은 사랑하기 때문에 못살게 굴고, 사랑하기 때문에 무례하며, 사랑하기 때문에 자만심에 빠질 수 있습니다. 사랑은 수술과 같기 때문에 그런 것은 절대로 금기사항입니다. 그래서 일단 무례한 것은 사랑이 아닙니다. 자기 자랑을 많이 하는 것도 사랑이 아닙니다. 성을 내는 것도 사랑이 아닙니다.

하나님의 사랑에 동참하려고 하면 이것을 꼭 기억해야 합니다. 이것이야말로 사랑인지 아닌지 판별하는 시금석입니다.

4절, "사랑은 오래 참고 사랑은 온유하며 시기하지 아니하며 사랑은 자랑하지 아니하며 교만하지 아니하며"

우리는 이 말을 들으면 실망하기 쉽습니다. "이런 것이 무슨 사랑이야? 사랑이란 뜨거운 것이고 용감한 것이며 미친 것이고 절대로 물러서지 않는 것 아닌가. 오래 참고 얌전한 것이 무슨 사랑이야?" 라고 반발하기 쉽습니다. 그런데 성경은 사랑의 특성 가운데 하나가 오래 참는 것이라고 말씀합니다. 우리는 원래 상태에서 너무 심하게 병들고 망가져 이것을 회복하기까지 오랜 시간이 걸리기 때문입니다.

병원 중환자실에 입원한 사람 면회를 가면 쉽게 사람을 찾을 수가 없습니다. 왜냐하면 병이 그를 딴 사람으로 만들어버렸기 때문입니다. 그래서 병에 걸린 중환자를 옛날의 건강한 모습으로 회복시키려고 하면 상당히 오랜 시간이 걸립니다.

이런 환자를 하루나 이틀 만에 고치려고 하는 것은 무리이며 오히려 환자의 상태를 악화시킬 수도 있습니다. 우리는 너무 사랑하기 때문에 다른 사람을 단번에 고치려고 야단을 치거나 강도 높은 훈련을 시키려고 할 때가 있습니다. 그러나 그 사람이 병에 걸렸을 때 병에서 회복시키기 위해선 상당한 시간을 기다려야 하고 무리한 것을 시켜서는 안 됩니다. 그렇기에 사랑은 오래 참는 것입니다. 여기서 오래 참는다는 것은 자신이 참고 기다리면 하나님이 고쳐주실 것임을 믿고 기다린다는 뜻입니다. 그러나 대부분 조급하게 서두르는 것을 봅니다. 하루나 이틀 만에 멋진 모습이 만들어지지 않거나 실력이 오르지 않으면 실망하거나 포기하고 맙니다. 그러나 바른 길을 찾지 못해 그런 것이지 바른 길만 찾으면 꾸준히 치료하고 기다리면 완전하게 회복됩니다. 우울증 같은 마음의 병도 한두 번의 상담으로 고치려고 해서는 안 됩니다. 왜냐하면 이것은 이해의 문제가 아니기 때문입니다. 이것은 감정이 병들었고 마음이 병들었기 때문에 상당히 오랜 시간이 걸린다는 것을 인정해야 합니다.

'온유하다'는 것은 무리하지 않는 것을 말합니다. 일단 환자는 힘이 없고 몸이 정상이 아니기에 할 수 없는 동작이 많습니다. 환자는 앉거나 일어서는 것이 어렵고 물건을 들어올리는 것도 힘들고 걷는 것 자체도 힘겹습니다. 그러나 다른 사람은 정상인으로 생각해서 빨리 걷지 못한다고 야단을 치고 예전처럼 많은 일을 시키려고 합니다. 이때는 빨리 자기가 환자라는 것을 알려야 하고, 절대 안정이 필요하면 사람을 만날 수 없다는 것을 알려야 합니다. 특히 요즘은 스트레스 때문에 병이 생기는 사람이 많은데 상당수가 직장을 그만둔다고 합니다. 왜냐하면 다른 사람이 도와주지 않기 때문입니다. 우리나라에서는 장애인을 의무적으로 고용하도록 하는 법이 꼭 필요합니다. 그리고 장애를 가진 사람의 일 분량은 줄여주어야 합니다. 비장애인과 똑같이 일할 수 없기 때문입니다. 몸이 아픈 사람은 통증이 심하기 때문에 자주 화를 내기도 합니다. 주위 사람은 이런 점을 이해해주어야 하고 화낼 만한 일을 하지 않게 해주는 것이 필요합니다. 그러나 우리나라는 모든 사람이 무리하기 때문에 한번 무너지면 끝장이 나버립니다.

예를 들어 완전히 의식이 없는 사람에게 소리를 지르고 책임의 소재를 따져 봐야 그 사람이 할 수 있는 것은 아무것도 없습니다. 사람들은 마음에 사랑이 없다 보니 모든 것을 자기 위주로 생각해 자기 기준으로 요구합니다. 그러나 그것은 약한 자를 죽일 수도 있습니다.

사랑은 시기하지 않는 것입니다. 남녀 간의 사랑에서 시기는 중요한 역할을 하기도 합니다. 남녀의 사랑은 상대를 독점하기 원하기 때문에 자기 사랑을 빼앗기지 않으려고 합니다. 그러나 여기서 말하는 시기는 다른 사람과 비교하는 것입니다. 내 아이를 다른 아이와 비교하고 내 남편이나 아내를 다른 사람의 남편과 아내와 비교하는 것입니다. 이것은 참으로 무서운 죄입니다. 이것은 뇌수술 환자와 심장병 환자를 비교하는 것과 같습니다. 사람마다 가지고 있는 특성이 다르고 고쳐야 할 부분이 다른데, 이것을 똑같이 생각하는 것은 무지하고 위험한 사고입니다. 사람마다 가지고 있는 문제나 마음의 병이 다릅니다. 이것을 비교한다는 것은 있어선 안 되는 일입니다. 그래서 사랑에서 가장 중요한 것은 그 사람을 그 자체로 인정해주는 것입니다. 이것이 사랑의 출발점입니다. 즉 '그 사람을 그 사람으로 인정하고 나를 나로 인정하는 것' 입니다.

사랑은 자랑하지 않는 것입니다. 물론 함께 좋아할 일이 있어 자랑하고 기뻐하는 것은 좋은 일입니다. 그러나 대부분 상대방의 기분이나 감정은 생각하지 않고 자기 자랑만 늘어놓습니다. 물론 다른 사람이 잘 되어 자랑하는 것은 좋은 일입니다. 우리가 영적으로 조금이라도 성숙한 사람이라면 자기가 하는 말이 어떤 동기로 하는 말인지 생각해야 합니다. 자기를 자랑하고 나타내기 위해 하는 설교인지 아니면 상대방을 사랑해서 하는 설교인지 생각해야 합니다. 어떤 경우 설교자가 자신의 해박한 지식을 자랑하거나 자신의 똑똑함을 나타낼 의도로 말씀을 전한다면 그것은 사랑이 아닙니다. 설교자는 겸손해야 합니다. 남을 가르치는 사람의 경우 겸손하게 가르칠 때 배우는 사람에게 유익합니다.

사랑은 "교만하지 아니하며"라고 했습니다. 여기서 교만은 하나님을 생각하지 않고 상대방을 자기 마음으로 할 수 있다고 생각하는 것입니다. 최근 우리는 우리나라를 거의 망하게 할 뻔한 사람 모두가 교만했음을 보았습니다. 그들은 이 세상에서 어느 누구의 말도 듣지 않았고 자기 생각대로 모든 것을 처리했습니다. 그러나 권력의 자리에서 쫓겨나게 되었을 때 그들은 모두 죄인이 되었고 죄수복을 입고 손에 수갑을 차야 하는 아무것도 아닌 사람이 되었습니다. 그들은 하나님을 두려워하지 않고 자기가 최고라고 생각했기에 모든 것을 자기 마음대로 하려고 했다가 하나님께 가치 없는 사람으로 판단되었던 것입니다. 우리가 힘을 가진다는 것은 참으로 두려운 일이며, 권력을 가지고 있다는 것은 하나님 앞에서 무서운 일입니다. 하나님을 생각한다면 우리는 자신이 아무것도 아니며, 힘없는 사람 위에서 군림하려고 하는 것이 얼마나 무가치한 일인지 알게 될 것입니다. 의사가 환자 위에 군림하는 것이 무슨 의미가 있으며, 선생님이 학생 위에 군림한다고 한들 무슨 유익이 있겠습니까? 남자가 힘이 있다고 해서 여성 위에 군림하려고 할 때 오히려 그것은 무가치한 일이 될 것입니다.

사랑은 무례히 행하지 않습니다. 어떤 사람은 사랑하기 때문에 함부로 말하거나 행동해도 된다고 생각하는데 사랑은 무례하지 않습니다. 사랑은 예의를 지키는 것이며 자기 인격이 중요하면 다른 사람의 인격도 중요한 줄 아는 것입니다. 자신이 존경받고 싶으면 먼저 남을 존경해주어야 합니다. 사랑할 때 해야 할 말이 있고 해서는 안 되는 말이 있습니다. 우리가 하는 모든 말에는 독이 들어 있어서 나중에 이것이 암으로 나타나게 됩니다.

사랑은 자기의 유익을 구하지 않는다고 했습니다. 사랑하는 사람은 상대방을 수단으로 생각하지 않습니다. 즉 상대방을 이용해 자기 목적을 달성하려고 할 때 그 사랑은 오래가지 않습니다. 오히려 사랑은 상대방 자체가 목적이 되어야 합니다. 상대가 행복하고 더 온전해지는 것이 목적이 될 때 그 사랑은 좋은 사랑이고 깨끗한 사랑이며 오래갈 수 있는 사랑입니다. 그러나 상대방을 이용해 돈을 벌려고 하거나 자기 편익을 구할 때 사람은 행복하지도 않고 상대방의 마음에 불신만 심어주게 됩니다. 그런 사람은 나중에 친구를 잃게 됩니다.

사랑은 성내지 않는 것입니다. 사람이 성내는 이유가 무엇입니까? 자신이 바라는 대로 되지 않기 때문에 화를 냅니다. 다른 사람에게 너무 많은 걸 기대했는데 자기 생각대로 되지 않으면 화를 냅니다. 그러나 그것은 어디까지나 자신의 기준이지 상대방의 기준이 아닙니다. 사람은 대개 다른 사람에게 너무 많은 것을 기대합니다. 너무 완전한 것을 기대하고 너무 높은 것을 기대했다가 안 되면 화를 내는 것입니다. 그러나 우리가 하나님이 아닌 이상 절대로 완전할 수 없습니다. 우리는 함부로 다른 사람에게 기대감을 품어서는 안 됩니다. 부모가 자녀에게 너무 많은 것을 기대하면 관계가 나빠지거나 정신질환이 생길 수 있습니다. 서로에게 많은 것을 기대하지 않았는데 잘하면 너무 기쁘고 감사한 것이 사랑입니다.

목표는 높은데 아무리 해도 그 목표에 도달할 수 없을 때 사람은 좌절감을 느낍니다. 훌륭한 교사는 항상 가능한 목표를 제시하는 사람입니다. 어느 누구도 한순간 높은 봉우리에 올라갈 수 없습니다. 가능한 목표를 세워 현실에서 그것을 가능하게 만드는 사람이 유능한 인도자입니다.

사랑은 악한 것을 생각지 않는다고 했습니다. 여기서 악한 것은 좋지 않은 생각을 말합니다. 악한 것을 생각하면 다른 사람이 자신에게 잘못한 것만 생각날 것입니다. 사람마다 비디오테이프가 하나씩 있습니다. 그것은 상대방이 자기에게 잘못한 행동이나 말을 담고 있는데 틀고 또 틀고 생각날 때마다 틉니다. 그런데 이 나쁜 생각을 없애는 것이 너무나 어렵습니다. 결국 우울증은 이런 나쁜 생각이 폭발하는 것입니다. 그 테이프를 없애는 것은 굉장히 어렵습니다. 그러므로 자기가 더 좋아하는 것을 만들기도 하고 또 걸으면서 생각을 정리하기도 하고 이해하기 위해 노력하고 기도도 해야 합니다.

사랑은 불의를 기뻐하지 않습니다. 불의는 상대방이 잘못되어 넘어지는 것을 말합니다. 사람은 다른 사람이 잘못되어 넘어지면 기뻐합니다. 그 이유가 무엇일까요? 우리 마음속에 남을 시기하는 마음이 있기 때문입니다. 남이 잘못되기를 바라고 자신이 최고가 되고 싶은 마음이 있기 때문입니다. 그러나 우리가 그 사람 자신이라면 넘어졌을 때 너무나 아플 것입니다. 특히 자기가 싫어하거나 자기에게 많은 고통을 주었던 사람에게 큰 어려움이 생겼다고 하면 기뻐하기 쉽습니다. 우리의 이런 마음을 하나님은 좋아하지 않으십니다. 우리는 절대로 기뻐해서는 안 됩니다. 우리는 마음 아파해야 하고 동정해야 합니다. 그렇게 하는 것은 위선이 아닙니다. 우리가 그렇게 할 때 평소 관계가 좋지 않았던 사람과도 진실할 수 있고 마음 문이 열릴 수 있기 때문입니다. 우리가 다른 사람의 불행을 보고 기뻐하면 하나님은 좋아하지 않으십니다. 그래서 그리스도인은 어떻게 해서든지 '심보'가 좋아야 합니다. 남이 잘못되는 것을 보고 '그럴 줄 알았어!' 라는 식으로 말해서는 안 됩니다. 속으로는 약간 시원해도 "이런 일이 생길지 몰랐어. 정말 안타까운 일이야"라고 해야 합니다.

3. 사랑하는 방법

진정한 사랑에서 가장 중요한 일은 상대방이 바른 진정한 모습을 되찾는 것입니다. 그리고 자기 자신이 얼마나 존귀한 자인지 알고, 그런 모습을 회복하는 것을 기뻐해야 합니다. 사랑은 죽을 사람을 살리며 별것 아닌 것 같지만 대형 사고를 막을 수 있고 하나님의 심판도 막을 수 있습니다.

언제나 남에 대해 참기만 하고 자기 자랑도 하지 못하고 성도 내지 않는다면 우리 스트레스는 어떻게 풀 수 있을까요? 하나님이 여기서 '하지 아니하며' 라고 말씀하신 것은 우리의 판단 기준으로 말씀하신 것입니다. 우리는 어떤 말을 하거나 행동을 하기 전에 언제나 사랑을 기준으로 생각해야 합니다.

그때 우리는 엄청난 진리의 세계 안에 들어가게 됩니다.

6절을 보면 "진리와 함께 기뻐하고"라고 했습니다. 여기서 '진리' 는 '참

된 것' 을 말합니다. 거짓된 관계에서 사랑하거나 속이는 것은 진정한 사랑이 아닙니다. 예를 들어 일시적인 충동이나 속임수로 사랑하는 것은 진정한 사랑이 아닙니다. 사랑은 상대방에게 정직한 것이며 상대방으로 하여금 정확하게 자신을 알도록 하는 것입니다. 그러나 그렇게 할 수 있는 것은 하나님 말씀밖에 없습니다. 그래서 '진리' 는 '하나님 말씀' 으로 보아야 합니다. 하나님 말씀을 들을 때 우리는 가장 정확하게 자기 모습을 알 수 있기 때문입니다. 그래서 사람은 은혜 받았을 때가 자신의 진정한 모습이며, 이때 사랑한 것이 진짜 사랑일 때가 많습니다. 사랑하는 사람에게 줄 수 있는 가장 좋은 선물은 하나님 말씀을 주는 것입니다. 우리는 진리 안에서 사랑할 때 가장 아름다울 수 있습니다.

올바른 진리를 찾았을 때 우리가 할 수 있는 것은 아무것도 없습니다. 우리는 이제 하나님이 하시는 것을 믿으면 됩니다. 그때부터 우리의 할 일은 모든 것을 참고 모든 것을 믿고 모든 것을 견디는 것입니다.

본문에 보면 모든 것을 참는다고 했습니다. 여기서 참는다는 것은 기다리는 것을 말합니다. 이 세상에서 무엇인가 부수고 욕하고 자기주장을 하면 금방 원하는 대로 될 수 있습니다. 그러나 사람이 치유되고 회복되는 것은 금방 되지 않습니다. 우리가 참는 것은 하나님이 역사하시는 것을 알기 때문입니다. 그래서 서두르거나 조급해하지 않습니다. 우리가 사랑으로 한다는 것은 바른 길을 찾는 것입니다. 우리가 해야 할 일은 기다리고 있기만 하면 됩니다. 우리는 모든 것을 믿습니다. 사랑으로 하는 일에 반드시 하나님이 함께하시며 좋은 결과가 나타난다는 것을 믿습니다.

우리는 지금 자신이 하나님의 방법대로 하고 있으면 금방 눈에 보이는 결과가 없더라도 하나님이 반드시 역사하시리라는 것을 믿어야 합니다. 하나님은 신실하신 분이며 틀림없는 분입니다. 사실 우리는 하나님의 말씀 가운데 지극히 작은 부분밖에 알지 못합니다. 하나님 말씀을 전하면서도 하나님이 놀랍게 일하시는 것을 믿기 어려울 때가 많습니다. 그러나 실제로는 제 생각과 정반대인 때가 많았습니다. 생각지 못한 곳에서 하나님이 너무나 놀랍게 일하고 계신 것입니다. 가끔씩 교인을 만나면 하나님이

성경 토의

1. 남녀 간에 사랑할 때 어떻게 하는 것이 진정으로 사랑하는 것이며, 교회 안에서 사랑할 때 우리가 느끼는 한계는 무엇인가?

2. 다른 사람을 사랑한다고 하면서 조급해하거나 실망하는 이유는 무엇이며, 다른 사람이 우리를 사랑한다고 하면서 무례하게 대하거나 자신의 유익을 추구할 때 어떤 느낌이 드는가?

3. 평소 가깝게 지내고 사랑하는 사람이 불의한 일을 요구하거나 시킬 때 우리는 어떻게 해야 하며, 어떻게 하면 다른 사람에 대해 아름다운 결과를 기대할 수 있는가?

30_생명을 사랑하는 것

고린도전서 13:6-7

전체적 설명

우리가 어떤 사람이나 무엇인가를 사랑한다고 할 때 그 사람의 외모를 사랑할 수도 있고 돈을 사랑할 수도 있고 명품 같은 물건을 사랑할 수도 있다. 사도 바울이 고린도전서 13장에서 사랑한다고 하는 것은 사람의 생명을 사랑하는 것을 말한다. 사람이 죽지 않고 살아있다는 게 얼마나 중요한 의미를 가지는지 모른다. 만일 그가 자신의 가치를 발견하고 남에게 유익한 존재로 살아있다면 그것은 대단히 가치 있는 일일 것이다. 우리 그리스도인은 하나님 앞에서 가치 있는 존재들이며, 하나님 말씀으로 사랑하면 반드시 회복될 수 있으리라는 것을 믿고 있다. 그래서 그리스도인은 다른 어떤 은사나 성공보다도 하나님 말씀으로 다른 사람을 사랑하는 것을 가치 있게 생각한다.

설교 프리노트

6절, "불의를 기뻐하지 아니하며"

고린도전서 13장에서 사도 바울은 사랑이 정확하게 무엇인지 말하지 않으면서 사랑이 없을 때 영적인 은

사나 희생이 얼마나 무가치하며, 또 어떻게 하는 것이 사랑하지 않는 것인지 사랑하는 방법만 말하고 있어 도대체 사랑이 무엇인지 이해하기가 어렵다. 그래서 목회자들은 교회에서 고린도 13장을 설교하면서 '진정한 사랑' 이 무엇인지 한 번 더 구체적으로 설교할 필요성을 느낄 것이다. '진정한 사랑' 은 다른 사람의 육체를 사랑하는 것도 아니고 자신의 이익을 사랑하는 것도 아니고 어떤 취미생활이나 스포츠를 사랑하는 것도 아니다. '진정한 사랑' 은 다른 사람의 생명을 사랑하는 것이다. 사랑은 "불의를 기뻐하지 아니하며" 라고 했는데 요즘 우리 사회에서는 돈을 너무 사랑한 나머지 불의를 저지름으로써 다른 사람의 생명을 해치는 일이 많이 일어나고 있다. 그중 하나가 '세월호 사건' 이다. 어른들이 돈을 사랑해서 불법으로 배를 개조하고 배수량을 불법으로 조절하는 바람에 배가 뒤집어져 많은 어린 학생과 승객이 죽었다. 그 배의 선주나 선장의 마음속에 다른 사람의 생명을 조금이라도 사랑하는 마음이 있었더라면 그런 불의를 기뻐하지 않았을 것이다. 그러나 그들은 다른 사람의 생명을 소중하게 생각하지 않아서 불의에 눈을 감아주었고, 그 결과 많은 아까운 생명이 희생당하고 말았다.

"진리와 함께 기뻐하고"

여기서 '진리' 는 '옳고 바른 것' 을 말하는데 진정으로 옳고 바른 것은 법으로부터 나오기도 하고 도덕으로부터 나오기도 하지만 결국 하나님 말씀인 '성경' 에서 나온다. 다른 사람의 생명을 진정으로 사랑한다면 우리는 옳고 바른 것을 사랑할 뿐 아니라 하나님 말씀을 함께 나누는 것을 가장 기쁘게 생각해야한다. 왜냐하면 거기서 모든 진정한 사랑과 가치가 나오기 때문이다.

7절, "모든 것을 참으며 모든 것을 믿으며"

바른 길을 가고 있다는 것을 믿는다면 우리는 결국 바른 목표에 도달하게 되리라는 믿게 될 것이다. 마찬가지로 우리가 하나님 말씀을 가지고 다른 사람을 사랑한다면 언젠가는 자신의 가치를 깨닫게 되고 다른 사람에게 유익을 끼치는 존재가 될 것이다. 우리가 하나님 말씀을 붙들고 다른 사람을 사랑한다면 그 결과를 믿게 될 것이고, 그 믿음으로 모든 시련과 어려움을 참아낼 수 있을 것이다.

본문 이해를 위한 질문

1. 고린도전서 13장에서는 '사랑'을 말하는데, 이 '사랑'은 무엇을 사랑하는 것인가?

이 세상에서 가장 가치 있는 것은 사람의 생명이고, 고린도전서 13장의 사랑은 사람의 생명을 사랑하는 것이다.

2. 사랑은 어떤 힘을 가지고 있기에 모든 것을 믿고, 모든 것을 참아낼 수 있는가?

사랑은 사람을 치료하는 능력을 가지고 있다. 그래서 하나님 말씀으로 사랑하는 사람은 반드시 치유될 수 있다.

3. 우리는 이 혼탁하고 사악한 세상을 살아가면서 무엇을 바라고 믿을 수 있는가?

하나님 말씀은 아무리 망가진 사람이라 하더라도 아름답게 회복시킬 수 있다는 것을 믿어야 한다.

성경 강해

요즘 우리 주위에 심폐소생술을 익혀 갑자기 심장마비를 일으킨 사람을 살리는 경우가 종종 있습니다. 얼마 전 어떤 초등학교 어린이가 학교에서 배운 심폐소생술로 갑자기 쓰러진 아버지의 생명을 살린 경우도 있었습니다. 만약 어떤 사람이 갑자기 심장마비로 쓰러져 병원으로 데리고 가기에 시간이 너무 촉박했을 때 누군가의 도움으로 살게 되었다면 그 사람이 천사처럼 생각될 것입니다. 또 어떤 사람이 물에 빠져 익사하게 되었을 때 누군가가 물에 뛰어들어 자기 생명을 구해주었다면 그 고마움은 말로 표현할 수 없을 정도 클 것입니다.

최근에 너무 많은 사람이 자살하거나 스트레스나 과로로 돌연사하는 것을 보게 됩니다. 그러나 어떤 사람이 위기에 처했을 때 자신의 목숨을 희생해 가면서 다른 사람의 목숨을 살려주는 사람이 있습니다. 우리 사회가 이기적이고 돈밖에 모르는 세상이라고 하지만 자기 목숨을 희생해 가면서까지 다른 사람의 생명을 살리는 사람이 있기에 하나님이 우리 사회를 지켜주신다고 믿습니다.

요즘 우리는 '성공'을 최고로 중요한 것이라고 생각하는 세상에서 살아가고 있습니다. 모든 부모는 자녀가 공부를 잘해서 성적이 좋게 나오고 좋은 대학에 들어가고 멋진 외모를 가지고 돈을 많이 버는 것이 중요하다고 생각하지만, 배가 한번 뒤집어지자 그런 것은 아무 소용이 없었습니다. 대통령의 권력도 소용이 없고 삼성의 기술도 소용이 없고 그 많은 돈도 소용이 없었습니다. 결국 그 아까운 생명들이 물에 빠져 죽을 수밖에 없었습니다. 누군가가 상황을 분명히 직시하고 모두 바다에 뛰어내리라고 했으면 충분히 살릴 수 있었을 텐데 그럴 수 있는 사람이 없었던 것입니다. 이제 부모들은 자녀들이 공부를 잘하는 것이나 외모가 잘생긴 것이나 돈을 좀 더 많이 버는 것보다 훨씬 중요한 것이 자녀와 자신이 죽지 않고 살아있는 것이라는 사실을 깨달아야 하겠습니다.

우리 인간이 과연 다른 사람에게 천사 같은 존재가 될 수 있을까 하는 생각을 종종 합니다. 천사가 되려고 하면 날개가 있어야 할 것 같고 번개같이 움직이는 능력이 있어야 할 것 같은데, 성경은 누구든지 사랑이 있으면 천사가 될 수 있다고 말씀합니다.

사도 바울은 사랑은 "성내지 아니하며"라고 했습니다. 이 세상에 성내지 않는 사람이 어디 있을까요? 오늘 우리 현대인은 매일 화를 내면서 살아가고 있습니다. 이 세상을 살다 보면 성낼 일이 너무 많습니다. 그런데 과연 성내지 않을 사람이 존재할까요? 성경 말씀을 보면 우리가 사람을 어떻게 이해하느냐에 따라 얼마든지 성내지 않을 수 있다고 말씀합니다. 즉 우리는 다른 사람이 정상적으로 생활하면서 자기 뜻대로 움직이지 않을 때 성이 날 것입니다. 그런데 상대가 심하게 다쳤거나 병든 사람이라는 것을 안다면 그에게 성내는 것은 아무 의미가 없습니다. 오히려 그 사람이 죽지 않고 살아있는 것만으로도 감사하게 될 것이고 그 사람이 의식이 깨어난다면 더 기뻐할 것입니다. 우리는 평소 다른 사람이 다쳐 있고 병들어 있다는 생각을 하지 못하는 것입니다.

본문에 사랑은 "시기하지 아니하며" 라고 했습니다. 세상에 시기하지 않는 사람이 어디 있습니까? 모든 사람은 다른 사람이 잘 되면 배가 아프고 자신이 잘 되어야 하고 자신이 중심이 되어야 하고 자신이 남을 이겨야 한다고 생각합니다. 그러나 사실 이런 사람은 열등감에 가득 찬 사람입니다. 충분히 하나님의 사랑받는 자이며 부족함이 없다는 것을 깨닫는다면 다른 사람이 행복하고 잘 되는 것에 대해 시기할 필요가 없습니다.

사랑은 "자랑하지 아니하며" 라고 했습니다. 요즘 세상에 자기 자랑을 하지 않는 사람이 어디에 있을까요? 그러나 건강한 사람이 병든 사람 앞에서 자기 건강한 것을 자랑해야 무슨 소용이 있을까요? 그것은 정말 바보 같은 짓이고 유치한 행동입니다. 어른이 아이들 앞에서 힘을 자랑해야 무슨 소용이 있겠습니까? 성내지만 않아도 천사라고 하는데 시기하지도 않고 자기 자랑도 하지 않을 사람이 있을까요? 이는 자기 자신이나 다른 사람을 어떤 시각으로 보느냐 하는 데 달렸습니다. 우리는 얼마든지 다른 사람에게 천사가 될 수 있습니다. 천사는 유명할 필요도 없고 박사일 필요도 없고 돈이 많을 필요도 없고 많은 지식을 가질 필요도 없습니다. 왜냐하면 천사는 천사로 충분하기 때문입니다. 그러나 천사는 죽어가는 다른 사람의 생명을 살릴 수 있고, 다른 사람의 인생을 바꿀 수 있습니다.

지인 가운데 경남의 어느 섬 출신인 사람이 있습니다. 그가 육지에 나왔을 때 가장 신기한 것은 버스와 기차였다고 합니다. 그의 취미는 기차가 지날 때 짐칸이 몇 개 붙었는가를 헤아리는 것이었습니다. 기차가 너무 신기해서 그랬다고 합니다. 그가 살던 곳에는 교회도 없었습니다. 그런데 어렸을 때 그 섬에 건강이 좋지 못해 요양하러 온 젊은 여성이 있었다고 합니다. 이 여성은 아이들을 모아놓고 성경공부를 가르쳤는데, 지인은 그때 예수님을 알고 나중에 목사가 되었습니다.

오늘 우리는 큰일을 하려 하고 많은 일을 하려고 하지만 그것은 야망이고 욕심이며 아무 소용이 없는 것을 보게 됩니다. 우리 마음에 다른 사람에 대한 사랑이 있으면 성도 내지 않을 것이고, 시기하지도 않을 것이며, 자기 자랑도 하지 않을 것이며, 다른 사람의 영혼에 깊은 영향을 미칠 수 있을 것입니다. 오늘 우리 사회에 필요한 사람은 바로 이런 천사입니다. 천사는 말을 잘할 필요도 없습니다. 천사는 높은 자리를 원하지도 않고, 다른 사람의 인정을 받아야 할 필요도 없습니다. 그러나 그들은 죽어가는 사람을 살리고 사람의 운명을 바꾸는 일을 합니다. 이런 사람은 하나님의 심판을 막기도 하는데, 이런 천사들이 없어지거나 떠나갈 때 하나님의 유황불 심판이 임하게 됩니다.

1. 생명이 가장 중요하다

이 세상에는 좋은 것이 너무 많기 때문에 우리는 이 세상이 주는 화려함에 속아 살 때가 많습니다. 우리는 이 세상에서 남들보다 우수한 성적을 거두려고 하며 더 유명해지려고 하며 더 높아지기 위해 많은 노력을 합니다. 그러나 자신이 탄 배가 가라앉고 자신이 있는 건물이 불타거나 무너지려고 한다면 세상의 성공이나 높은 자리나 돈은 아무 소용이 없을 것입니다. 이 세상은 망하려고 하는데 자신이 가진 돈이나 지식이 사람 한 명이라도 살리는 데 도움이 되지 않는다면 그 지식이나 성공이나 돈은 큰 가치가 없습니다.

예를 들어 그 유명한 타이타닉호가 침몰하기 전 사람은 그 배의 화려함과 거대함에 놀라워했습니다. 그 거대한 배 안에서 승객들은 먹고 마시고 춤추고 노래하면서 즐거워했습니다. 그러나 그 배는 출발하고 얼마 안 되어 빙산과 충돌해 침몰하고 1,500명이 넘는 사람이 죽었습니다. 선장이 배를 더 빨리 가게 할 목적으로 속도를 높이지 않았거나 충분한 수의 구명 보트를 실었다면 더 많은 사람을 살릴 수 있었을 것입니다. 선장과 선원들은 세계 최고의 배라는 교만과 자만심에 빠져 다른 사람의 생명을 사랑하지 않았던 것입니다. 그 교만한 마음으로 구명 보트를 충분히 점검하지 않은 것이 사람을 사랑하지 않는 것이었고 비참하게 만드는 것이었고 자기 자신을 망하게 하는 것이었습니다.

성경에는 이런 배에서 다른 사람을 모두 살린 사례가 있습니다. 그런데 이들이 다른 사람의 생명을 살릴 수 있었던 것은 모두 하나님 말씀을 믿었고 사랑했기 때문입니다. 사도 바울은 배를 타고 로마로 끌려가던 중에 유라굴로라는 지중해의 유명한 폭풍을 만나게 되었습니다. 이 폭풍이 무려 보름 이상 계속되는 가운데 사람은 음식을 전혀 먹지 못하고 멀미를 하느라고 정신이 없었습니다. 그때 사도 바울은 죄수이지만 일어나서 사람에게 음식을 먹게 하고 선원들이 도망치지 못하게 작은 배를 매단 줄을 끊어버리게 했습니다. 그리고 끝까지 최선을 다해 그 배에 탔던 사람 276명을 모두 살려내었습니다.

요나는 니느웨로 가라고 하는 하나님 말씀을 거역하고 스페인(다시스) 쪽으로 배를 타고 도망치다가 무시무시한 폭풍을 만나게 되었습니다. 그때 사람들이 아무리 자기 신의 이름을 부르고 기도해도 폭풍은 줄어들지 않고 맹렬하게 배를 침몰시키려고 했습니다. 이런 상황에서 요나는 하나님의 음성을 듣습니다. 즉 자기를 들어 바다에 던지면 하나님이 진노를 멈추시고 거기에 있는 사람을 모두 살려주신다는 것이었습니다. 요나는 사람에게 자기를 들어 바다에 던지라고 요청합니다. 그러나 사람은 요나의 말을 귀담아듣지 않고 계속 노를 저으려고 했습니다. 파도가 갈수록 맹렬해져 죽을 상황에 처하자 혹시나 하는 마음으로 거기에 있는 사람이 여호와께 이것은 자기들의 잘못이 아니라고 하면서 요나를 산 채로 바다에 던졌습니다. 그때 놀랍게도 바다는 잔잔하게 되었고, 그 배에 탔던 사람은 모두 살 수 있었습니다. 여기서 우리는 다른 사람을 사랑하는 것은 그들을 죽을 위기에서 살게 하는 것이고, 그렇게 할 수 있는 힘은 하나님의 진리를 사랑하는 데 있다는 것을 알 수 있습니다.

성경은 분명히 이 세상은 멸망할 거라고 말씀합니다. 배가 침몰하리라는 것을 안다면 거기에 대비해야 할 것입니다. 특히 배나 건물의 안전 수칙은 사람이 죽고 만들어진 것이기 때문에 그것을 지키지 않으면 많은 사람이 죽게 됩니다. 만약 자신이 탄 배가 침몰하리라는 것을 안다면 거기에 대비해 언제나 구명 조끼를 입고 다닐 것입니다. 우리는 이 세상에서 다른 많은 성공이나 자신의 업적을 자랑하려고 업적을 쌓지 않을 것입니다. 우리 자신이 먼저 구명 조끼를 입고 살 수 있는 길을 확보하고 난 후에 다른 사람을 차례차례 설득해야 할 것입니다. 그러나 사람은 쉽게 그 말을 믿으려고 하지 않을 것입니다. 그때 시범을 보여주어야 합니다. 즉 구명 조끼를 입은 모습이 얼마나 아름다우며 이 조끼를 입고서도 다른 활동을 할 수 있다는 것을 보여주어야 합니다. 그리고 우리는 늘 하나님 말씀에 예민하게 반응하려고 할 것입니다. 왜냐하면 하나님 말씀이 앞으로 되어질 모든 일을 알려주기 때문입니다. 가장 좋은 것은 우리가 죽도록 하나님 말씀을 사랑하면 사고나 죽음을 예방할 수 있다는 점입니다. 이것보다 더 좋은 일은 없을 것입니다. 사람은 자신이 사는 이 세상이 아주 안전할 것이라고 생각합니다. 그러나 우리가 사는 이 세상은 언제나 불안합니다. 바다는 언제든 넘칠 수 있고 땅은 꺼지려고 하며 화산은 폭발하려고 합니다. 이때 우리가 할 수 있는 것은 한편으로는 죽어라 하나님 말씀을 사랑하면서 다른 한편으로는 우리가 이 세상에서 아름답게 살 수 있다는 것을 다른 사람에게 보여주어야 합니다. 그래야 다른 사람이 조금이라도 안심하고 하나님 말씀을 믿으려고 할 것입니다. 그러지 않고 자신의 능력을 과시하고 자신의 지식을 자랑하는 것은 아무 유익이 없습니다. 그런 사람은 아무것도 모르는 사람이며, 다른 생명을 한 명도 살릴 수 없기 때문입니다. 특히 종교나 철학, 사상은 눈에 보이지 않는 것이고 검증되지 않은 것이기에 결과가 나타나기 전까지는 아무도 그것이 옳은지 그른지 알 수가 없습니다. 그래서 자기 마음대로 믿는 것만큼 위험한 것이 없습니다. 이 세상에서 다른 사람을 살리는 것이 중요하지 세상적 성공은 하나님 앞에서 중요하지 않습니다. 한 사람이 어떤 사상을 가지고 떠들어댔는데 그 결과 모두 죽게 되었다면 그는 엄청난 사기꾼입니다. 이스라엘의 거짓 선지자들이 모두 이런 식이었습니다. 그들은 사람이 듣기에 솔깃한 이야기들을 하면서 하나님 말씀이라고 떠들어댔지만, 결과적으로 그 말을 들은 사람은 다 망하고 죽고 말았던 것입니다.

2. 사랑은 사람을 치료한다

보통 사랑한다고 하면 격렬한 이성 간의 사랑을 생각합니다. 물론 이성 간의 뜨거운 사랑은 하나님이 주신 귀한 선물임에 틀림없습니다. 사람은 이런 감정이 있기 때문에 한때의 뜨거운 사랑으로 사람을 만나게 되고 가정을 이루게 되고 이 삭막한 세상에서 행복을 느끼게 됩니다. 그러나 서로 사랑한다면 상처를 주지 않도록 항상 조심해야 합니다. 이성 간에 사랑한다고 하면서도 만날 때마다 말로 상처를 준다면 진정으로 사랑하지 않는 것입니다. 왜냐하면 사랑은 성내지도 않으며 무례하지도 않는 것이기 때문입니다.

기독교의 사랑은 이성 간의 사랑도 아니고 친구 사이의 사랑도 아니고 병든 사람을 치료하는 사랑입니다. 병원에서 의사가 환자를 치료할 때 굉장히 조심스럽게 치료할 것입니다. 물론 의사가 모든 환자를 이성으로 사랑한다거나 인간적으로 사랑하지는 않을 것입니다. 그러나 의사는 환자 한 사람 한 사람의 생명을 중요하게 생각하며, 그들이 병의 고통에서 벗어나도록 최선을 다할 것입니다. 요즘은 의술이 많이 발달해서 수술할 때 미리 검사를 철저히 해서 병의 위치나 정도를 파악한 상태에서 수술을 합니다. 그리고 수술할 때도 의사는 환자의 배를 완전히 개복하는 것이 아니라 가능한 한 작은 구멍을 내어 복강경으로 수술한다고 합니다. 의사는 수술하다가 힘들다고 수술을 멈추지 않습니다. 수술하는 도중에 화가 나거나 짜증이 난다고 해서 그만둔다면 환자는 죽고 말 것입니다. 의사는 환자가 완전히 나을 때까지 최선을 다해 환자를 돌보고 치료합니다. 의사는 환자의 몸 안에 있는 염증이나 암 덩이를 제거하기 위해 최선을 다해야 할 것입니다.

우리 신앙은 죽은 영혼을 치료하는 것이며 병든 인생을 치료하는 것입니다. 할 수 있으면 성격까지 고칠 수 있어야 대성공입니다. 그런데 기독교가 상업주의에 빠지거나 성공주의에 빠져 단지 많은 교인을 모아놓기만 하고 그들을 제대로 치료할 능력이 없다면 세상에 이것보다 더 엄청난 사기나 돌팔이는 없을 것입니다. 성경 말씀을 보면 너무 정교해서 설교도 아주 정교하게 해야 하는 것을 알 수 있습니다. 설교자는 오직 하나님 말씀인 성경과 성령의 능력으로 사람의 영혼을 고치고, 병들고 실패한 인생을 보살펴야 합니다. 우리가 하나님 말씀인 성경을 충실하게 해석하고 가르칠 때 성령이 역사하시는 것을 믿습니다. 물론 이 과정은 하루아침에 되어지는 것이 아닙니다. 사람의 죽은 영혼을 살리고 병든 인생을 치료하는 것은 설교 한두 번 잘하거나 상담 한두 번 잘한다고 해서 되어지는 것이 아닙니다. 모든 것을 참아야 하고 모든 것을 믿어야 합니다. 그러나 우리는 자랑할 수가 없습니다. 왜냐하면 우리가 하는 일이 아무것도 없기 때문입니다. 모든 되어진 일은 하나님이 하시는 것입니다. 우리는 모두 기뻐해야 합니다. 왜냐하면 한 영혼 한 영혼이 치료되는 것보다 하나님을 더 기쁘시게 하며 영화롭게 하며 가치 있는 것이 없기 때문입니다. 우리는 영혼을 치료하는 일만 할 수 없습니다. 왜냐하면 우리는 인간이기에 먹고 살아야 하고, 사람은 자기 영혼이 병들었다는 것을 깨닫지 못하기 때문입니다. 사람이 다른 사람을 사랑하지 않는 건 병들었다는 증거입니다. 그리고 사람의 감정이 메말라 있는 것이 영혼이 병들었다는 증거입니다. 대부분의 사람은 그런 것을 병이라고 인정하지 않습니다. 그래서 사람은 예수님을 바라봐야만 합니다. 예수님은 건강하셨습니다. 예수님은 돈이나 학벌에도 얽매이지 않으셨고 사람의 인정을 받으려고 튀는 행동을 하지도 않으셨습니다. 예수님은 죄인들을 가까이 하셨지만 죄에 빠지지 않으셨고 유혹이 넘어가지 않으셨습니다. 예수님은 사탄이 자기에게 절하면 세상의 모든 영광을 주겠다고 유혹했을 때도 넘어가지 않으셨습니다. 예수님은 돈이나 권력 등 어느 것 하나 가진 것이 없으셨지만 능력은 무궁무진하셨습니다. 예수님은 자신을 찾아온 모든 병자를 고치셨습니다. 예수님은 맹인의 눈을 뜨게 하셨고 앉은뱅이를 일어서게 하셨고 벙어리를 말하게 하셨고 귀신 들린 자들의 정신을 고쳐주셨습니다. 그리고 예수님의 성경에 대한 지식은 무궁무진하셨습니다. 당시 서기관들은 율법에 정통한 자들이었고 공부를 많이 한 사람이었기 때문에 누구든지 한번 걸려들기만 하면 뼈도 추리지 못할 정도로 정죄를 당했습니다. 그러나 어떤 서기관도 율법을 가지고 예수님을 이기지 못했습니다. 왜냐하면 예수님은 하나님 말씀의 의미를 너무 정확하게 아셨기 때문입니다. 어느 율법사가 "모든 계명 중에 첫째가 무엇이니이까"라고 물었을 때 예수님은 조금도 주저하지 않으시고 "첫째는 이것이니 …… 네 마음을 다하고 목숨을 다하고 뜻을 다하고 힘을 다하여 주 너의 하나님을 사랑하라 하신 것이요 둘째는 이것이니 네 이웃을 네 자신과 같이 사랑하라 하신 것이라 이보다 더 큰 계명이 없느니라"(막 12:29-31)고 말씀하셨습니다.

중국 시안에 있는 병마용 예를 다시 생각해 볼 필요가 있습니다. 병마용은 진시황이 실물 사람 크기보다 조금 큰 크기의 도자기 병사를 수천 개 만들어 땅 속에 파묻어 둔 것이 후세에 발견된 것입니다. 그러나 이 수천 개의 병사는 수천 년의 세월이 지나는 동안 받치고 있던 나무가 썩어 내려앉는 바람에 전부 부서져 땅 속에 묻혀 있었습니다. 이것을 발굴할 때 중국의 고고학자들은 모두 땅을 조심스럽게 파내면서 수만 개의 부서진 도자기 파편을 모아서 정교하게 붙여 나갔습니다. 이것은 시간이 너무 오래 걸리는 일이었고 정교함이 필요한 일이었습니다. 사람이 빨리 붙이고 싶다고 해서 아무렇게나 도자기를 붙인다고 해서 되는 것도 아니고 화가 난다고 해서 망치로 때려 부수어서도 안 되는 것이었습니다. 이 많은 도자기 파편을 모두 정교하게 붙였을 때 이 도자기 병사들은 세계 최고의 보물이 되었습니다. 그리고 사람은 그 수천 개의 도자기 병사들 중에서 같은 표정이 하나도 없다는 것을 찾아낼 수 있었습니다.

이것은 우리에게도 적용됩니다. 우리는 모두 하나님의 형상이 부서진 채로 발견된 것입니다. 즉 우리가 하나님 말씀을 듣는다고 하는 것은 땅 속에 오래 묻혀 있던 도자기를 누군가가 발견한 것을 의미합니다. 우리는 자신의 깨어지고 부서진 파편을 모두 하나님 말씀의 빛 앞으로 가지고 나와 정교하게 붙여 가기를 시작해야 합니다. 이것은 아주 지루한 작업이며 시간이 오래 걸리는 일입니다. 그런데 어느 날 이 부서진 파편을 모두 붙여 다양한 표정을 가진 하나님의 형상이 나타나게 되었을 때 우리는 이 세상 최고의 보물이 됩니다. 진시황의 움직이지 않는 도자기 병사가 아니라 살아서 움직이는 하나님의 형상이 되는 것입니다.

우리는 자랑하지 않습니다. 우리는 무례히 행하지 않습니다. 우리는 성내지 않습니다. 우리는 다른 사람에게 상처 주는 말을 하지 않습니다. 왜냐하면 하나님은 그렇게 하지 않으셨기 때문입니다. 하나님의 살아 있는 도자기에 상처 주는 것은 보물 중의 보물을 훼손하는 것이 됩니다.

어떤 사람은 교회에서 말을 함부로 하고 자기 뜻대로 되지 않는다고 혈기를 부리기도 합니다. 이런 사람은 도자기 보물이 있는 곳에 들어가서 망치나 몽둥이를 막 휘두르는 것과 같습니다. 중국 당국은 병마용이 있는 곳에 아무도 내려가지 못하게 합니다. 예전에 미국 대통령이 딱 한 번 들어간 적이 있다고 합니다. 교회 안에서 사람들이 함부로 날뛰지 못하게 해야 합니다. 그렇지 않으면 그 사람은 보물을 다 부수고 말 것입니다.

3. 우리는 아름다운 결과를 믿는다

우리는 하나님의 무조건적인 사랑으로 구원을 받았습니다. 침몰하는 배를 예를 들어 설명한다면 우리는 구조를 약속 받았고 구명 조끼와 구명 보트까지 받았습니다. 우리는 아무리 배가 침몰한다고 해도 살아날 수 있습니다. 또한 우리는 불이 날 집에서 구조를 먼저 약속 받은 사람입니다. 우리에게는 구조용 밧줄이 있고 사다리가 있습니다. 우리가 땅 속에 묻혀 있는 보물이라면 땅 속에서 발굴되어 접차제로 붙여지고 있는 사람입니다. 이때 하나님은 우리에게 오직 한 가지를 요구하셨습니다. 그것은 바로 다른 사람도 사랑하라는 것입니다.

"새 계명을 너희에게 주노니 서로 사랑하라 내가 너희를 사랑한 것같이 너희도 서로 사랑하라 너희가 서로 사랑하면 이로써 모든 사람이 너희가 내 제자인 줄 알리라"(요 13:34-35).

예수님은 하나님의 사랑을 받았기 때문에 우리도 다른 사람을 사랑해야 한다고 말씀하셨습니다. 우리 모두에게는 사랑의 빚이 있습니다. 예수님은 우리가 다른 사람을 사랑하는 것이 새 계명이라고 말씀하셨습니다. 즉 다른 사람을 사랑하는 것은 계명이기 때문에 사랑하지 않으면 죄를 짓는 것이 됩니다.

여기서 우리는 자신이 빠질 수 있는 함정을 생각해 보아야 합니다. 첫 번째는 자신이 구원을 받았기 때문에 자신의 성공이나 야망을 위해 살아야 되겠다고 생각하는 것입니다. 예를 들어 배가 침몰할 수도 있는데 가장 먼저 구명 조끼와 구명 보트를 배정 받았다고 합시다. 또 건물에 불이 날 수도 있는데 가장 먼저 대피용 밧줄과 사다리를 배정 받았다고 합시다. 우리는 이미 구원을 받았기 때문에 할 수 있는 한 마지막까지 남아 더 공부하고 더 돈을 벌고 자기 할 일을 다 끝낸 후에 빠져나오는 것이 유익하지 않을까요? 우리가 굳이 다른 사람을 사랑할 이유가 어디에 있을까요? 다른 사람을 사랑하려고 하면 굽실거려야 하고 참아야 하고 할 말도 제대로 할 수가 없습니다. 이 세상에는 남을 위해 참고 굽실거리는 사람은 바보 취급을 당하고 계속 비웃음을 당할 것입니다. 우리는 구원이 보장되었기 때문에 이 세상에서 마음껏 성공하고 돈 벌고 하고 싶은 대로 다 하다가 구원받으면 되지 않을까요? 그러나 이는 인간의 가치를 전혀 모르는 것이며 사랑이 무엇인지 모르는 것입니다. 이런 사람은 하나님의 모습을 닮지 않았으며, 자신이나 다른 사람의 가치를 모르는 것입니다. 결국 이 사람은 자기 구명 조끼나 보트를 쓰지 못할 것이며 화재가 났을 때도 구조 밧줄 같은 것을 생각하지도 못할 것입니다. 왜냐하면 이 사람은 진정으로 구원받은 사람이 아니기 때문입니다. 이 세상에서 가장 가치 있고 비싼 것은 사람의 생명이고 영혼입니다. 이 세상의 화려하고 좋은 것은 잠깐 있다가 지나가는 것들이라면 사람의 생명과 영혼만은 영원한 가치를 가지는 보물입니다. 다른 사람은 자신의 영혼이 치료 받아야 할 대상이라고 생각하지 않기 때문입니다. 예수께도 이것이 가장 어려운 문제였습니다. 예수님은 의사가 건강한 사람에게는 필요없고 병든 사람에게만 필요하다고 말씀하셨습니다. 우리 인생의 모든 고통과 미래를 치료하실 수 있는 하나님의 아들이 오셨지만 사람은 자기가 아프지 않다고 생각했기 때문에 예수께 나아오려고 하지 않았습니다. 사람은 자신의 영혼이 병들었다고 생각하기보다는 정상이라고 생각합니다. 오히려 너무 열성적으로 믿는 사람이 비정상이라고 생각합니다. 그래서 우리는 기도하면서 기다려야 합니다. 만일 한 영혼이라도 고칠 수 있다면 이것은 하나님 앞에서 수십조 원이나 수백조 원의 돈을 버는 것보다 더 큰 성공입니다. 동성애자도 치료 대상으로 생각해야 합니다. 알코올 중독자도 치료 대상으로 생각해야 합니다. 그러나 술 취해서 행패를 부릴 때는 돌려보내야 합니다. 우리는 부도 만난 사람이나 암 환자들을 기꺼이 받아들여야 합니다. 어린 아이는 뇌가 말랑말랑하기 때문에 치료하기가 좋습니다. 우리 교회에는 타 종교에서 개종한 사람인데 어느 누구보다 훌륭하게 믿는 사람이 있습니다. 하나님은 이런 사람이 있는 나라를 절대로 소돔과 고모라처럼 망하게 하지 않으십니다. 기독교나 그리스도인이 많은 나라가 망할 때는 성공한 사람만 끌어모아서 자기들이 다 된 것처럼 으스댈 때입니다.

우리는 세상일도 해야 합니다. 그러나 이것은 이 세상에서 정상적으로 살기 위한 것이지 거기에 빠져서는 안 됩니다. 우리는 정치에 빠져서도 안 되고 돈 버는 일에 빠져서도 안 되고 공부나 연구에 빠져서도 안 됩니다. 우리의 목적은 언제나 영혼을 치료하고 살리는 데 있습니다.

'사랑하라' 는 말에는 '기뻐하다' '자랑하다' 라는 뜻이 들어 있습니다. 우리는 서로에 대해 자랑스럽게 생각해야 합니다. 왜냐하면 예전에는 우리 자신의 가치를 알지 못했는데 이제는 어마어마한 보물이 되었기 때문입니다. 우리는 불의를 기뻐하지 않습니다. 다른 사람이 망하는 것이나 고통당하는 것도 기뻐하지 않습니다. 다른 사람과 생각이 달라서 분쟁이 일 것

같으면 기다려야 합니다. 다른 사람이 자기 생각과 다르다고 해서 싸우고 욕할 필요가 없습니다.

우리는 믿어야 합니다. 사랑은 모든 것을 믿는 것이라고 했습니다. 우리는 믿어야 합니다. 하나님 말씀대로 나아가기만 하면 하나님이 다른 성도들의 인생을 아름답게 하실 것을 믿어야 합니다. 우리는 모든 것을 바라야 합니다. 무엇을 바랄까요? 우리는 하나님이 사랑하는 형제나 자매들을 가장 아름다운 보물로 만들어주실 것을 바라야 합니다. 우리는 견딜 수 있어야 합니다. 여기서 견딘다고 하는 것은 당장 나타나는 결과가 좋지 않고 많은 어려움과 시련이 있는 것을 말합니다. 그러나 우리는 바른 말씀이 있으면 하나님이 우리 가운데 계셔서 최고의 보물로 만들어주실 줄 믿어야 합니다. 우리는 참고 기다릴 수 있어야 합니다. 그러면 하나님은 이 모든 것을 더하여 주실 것이라고 했습니다. 아들까지 아끼지 아니하고 주신 하나님은 우리에게 아무것도 아까워하지 않고 모두 주실 것입니다. 우리에게 지식도 주시고 명예도 주시고 돈도 주실 것입니다. 그러나 우리는 그런 것이 필요하지 않습니다. 우리는 끝까지 사람의 영혼을 살리고 보물 만드는 이 일을 계속해 나가야 합니다. 마귀는 세상을 뒤엎으려 하고 전쟁을 일으키려 하고 우리를 멸망시키려고 합니다. 그러나 보물이 있는 이상 이 세상은 망하지 않을 것입니다.

성경 토의

1. 세월호 사건은 희생자와 유가족뿐 아니라 우리 국민 모두에게 깊은 상처를 안겨주었다. 이런 비극이 일어나게 된 이유는 사람이 돈을 버는 것이나 세상적 성공을 사랑했지 사람의 생명을 사랑하지 않았기 때문이다. 사람의 생명을 사랑하지 않는 이상 이런 비극은 앞으로도 계속 일어날 것이다. 하루에도 백 명이 넘는 사람이 자살하는 이런 나라에서 우리는 어떤 일을 할 수 있는가?

2. 세상적 관행이라는 이유로 불의를 기뻐하거나 묵인한 적은 없는가? 어떻게 하면 우리 사회가 보다 정의롭고 진리를 사랑하는 사회가 될 수 있을까?

3. 성경은 우리가 다른 사람을 사랑할 때 많은 실망과 어려움을 겪게 된다는 것을 전제로 말씀하고 있다. 우리는 이런 실망이나 어려움에도 불구하고 좌절하지 아니하고 다른 사람의 생명을 사랑할 수 있는가? 다른 사람을 사랑하다면 구체적으로 어떤 사람을 사랑할 수 있는가?

31_사랑은 영원하다

고린도전서 13:8-13

전체적 설명

우리가 사는 이 세상의 삶은 유한하다. 모든 사람은 할 수 있는 한 이 세상에서 사는 동안 더 많은 권력과 부를 가지고 모든 것을 누리면서 살려고 몸부림을 친다. 그러나 사람은 나이가 들면 늙게 되고, 죽음 앞에서는 돈이나 명예나 권력이 별로 소용이 없어지게 된다. 그럼에도 사람은 끝까지 돈이나 명예를 붙잡으려고 한다. 죽으면 모든 것이 없어지고 몸은 땅에 묻혀 썩어 없어지고 마는 것이 인생인데 말이다. 성경은 우리의 인생이 영원히 살아있는 것을 말씀하고 있다. 즉 우리의 인생은 죽으면서 모든 것이 끝나는 것이 아니라 우리의 생명은 영원하다. 그리고 이 영원한 생명의 영광과 가치를 결정하는 것은 우리가 이 세상에서 다른 사람을 사랑하는 것이다.

설교 프리노트

8절, "사랑은 언제까지나 떨어지지 아니하되"

사람은 할 수 있는 한 이 세상에서 높은 자리에 올라가기 위해 권력이나 돈, 인기에 매달린다. 그래서 재능 있고 운 좋은 사람은 상당히 높은 자리까지 올라가기도 하고 어느 때는 최고 높은 자리까지 올라가기도 한다. 많은 사람은 높은 자리까지 올라가지 못하고 중간에서 떨어지거나 최고 자리까지 올라가기는 올라갔지만 거기서 미끄러져 밑바닥으로 곤두박질치는 경우도 많다. 그러나 사랑을 붙잡고 올라간 사람은 절대로 떨어지지 않는다. 사랑은 굳이 높은 자리에 올라가려고 하지 않기 때문이다. 설사 높은 자리에 올라간다고 하더라도 그것을 영구히 자기 것으로 만들지 않고 자기 유익을 구하지 않기 때문이다. 그리고 효력에 있어서도 다른 좋은 것이 나타나면 효력이 없어지게 되지만 사랑의 효력은 없어지지 않는다. 다른 사람의 생명을 사랑한 가치는 절대 없어지지 않는다.

"예언도 폐하고 방언도 그치고 지식도 폐하리라"

우리의 예언은 완전한 예언이 아니고 부분적인 예언에 불과하기 때문에 실제가 나타나면 더 이상 그 의미가 없다. 더욱이 방언은 일종의 영적 흥분에서 일어나는 것으로, 흥분이 영원히 계속될 수 없고 방언 자체도 완전한 것이 아니기 때문에 신앙이 성숙할수록 다른 사람을 향한 사랑으로 발전하게 된다. 신앙 '지식' 도 처음 신앙을 가졌을 때는 신앙의 기초를 든든히 하는 게 중요하지만 언제나 지식에만 머물러 있을 수 없다. 왜냐하면 우리 신앙은 믿음의 실천을 통해 더 큰 열매 맺는 생활로 나아가야 하기 때문이다. 그리고 신앙의 지식도 고정된 것이 아니라 성경을 깨닫게 되면 더 새로운 지식으로 발전하게 된다.

그래서 사랑 이외의 은사는 모두 올라가다가 미끄러져 떨어지거나 신앙이 성숙함에 따라 효력이 떨어지지만 사랑은 세월이 흐르고 신앙이 성숙해도 그 효력이 없어지지 않는다.

9절, "우리는 부분적으로 알고 부분적으로 예언하니"

예언과 지식의 한계에 대한 설명이다. 우리가 처음 신앙을 배울 때는 그것이 전부인 것 같고 그것을 아는 것이 최고인 것 같지만 그것은 신앙이 어렸을 때 우리 신앙의 기초를 잡아주는 초보적 진리였을 뿐이다. 그리고 우리가 예언한다고 하지만 모든 것을 아는 것이 아니기 때문에 실제로 일이 일어나야 확실하게 알 수 있고, 미래를 예측하고 안다고 하더라도 아주 희미한 것밖에 알지 못한다. 그래서 실제로 모든 일이 일어난 후에 보면 우리가 알았던 것은 부분적이거나 잘못 생각한 것임을 깨닫게 된다(10절). 결국 우리의 미래는 살아 봐야 알 수 있는 것이지, 미리 생각하고 예측해 봐야 희미한 것밖에 되지 못한다. 우리는 여전히 모든 점에서 미숙한 것이다.

11절, "내가 어렸을 때에는 말하는 것이 어린 아이와 같고"

사람은 누구나 어린 아이에서 어른으로 자라게 된다. 누구나 어렸을 때는 어린 아이같이 말하고 어린 아이같이 생각하고 어린 아이같이 행동하다가 차츰 어른이 되면서 생각하는 것이나 말하는 것, 행동하는 것이 어른스러워지게 된다. 세 살밖에 되지 않은 어린 아이가 마치 사십대나 오십대 어른같이 말하거나 생각하거나 행동한다면 이것은 좋은 것이 아니라 아주 이상한 것이며 모두 "저 아이는 어린 아이답지 않아"라고 말할 것이다. 이것은 신앙에서도 마찬가지인데, 우리는 예수 믿고 처음부터 모세처럼 되거나 아브라함처럼 될 수 없다. 어린 아이도 어른이 되려고 하면 뇌세포가 자라야 하고 경험이 쌓여야 하며 많은 것을 배우며 차츰 자라야 하는 것처럼 우리 신앙도 한순간에 어른이 되는 건 아니다. 물론 지금 말하고 생각하고 행동하는 것이 우리 수준에서는 최고로 어른스러운 것이겠지만 사실 우리는 모두 예수 그리스도의 장성한 분량까지 더 자라야 한다. 우리 가운데 상당수는 믿은 지 얼마 되지 않아서 성장을 중단해버린다. 지속적으로 하나님 말씀을 먹고 자라지 않거나 세상의 성공이나 지식으로 자신이 다 성장한 것으로 믿어버리기 때문이다. 우리는 점점 성숙해져 하나님의 뜻을 더 분명히 깨닫고 더 겸손하고 더 사랑하는 사람이 되어야 하는데 계속해서 어린아이로 남아 있으면 나중에 균형이 맞지 않는 신앙을 가지게 된다. 사도 바울은 열심히 율법을 배우면서 사람과 토론도 하고 인정을 받기 위해 의를 쌓기도 하고 심지어는 그리스도인을 잡아 가두는 일까지 열심히 했지만 그것은 아무것도 모를 때 한 유치한 행동이었다. 사도 바울은 주님을 바로 알고 난 후에는 어린 아이 때의 일을 버렸다고 인정한다.

12절, "우리가 지금은 거울로 보는 것같이 희미하나"

요즘은 거울이 너무 잘 만들어져 거울을 통해 얼굴을 보면 자기 모습을 또렷하고 분명하게 볼 수 있다. 옛날에는 거울이 구리로 만들어져 얼굴이 불분명하고 이상하게 보였다. 만일 목욕탕에서 김이 잔뜩 서려 있는 거울로 자기 얼굴을 본다면 제대로 볼 수 없을 것이다. 마찬가지로 지금 우리는 모든 것을 희미하게 보고 있을 뿐이다. 성경도 희미하게 보고 있고 다른 사람도 겉모습만 보고 희미하게 알고 있으며 자기 자신에 대해서도 확실히 알지 못한다. 그래서 세상을 살아가면서도 마치 안개 속을 걸어가는 것처럼 희미한 불빛 가운데서 헤매이며 살아가고 있다. 그런데 '그때'가 있다. 바로 하나님이 우리에게 더 환한 진리의 빛을 비출 때이고, 우리가 주님 앞에 섰을 때다. 그때는 모든 사람이 얼굴과 얼굴을 보듯이 모든 진리와 모든 사실과 모든 사람을 환히 알게 될 것이다. 그러나 지금도 주님은 우리를 환히 보고 계시고 구석구석을 알고 계신다. 이것이 얼마나 우리에게 위로가 되는지 모른다. 왜냐하면 주님은 모든 길을 알고 계시고 우리의 모든 것을 알고 계셔서 주님만 따라가면 안전하기 때문이다. 요즘 병원에서는 환자들을 수술할 때 내시경으로 컴퓨터에서 확대해 우리 몸 안을 보기 때문에 눈으로 보는 것보다 더 정확하게 염증이나 암세포를 보고 수술할 수 있다. 이처럼 주님은 모든 것을 환히 보고 계신다.

13절, "그런즉 믿음, 소망, 사랑, 이 세 가지는 항상 있을 것인데 그 중의 제일은 사랑이라"

이 세상에서 영원히 가지기를 원하는 세 가지를 선택하라면 우리는 돈과 명예와 권력을 고를 것이다. 그러나 어느 누구도 이 세 가지를 영원히 가질 수 없다. 그 이유는 우리 자신의 몸이 늙고 죽기 때문이다. 살아 있는 동안에는 돈이 쓸모 있고 권력이 힘이 되지만, 늙고 병들고 죽으면 우리가 이 세상에서 붙들고 있던 것은 아무 소용이 없다.

그러나 믿음, 소망, 사랑 이 세 가지는 영원히 있다고 약속하셨다. 믿음은 우리가 하나님을 믿고 사는 것으로, 세상을 믿지 않고 하나님과 하나님 말씀을 믿고 사는 것이다. 이것은 우리를 영생으로 인도한다. 소망은 하나님의 약속을 믿는 것이다. 하나님의 약속을 믿으면 이 세상에서도 이루어질 뿐 아니라 죽은 후에도 다 이루어지게 된다. 그러나 최고로 중요한 것은 사랑이다. 사랑은 우리가 다른 영혼을 하나님 말씀으로 사랑하는 것이다. 이것은 하나님 앞에서 영원한 상급으로 남게 된다. 그래서 이 세상이나 다가오는 세상에서 가장 위대한 사람은 다른 사람을 가장 많이 사랑한 사람이다.

본문 이해를 위한 질문

1. 우리가 끝까지 붙들지 못하고 중간에 탈락하거나 효력이 없어지는 은사에 어떤 것이 있는가?

우리는 이 세상에서 돈이나 권력, 인기를 끝까지 붙들려고 하지만 사람이 늙어 힘이 없어지거나 죽으면 아무것도 가져가지 못하고 그냥 끝나고 만다. 그리고 이 세상에서 이런 것을 목적으로 삼았던 사람은 중간에 추락하고 실족해서 실패하는 것을 많이 보게 된다. 당시 고린도 교회에서는 방언이나 예언의 은사를 가장 크게 생각했지만 신앙이 자라면 이런 것들의 효력은 없어지고 사랑의 은사가 더 커지게 된다.

2. 우리가 이 세상을 불완전하게 사는 이유가 무엇인가?

사람은 누구나 어린 아이로 있다가 어른이 되는 것처럼 신앙이나 정신적으로도 모두 어린 아이 상태에서 자라기 때문이다. 그러나 하나님 말씀을 지속적으로 먹지 못하고 사랑을 실천하지 못하면 성장이 멈추어버려 한평생 어린 아이 상태에서 모든 것을 생각하고 말하고 행동하게 된다. 우리는 하나님 말씀으로 신앙이 자랄수록 생각하는 것이나 말하는 것이나 행동하는 것이 어른스러워진다. 어른들은 더 이상 어린 아이의 유치한 행동을 하지 않는다.

3. 우리에게 영원히 남는 것은 무엇인가?

사람은 이 세상의 집이나 돈, 권력, 지위를 죽을 때까지 가지려고 하지만 늙으면 이런 것들은 별다른 힘이 없고 죽으면 모든 것이 끝장 난다. 그러나 하나님을 향한 믿음과 하나님의 약속에 대한 소망과 다른 영혼에 대한 사랑은 영원히 남게 된다. 그중에서도 사랑은 하나님 앞에서 최고 가치를 가진 상급으로 남는다.

성경 강해

사람은 모두 어린 아이에서 어른으로 자랍니다. 그런데 어린 아이의 특징이 다르고 어른의 특징이 다릅니다. 어렸을 때 우리는 많은 것을 알지 못했지만 모든 것이 좋았습니다. 그리고 우리에게는 모든 것이 다 신기했습니다. 우리 눈에는 풀잎도 신기했고 꽃도 신기했고 새나 벌레까지도 신기했습니다. 그러나 어렸을 때는 힘도 없고 아는 것이 없어서 할 수 있는 것이 별로 없었습니다. 그렇다 보니 하고 싶은 것이 있거나 마음에 들지 않으면 떼를 썼습니다. 사람이 어렸을 때는 귀엽고 사랑스럽지만 아는 것이 별로 없어 어른들에게 잘 속고 힘도 약해 할 수 있는 것이 많지 않았습니다. 그러나 어린이들에게는 꿈이 있고 미래가 있습니다. 청소년이 되면 덩치는 크고 감정이 격렬해지지만 여전히 아는 것이 별로 없습니다. 그 대신 부모나 어른들에게 반항적으로 행동하며 자신의 정체성을 찾으려고 합니다. 이때는 다른 아이들과 외모나 집 형편을 가지고 비교해 열등의식을 가지기 시작하고 이성에 눈을 뜨게 됩니다. 청소년 때 누군가를 사랑하는 것은 이루어질 수 없는 사랑이 많습니다. 그래서 많은 사람이 이때의 이루어지지 않은 사랑을 두고 한평생 그리워하며 마음에 간직합니다. 왜냐하면 이루어지지 않은 사랑은 마치 흑백 사진처럼 영원히 옛날 그 모습으로 남아 있기 때문입니다. 옛날 그 사랑은 늙지도 않고 추해지지도 않고 예전의 신선한 모습 그대로 마음속에 영원히 남아 있습니다. 그러나 실제로 그 사람을 만나면 너무 많이 변해버려 실망하게 될 것입니나. 어는늘은 돈이 있고 힘이 있고 생각하는 것이 아이와 비교해 현명합니다. 그러나 어른들은 옛날같이 순수하지 않고 신선하지 않습니다. 어린 아이가 덩치는 작지만 생각하는 것이 완전히 어른 같다면 뭔가 부자연스럽고 어색할 것입니다. 어린 아이가 아주 교활해서 다른 사람을 이용하기도 하고 이간질도 시키고 모략도 꾸민다면 이미 아이가 아닙니다. 우리는 어른이 좋은지 어린 아이가 좋은지 말할 필요가 없습니다. 우리는 자연스럽게 어린 아이에서 어른으로 자라기 때문입니다. 그런데 신앙이나 정신적인 면에서도 어린 아이에서 어른으로 자라게 됩니다. 누구든지 처음 예수 믿고 거듭나면 신앙에 있어선 어린 아이입니다. 계속 하나님 말씀을 듣고 신앙생활을 하면 보다 성숙한 사람으로 자라게 됩니다. 그러나 이런 영적인 성숙이나 정신적인 성숙은 자동적으로 되지 않습니다. 많은 경우 어린 아이 상태로 한평생 머물러 있든지 기형적으로 이상한 모습으로 자라게 됩니다. 이것이 바로 영적인 성숙의 어려운 점입니다. 우리 외모나 정신이 자라는 것은 금방 알 수 있습니다. 즉 거울을 보거나 다른 사람을 보면 외모가 기형적으로 자라는지 균형 있게 자라는지 알 수 있고, 정신적인 면이나 성격적인 면도 몇 번 만나서 이야기를 해보거나 어울려 보면 금방 알 수 있습니다.

부모들은 자신들의 아이가 외모와 정신적인 면에서 남들처럼 균형 있게 자라지 못하면 굉장히 걱정합니다. 물론 여러 가지 장애를 가지고 있는 아이들은 더 사랑해주고 더 신경 써서 돌보아주어야 합니다. 그러나 신앙적인 장애는 눈에 보이지 않는데, 특히 신앙적인 미숙은 본인도 전혀 알지 못하는 가운데 형성됩니다. 그러나 신앙적인 미숙의 결과는 거의 치명적이라고 볼 수 있습니다. 왜냐하면 아무리 믿어도 성경에 나온 구원받은 사람의 모습이 나타나지 않기 때문입니다. 많은 사람이 오늘의 한국 교회와 목회자들에 대해 비성경적이고 비복음적이며 거대한 괴물이 되었다고 비판하는데, 그 이유는 바로 이 영적인 미성숙에 있습니다. 즉 한국 교회와 목회자들, 교인들이 바른 진리를 먹지 않고 그냥 나이만 들었거나 세상의 가치관을 먹어버렸기 때문에 기형적인 모습에다 미숙아 상태가 되어버린 것입니다.

사도 바울 당시 고린도 교회도 온전한 진리로 제대로 성숙하지 못하고 미숙아나 기형아가 되어가고 있었습니다. 그러나 그들은 자신들이 아는 것이 옳다고 하면서 절대로 자신들의 생각을 포기하려고 하지 않았습니다. 그래서 사도 바울은 사람이 자라는 비유를 들면서 사람이 어리다가 자라게 되면 어릴 때 가지고 놀던 장난감이나 놀이기구, 옷을 다 버리고 자기 나이에 맞는 것을 가지듯이 우리도 진리 안에서 자라면 지금 자신이 옳다고 주장하고 헌신하려고 애쓰는 것도 달라지게 된다고 말합니다. 어릴 때는 어리다고 인정하는 것이 아름다운 것입니다. 이것은 조금도 부끄러운 것이 아니고 오히려 아름답게 성숙할 수 있는 기초가 됩니다. 만약 어린 아이가 자기가 생각하는 것이 절대로 옳고 반드시 자기가 생각하는 대로 되어야 한다고 고집을 피운다면 다른 사람의 사랑을 받지 못할 것이며, 날이 갈수록 더 고립되고 편협한 사람이 되고 말 것입니다.

1. 중간에 탈락되는 은사들

똑같은 조건이라면 좀 부족하더라도 적극적으로 나서거나 높은 자리에 먼저 올라가는 사람이 유리할 때가 많습니다. 예를 들어 공부할 때 잘 모른다고 입을 다물고 가만히 있는 것보다는 질문도 하고 토론도 하는 것이 공부에 활기를 불어 넣을 수 있습니다. 또 사람이 성공하려고 하면 능력껏 다른 사람을 제치고 자기가 먼저 좋은 자리에 올라가야 성공하지 직장에서나 사회에서 남들한테 한번 밀리기 시작하면 나중에는 완전히 도태되고 마는 경우가 많습니다.

진짜 실력 있는 사람이 나타났을 때 엉터리나 임시로 와 있던 사람이 물러나게 되는 경우가 많습니다. 예를 들어 어떤 사람이 많이 다쳐서 피도 흘리고 숨도 잘 쉬지 못하면 이 사람 저 사람 자기 나름의 의학 지식으로 나서서 도와주려고 하지만 환자의 상태가 더 악화될 때가 있습니다. 그때 구급차가 오거나 전문의가 오면 다른 사람은 비키는지 그 방에서 나가 전문의가 그 환자를 치료하게 해야 합니다. 또 학교 강의실에서 교수가 일이 있어 늦게 오면 교수가 오기 전까지 학생 가운데 지식이 있는 사람이나 조교가 자기가 아는 것을 가지고 가르칠 수 있지만 교수가 도착하면 학생이나 조교는 강단에서 내려가고 담당 교수가 정식으로 강의를 진행해야 할 것입니다.

본문 말씀을 보면 아주 특이한 표현을 사용하고 있는 것을 보게 됩니다.

8절, "사랑은 언제까지나 떨어지지 아니하되 예언도 폐하고 방언도 그치고 지식도 폐하리라"

본문을 보면 "사랑은 언제까지나 떨어지지 아니하되"라고 말씀하고 있습니다. 우리는 여기서 어떤 하나의 그림을 그려 볼 수 있습니다. 즉 수많은 사람이 새카맣게 떼를 지어 산 위를 향하여 올라가고 있습니다. 그런데 그 사람들은 산을 올라가다가 힘이 빠졌는지 아니면 발을 잘못 디뎠는지 떨어지기 시작하는 것입니다. 수많은 사람이 산에 올라다가가 저마다의 이유로 떨어지고 맙니다. 그런데 사랑은 얼마나 대단한 힘을 가졌는지 끝까지 떨어지지 아니하고 올라갑니다.

어떤 학자는 여기서 '떨어진다'는 것은 무대에서 끌려 내려오는 것을 말한다고 해석하기도 합니다. 즉 주인공이 오기 전에 아직 제대로 훈련 받지 않은 배우나 어린 광대가 무대 위에서 청중을 웃겨 보려고 시시한 소리를 하고 있는데, 주인공이 무대에 등장하면 시시한 배우나 어릿광대는 쫓겨 무대에서 내려오게 되는 것입니다. 그 대신 주인공은 모든 스포트라이트를 받으며 무대 위에서 본격적인 연기를 펼치게 됩니다. 또는 어떤 사람이 배우나 가수가 되기 위해 심사를 받을 때 실력이 너무 형편없어 심사위원들이 중간에 "땡!" 종을 치면 그 사람은 연기나 노래를 하던 중간이라도 내려와야 합니다. 우리는 이것을 보면서 '사랑'이 얼마나 대단한 것인지 알 수 있습니다. 산에 올라갈 때 다른 사람은 미끄러운 비탈이나 절벽에서 다 떨어지는데 사랑은 끝까지 떨어지지 아니하고 붙어 있으며, 시시한 배우나 광대들은 이 사랑이 등장하면 다 물러가고 사랑이 무대를 독차지한 채 연기를 펼치게 됩니다. 그리고 다른 것들은 모두 "땡!" 종을 치면 중간에 내려와야 하지만 사랑은 그냥 내려오지 않고 자기 연기를 끝까지 합니다.

우리는 이 말씀이 현실과 얼마나 맞지 않는지 알 수 있습니다. 왜냐하면 우리가 사는 이 세상은 경쟁적인 세상이지 사랑의 세상이 아닌 것입니다. 누구나 사랑이 있든지 없든지 간에 실력 있는 사람이 무대를 차지하고 높은 정상까지 올라가는 것이지, 사랑만 가지고는 절대로 절벽에 붙어 있을 수도 없고 높은 자리에 올라갈 수도 없습니다. 실력이 있든지 없든지 먼저 유리한 자리를 차지하고 봐야지 사랑만 가지고는 절대로 이 세상에서 좋은 자리를 차지할 수 없습니다. 그래서 이 세상에서는 누구든지 실력이 있거나 없거나 좋은 자리를 한번 차지한 후에는 절대로 그 자리를 비켜주지 않습니다. 그뿐 아니라 누군가 진짜 실력 있는 사람이 나타날까 봐 긴장하고 누군가가 자기보다 뛰어난 실력을 가졌다는 생각이 들면 음모를 꾸미든지 권모술수를 부려서라도 쫓아내야 살아남는 세상입니다. 그런데 어떻게 사랑이 영원히 떨어지지 않는다고 말할 수 있을까요? 이 세상은 지독하고 악독해야 붙어 있을 수 있는 세상이지 사랑만 가지고는 도저히 붙어 있을 수 없는 세상입니다.

사랑 역시 가만 생각해 보면 영원할 수가 없습니다. 예를 들면 어렸을 때 사랑의 감정을 가지고 있다고는 하지만 사랑의 감정만으로는 아무것도 할 수 없습니다. 결국 어른들이 사랑하지 말라고 하면 그만두어야 하는 것입니다. 그리고 아무리 서로 사랑했다고 하지만 나이가 들면 사랑이 변하게 됩니다. 남자들은 돈 번다고 정신이 없고 여성들은 아이를 낳아 키우면서 강하게 변합니다. 사람은 현실을 알고 나면 아무것도 모르던 옛날의 순수한 감정으로 남아 있을 수 없습니다. 이루어지지 못하고 깨어진 사랑은 마음속에 남아 있을 때가 많습니다. 그러나 성경은 다른 것들은 다 떨어지고 폐지되고 중단되어도 사랑만은 끝까지 살아남는다고 말씀합니다.

이 세 가지가 당시 고린도 교회에서는 가장 중요하게 생각하던 은사였던 것 같습니다. 예언은 오늘날 설교의 원형에 가깝습니다. 즉 성경이 만들어지기 전에 누군가가 성령의 감동으로 교인들에게 교훈을 베푸는 것이 예언이었습니다. 누군가가 예언의 능력이 있다고 하는 것은 그가 예배를 이끌 수 있음을 뜻하고, 교회에서도 중심적인 인물이 될 수 있음을 뜻했습니다.

그러나 예언이 폐한다고 했습니다. 즉 그 사람에게 예언이 나오지 않을 수도 있고 그 예언이 부족한 예언이 될 수도 있습니다. 방언은 성령이 충만해서 신비한 언어가 튀어나오는 것입니다. 이런 방언을 하면 하늘의 감동을 체험할 수 있습니다. 그러나 방언이 끝나면 오히려 피곤하기도 하고 짜증나기도 하고 공허할 때도 있습니다. 지식은 고린도 교인들이 가지고 있던 어떤 새로운 지식을 말합니다. 이것은 신앙 지식일 수도 있고 세상 지식일 수도 있습니다. 어떤 사람이 새로운 지식을 가지고 떠들어 대면 그 사람이 대단한 지식을 가진 것 같고 당장 그 사람이 가르친 대로 따라야 할 것 같은데 시간이 좀 지나고 나면 시들해지고 별것 아닌 것을 보게 됩니다.

그렇다면 도대체 사랑이 무엇이기에 영원히 떨어지지 않는다고 말씀하고 있을 것일까요? 예를 들어 산모의 방에는 아기를 위한 여러 가지 옷이나 물건이 있습니다. 또 산부인과 병원에는 아기를 분만하기 위해 침대가 있고 의사와 간호사도 있을 것입니다. 그런데 여기서 가장 중요한 것은 아기입니다. 즉 아이가 무사히 그리고 건강하게 태어나는 것을 돕기 위하여 이 모든 사람과 도구가 필요합니다. 그래서 아기만 무사히 태어난다면 침대나 다른 것들은 쓸모없게 될 것입니다. 아기와 산모가 가장 중요합니다.

그러면 사랑이 무엇일까요? 사랑은 우리가 태어나는 것입니다. 물론 우리는 오래 신앙생활을 해왔을 수도 있습니다. 그러나 우리는 하나님의 사랑으로 태어나기 전에 율법의 지배 아래 있습니다. 아직 태어나지 못했던 것입니다. 우리는 많은 교양 강좌를 들을 수도 있고 세상 지식을 접할 수도 있습니다. 또 종교적 체험을 하거나 다른 사람의 훌륭한 설교를 들을 수도 있습니다. 그러나 우리는 자신이 아직 죄인인 것을 알지 못합니다. 이것은 우리가 아직 태어나지 못한 것입니다. 어느 날 강하게 하나님의 성령이 우리 속에 역사하시면서 하나님 앞에서 엄청난 죄인인 것을 깨닫기 시작합니다. 이것이 바로 진통이 시작된 것입니다. 그럼에도 우리는 지식적으로만 십자가를 이해하려고 하며 기독교적인 문화에 만족하려고 합니다. 그러면 하나님은 우리를 코너로 몰아가시고 우리의 숨통을 누르셔서 끝내 예수님의 십자가 앞에서 무릎을 꿇고 항복하게 하십니다. 그때 우리는 하나님의 사랑으로 새로 태어나게 됩니다. 이것이 바로 사랑입니다. 이렇게 하나님 말씀과 성령으로 거듭나기 전 우리가 접했던 모든 지식과 종교적 체험, 열심은 우리의 출산을 돕는 것밖에 되지 않습니다. 그런데 이런 식으로 거듭난 것을 깨닫는 사람도 있지만 잘 깨닫지 못하는 사람도 있습니다. 누구든지 거듭난 사람은 분명한 특징이 있습니다. 그 하나는 자기 힘으로 호흡한다는 사실입니다. 즉 태어난 아기는 반드시 숨을 쉴 수 있어야 합니다. 아기가 숨을 쉬지 못하면 안 됩니다. 그래서 우리는 기도하게 됩니다. 기도를 잘할 수도 있고 잘하지 못할 수도 있지만 일단 모든 것을 하나님과의 관계에서 생각해야 합니다. 그전에는 어떤 일을 생각할 때 자기에게 유익이 되는지, 돈벌이가 되는지 사람에게 인기를 얻을 수 있는지를 생각했다면 이제부터는 하나님이 좋아하실지, 하나님의 뜻이 어디에 있는지 생각하게 됩니다. 아기는 태어나면 젖을 찾기 시작하는데 누가 시키지 않아도 엄마 젖을 찾아서 힘차게 빨게 됩니다. 즉 하나님 말씀을 먹기 시작합니다. 이 아기가 사랑입니다. 왜냐하면 하나님이 우리를 사랑하신다는 것을 알기 때문입니다. 하나님은 우리에게 가장 먼저 사랑을 가르쳐주십니다. 우리는 하나님의 사랑받는 존재이고, 사랑받을 가치가 있는 존재입니다. 그러면 지금까지 우리의 모든 인생은 죽은 것이었고 별다른 의미가 없습니다. 우리 인생은 바로 하나님의 사랑을 안 순간부터 시작되는데, 하나님의 사랑은 절대로 떨어지지 않습니다. 우리는 아무리 어려도 죽지 않고 살아남습니다. 왜냐하면 하나님의 사랑은 중단되지 않기 때문입니다.

“내가 확신하노니 사망이나 생명이나 천사들이나 권세자들이나 현재 일이나 장래 일이나 능력이나 높음이나 깊음이나 다른 어떤 피조물이라도 우리를 우리 주 그리스도 예수 안에 있는 하나님의 사랑에서 끊을 수 없으리라”(롬 8:38-39).

가장 중요한 것은 우리가 하나님의 사랑으로 태어난다는 것입니다. 하나님의 사랑을 알지 못한다면 아무리 종교적인 체험을 하고 지식이 있고 예언을 한다고 해도 자라지 않습니다. 니고데모 같은 경우에는 율법학자였지만 예수님은 그가 아직 태어나지 못한 자라고 말씀하셨습니다. 예수님을 만나기 전의 인생은 죽은 것입니다. 그것은 우리에게 아무런 의미가 없습니다. 우리 인생은 하나님의 사랑을 안 그 순간부터 새로 시작됩니다. 그리고 하나님의 사랑은 절대로 실패하지 않습니다. 즉 우리 인생을 주연으로 만드실 것이며, 어떤 방해나 실수에도 떨어지지 않게 하실 것입니다. 우리는 중간에 떨어지는 것을 두려워할 필요가 없습니다. 왜냐하면 우리는 살아 있기 때문입니다.

2. 불완전한 인생

우리는 자신이나 어떤 사람의 행동에 대해 2퍼센트가 모자란다는 말을 자주 합니다. 그 사람이 잘하기는 잘하는데 무엇인가가 부족하고 결정적인 한방이 없는 것입니다. 게다가 엄청 힘을 들여 무엇인가 하는데 자꾸 헛발질만 하는 사람이 있습니다. 이런 식으로 헛발질을 계속하다 보면 그 사람의 인생은 실패한 인생이 될 수밖에 없습니다.

어떤 야구 선수가 사람으로부터 대단한 기대를 모았는데 결정적인 순간 자꾸 헛스윙을 해서 아웃을 당한다면 사람은 실망할 것이고, 그의 인생도 실패한 인생이 되고 말 것입니다.

결국 우리 인간의 인생은 미완성일 수밖에 없습니다. 그 이유는 우리의 지식이나 인격이 온전하지 못한 상태에 있기 때문입니다.

우리에 대한 하나님의 뜻은 마치 거대한 모자이크 같아서 우리는 하나님의 전체적인 뜻을 알 수가 없습니다. 예를 들어 모자이크를 완성시키려고 타일이나 다른 재료로 붙여 나간다고 해도 그림이 완성되기 전에는 전체 그림이 어떤지 알 수 없습니다. 그러나 계속 붙여 가다 보면 전체적인 윤곽이 드러나게 되고 나중에 그림이 완성되고 난 후에 보면 어떤 멋진 사람의 얼굴이었다든지, 아니면 멋진 성을 그린 것이라든지 하는 전체가 나타날 것입니다. 마찬가지로 우리는 지금 자신에 대한 하나님의 뜻을 다 알 수 없습니다. 왜냐하면 우리 자신에 대한 인생의 밑그림을 알지 못하기 때문입니다. 그러나 믿음으로 계속 살아가다 보면 하나님의 거대한 윤곽이 드러나게 되고 나중에는 완성된 작품이 나오게 됩니다. 만약 우리가 믿음이 없어서 아무것도 하지 않거나 하나님의 뜻을 거스르는 일만 한다면 우리에 대한 하나님의 뜻은 이루어지지 않을 것입니다. 즉 우리 인생 그림을 망치고 말 것입니다.

우리는 자신의 미래를 알지 못합니다. 미래를 모르면서 제멋대로 하고 싶은 대로 하면서 살아간다면 우리 인생은 헛발질을 할 수밖에 없습니다. 예를 들어 자동차를 운전하는 사람이 앞을 보지 않는다면 차를 시궁창에 들이박든지 다른 차와 충돌하고 말 것입니다. 그러나 사람에게는 질주 본능이 있어서 조금 성공했다는 생각이 들면 달리기 시작합니다.

우리의 감정은 아주 불완전합니다. 우리는 이성적인 것 같지만 실제로는 전혀 엉뚱한 문제에 격분하기도 하고 의심도 하고 심지어는 무감각할 때도 많습니다. 좋은 감정이 생기고 감정이 안정되려면 엄청난 사랑을 퍼부어야 하는 것입니다. 우리의 의지도 불안전합니다. 우리의 의지는 충동에 빠질 때가 많고 습관이나 타성에 젖어 있을 때도 많고 전혀 훈련되어 있지 않아서 머리가 지시해도 움직이지 않을 때가 많습니다. 즉 우리 머리는 지능이 떨어지고, 우리 몸은 장애를 가지고 있습니다.

그런데 성경은 지식을 가지고 말씀합니다.

9절, "우리는 부분적으로 알고 부분적으로 예언하니"

우리는 자신에 대해 너무 모르고 있으며, 자신에 대한 하나님의 뜻도 너무 모르고 있습니다. 우리가 세상에서 배우는 지식도 처음에는 대단한 것 같지만 실제로는 엄청난 하나님의 지식 가운데 아주 작은 파편에 불과합니다. 하나님의 뜻이라고 생각하고 예언하지만 우리가 아는 하나님의 뜻은 너무 작은 부분에 불과합니다.

"우리는 부분적으로 알고 부분적으로 예언하니"라는 말씀의 뜻은 우리가 모두 어린 아이라는 것입니다. 그러나 어린 아이가 어린 아이만큼 생각하고 그만큼 하나님의 뜻을 아는 것은 전혀 부끄러운 일이 아니고 이것만 해도 대단합니다. 문제는 자기가 어린 아이가 아니라고 떼를 쓰면 보기 싫을 뿐 아니라 그때부터는 기형으로 자라게 됩니다. 모르는 것을 모른다고 하고 부분적으로 아는 것을 부분적으로 안다고 말하는 것은 전혀 잘못이 아닙니다. 부분적으로 아는 하나님의 뜻을 이야기할 때 그것은 얼마나 아름답고 감동적인지 모릅니다. 그런데 목회자가 교인들이 순수성을 잃어버리고 세상 물을 잔뜩 먹어 다 안다고 주장하고 자기 예언이 전부라고 이야기할 때 그는 사랑이 없는 것입니다. 사랑은 교만하지 아니하고 사랑은 자기의 유익을 구하지 아니하고 사랑은 겸손한 것이기 때문입니다. 그래서 하나님 앞에서 완전하지 않지만 정직하기만 하면 우리는 얼마든지 하나님 말씀으로 잘 자랄 수 있습니다.

10절, "온전한 것이 올 때에는 부분적으로 하던 것이 폐하리라"

가장 놀라운 말씀이 바로 이 말씀입니다. 우리에게 온전한 것이 온다고 말씀하고 있습니다. 우리에게 더 온전한 지식과 더 온전한 예언, 더 온전한 성숙을 하나님이 주신다는 것입니다. 그런데 놀라운 것은 이런 식으로 성숙한 사람은 절대로 추해지지 않고 경직되지 않습니다. 예전에 비하면 상상할 수 없을 정도의 지혜와 능력과 힘을 가지게 됩니다. 그때는 옛날의 예언이나 지식은 더 이상 필요하지 않습니다. 이제는 훨씬 더 많은 것을 알게 되었고 너무 놀라운 하나님의 비밀 세계를 알게 되었기 때문입니다.

이제 사도 바울은 자기 자신의 체험을 예로 들어 설명하고 있습니다.

11절, "내가 어렸을 때에는 말하는 것이 어린 아이와 같고 깨닫는 것이 어린 아이와 같고 생각하는 것이 어린 아이와 같다가 장성한 사람이 되어서는 어린 아이의 일을 버렸노라"

사도 바울은 과거 자신의 신앙을 생각해 보니 어린 아이였을 때가 있었습니다. 사도 바울이 주님을 만나기 전과 회심하고 나서 신앙적으로 성숙하기 이전을 말합니다. 주님을 만나기 전에 그는 자신이 훌륭하고 똑똑하다고 생각했습니다. 또한 그는 세상에서 성공하고 사람에게 인정 받을 목적으로 성공의 길을 달리고 있었습니다. 그에게는 뛰어난 율법 지식이 있었고 성경 지식과 헬라 학문에 대한 지식이 있었습니다. 그는 자기가 최고라고 생각했으며 자부심이 대단했습니다. 바울은 예수님을 만난 후에도 열정 하나만 가지고 사람에게 전도하려고 했습니다. 그러나 아무도 바울을 믿어주지 않았습니다. 바울은 아라비아 사막에도 있었고 고향 다소에 가서 십사 년의 시간을 보내야만 했습니다. 바울은 겨우 안디옥 교회의 부름을 받아 목회하며 하나님 말씀을 가르치는 가운데 하나님의 진리를 알게 되었습니다. 점점 세상의 자랑을 버리게 되었고 교인들의 중요성을 깨닫게 되었습니다. 그는 얼마나 자신이 부족한 사람인지 깨닫게 되었습니다. 바울은 "죄인 중에 내가 괴수니라"(딤전 1:15)고 고백했습니다. 그러나 그는 복음을 알았고 그 복음을 누구보다 명확하게 전할 수 있었습니다. 사람은 보통 남에게 말할 때 자기 입장에서 이야기합니다. 이는 어린 아이가 말하는 것과 같습니다. 이런 사람은 남의 이야기를 들을 줄 모릅니다. 그리고 아주 기초적인 것밖에 깨닫지 못하고, 생각하는 것이 언제나 자기중심적입니다. 그러나 바울이 진리 안에서 자라면서 그런 버릇이 없어졌다고 말하고 있습니다.

3. 우리의 미래 모습

이 세상에서 우리가 가진 지식은 끝까지 완전하지 않습니다. 우리 감정이나 인격도 완전하지 않습니다. 사도 바울은 "우리가 다 하나님의 아들을 믿는 것과 아는 일에 하나가 되어 온전한 사람을 이루어 그리스도의 장성한 분량이 충만한 데까지 이르리니"(엡 4:13)라고 했습니다. 그런데 우리는 과연 이 세상에서 완전히 예수님처럼 될 수 있을까요? 그것은 불가능한 일입니다. 일단 우리는 하나님의 뜻을 정확하게 알 수 없습니다. 그래서 우리에게는 언제나 성령의 도우심이 필요합니다. 하나님의 뜻을 정확하게 모르기 때문에 실수할 수도 있습니다. 때때로 엉뚱한 길로 갈 수도 있습니다. 그러나 성령님이 우리를 바른 길로 가도록 인도하실 것입니다. 그러므로 우리는 더 조심하고 겸손하며 성령님께 민감해야 됩니다. 어느 때는 하나님 말씀을 육성으로 듣는 것처럼 분명하게 깨달을 때도 있고 들을 때도 있습니다. 그때의 기쁨은 이루 말로 표현할 수가 없습니다. 자신이 부족한 줄 알기 때문에 우리는 하나님의 뜻을 깨달을 때 너무 기쁘고 하나님을 더욱 의지하게 됩니다.

어린 아이들은 호기심이 강해서 어른들의 손을 뿌리치고 자기가 가고 싶은 쪽으로 쏜살같이 달려갈 때가 많습니다. 이때 어른들이 빨리 낚아채지 않으면 차와 부딪힐 수도 있습니다. 그럴 때면 아이들은 자기가 가고 싶은 대로 가지 못하게 한다고 떼를 씁니다. 사도 바울이 어린 아이의 일을 버렸다는 것은 이런 마음이 없어진 것을 말합니다.

12절, "우리가 지금은 거울로 보는 것같이 희미하나 그때에는 얼굴과 얼굴을 대하여 볼 것이요 지금은 내가 부분적으로 아나 그때에는 주께서 나를 아신 것같이 내가 온전히 알리라"

우리가 지금 무엇을 보는 것은 목욕탕에서 김이 잔뜩 서려 있는 거울을 통해 자기 얼굴을 보는 것과 같고, 안개가 잔뜩 낀 곳에서 앞을 향하여 걸어가는 것과 같습니다. 우리는 지금 성경을 볼 때도 그렇고 자기 자신을 알려고 할 때도 그렇고 미래를 생각할 때도 안개가 잔뜩 끼어 있는 것 같아서 도무지 알 수가 없습니다. 그러나 모든 것이 아주 분명해질 때가 있습니다. 바로 하나님 앞에 섰을 때입니다. "얼굴과 얼굴을 대하여 볼 것이요"라고 했는데, 이때는 모든 것의 실체를 알게 됩니다. 왜냐하면 우리의 지각이 천 배 이상 만 배 이상 커지기 때문에 즉시 그 자리에서 모든 것의 실체를 알게 됩니다. 우리는 하나님 앞에서 이 세상에서 이해되지 않던 것들을 전부 알게 될 것입니다. 우리는 지금 이 세상에서 다른 사람 속에 있는 생각이나 성격을 알 수 없습니다. 그러나 하나님 앞에서는 모든 사람의 속을 알게 되고 모든 비밀을 알게 될 것입니다. 그때 우리 감정은 지금과는 비교할 수 없을 정도로 깊이 있고 풍성할 것입니다.

"지금은 내가 부분적으로 아나"라고 했습니다. 하나님 말씀을 알고 진리를 깨닫는다고 하지만 우리는 하나님의 진리 가운데 지극히 작은 부분밖에 알지 못합니다. 하나님의 지식은 무궁무진합니다. 그러나 "그때에는 주께서 나를 아신 것같이 내가 온전히 알리라"고 했습니다. 주님은 창조자이시기 때문에 우리 속을 속속들이 알고 계십니다. 반면 우리는 자기 속도 알 수가 없습니다. 그러나 그때가 되면 우리도 모든 것을 알게 될 것입니다.

13절, "그런즉 믿음, 소망, 사랑, 이 세 가지는 항상 있을 것인데 그중의 제일은 사랑이라"

성경은 "재물이나 인기나 권력은 항상 있을 것인데"라고 말하지 않았습니다. 이 세상의 것은 오래가지 않을 것입니다. 우리가 이 세상에서 가지고 싶어 했던 것은 모두 썩어질 것으로 항상 있지 못할 것입니다. 이 세상에서 우리는 일시적으로 가질 뿐입니다. 우리에게 항상 있을 것은 믿음입니다. 믿음은 우리가 하나님 말씀을 소화해 자기 것으로 만드는 것입니다. 믿음은 우리가 하나님을 믿는 것입니다. 우리는 하나님을 아는 만큼 믿을 수 있습니다. 하나님 말씀을 듣고 우리 속에서 소화하면 우리의 가치는 보석으로 변하게 됩니다. 그래서 믿음은 없어지지 않습니다. 소망은 우리가 하나님께 기대하는 것입니다. 즉 믿음 안에서 자신이나 다른 사람이나 세상에 대해 기대하고 기도한 것은 없어지지 않습니다. 계시록에 보면 기도한 것은 금 대접에 담았다가 부어주신다고 했습니다. 즉 부흥을 위해 기도하고 다른 영혼을 위해 기도하고 자신을 위해 기도한 것은 없어지지 않고 반드시 이루어집니다. 눈물로 기도한 자식은 망하지 않고 눈물로 기도한 나라도 망하지 않습니다. 그리고 사랑입니다. 사랑은 하나님의 사랑이 우리 속에 들어와서 다른 사람을 사랑하는 것을 말합니다. 다른 사람의 가치를 회복시키고 다른 사람에게 자신감을 가지게 하고 다른 사람의 인생을 변하게 한 것은 영원히 없어지지 않고 상급으로 남게 됩니다. 성내지 아니하고 자랑하지 아니하고 자기 유익을 구하지 아니하고 참고 견디고 상처받은 것들은 모두 상급으로 남게 됩니다. 그런데 그중에서 제일은 사랑이라고 했습니다. 즉 믿음과 소망은 사랑으로 나타나게 되고 사랑으로 열매 맺게 됩니다. 그리고 사랑은 모든 일을 하는 기준이 됩니다. 무슨 말을 하려고 하거나 설교를 하거나 어떤 계획을 추진하려고 할 때 사랑하는 마음이 없다면 그것을 해서는 안 됩니다. 그것이 우리의 야망이고 자존심이고 자기를 알아주기 바라는 마음이 조금이라도 있다면 하지 말아야 합니다. 왜냐하면 하나님이 기뻐하지 않으시고 성령의 능력이 나타나지 않기 때문입니다. 최고의 은사는 사람을 살리는 것이고, 다른 사람을 온전하게 세워주는 것입니다. 그때 하나님의 역사가 나타납니다.

성경 토의

1. 우리는 성공가도를 달리던 정치인이나 기업인이 몰락하는 것을 종종 보는데, 그 이유가 뭐라고 생각하는가? 그리고 목회자들 가운데서도 대형 교회를 세우고 유명해지려는 사람이 있는데, 그 끝이 좋지 않은 이유가 뭐라고 생각하는가?

2. 어렸을 때 신앙을 떠올리면 어떤 것이 생각나고, 지금 자신이 예전에 비해 성숙했다면 어떤 점에서 달라졌다고 생각하는가?

3. 다른 사람을 사랑해서 참아주고 기다려주고 믿어주면 이를 좋아하기보다는 오히려 무시당할 뿐 아니라 바보 취급을 당하는 경우가 많은데, 왜 성경은 사랑이 제일이라고 말하는가? 그럼에도 우리는 왜 다른 사람을 사랑하는 일을 하려고 하는가?

32_분명치 못한 소리

고린도전서 14:1-11

전체적 설명

고린도전서 14장에서 사도 바울은 교회 안의 은사에 대해 올바른 기준을 제시해주고 있다. 당시 고린도 교회 안에는 많은 은사가 있었는데, 그중에서도 특히 예언의 은사와 방언의 은사가 자주 충돌했던 것 같다. 특히 방언은 다른 사람이 알아듣지 못하는 강한 언어인데, 누군가가 방언으로 말하는 것을 보면 그 사람에 대해 영성이 깊고 하나님과 가까운 사람이라고 인정했던 것 같다. 사도 바울은 모든 은사는 다 유익한 것이지만 특히 방언은 알아듣지 못하는 은사이기 때문에 예언에 비해 다른 사람에게 유익이 적다고 분명하게 밝히고 있다. 마치 나팔 소리가 분명하지 못한 소리를 낸다면 지금 집합하라는 것인지 돌격하라는 것인지 혼동스러워 군인들이 당황할 수밖에 없다는 비유를 들고 있다. 즉 나팔 소리가 분명한 소리를 내면 군인들은 전쟁을 하러 나가기 위해 준비를 갖출 것이다.

1절, "사랑을 추구하며 신령한 것들을 사모하되"

설교 프리노트

사도 바울은 우리 그리스도인의 모든 봉사와 행위에 대한 동기와 목표가 사랑이 되어야 한다고 말하고 있다. 즉 어떤 은사를 나타내거나 하나님의 일을 할 때 자기 야망을 이루려고 하거나 자기 파벌을 만들 생각으로 해서는 안 되고 다른 성도에게 신앙의 유익을 끼치고자 하는 사랑의 동기로 해야 그 효력이나 상급이 영원할 수 있다. 우리 성도들은 세상적인 성공이나 돈을 사모하기보다는 '신령한 것' 을 사모해야 한다. 여기서 '신령한 것' 은 하나님으로부터 오는 모든 축복을 의미한다. 우리는 이 세상에 너무 좋은 것이 많아서 세상의 좋은 것을 추구하려고 한다. 그러나 하나님은 우리에게 하늘의 신령한 은사를 주기 원하신다. 왜 우리는 세상의 좋은 것을 추구하는 대신에 하늘의 신령한 것을 추구해야 하는가? 세상의 좋은 것은 우리 속사람을 바꾸지 못하고 우리의 겉만 좋게 보이게 하기 때문이다. 비유를 들면 세상의 좋은 것은 우리를 정금으로 만들지 못하고 단지 금처럼 보이도록 도금할 뿐이다. 그러나 하늘의 신령한 은사는 우리를 하나님 앞에서 진정한 보물이 되도록 변화시킨다.

"특별히 예언을 하려고 하라"

당시는 아직 신약성경이 완성되지 않아서 성령으로부터 영적인 교훈을 받아서 말하는 자들이 있었다. 물론 그들이 예언하는 것이 모두 기록된 성경과 같은 권위를 가지는 것은 아니지만 신앙적인 내용임에는 틀림없었다.

고린도 교인은 방언의 은사를 가장 신비롭고 가장 좋은 은사로 알고 있었지만 사도 바울은 그런 신비스러운 체험의 효과는 잠깐이고, 우리가 하나님 말씀을 한 마디라도 들어야 신앙이 성숙할 수 있다고 말한다.

2절, "방언을 말하는 자는 사람에게 하지 아니하고"

방언에는 두 가지 종류가 있다. 하나는 다른 언어로 말하는 것인데, 이것은 통역이 가능하다. 또 다른 하나는 영적인 흥분 상태에서 혀가 경직되어 특이한 소리를 내면서 기도하거나 찬송하는 것인데, 이것은 통역이 되지 않는 소리다. 고린도 교회에서는 두 가지 방언이 다 있었지만 특이한 소리로 말하는 방언이 인기가 있었던 것 같다. 왜냐하면 이것은 일종의 신비로운 체험이고 헬라인들은 이런 신비스러운 체험을 신에게 더 가까이 가는 것이라고 생각했기 때문이다. 그러나 사도 바울은 이런 방언이 신령한 은사 중 하나이고 귀한 것이기는 하지만 하나님 앞에서 하는 것이기 때문에 다른 사람은 알아듣지 못한다고 했다.

"영으로 비밀을 말함이라"

여기서 '비밀' 은 계시된 진리를 말하는 것이 아니라 방언하는 사람과 하나님 사이의 은밀한 사랑의 언어를 말하는 것이다. 방언은 하나님과 그 방언하는 사람이 나누는 사랑의 밀어인 것이다.

3절, "예언하는 자는 사람에게 말하여"

'예언하는 자' 는 다른 사람의 유익을 위해 성경적이고 신앙적인 권면을 하는 것이기 때문에 아무래도 그 말씀을 들으면 깨닫는 것이 있고 은혜를 받아서 믿음생활을 하는 데 도움이 된다. 그래서 예언은 다른 성도에게 '덕을 세우고 권면하기도 하고 때로는 고난당하는 자를 위로하는' 유익이 있다.

4-5절, "방언을 말하는 자는 자기의 덕을 세우고……"

'방언을 말하는 자' 는 자기가 은혜를 받아 흥분 상태에서 하나님께 신비로운 말을 하는 것이기 때문에 굉장히 기쁘고, 또 이것이 신앙에 좋은 체험도 되어 큰 유익이 된다. 그러나 이것이 다른 사람에게까지 유익을 주지는 못한다. 그가 하는 방언이 무슨 뜻인지 알지 못하기 때문이다. '예언하는 자' 는 하나님 말씀을 알아듣게 전하기 때문에 다른 사람의 신앙에 유익을 주고 교회에 덕을 세우게 된다. 그래서 사도 바울은 좋고 유익한 것으로 모든 고린도 교인이 방언을 해도 좋다고 말하는데, 이때 중요한 것은 알아들을 수 있는 예언의 말씀을 하는 거라고 했다. 통역되는 방언이 아니라면 예언만큼 도움이 되지 않는다.

6절, "너희에게 나아가서 방언으로 말하고"

사도 바울은 자신을 예로 들어 어렵게 고린도 교회를 방문해놓고서도 교인들 앞에서 자기가 알아듣지 못하는 방언으로 계속 이야기한다면 아무 유익이 되지 못할 것이라고 말한다. 더욱이 사도 바울은 사도이기 때문에 일반인이 알지 못하는 '계시의 말씀' 이나 '지식의 말씀' 을 가지고 있다. 여기서 '계시' 는 하나님의 구속사적인 계획을 말하는 것이고 '지식' 은 기독교의 교리적인 진리 체계를 말한다. 사도 바울이 고린도 교인에게 그런 귀한 진리를 이야기해주어야 교인들은 큰 도움을 받을 수 있다. 사도 바울이 그런 진리를 가르치지 않고 자신이 방언할 수 있다고 해서 알아듣지 못하는 소리만 잔뜩 늘어놓는다면 교인들은 아무 도움을 얻지 못할 것이다.

7-8절, "혹 피리나 거문고와 같이……"

피리나 거문고를 멋있게 연주하려면 많은 시간을 들여 연주법을 배워야 하고, 자기나 다른 사람이 알고 있는 좋은 음악을 연주해야 그 자리에 있는 사람을 감동시킬 수 있다. 그런데 피리나 거문고에 대해 전혀 훈련 받지 않은 사람이 자기 멋대로 피리를 불거나 거문고 줄을 퉁긴다면 이것은 소음밖에 되지 않을 것이다. 특히 군인에게 있어 '나팔 소리' 는 많은 군인을 진격하게 하기도 하고 후퇴하게 하기도 하는 아주 중요한 소리다. 그런데 나팔을 부는 나팔수가 미리 약속된 소리를 내지 않고 이상한 소리를 낸다면 군인들은 모이라는 소리인지 진격하라는 소리인지 분별하지 못해 우왕좌왕할 것이다. 마찬가지로 교회도 분명한 소리를 내어야지 교인들이 정신을 바짝 차리고 믿음에 굳게서거나 진격해 어려움과 싸워 이길 수 있다.

9-11절, "너희도 혀로써 알아듣기 쉬운 말을 하지 아니하면……"

사람은 무엇인가 남들이 알아듣지 못하는 소리를 해야 신에게 더 가까이 다가서는 것으로 생각한다. 이것은 이교도 사이에서 더 심했는데 사제들은 남이 알아듣지 못하는 모호한 소리를 해서 자신들이 신에게 사로잡힌 것처럼 보이려고 했다. 그러나 기독교는 그런 모호한 소리를 한다고 해서 결코 하나님과 더 가까워지는 것이 아니다. 오히려 남에게 영적으로 보이기 위해 알아듣지 못하는 소리를 하는 사람은 허공에 대고 소리를 내는 것밖에 되지 않는다(9절). 세상에는 많은 소리가 있지만 나름의 이유가 있고 의미가 있다. 중요한 것은 그 소리 자체가 아니라 소리를 알아듣는 능력이 필요하다는 것이다. 예를 들어 자동차가 부딪히는 소리라든지 새 우는 소리라든지 문이 닫히는 소리라든지 모든 소리가 의미가 있다. 우리는 그런 소리를 알아듣고 어떤 행동을 취할 것인지 결정하게 된다(10절). 그런데 그 소리를 알아듣지 못하면 외국인이 되는 셈이다. 외국인과 서로 알아듣지 못하는 말로 하루 종일 이야기한다고 해도 아무 소용이 없을 것이다(11절).

본문 이해를 위한 질문

1. 우리 그리스도인은 신앙생활을 하면서 어떤 방향으로 나아가야 하는가?

우리는 모든 것을 사랑해야 하고 세상에 있는 것보다는 하나님의 축복을 더 사모해야 하는데, 특히 하나님 말씀을 깨닫고 서로 나누는 방향으로 노력해야 한다.

2. 방언과 예언은 어떤 유익이 있는가?

방언은 개인이 은혜를 받아서 신비로운 말로 하나님께 감사기도를 드리고 찬양함으로써 개인적으로 유익하다면, 예언은 하나님의 뜻을 깨달아서 다른 사람에게 권면하고 위로도 하는 것이기 때문에 여러 사람의 신앙에 유익을 끼칠 수 있다.

3. 우리에게 분명한 하나님 말씀이 필요한 이유가 무엇인가?

피리를 불거나 거문고를 타는 사람이 어떤 연습이나 준비 없이 제멋대로 연주한다면 듣기 싫은 소음이 되고, 나팔수가 정해진 소리 외에 제멋대로 나팔을 불면 군인들이 혼란에 빠지는 것처럼 분명한 하나님 말씀이 아니라면 우리는 하나님의 뜻을 제대로 분별하지 못해 신앙생활에 실패하게 된다.

성경 강해

우리가 사는 이 세상은 여러 가지 소리로 가득 차 있습니다. 차 소리, 사람 소리, 사이렌 소리 등 많은 소리가 있는데 사람이 없는 산골짜기를 가더라도 바람 소리, 시냇물 소리, 새 소리, 풀벌레 소리 등이 언제나 들립니다. 그 많은 소리 가운데는 의미 있는 소리도 있고 의미 없는 소리도 있습니다. 집 안에서 갑자기 여러 소리가 동시에 들리면 어디서 나는 소리인지 몰라 당황스러울 때도 있습니다. 어떤 때는 초인종 소리도 들리고 밥이 다 되었다고 전자 밥솥이 말하는 소리도 들리고 세탁을 다 했다는 세탁기 소리도 들리고 핸드폰 소리가 울리기도 합니다. 그리고 가족들의 핸드폰이 동시에 울려 어느 소리가 어느 소리인지 분별되지 않을 때가 있습니다. 심지어는 매미 소리가 너무 커서 굉장히 스트레스를 받을 때가 있는데, 특히 도시의 아파트 나무에 사는 매미는 더 악을 쓰면서 운다고 합니다. 예전에 전화기를 많이 사용할 때는 전화벨 소리가 나면 거의 자동적으로 전화를 받을 수밖에 없는 강박증을 가진 사람이 많았다고 합니다.

요즘 가장 많이 듣는 소리는 자동차 소리일 것입니다. 특히 버스나 트럭이 많이 다니는 곳에서는 자기도 모르게 이런 소음에 스트레스를 받으며 살아가고 있습니다. 또한 데모를 한다든지 하면 확성기 소리가 엄청나게 커서 도저히 다른 일을 할 수가 없습니다.

이런 많은 소리 가운데 유익한 것도 있고 전혀 유익이 없는 것도 있습니다. 예를 들어 그냥 많은 사람이 웅성거리는 소리는 아무 도움이 되지 않지만 그 속에서 누군가 자신을 부르는 소리를 듣게 되면 그 방향으로 쳐다보게 될 것입니다. 예를 들어 한 어린 아이가 엄마의 손을 놓쳐 어디로 가야 할지 몰라서 당황하고 있을 때 많은 사람의 소리 중에서 엄마가 자기 이름을 부르는 소리를 듣는다면 그 소리가 나는 방향으로 달려갈 것입니다. 평소 버스 엔진 소리는 아주 듣기 싫은 소음일 때가 많습니다. 그러나 이것이 너무 반가운 소리일 때도 있었습니다. 언젠가 버스 노조가 파업을 해서 버스 운행이 중단된 적이 있었습니다. 그래서 도시는 조용했지만 교인들은 교회에 올 때 버스가 없어서 큰 불편을 겪었습니다. 수요일인지 금요일인지 예배가 있는 날인데 버스가 여전히 파업 중이어서 교인들이 예배를 드리러 오는 데 어려움이 많았습니다. 그래서 그날 오후 내내 버스가 다닐 수 있도록 기도했습니다. 예배 시간이 한 시간쯤 남았을 때인가 갑자기 시끄러운 버스 소리가 나기 시작했습니다. 그 소리는 버스 파업이 풀렸다는 뜻이었습니다. 그때 처음으로 버스 소음이 참 반갑게 들렸습니다. 그날 저녁은 교인들이 예배를 드리러 오는 데 전혀 어려움이 없었습니다. 우리에게 자동차 소음이 필요할 때가 있습니다. 보지 못하는 사이에 소리도 내지 않고 자동차가 달려오면 피하지 못해 부딪힐 수 있습니다. 그래서 전기 자동차나 고급 자동차도 일부러 어느 정도 엔진 소리를 낸다고 합니다.

음악을 전혀 모르는 사람 앞에서 피아노의 거장이라든지 바이올린의 거장이 연주를 하더라도 그것은 소음밖에 되지 않을 것입니다. 더욱이 소프라노 가수가 이태리 말이라든지 불어로 된 노래를 부른다면 그 언어를 모르는 문외한에게는 소음밖에 되지 않을 수도 있습니다. 그래서 연주를 잘하는 사람이라도 음악을 전혀 모르는 사람에게는 어려운 음악을 연주하지 않고 누구나 다 아는 쉬운 음악을 연주하고 쉬운 노래를 부를 때 큰 감동을 받고 아주 좋아할 것입니다. 이것은 대학 강의에서도 마찬가지입니다. 실력 있는 교수가 전문지식이 없는 사람을 대상으로 강의할 때는 알아듣지 못하는 사람에게 그 강의는 자장가밖에 되지 않습니다. 나이 많은 할머니들 앞에서 어려운 삼위일체에 대한 강의를 하거나 설교를 하면 그 강의나 설교는 할머니들에게 하나의 소음밖에 되지 않을 것입니다.

고린도 교회는 유대인과 다른 민족이 사는 지역에 세워진 교회였습니다. 사도 바울은 유대인이지만 고린도 교인은 그리스 사람이었습니다. 그리스 사람은 지적인 우월감을 많이 가지고 있었지만 신비스러운 체험도 좋아했습니다. 그래서 어떤 의미에서는 아주 복잡한 성격의 사람이라고 볼 수 있습니다. 예를 들어 그리스에서는 철학이 발달했습니다. 수학이라든지 논리학 같은 학문도 발달했습니다. 반면 음란한 내용의 신화도 있었고 디오니소스라고 해서 포도주에 취해 광란에 빠지는 종교도 있었습니다. 그리스 사람은 비극을 아주 좋아했습니다. 그리고 호메로스의 《일리아스》나

《오디세이아》의 영향은 절대적이었습니다. 호메로스에게 정의는 원수를 갚는 것이고 전쟁에서 사람을 많이 죽이는 것이었습니다. 영웅 아킬레스는 동성애자였습니다. 그런 그리스 사람이 복음을 듣고 예수를 믿고 부흥이 일어났습니다. 그런데 곧 이 복음 안에 세상의 풍조들이 밀려 들어왔는데, 고린도 교인에게 방언이 많이 터져 나오면서 인기를 끌게 되었습니다. 고린도 교인에게 가장 인기가 있었던 은사는 세 가지였습니다. 하나는 방언이었고 두 번째는 예언이었고 세 번째는 지식이 많은 것이었습니다. 그런데 이런 은사들은 교회 안에서 진정한 사랑이 없어지게 했고, 교회를 무기력하게 만들었습니다. 즉 교인들을 바보로 만들고 있었던 것입니다.

이와 비슷한 예가 있습니다. 로마 천주교는 예배 때 신부가 라틴어로 기도를 하고 예식을 진행합니다. 그런데 라틴어는 고대부터 학문적인 언어이고 전통 있는 언어였지만 일반인은 라틴어를 알아듣지 못했습니다. 결국 교인들은 아무리 미사를 드리고 기도문을 들어도 은혜 받지 못했습니다. 그 말을 알아듣지 못했기 때문입니다. 너무 유식한 것이 신앙이나 교회를 죽일 때가 많습니다. 아무도 그 말을 알아듣지 못하기 때문입니다. 그런데 아무도 그 유식한 말이 도움이 되지 못한다는 말을 하지 못합니다. 자신의 무식함이 폭로될까 두렵기 때문입니다. 그런 가운데 루터는 용감했고 칼뱅도 용감했습니다. 그들은 라틴어를 많이 공부했고 책을 쓰고 논문도 쓴 사람이지만 독일어나 프랑스어로 그것을 발표하고 설교해서 대부흥을 일으켰습니다.

1. 우리가 나아가야 할 방향

오늘 우리나라에서 가장 가치 있게 생각하는 것은 성공입니다. 그렇다 보니 우리나라 사람은 성공을 너무 좋아하는 것처럼 보입니다. 어떤 사람이 경제적으로 성공해서 대기업가가 되고 어떤 사람이 정치적으로 성공해서 높은 자리에 오르고 어떤 사람이 종교적으로 성공해 대형 교회의 목회자가 되면 너무 높게 생각하는 것 같습니다. 옛날에는 학문적인 성공도 높이 평가하곤 했는데 요즘은 공부를 잘 안 하는지 큰 성과가 별로 없는 것 같습니다. 사실 우리는 우리 자신이나 미래에 대해 정확한 하나님의 길을 알지 못합니다. 예를 들어 어떤 화가나 조각가가 거대한 스케일의 작품을 만들 때 거기서 도와주는 조수는 전체적인 그림이나 작품을 알 수 없는 것과 같습니다. 더욱이 교회도 미래를 향하여 나아가려고 할 때 주위에 좋은 것이 너무 많기 때문에 어디를 향하여 가는 것이 정확한 하나님의 뜻인지 알기 어렵습니다. 그래서 우리는 성경을 믿고 하나님을 믿는다고 하면서도 세상의 넓은 길을 향하여 갈 수밖에 없습니다. 왜냐하면 세상에 너무 좋은 것이 많고 그것을 추구하면 교회 안에서도 큰 유익이 되고 사람이 인정해주고 알아주기 때문입니다. 그러나 예수님은 좁은 문으로 들어가라고 하셨고, 우리는 절대로 이 세상의 것과 하나님의 것을 섞으려고 해서 안 됩니다. 왜냐하면 우리가 이 세상의 것으로 인정을 받고 성공하게 될 때 하나님의 능력은 가지지 못한 채 세상의 힘을 하나님의 힘으로 착각할 수도 있기 때문입니다. 그러면 결국 이 세상과 함께 무너지거나 부패하게 됩니다. 사도 바울은 우리가 어떤 방향으로 나아가야 할지 그 방향을 제시해주고 있습니다.

1절, "사랑을 추구하며 신령한 것들을 사모하되 특별히 예언을 하려고 하라"

여기서 사도 바울은 우리가 추구해야 할 세 가지 방향을 제시해주고 있습니다. 그 첫 번째가 사랑입니다. 사랑을 추구하라는 것은 우리가 어떤 말을 하고 어떤 일을 하려고 할 때 가장 먼저 자신이나 교회가 질문해야 하는 것입니다. 즉 이것은 사랑을 위하여 하고자 하는 것인지, 아니면 자신이 유명해지고 주도권을 잡기 위해 하려고 하는 것인지 생각해 보라는 것입니다. 우리는 짧은 기간에 자신이나 교회에 대한 하나님의 뜻을 알 수가 없습니다. 그러나 사랑을 기준으로 해서 말하고 어떤 결정을 내릴 때 당장은 어리석어 보이고 현명하지 못한 것처럼 보일지 몰라도 우리는 정확하게 하나님의 뜻을 향하여 나아가고 있는 것입니다. 오늘 많은 사람은 일을 할 때 어떤 업적을 남기려 하고 자기를 나타낼 목적으로 하는 경우가 많습니다. 그러나 그것은 사랑이 아니기 때문에 당장은 자기 뜻대로 될지 몰라도 시간이 지나고 나서 보면 아무 유익이 없는 쓸데없는 짓만 잔뜩 한 것을 볼 수 있습니다. 그런데 사람은 사랑에 따라 결정하기가 너무 어렵습니다. 사랑에 따라한다는 것은 자기를 부인하는 것이기 때문입니다. 예수님은 누구든지 자기를 부인하지 않으면 제자가 될 수 없다고 말씀하셨습니다. 오늘 이 세상은 끝까지 자신의 뜻을 주장하고 자신의 뜻을 관철시키는 사람이 유능한 사람으로 보입니다. 그러나 이상하게 시간이 많이 흐르고 나서 보면 그 사람 자체가 별 볼일 없는 것을 보게 됩니다. 그 이유는 하나님의 그림에서 많이 벗어났고 하나님께 가치가 없는 사람이 되었기 때문입니다. 이 세상에서 아무리 유능하고 성공한 사람이라 하더라도 자기 힘으로 된 사람은 아무도 없습니다. 단지 신앙은 없지만 하나님이 그 사람을 쓰신 것입니다. 그런데 사람은 그 사실을 알지 못하고 자기가 유능해서 그렇게 성공한 줄 알고 교만해집니다. 하나님은 그런 사람을 나중에 비참하게 버리십니다.

본문에 보면 "신령한 것을 사모하되"라고 했습니다. '신령한 것'은 영적인 것들을 말합니다. 쉽게 설명하면 세속적인 것의 반대되는 뜻입니다. 우리 생각에는 이 세상에 있는 것들을 열심히 사모해야 성공할 수 있을 것 같습니다. 학생들은 공부나 성적을 사모하고 사업가들은 돈을 많이 버는 것을 사모하고 정치인들은 권력이나 사람의 지지를 사모해야 성공할 수 있습니다. 물론 성경은 우리에게 이 세상의 가치를 전부 무시하라는 뜻이 아닙니다. 우리가 이 세상에 사는 이상 기왕이면 학생들은 공부를 열심히 하고 사업가들은 열심히 기술을 개발하고 돈을 벌고 사업에 성공하려고 노력해야 합니다. 그러나 우리가 알아야 할 것은 이것이 전부가 아니라는 사실입니다. 이것은 어디까지나 하나님의 뜻을 이루는 수단에 불과하고 본질이 아니라는 사실을 깨달아야 합니다. 그런데 과연 우리가 공부에 성공하고 사업에 성공하고 정치에 성공한 후에 자기도취나 교만에 빠지지 않을 수 있을까 하는 것입니다. 만일 그럴 수 있다면 그 사람은 정말 제대로 된 사람이고 엄청나게 큰 그릇임에 틀림없습니다. "신령한 것을 사모하되"라고 했는데 '사모하다'는 '뜨겁게 원하는 것'을 말합니다. 즉 이 세상에 있는 것들을 열심히 하기를 하지만 정작 우리가 뜨겁게 원해야 할 것은 하나님 말씀의 세계이고 하나님의 기도 응답이며 하나님의 나라입니다. 우리가 하늘의 것을 구하지 않으면 세상 사람과 다를 것이 아무것도 없고 똑같이 썩어 문드러질 수밖에 없기 때문입니다. 그런데 과연 세상의 것도 열심히 하면서 하나님의 것도 뜨겁게 구할 수 있을까요? 처음에 우리는 세상일도 잘하지 못하고 하나님의 능력도 받지 못해 무능하게 될 수도 있습니다. 그러나 우리가 죽도록 기도하고 세상일도 할 수 있는 한 최선을 다할 때 요셉처럼 어느 순간 하나님이 지혜를 주시고 능력을 주셔서 세상 것을 추구하는 사람보다 훨씬 뛰어나게 됩니다. 그때 우리가 교만해지지 않기란 너무나 어렵습니다. 그래서 우리는 성공의 여부와 상관없이 죽어라 하나님 말씀을 붙잡아야 합니다. 성공의 자리는 너무 미끄럽고 사탄이 집중 공격해 넘어뜨리려고 하기 때문입니다.

그리고 본문은 "예언을 하려고 하라"고 말씀합니다. 여기서 '예언'은 사도들의 가르침에는 미치지 못하지만 낮은 수준의 성경적인 권면이나 설교를 말합니다. 예를 들어 청소년들이 교수의 어려운 강의를 알아듣지 못할 때 알아듣지도 못하는 것을 억지로 강요하기보다는 쉬운 수준에서 가르칠 수도 있습니다. 또한 아이들이 어려운 내용을 알아듣지 못할 때는 친구들이 권면하거나 이야기해주는 것이 일시적으로는 도움이 될 때도 있습니다. 여기서 '예언'은 사도적인 가르침이나 사도 바울의 가르침 수준은 되지 못하지만 친구들이나 교인들 사이에서 서로 말씀을 가지고 권면하거나 대화를 나누는 것을 말합니다. 예를 들어 교회 청년들 가운데서 신앙적으로 어려움이 있거나 고민이 있을 때 설교는 잘 알아듣지 못하지만 소그룹에서 친구들이나 선배들의 이야기를 통해 도움을 받을 수도 있습니다. 그래서 대학생들은 강의실에서 교수의 강의를 필기하는 것도 중요하지만 빈 강의실이나 잔디밭에서 친구들과 자유토론을 통해 무엇인가를 얻기도 합니다.

2. 방언의 한계

원래 방언에는 두 가지 종류가 있었습니다. 하나는 자기도 모르는 사이에 외국어를 말하는 능력이었습니다. 이것이 바로 오순절 성령이 임했을 때 나타난 현상입니다. 오순절 예루살렘에는 세계 여러 곳에서 온 순례자들이 있었습니다. 이들은 옷차림이나 피부색이 달랐고 언어가 통하지 않았습니다. 그러나 베드로와 요한이 성전 미문에서 장애인을 일어서게 하고 나서 설교했을 때 방언이 터져 나왔습니다. 이것은 거기에 온 모든 사람이 베드로의 설교를 동시통역으로 알아들었다는 것입니다.

또 다른 종류의 방언이 있었습니다. 그것은 성령이 강하게 임했을 때 황홀경에 빠지는 체험이었습니다. 대표적인 인물이 사울 왕이었습니다. 사울은 그냥 평범한 사람이었는데 성령이 임하면 온몸이 떨리면서 황홀경에 빠지곤 했습니다. 그때마다 사울은 몸이 너무 더워지자 옷을 벗는 버릇이 있었습니다. 이것을 성경에서는 '예언' 이라고 말하기도 했습니다(삼상 10:10). 구약 선지자들에게는 이 두 가지 체험이 합쳐져 나타나곤 했는데, 선지자들에게 하나님의 신이 임하면 황홀경에 빠지면서 환상을 보거나 어떤 음성을 듣기도 했습니다. 어느 때는 강한 메시지가 생각나기도 했는데, 그것을 전하지 않으면 죽을 것 같은 강박증을 느꼈던 것입니다. 고린도 교회에 나타났던 방언은 사울이 체험한 것과 비슷한 현상이었습니다. 그런데 고린도 교인에게 방언이 나타난 모습은 사울 왕처럼 온몸이 떨리고 황홀경에 빠지는 것이 아니라 혀가 떨리는 현상이었습니다. 손을 잡고 기도하면 저희 아이의 손이 떨리곤 했습니다. 저는 그것이 웃음을 참는 것인 줄 알았는데 아니었습니다. 아이는 찬양하고 기도하고 은혜를 받으면 손이 떨린다고 했습니다. 그래서 그것은 나쁜 일이 아닌 것 같다고 말해주었습니다. 손이 떨리는 것을 보면 은혜 받은 것이 틀림없으니까 안심이 되었기 때문입니다.

고린도 교인들은 방언을 너무 좋아했던 것 같습니다. 그래서 그들은 방언하는 것이 최고 은사라고 생각했으며, 다른 하나님 말씀은 잘 들으려고 하지 않았던 것 같습니다. 그래서 사도 바울은 고린도 교인들에게 방언이 하나님이 주신 은사임에 틀림없지만 절대적인 것은 아니고 한계가 있다고 말하고 있습니다.

2절, "방언을 말하는 자는 사람에게 하지 아니하고 하나님께 하나니 이는 알아듣는 자가 없고 영으로 비밀을 말함이라"

방언은 성령이 임함으로써 은혜를 받아 일종의 가벼운 황홀경에 빠지는 것과 같습니다. 혀 떨림으로 비정상적인 언어로 기도하거나 찬송하는 것을 말하는데, 이렇게 하면 기분이 좋고 아주 오래할 수 있다는 특징이 있습니다. 그러나 이것은 반드시 어떤 메시지를 담고 있는 건 아닙니다. 그렇다고 해서 아주 필요 없는 소리도 아닌 것입니다. 어떤 의미로 통역하면 '하나님, 저는 행복합니다. 하나님을 사랑합니다. 하나님을 찬양합니다. 할렐루야' 라는 뜻으로 생각할 수도 있습니다. 그러나 이런 방언을 한다고 해서 영적으로 성숙하는 것은 아닙니다. 지금 하나님 앞에서 은혜 받고 있다는 표시가 될 수는 있습니다. 오늘 우리는 이 복잡한 세상을 살아가면서 의미를 가지는 하나님 말씀이 필요할 때가 많습니다. 어떤 어려운 문제나 답답한 일이 있을 때 청년들이나 성도들은 친구나 다른 사람에게 자기 사정을 이야기하고 기도를 부탁하는데, 이것이 바로 예언에 가까운 것입니다.

3절, "그러나 예언하는 자는 사람에게 말하여 덕을 세우며 권면하며 위로하는 것이요"

옛날에는 오늘날처럼 목회자가 흔치 않았습니다. 그리고 사람들이 많은 성경 지식을 가지고 있지도 못했습니다. 당시 신앙이 어린 교인들은 자기 문제를 먼저 믿은 사람에게 이야기하곤 했는데, 그럴 때면 기도도 해주고 하나님이 주시는 영감으로 좋은 권면을 해주었습니다. 사실 다른 사람으로부터 무슨 이야기를 들으면 금방은 아무 생각이 나지 않습니다. 그러나 기도하면서 생각해 보면 보다 정확한 하나님의 뜻이 생각날 때가 많습니다. 이것은 설교와는 또 다른 은사입니다.

사도 바울은 고린도 교인들에게 지나친 영적 흥분이나 황홀경에 빠지는 것이 좋지 않다고 권면합니다. 자칫 잘못하면 현실 도피의 수단이 될 수도 있기 때문입니다.

4-5절, "방언을 말하는 자는 자기의 덕을 세우고 예언하는 자는 교회의 덕을 세우나니 나는 너희가 다 방언 말하기를 원하나 특별히 예언하기를 원하노라 만일 방언을 말하는 자가 통역하여 교회의 덕을 세우지 아니하면 예언하는 자만 못하니라"

우리는 개인적으로 기도하면서 울 수도 있고 황홀경에 빠질 수도 있습니다. 그때는 얼마든지 이 세상 현실과 차단되어 하나님 앞에 영광스럽게 서 있을 수 있습니다. 그러나 우리는 이 세상에 또 내려와서 세상일을 해야 합니다. 변화산에 올라갔던 예수님과 제자들이 다시 산에서 내려와서 귀신 들린 아이와 대면하고 병든 자를 고치고 십자가를 향해 가야 했던 것처럼 말입니다.

자칫 잘못해서 신앙을 현실 도피의 수단으로 삼아선 안 됩니다. 조너선 에드워즈 때 말씀에 능력이 임해 부흥이 일어나게 되자 사람들 가운데 밤에 소리를 지르며 돌아다니는 사람이 있었습니다. 그때 사람은 부흥이 임하면 광신자가 된다고 해서 부흥을 싫어하게 되었습니다. 그런 일이 미국에서 또다시 일어났습니다. 찰스 피니 때 부흥이 일어나자 말 잘하는 한 사람이 다른 사람과 짜고 병을 고친 것처럼 해서 자리에서 일어나게 하고 유치한 설교나 간증을 하고 헌금을 거두었습니다. 이런 일이 있고 나서 미국에서는 부흥의 불이 꺼져버리게 됩니다. 부흥이 일어날 때 광신주의에 빠지지 못하게 하고 헌금을 거두는 수단이 되지 못하게 하고 오직 말씀으로 영혼을 살리는 일에만 주력하면 부흥은 계속됩니다.

3. 분명한 소리

인간인 이상 혼자 명상이 잠길 때도 있고 혼자 소리를 지르거나 울거나 할 때도 있습니다. 이런 시간은 우리 개인에게 자신을 정리하고 깨끗하게 하는 데 너무 필요한 시간이기도 합니다. 그러나 우리는 다시 이 세상에 돌아와 세상과 싸워야 하고 공부해야 하고 돈을 벌어야 합니다. 이때 우리에게는 아주 현실적인 조언이 필요합니다. 그래서 교회에서 무슨 소리를 낼 때는 모호한 소리를 내어서는 안 됩니다. 교인들이 알아들어서 자신에 대한 하나님의 뜻이 무엇인지 분명히 알 수 있도록 해야 합니다. 즉 교인들이 설교 말씀을 들었을 때 지금 앞을 향해 나아가라는 소리인지, 참고 기다리라는 소리인지, 무엇을 주의하라는 소리인지 분별할 수 있게 해야 합니다.

6절, "그런즉 형제들아 내가 너희에게 나아가서 방언으로 말하고 계시나 지식이나 예언이나 가르치는 것으로 말하지 아니하면 너희에게 무엇이 유익하리요"

사도 바울은 자기가 고린도 교회를 방문해 하나님의 계시나 지식, 개인 상담을 가르치지 않고 거기서 혼자 황홀경에 빠져 울고 웃기만 한다면 그것이 고린도 교인들에게 무슨 유익이 있겠느냐고 질문하고 있습니다. 물론 우리는 개인적으로 얼마든지 울기도 하고 웃기도 하고 혼자 흥분 상태에 빠져 있을 때도 있습니다. 요즘 청년들이나 여성들이 커피를 마시면서 자기가 좋아하는 음악을 들으며 눈물을 흘리기도 하고 웃기도 하는 것은 그들에게 필요한 시간이라는 생각이 듭니다. 그러나 그렇다고 해서 빨래가 저절로 되는 것도 아니고 아이들 숙제가 해결되는 것도 아니고 친정 엄마의 병이 낫는 것도 아닙니다. 우리는 이 세상 현실과 싸워야 합니다. 그러기 위해서는 현실을 직시해야 하고 현실에서 길을 찾을 수 있는 지혜의 말씀을 들어야 합니다.

7절, "혹 피리나 거문고와 같이 생명 없는 것이 소리를 낼 때에 그 음의 분별을 나타내지 아니하면 피리 부는 것인지 거문고 타는 것인지 어찌 알게 되리요"

어떤 사람이 피리를 부는데 아무 곡조도 없이 제멋대로 분다면 그것은 음악이 아니라 소음일 것입니다. 누군가 거문고를 탄다고 하면서 곡조도 없이 제멋대로 뚱땅거린다면 듣는 사람이 피곤할 것입니다. 피리나 거문고까지 가지 않아도 피아노를 칠 줄 모르는 사람이 혼자 건반을 두드리면 그것은 짜증을 유발하는 소음이 될 것입니다. 물론 누구든지 초보자일 때는 그런 소음을 내는 데부터 시작해야 하지만 잘 치는 선생으로부터 배워야 합니다. 그렇지 않고 혼자 자기 치고 싶은 대로 친다면 실력은 늘지 않고 다른 사람만 괴롭게 하고 시간만 낭비하게 됩니다.

나팔은 전쟁을 준비하는 데 아주 중요한 수단입니다. 군인들은 나팔 소리를 듣고 기상하고 집합하며 전쟁터에서 적을 향해 돌격합니다. 그런데 나팔수가 이상한 소리를 내어 집합하는 것도 아니고 돌격하는 것도 아니고, 공격해야 하는데 후퇴하는 소리를 낸다면 그 군대는 큰 혼란에 빠져 몰살당할 것입니다.

8절, "만일 나팔이 분명하지 못한 소리를 내면 누가 전투를 준비하리요"

교회에서 제대로 설교하지 않고 이상한 소리만 내어 교인들이 현실에 적응하지 못한다면 이 세상에서 실패하고 말 것입니다. 즉 노예인 교인은 주인에게 매를 맞을 것이며, 하인들은 주인에게 쫓겨날 것이며, 부인들은 남편에게 불신을 당하게 될지도 모릅니다. 그러므로 교회는 교인들을 진리로 무장시켜주어야 하고, 이 세상 현실 가운데 살아남을 수 있도록 힘과 능력을 불어넣어 주어야 합니다.

9절, "이와 같이 너희도 혀로써 알아듣기 쉬운 말을 하지 아니하면 그 말하는 것을 어찌 알리요 이는 허공에다 말하는 것이라"

목회자가 자기 실력을 자랑하기 위해 라틴어나 외국어로 어려운 이야기만 한다면 교인들은 이 소리가 공격하라는 소리인지 후퇴하라는 소리인지 알아듣지 못하게 되어 결국 제멋대로 살 것입니다. 그것은 설교하는 사람도 허공에 대고 지껄이는 것밖에 되지 않고, 교인들도 시간 낭비하는 것밖에 되지 않을 것입니다.

10절, "이같이 세상에 소리의 종류가 많으나 뜻 없는 소리는 없나니"

이 세상에는 수많은 소리가 있습니다. 그 소리에는 저마다의 뜻이 있는데, 문제는 우리가 그 뜻을 알지 못하고 하나님의 음성을 듣지 못한다는 것입니다. 하나님의 음성을 들을 수 있으면 우리는 그때부터 다른 소리도 들을 수 있게 됩니다. 하나님은 이런 소리를 통해 우리를 깨닫게 하시고 인도하시기 때문입니다. 그래서 우리는 점점 더 많은 하나님의 소리를 들을 수 있게 됩니다. 반면 현실을 인정하지 않고 자꾸 도피하려고 한다면 겉보기에는 멋있어 보일지 몰라도 실제로는 실력이 없는 사람이 됩니다.

11절, "그러므로 내가 그 소리의 뜻을 알지 못하면 내가 말하는 자에게 외국인이 되고 말하는 자도 내게 외국인이 되리니"

과거에는 영어를 읽을 줄 모르면서 영어 원서를 끼고 다니는 사람이 있었습니다. 영어 잡지인 타임지를 끼고 다니면 영어를 잘하는 사람처럼 보였습니다. 다른 사람에게 멋있어 보이고 여성들에게 인기를 끌기 위해 그렇게 하는지 몰라도 그런 사람은 사실 건달인 경우가 많습니다. 그런 식으로 멋을 부리는 사람이나 그런 모습을 보고 따라가는 사람의 인생은 실패하고 말 것입니다. 우리는 현실을 직시하고 현실에서 하나님의 음성을 들을 수 있도록 귀 기울여야 합니다.

성경 토의

1. 오늘 기독교 안에 많은 설교자가 있어 방송 설교도 하고 간증도 하고, 신앙 강좌나 신학 강의도 있고, 교회마다 유명한 목사님들의 설교가 넘쳐난다. 우리는 그 많은 설교와 강의 가운데서 바른 나팔 소리를 분별해낼 수 있는가?

2. 우리는 세상적인 성공과 하나님의 신령한 은사 가운데 어느 쪽에 더 치중하고 있으며, 하나님 앞에서 가장 사모하는 은사는 무엇이라고 생각하는가?

3. 다른 사람에게 말할 때 신앙적인 대화를 많이 하는가, 아니면 세상적인 이야기를 많이 하는가? 다른 사람이 잘못된 방향으로 가고 있을 때 그를 바로잡을 수 있는 경고의 말을 해주는가, 아니면 그냥 내버려두는가?

33_영으로 드리는 기도

고린도전서 14:12-25

전체적 설명

요즘은 뇌에 대한 과학적 연구가 많이 진행되고 있다. 그래서 과학자들은 뇌의 어느 부분이 인지 능력과 관계가 있는지, 어느 부분이 행동과 관계가 있는지 등을 연구하고 있다. 그럼에도 우리는 아직 인간의 뇌 기능에 대해 많은 것을 알지 못한다. 우리 인간의 뇌는 아주 복잡한 신경조직으로 이루어져 있는데 우리 눈에 어떤 빛을 비추거나 귀로 어떤 파장 이상의 소리를 듣게 되면 뇌가 흥분해 행복을 느끼기도 하고 고통을 느끼기도 한다. 그래서 최근 나온 음악은 강한 조명이나 날카로운 음으로 사람의 뇌를 극도로 자극하는 방법을 사용하고 있다. 또한 텔레비전 광고나 길거리 광고판은 아주 강한 조명을 사용한 자극적인 장면을 통해 사람의 뇌에 자극을 주고 있다. 사도 바울은 방언의 기능이 바로 이런 뇌의 자극과 비슷한 효과를 가졌다고 말한다. 그래서 방언은 방언한 사람에게 일시적인 행복감을 줄 수는 있지만 모든 부분에 유익을 주는 만병통치약 같은 은사는 아니라고 말한다.

설교 프리노트

12절, "그러므로 너희도 영적인 것을 사모하는 자인즉"

고린도 교인들에게는 하나님의 은혜를 사모하는 귀한 믿음이 있었다. 그러나 하나님의 은사는 정말로 다양해서 자칫 잘못하면 하나님의 은사와 축복 가운데 길을 잃어버리는 경우가 많다. 예를 들어 기독교라고 하면 그 안에 예배 음악도 있고 건축도 있고 신학 지식도 있고 신비로운 체험도 있고 수도원 운동 같은 공동체 생활도 있고 구제나 금식, 선교, 방언 등 수많은 은사가 있어서 자칫 잘못하면 기독교 안에서 길을 잃고 잘못된 길로 가는 경우가 있다. 그래서 신비주의로 빠지는 사람도 있고 심지어 이단이 되는 사람도 있고 사회운동 쪽으로 빠지는 사람도 있다.

사도 바울은 고린도 교인들에게 모든 은사는 교회의 유익을 위하는 쪽으로 풍성하게 하는 것이 바른 길이라고 가르치고 있다. 교회의 덕을 세우는 은사가 사랑의 동기로 나가는 것이기 때문이다. 그래서 신학자이든 목회자이든 교인이든 교회를 사랑하는 것이 중요하다. 교회를 사랑하지 않거나 교회를 부정하거나 교회에 대해 지나치게 비판하는 것은 바른 방향이 아니다.

14절, "내가 만일 방언으로 기도하면 나의 영이 기도하거니와"

여기서 말하는 방언은 통역이 안 되는 영적 흥분 상태에서 알아들을 수 없는 언어로 기도하는 것을 말한다. 최근 우리나라에서 나타났던 방언 현상 가운데도 이런 방언이 많았다. 이런 방언은 '영' 으로 기도하는 것이라고 했다. 이것은 뇌가 일종의 흥분한 상태에서 기도하는 것이기 때문에 그 내용이 마음까지 전달되지 않고 영으로만 기도하게 된다. 이것은 뇌가 흥분해 특이한 소리를 내면 어떤 뇌 작용으로 몸 안에 아주 행복한 느낌이 든다. 그러나 '내 마음' , 즉 자기 자신의 전인격에까지 감동을 주거나 의지적인 결단을 내리게 하지는 않는다. 보통 어떤 행동을 지속적으로 하려고 하면 뇌가 어떤 사실을 인지한 후에 의지적인 결단을 내려 행동하게 한다. 더욱이 기쁨으로 그 일을 하려고 하면 감정까지 흥분되어야 한다. 그러나 방언은 영이 흥분되어 기도하는 것이기 때문에 전인격적인 반응은 아니다.

15-17절, "영으로 기도하고 또 마음으로 기도하며……"

사실 방언으로 기도하고 찬송하는 것이 자신의 전인격적인 기도나 찬송이 되려고 하면 우선 그 의미를 알아야 하고, 그것이 지성과 감정과 의지까지 감동시킬 수 있어야 한다. 그래서 사도 바울은 "그러면 어떻게 할까"라고 말한다. 하나님이 주신 영적 흥분을 전인격적인 것이 되게 하려면 뇌만 흥분해서는 안 되고 역시 하나님 말씀으로 자신의 전인격이 반응해야 한다. 여기서 사도 바울은 축복을 예로 들어 설명하고 있다. 사도나 목회자가 교인을 축복을 하는데 알아듣지 못하는 말로 축복하면 축복받는 사람이 "아멘"을 할 수가 없다. 그 말이 무슨 뜻인지 모르기 때문이다. 예를 들어 천주교 사제가 교인을 축복하는데 알아듣지 못하는 라틴어로 축복하면 축복 받은 교인은 그 축복의 말을 알아듣지 못할 것이다. 또 감사한 것이 있어 하나님께 길게 감사기도를 드렸는데 알아듣지 못하는 방언으로 기도를 하면 봉사한 사람은 그 기도가 자기에게 하는 감사기도인지 알지 못할 것이다.

18-19절, "내가 너희 모든 사람보다 방언을 더 말하므로……"

사도 바울은 여기서 개인적인 비밀을 말하고 있다. 그것은 실제로 사도 바울이 방언을 할 줄 알았고 방언으로 기도를 많이 하고 있었다는 사실이다. 바울의 방언은 외국어이기도 했을 테지만 신비로운 언어이기도 했다. 그러나 사도 바울은 자신이 방언을 많이 말할 수 있지만 교회에서 정작 중요한 것은 하나님의 진리를 깨닫고 다른 사람을 가르치는 예언의 말씀이나 계시의 말씀이라고 했다. 그는 극단적으로 만 마디의 방언을 말하는 것보다 하나님의 진리를 깨닫고 가르치는 다섯 마디의 말이 더 가치가 있다고 했다.

20절, "형제들아 지혜에는 아이가 되지 말고 악에는 어린 아이가 되라"

여기서 아이는 아무것도 모르는 순진한 사람을 말하는데, 어른은 모든 것을 아는 능숙한 사람을 뜻한다. 우리 그리스도인은 지혜에 아주 능숙한 어른이 되어 하나님 말씀을 잘 깨닫고 자유자재로 그 말씀을 잘 사용할 수 있어야 하지만 악한 일을 계획하고 나쁜 짓을 하는 데는 아무것도 모르는 순진한 아이가 되라는 뜻이다. 사실 우리는 세상에서 살다 보면 악에서도 어른이 되어야 남에게 잘 속지 않고 상처도 덜 받고 악과 싸워 이길 수 있을 것 같다. 만일 악에 대해 어린 아이가 된다면 늘 다른 사람에게 속고 얻어터지고 상처만 받을지도 모른다. 그럼에도 사도 바울은 악한 쪽으로 머리를 쓰지 말고 설사 세상 사람에게 이용당하고 공격을 당한다고 하더라도 하나님의 진리를 깨닫는 데 어른이 되기를 바라고 있다.

21절, "내가 다른 방언을 말하는 자와 다른 입술로 이 백성에게"

이사야 28장 11절에는 "그러므로 더듬는 입술과 다른 방언으로 그가 이 백성에게 말씀하시리라"고 되어 있다. 이 말씀을 보면 옛날에도 유다 백성은 바른 하나님 말씀을 멸시했던 것을 알 수 있다. 유다 왕이나 지도자들은 이방 민족처럼 이방 신전의 무녀들이 신탁의 말을 받아 알아들을 수 없는 말로 더듬거리면서 말하는 것이 더 효험이 있다고 생각했던 것이다. 다른 나라의 왕이나 장군, 유명한 사람은 미래 일을 계획하거나 전쟁을 할 때 그런 식으로 신의 뜻을 알아냈기 때문이다. 이방의 왕이나 장군이 이런 식으로 신의 뜻을 들었을 때 그중에는 맞는 것도 있고 맞지 않는 것도 있었다. 그러나 유다 백성들이 그렇게 한 결과는 멸망이었다. 하나님이 그렇게 하는 것을 싫어하셨기 때문이다. 그래서 사도 바울은 고린도 교인들에게 예수 믿는 사람들은 이방 종교의 흉내를 내지 말라고 경고하고 있다.

22-23절, "방언은 믿는 자들을 위하지 아니하고……"

방언의 또 다른 효력에 대해 말하고 있다. 고린도는 그리스 신화나 신비주의 종교와 철학의 영향이 아주 강한 곳으로, 그리스 비극시라든지 비밀 종교의식이라든지 우상 숭배가 심각했다. 이들이 보기에 그리스도의 방언은 아주 새롭고 특이하고 강력했다. 그래서 믿지 않는 자들 가운데 그리스도인이 방언하는 것을 보고 무엇인가 강한 능력이 있다고 생각하는 사람도 있었다. 그러나 이것이 지나쳐서 온 교인이 방언만 하고 있다면 오히려 역효과가 나타나 믿지 않는 자들이 교회에 예수님을 믿으러 왔다가 교인들이 모두 미쳤다고 하면서 놀라 달아날 수도 있는 것이다.

24-25절, "그러나 다 예언을 하면……"

예언은 오늘 우리에게 성령이 하시는 말씀을 말하는데, 놀랍게도 하나님 말씀은 우리 안에 들어 있는 비밀을 드러내신다. 그래서 음란한 자가 나쁜 습관에 빠져 있을 때 성령께서 그것을 드러내어 경고하고 책망하시기 때문에 믿지 않는 자들은 하나님을 두려워하며 회개하게 된다. 믿지 않는 자들은 다른 사람의 입을 통해 자기 안에 있는 비밀이 드러나는 것을 통해 "하나님이 참으로 너희 가운데 계신다"라고 고백하게 된다.

본문 이해를 위한 질문

1. 방언으로 기도하는 것은 우리에게 어떤 영향을 미치는가?

영으로만 기도하고 마음으로는 열매를 맺지 못한다. 왜냐하면 전인격에 감동을 주거나 영향을 미치는 것이 아니기 때문이다.

2. 지나치게 원어로만 축복하고 감사기도를 할 때 어떤 일이 일어나는가?

아무리 축복해도 교인들이 알아듣지 못하기 때문에 "아멘"을 하지 못하게 되고 아무런 유익이 없다. 따라서 설교나 기도는 반드시 교인들이 알아들을 수 있도록 통역하든지 그들의 언어로 해야 한다.

3. 방언은 어떤 유익이 있고, 어떤 부분을 조심해야 하는가?

고대에는 이방 종교에 비해 더 강력한 힘이 있음을 보여주는 효과가 있었다. 그러나 모든 교인이 방언에 빠져 방언만 말한다면 새로 믿으려고 하던 사람은 깜짝 놀라 교인들이 모두 미쳤다고 여겨 달아날 것이다.

모차르트의 유명한 오페라 〈마술 피리〉의 클라이맥스는 밤의 여왕이 부르는 아주 고음으로 올라가는 아리아입니다. '아, 아, 아' 하면서 빠르게 고음으로 부르는 노래를 들으면 기분이 아주 좋아집니다. 우리나라에 전 세계적으로 유명한 소프라노 가수가 있는데 그도 밤의 여왕이 부르는 이 아리아를 잘 불러 유명해졌습니다. 이런 고음을 들으면 머리가 쭈뼛 서면서 몸에 어떤 엔도르핀 같은 호르몬이 흘러 큰 행복감을 느끼게 됩니다. 그러나 시간이 지나면 이 뇌의 흥분이 없어지면서 정상적인 기분으로 돌아옵니다. 요즘 우리는 뇌를 엄청나게 자극하는 조명을 보고 뇌를 자극하는 음악을 들음으로써 엄청나게 흥분될 때가 많습니다. 예를 들어 차를 타고 길을 갈 때도 큰 건물 옥상이나 벽면에 굉장히 강한 빛으로 쏘아주는 광고 화면을 보게 됩니다. 텔레비전 역시 때로는 광고 시간에 아주 짧은 장면이지만 강력하면서도 비현실적인 화면을 반복해 보여줌으로써 우리 뇌를 흥분시킬 때가 많습니다. 특히 청소년들이 좋아하는 음악 콘서트에 가보면 대형 화면에 자유자재로 움직이는 강력한 조명을 비추면서 찢어지는 것 같은 기타 음이나 키보드, 드럼 같은 악기를 사용해 청소년의 혼을 극도로 흥분시킵니다. 노래 역시 자극적인 고음을 빠른 템포로 불러댐으로써 수천 명 또는 수만 명의 청소년을 흥분의 도가니로 몰고 가는 것을 봅니다. 그런데 어른들은 그런 음 자체를 질색할 정도로 싫어할 뿐 아니라 마음에 전혀 감동도 되지 않고 오히려 그것이 너무 시끄러운 소음처럼 느껴져 얼른 그 자리를 빠져나가기 원합니다.

학생 시절에 한창 '사이키'라는 음악이 유행했습니다. 이 사이키 음악은 통기타 음악과는 완전히 다른데, 주로 날카로운 고음을 내는 전자 기타와 키보드, 드럼 등을 빠르게 연주함으로써 젊은이들의 기분을 들뜨게 만들었습니다. 그런 사이키 음악에는 가사라는 것이 의미가 없습니다. 그것은 그야말로 아주 날카로운 고음과 빠른 템포를 사용해 젊은이들의 뇌를 자극시켜 열광하게 만드는 것입니다. 당시 이 음악이 전 세계적으로 젊은이들의 마음을 사로잡았던 것 같습니다. 그런데 놀라운 것은 사도 바울이 이미

2,000년 전에 이 사이키 음악이나 노래의 효과와 한계에 대해 이야기하고 있다는 사실입니다. 본문을 보면 이 것이 2,000년 전에 했던 말씀이라고 도저히 상상할 수 없을 정도로 오늘 현대인의 문제를 다루고 있는 것을 볼 수 있습니다. 바로 이것이 오늘 청소년들이 열광하는 음악이고, 오늘 텔레비전에서 퍼붓고 있는 광고이며 영화입니다. 심지어 요즘 찬양 집회에 가보면 자극적인 조명과 아주 선명한 카메라 화면과 엄청나게 큰 음향의 찬양을 통해 참석한 사람이 울기도 하고 벌떡 일어서서 시간 가는 줄도 모르고 행복하게 노래 부르는 것을 볼 수 있습니다. 이것이 바로 사도 바울이 말하는 '영으로 부르는 노래' 입니다. 사도 바울은 이런 찬양이나 조명, 음악을 통하여 우리 뇌를 흥분시키는 것이 나쁘다고 말하지는 않습니다. 오히려 사도 바울은 이것 때문에 감사하다고 말하고 있습니다. 이것이 우리를 행복하게 하고 은혜 받게 하기 때문입니다. 그러나 사도 바울은 이런 음악이나 음향의 한계에 대해서도 분명히 말하고 있습니다. 그것은 한 번의 흥분으로 끝나는 것이지 결코 우리 인격을 변화시키지 못한다는 사실입니다. 어떤 사람에게는 이것이 역효과를 가져와서 평범한 현실에 적응하지 못하는 경우도 있고, 아이들 가운데는 중독에 빠지는 경우도 있습니다. 그래서 청소년들이나 청년들 중에는 귀에 이런 음악의 리시버를 끼고 길을 가다가 교통사고를 당하는 경우도 있고, 다른 사람이나 현실에 대한 감각이 무뎌지는 경우가 생기기도 합니다. 오늘 우리는 뇌를 자극하는 음악과 화면, 광고에 오랜 시간 노출되어 살아가고 있습니다. 그런데 우리 영혼을 살리는 것이 무엇이며, 우리의 인격을 성숙하게 하는 것이 과연 무엇인지 알 필요가 있습니다.

1. 영으로 부르는 노래

고린도 사람에게 기독교의 방언은 아주 특이한 것이었습니다. 그리스인은 호메로스의 시나 에우리피데스의 비극시를 낭독하는 것은 아주 좋아했습니다. 그리스인은 포도주에 취해 발광하는 디오니소스 종교에 대해서도 잘 알고 있었습니다. 그러나 그리스인에게 기독교의 방언은 지금까지 경험해 보지 못한 새로운 현상이었습니다. 이것은 세계 그리스도인에게도 마찬가지였습니다. 전 세계적으로 초대교회 때 오순절에 성령이 임하시고 예루살렘에서 방언이 터져 나온 뒤 고린도 교회에서 방언이 터지더니 오랫동안 성령 세례나 방언에 대해 알지 못했습니다. 이 말은 방언이라는 현상이 거의 나타나지 않았고, 보고된 적도 별로 없었다는 뜻입니다. 그래서 많은 학자는 오순절 성령의 역사는 단회적으로 사도행전 때만 있었다고 주장하기도 했습니다. 그러다가 20세기에 들어 남미 쪽에서 오순절 운동이 강하게 일어나면서 사람들이 성령을 받아 병이 낫고 방언을 하는 현상이 일어났습니다. 특히 한국에서 이런 현상이 아주 크게 일어났습니다. 그래서 우리나라에서도 전통 신학을 한 교회에서는 방언이 무엇인지, 방언을 해야 하는지 말아야 하는지 많이 헷갈리기도 했고, 교인들은 방언을 해야 한다고 해서 방언을 받으려고 많이 기도하기도 했습니다. 하물며 기독교에 대해 무지했던 고린도에서 지금까지 전혀 알지 못했던 이상한 언어가 터져 나오자 예수 믿지 않던 사람이 많이 놀랐던 것 같습니다. 그리고 당시 그리스도인은 더 강력한 방언을 하기 위해 노력했던 것 같습니다. 고린도나 그리스는 사실 이방 종교나 이방신들의 영향이 강한 곳이어서 이런 세력들을 이기기 위해서는 더 강한 하나님의 능력이 필요하다고 믿었기 때문입니다.

본문에 보면 이런 말씀이 나오는 것을 볼 수 있습니다.

22절, "그러므로 방언은 믿는 자들을 위하지 아니하고 믿지 아니하는 자들을 위하는 표적이나 예언은 믿지 아니하는 자들을 위하지 않고 믿는 자들을 위함이니라"

사도 바울은 왜 하필이면 고린도에 이런 특이한 방언이 나타나게 되었는지를 설명하고 있습니다. 고린도나 그리스는 세계적인 신화의 중심지였고 이교도의 영향력이 강하게 미치는 곳이었습니다. 특히 고린도에는 이방 종교의 영향이 강했습니다. 거기에는 이방 신전도 있었고 많은 여사제가 매춘도 했으며 비극시 경연대회도 있었고 밀교 같은 신비적인 종교도 있었습니다. 그래서 하나님은 고린도 교회에 아주 강한 방언의 역사를 주셔서 이방 종교를 가진 자들이 도무지 이해할 수도 없고 흉내 낼 수도 없는 강력한 언어로 기도하고 찬송하게 하심으로써 기독교를 두려워하게 만드셨던 것입니다. 이 같은 방언의 은사는 특히 고린도 교회가 아주 강했습니다. 신약 서신서를 읽어 보면 고린도 교회에 이 방언의 은사가 가장 강력했던 것을 볼 수 있습니다. 따라서 이 방언은 우리가 은혜를 받아서 하나님과 신비로운 언어로 교통하는 현상인 동시에 이방 종교나 이방 사상에 대한 강력한 도전이었습니다. 즉 많은 사람이 이상한 신화나 비극을 가지고 까불어대지만 기독교 안에는 아무나 흉내 낼 수 없는 강력한 체험과 언어와 힘이 있다는 것을 보여주셨던 것입니다. 이것은 우리나라에서도 마찬가지라고 볼 수 있습니다. 우리나라 사람도 수천 년 동안 미신에 젖어 있었고 다른 종교의 지배를 받아 왔습니다. 그리고 정통 기독교에서 큰 부흥이 있었지만 역시 교리적인 문제나 교회 운영의 문제를 두고 다툼과 분열이 많았습니다. 당시 우리나라 사람은 더 강력한 하나님의 능력과 축복을 갈급해하고 있었습니다. 우리나라에서 일어난 이단도 있었지만 강력한 성령 운동은 가뭄으로 말라붙은 땅에 단비를 적시는 것 같은 위로가 되기도 했습니다. 그때 우리나라에서 많은 교인이 방언을 받았고, 또 그것으로 전도도 많이 되었습니다.

사도 바울은 방언에 대해 성경적이면서도 심리적으로 정확하게 정의를 내리고 있습니다. 먼저 방언이라는 것이 심리적으로 과연 무엇이냐 하는 것입니다.

14절, "내가 만일 방언으로 기도하면 나의 영이 기도하거니와 나의 마음은 열매를 맺지 못하리라"

여기서 사도 바울은 '영'으로 기도한다는 표현을 쓰고 있습니다. 물론 원어에서는 '프뉴마'로 되어 있지만 이것이야말로 요즘 우리가 쓰는 '사이키'라는 뜻으로 생각하면 좋을 것입니다. 즉 방언은 일종의 사이키 기도였던 것입니다. 사이키는 뇌에 어떤 자극이 일어나면서 흥분되는 현상을 말합니다. 즉 보통의 언어는 사람의 귀를 통하여 마음에 감동을 줍니다. 그런데 사이키음은 아주 고음이고 빠른 템포이기 때문에 귀에서 바로 뇌로 영향을 미쳐 마음이 전혀 이해하지 못하는 가운데 뇌가 흥분되는 현상입니다. 방언은 뇌가 흥분되어 아주 빠른 템포의 고음으로 기도하는 것이었습니다. 방언 기도는 뇌가 흥분되어 나타나는 현상으로 마음과는 상관이 없었습니다. 사도 바울은 방언으로 기도하면 영이 기도하는 것이지만 마음은 열매를 맺지 못한다고 했습니다. 이것은 마음으로 무엇을 깨닫는다거나 영적으로 성숙되는 것이 아니라는 뜻입니다. 그러면 '영' 이 기도하는 건 전혀 의미가 없는 것일까요? 그렇지는 않습니다. 영이 흥분하면 우리 뇌에서 엔도르핀 같은 호르몬이 분비됩니다. 그래서 이런 영의 기도를 통해 큰 행복감을 느끼게 되는 것입니다. 이 세상에서 멸시 받고 천대 받고 무시당하고 고생하던 성도들이 영으로 기도하는 것을 통해 큰 위로를 받았습니다. 즉 '세상과 나는 간 곳이 없고 오직 구속한 주만 보이도다' 라는 체험을 했던 것입니다. 그러나 그 영혼의 흥분이 끝나면 모든 것은 끝나버립니다. 마치 청소년들이 몰려가서 유명한 가수의 노래를 듣고 울고 흥분하지만 콘서트가 끝나면 허무하게 집으로 돌아가야 하는 것과 같습니다. 그런데 여학생들은 그 흥분과 감동을 잊지 않으려고 좋아하는 가수의 CD를 산다거나 다음 콘서트를 기다렸다가 몰려갑니다. 그러면 공부는 점점 하기 싫어지고 현실 생활에 대해서는 짜증이 나고 반항심만 생기게 됩니다.

본문에서 사도 바울은 이렇게 말하고 있습니다.

15절, "그러면 어떻게 할까 내가 영으로 기도하고 또 마음으로 기도하며 내가 영으로 찬송하고 또 마음으로 찬송하리라"

사도 바울같이 할 수만 있으면 영으로 기도하고 마음으로도 기도하고 영으로도 찬송하고 마음으로도 찬송할 수 있으니 너무 좋을 것입니다. 예를 들어 방언으로 기도하는데 그 기도하는 목소리가 너무 좋고 내용까지 깨닫게 되어 마음에 풍성한 은혜가 넘치면 눈물이 흐르고, 찬송도 너무 아름다워 가슴이 뜨거워진다면 이것은 최고로 좋은 일일 것입니다. 이것이 바로 부흥의 때에 일어나는 현상입니다. 그러나 사실 이런 일이 일어나기가 얼마나 어려운지 모릅니다. 사람은 음악과 내용을 둘 다 갖추기가 너무 어렵기 때문입니다. 예를 들어 교향악을 들으면 음악만 나옵니다. 교향악에는 가사가 없고 오직 연주만 있습니다. 대신 가곡은 시 위주이고 연주는 반주로 나오게 됩니다. 보통 찬양을 할 때 합창이 주된 것이고 오케스트라는 반주로 이루어지게 됩니다. 그래서 헨델은 연주와 노래를 섞어 오라토리오 메시야를 작곡하게 되었습니다. 〈메시야〉는 연주와 솔로 또는 합창이 함께 어우러진 영과 마음으로 노래하는 찬양입니다. 또 베토벤은 교향악 9번에서 '합창' 을 연주와 함께하도록 했습니다. 처음에는 음악 연주만 나오지만 나중에 합창이 나오면서 영과 마음이 함께 노래하는 교향곡 9번을 만들었던 것입니다. 평소에는 영으로 찬송하고 마음으로 찬송하는 것이 얼마나 어려운 일인지 모릅니다. 아무 생각 없이 노래만 따라하든지 아니면 가사만 흥얼거리든지 할 때가 많습니다. 그러나 큰 고난을 당해 죽을 고비에 처하게 되었거나 강한 성령의 역사가 일어났을 때 우리는 목숨을 걸고 찬송하고 기도하게 됩니다. 이때는 곡으로도 노래를 부르고 내용으로도 노래를 부르지만, 이것이 얼마나 어려운 일인지 모릅니다. 그래서 우리는 기도 준비가 필요하고 마음의 준비가 필요한 것입니다.

2. 축복의 말씀

예를 들어 어떤 사람이 하나님의 영에 크게 감동되어 다른 사람을 축복했습니다. 그런데 그는 마음으로 축복한 것이 아니라 영으로만 축복한 것입니다.

16절, "그렇지 아니하면 네가 영으로 축복할 때에 알지 못하는 처지에 있는 자가 네가 무슨 말을 하는지 알지 못하고 네 감사에 어찌 아멘 하리요"

어떤 사람이 영으로 축복하는데 자신은 엄청 흥분되어 방언으로 축복하지만 그 축복을 받는 사람은 아무것도 알아듣지 못하는 것입니다. 여기서 '알지 못하는 처지에 있는 자' 라고 했는데 옛날 번역에는 '무식한 처지에 있는 자' 라고 했습니다. 즉 방언도 알지 못하고 이런 경험이 없는 사람은 한 마디도 알아듣지 못해 "아멘"을 할 수가 없는 것입니다. 무엇인가 내용을 알아들어야 아멘이 나오는데 한 마디도 알아듣지 못하니 아멘이 나올 수가 없습니다. 그저 멍하게 앉아 있을 수밖에 없습니다.

이것이 종교개혁 전에 있었던 일입니다. 사제들이 아름다운 목소리와 라틴어로 교인들을 축복하지만 교인들은 한 마디도 알아듣지 못해 공감하지 못했던 것입니다. 그래서 그들은 더욱 미신에 빠졌고 하나님에 대해 아무것도 알지 못했습니다. 하나님의 축복을 하나도 알지 못하고 두려워하기만 했던 것입니다.

17절, "너는 감사를 잘하였으나 그러나 다른 사람은 덕 세움을 받지 못하리라"

감사하는 사람은 낭랑한 목소리로 감사를 잘했습니다. 그러나 유감스럽게도 교인들은 그가 하는 말을 한 마디도 알아듣지 못했습니다. 교인들은 그 말이 축복의 말인지 무슨 말인지 아무것도 알지 못하고 돌아갔던 것입니다. 이것은 덕이 되지 못했고 교인들은 아무리 예배를 드려도 믿음이 생기지 않았습니다.

교회의 가장 놀라운 비밀은 남을 가르치면서 하나님의 진리의 세계가 열리게 되고, 결국 그것이 엄청난 축복이 된다는 사실입니다.

19절, "그러나 교회에서 내가 남을 가르치기 위하여 깨달은 마음으로 다섯 마디 말을 하는 것이 일만 마디 방언으로 말하는 것보다 나으니라"

하나님의 진리는 혼자 독학한다고 해서 깨달아지는 것이 아닙니다. 하나님이 성부, 성자, 성령 이렇게 삼위를 이루고 계신 것처럼 하나님의 진리는 사회성을 가지고 있습니다. 대부분의 하나님 말씀은 다른 사람과 함께 나누게 되어 있습니다. 우리가 다른 사람을 가르치기 위해 성경을 연구할 때 성경의 놀라운 비밀이 열립니다. 사실 우리는 하나님 말씀을 잘 모르는 자들이나 어린 자들, 처음 믿는 자들을 가르치기 위하여 성경을 연구하는데 결국 자기가 진리를 깨닫게 되고 그 다섯 마디가 신비로운 언어 만 마디보다 유익합니다. 하나님의 보물을 발견하게 되었고 온 교인이 하나님의 진리를 깨닫게 되었기 때문입니다. 그래서 결국 우리가 살게 되고 온 교회가 부요하게 되는 것입니다. 교회에서 하나님 말씀을 가르치는 일에 사용된다는 것은 어마어마한 복입니다. 특히 어린이를 가르치거나 청소년들을 가르치거나 누구든지 하나님 말씀을 가지고 가르치는 자는 복 받은 자입니다. 하나님의 보물을 다루고 있으며, 그것으로 교인들을 축복하는 자이기 때문입니다. 교인을 말씀으로 부요하게 만들면 결국 자기 자신에게 엄청난 복으로 돌아옵니다. 그러나 다른 일은 다 소모품에 불과합니다. 모두 시간이 지나면 없어지고 맙니다.

우리는 자기 자신의 영성을 만들어내는 데 책임이 있습니다.

20절, "형제들아 지혜에는 아이가 되지 말고 악에는 어린 아이가 되라 지혜에는 장성한 사람이 되라"

사람은 자신의 노력에 따라 장성한 사람이 될 수도 있고 어린 아이로 계속 남을 수도 있습니다. 우리가 하나님의 지혜에서 장성한 사람이 되려고 하면 하나님 말씀을 듣는 훈련을 해야 합니다. 하나님 말씀을 자꾸 들으면 듣는 쪽으로 뇌가 발달하게 됩니다. 그리고 우리 마음은 돌같이 단단하던 것이 자꾸 부드러워지게 됩니다. 하나님 말씀을 자꾸 들으면 논쟁하거나 토론하는 데 어눌해지게 될 것입니다. 우리 마음이 그런 쪽으로 퇴화되면서 하나님 말씀을 듣고 은혜 받고 눈물 흘리는 쪽으로 발달하기 때문입니다. 그래서 처음에는 하나님 말씀을 받아들이는 분량도 적고 깨달음도 깊지 못하고 하나님의 뜻을 아는 정확성도 떨어지지만 그런 쪽으로 자꾸 자신을 훈련시켜 나가다 보면 장성한 사람이 됩니다. 또한 하나님 말씀을 이해하는 깊이가 달라지고 하나님의 뜻도 정확하게 깨닫고 미래에 대해서도 정확하게 예측할 수 있습니다. 그러나 우리가 사이키 음악을 좋아하듯이 한순간의 흥분을 추구하거나 사람과 만나 회의나 하고 자꾸 어떤 행사를 벌이려고 하면 머리가 자꾸 그런 쪽으로 발달하게 됩니다. 남을 설득하는 데 머리를 쓰게 되고 말을 많이 해서 남을 이기려 하게 되고 이상한 일을 계획하는 일에 머리가 저절로 돌아가게 된다는 뜻입니다. 그러면 하나님의 지혜에 있어서는 전혀 자라지 않은 어린 아이로 남게 됩니다. '악' 이라고 하는 것도 발전을 합니다. 화를 자주 내다 보면 화내는 습관이 생기게 되고, 남을 의심하거나 음모를 꾸미는 일을 자꾸 하다 보면 나중에는 모사꾼이라는 소리를 듣게 됩니다. 그런 쪽으로 뇌가 발달하기 때문입니다.

주님은 그런 쪽으로는 어린 아이가 되라고 말씀하셨습니다. 즉 남을 비난하는 모임에는 가지도 말고 그런 일에는 낄 생각도 하지 말아야 합니다. 우리는 하나님 말씀이 아니면 아예 들을 생각조차 하지 말아야 합니다. 이 아까운 인생을 살면서 그런 일에 우리 인생을 허비하기에는 시간이 너무 짧기 때문입니다. 하나님 말씀 외에 다른 것은 남지 않습니다. 그런데 사람은 결국 없어질 것들을 위해 한평생을 허비하며 살고 있습니다. 방언도 없어지고 사업도 없어지고 행사도 없어지고 돈도 없어지고 인기도 없어지고 오직 하나님 말씀과 믿음만 남게 됩니다.

3. 방언에 빠졌을 때의 위험성

옛날 이스라엘 백성이나 유대인은 선지자들이 하는 말을 시시하게 생각했습니다. 그 선지자들의 말은 외국어가 아니었기 때문입니다. 그들이 얼마나 외제를 좋아했든지 외제가 아니면 알아주지를 않았습니다. 그들은 당연히 설교도 외제, 즉 외국 방언으로 해야 공부를 많이 했다고 여겨 좋아했습니다. 그런데 하나님의 선지자들은 대개 유학파가 아니었습니다. 그들은 유다의 방언으로 하나님 말씀을 전했는데, 이스라엘 백성은 너무 시시하다고 생각해 그 예언을 듣지 않았습니다. 그런데 그들의 말로 하는 그 예언이 이스라엘 백성이 사는 길이었던 것입니다.

21절, "율법에 기록된 바 주께서 이르시되 내가 다른 방언을 말하는 자와 다른 입술로 이 백성에게 말할지라도 그들이 여전히 듣지 아니하리라 하였으니"

이스라엘 백성이 워낙 다른 나라의 방언을 좋아하니까 결국 외국 군대가 쳐들어왔습니다. 물론 그들은 외국 군대의 말을 듣지 않았는데, 그때는 자존심이 너무 셌기 때문입니다. 그러나 하나님의 뜻은 외국 군대에 항복하고 자존심을 버리는 것이었습니다. 결국 이스라엘 백성은 '청개구리' 였던 것입니다. 그들이 하나님의 선지자의 예언을 들어야 할 때는 시시하다고 듣지 않고, 외국 왕의 말을 들어야 할 때는 자존심 때문에 듣지 않았습니다. 하나님 말씀을 듣지 않은 그들은 유연성을 잃어버리게 되었습니다. 너무 딱딱하면 결국 부러지게 되어 있습니다. 그리고 너무 잘난 체하면 모난 돌이 정을 맞는다고 매를 맞게 되어 있습니다. 하나님 말씀을 들으면 유연성이 생겨 누구든지 좋아하게 되어 있습니다. 이 세상에서 지혜로우면서 부드러운 사람을 싫어할 사람은 아무도 없습니다. 이것이 고린도 교인들이 살 길이었습니다. 특히 노예들이 살 길이었습니다.

23절, "그러므로 온 교회가 함께 모여 다 방언으로 말하면 알지 못하는 자들이나 믿지 아니하는 자들이 들어와서 너희를 미쳤다 하지 아니하겠느냐"

이것은 교회 역사를 통해 여러 번 확인되었던 사실입니다. 즉 은혜를 받았다고 해서 제멋대로 소리를 지르고 떠들고 방언하자 다른 사람이 모두 미쳤다고 한 것입니다. 그런데 다른 사람은 이런 기독교를 미쳤다고 할 뿐 아니라 싫어하게 됩니다. 너무 비정상적이고 이상했기 때문입니다. 그러고는 핍박을 하게 됩니다. 말은 죽어라 듣지 않으면서도 자기가 가장 잘났다고 생각하기 때문입니다.

예언하게 되면 영만 흥분되는 것이 아니라 성령께서 모든 사람의 마음속에 하나님 말씀이 생생하게 적용되도록 하십니다.

24-25절, "그러나 다 예언을 하면 믿지 아니하는 자들이나 알지 못하는 자들이 들어와서 모든 사람에게 책망을 들으며 모든 사람에게 판단을 받고 그 마음의 숨은 일들이 드러나게 되므로 엎드리어 하나님께 경배하며 하나님이 참으로 너희 가운데 계신다 전파하리라"

교인들 모두 각자 다른 어려운 문제와 사정을 가지고 하나님 앞에 나아옵니다. 그러나 설교자가 하나님 말씀을 가지고 선할 때 성령은 각 사람에 맞춰 적용시키십니다. 예를 들어 어떤 사람은 자녀 문제로, 어떤 사람은 돈 문제로, 어떤 사람은 병으로 고통받고 있으면 성령께서 각 사람에 맞춰 말씀을 주시는 것입니다. 교인들 가운데는 배운 자도 있지만 배우지 못한 자도 있고, 자유인도 있지만 노예도 있었습니다. 그러나 성령께서 모두에게 맞는 말씀을 주셨습니다. 이것이 바로 신비이고 이적입니다. 특히 교인 가운데 누군가가 음란한 죄를 지었거나 술을 마셨거나 싸웠거나 하면 성령께서 틀림없이 말씀하셔서 양심이 찔리게 하십니다. 처음에는 그런 찔림을 우연의 일치나 목회자가 자기를 공격하는 것이라 생각하고 그냥 넘어가려고 합니다. 그러나 그것은 바른 자세가 아닙니다. 이것은 하나님이 우리를 사랑하셔서 성령으로 깨닫게 해주시는 것입니다. 우리가 그것을 받아들이고 고치면 얼마나 기쁘고 행복한지 모릅니다. 이것이 바로 마음으로 열매를 맺는 것입니다.

여학생들이 한두 번은 좋아하는 가수의 음악을 듣고 흥분할 수도 있지만 공부를 멀리하고 부모에게 반항하며 계속 음악만 듣는다면 결국 그의 삶은 아름답지 않을 것입니다. 마찬가지로 기독교 안에는 많은 은사와 축복이 있지만 결국 하나님 말씀을 듣지 않으면 모든 것은 사라져버리고 아무것도 남지 않게 됩니다. 악에는 어린 아이가 되고 하나님 말씀에 성숙한 성도가 되시기를 바랍니다.

성경 토의

1. 요즘 청소년들이 좋아하는 가수의 음악이나 길거리 광고판, 텔레비전 광고, 인기 있는 주말 드라마나 영화 등은 우리 신앙과 뇌에 어떤 영향을 미친다고 생각하는가?

2. 텔레비전 위성방송이 보편화되면서 종교 채널에 다른 종교도 많이 나오는데 기독교 방송의 강점은 역시 목사들의 설교임을 알 수 있다. 오늘 우리는 설교 말씀을 어떻게 우리 삶에 받아들이고 있으며, 신문이나 인터넷이 주는 정보는 우리 영혼에 어떤 영향을 미치는가?

3. 최근 우리 사회에 동성애 문제가 이슈화되고 있는데 그 원인이 무엇이라고 생각하며, 포르노가 일반인이나 청소년들에게 퍼지고 있는 것은 그들의 인격과 영혼에 어떤 영향을 미치는가?

34_교회에서 잠잠하라

고린도전서 14:26-40

전체적 설명

교회는 세상의 계급사회와 달리 누구든지 예수를 하나님의 아들로 믿고 죄 용서를 받고 세례 받으면 똑같은 교인이 되고 하나님의 백성이 될 수 있다. 그래서 교인들이 예배드리기 위하여 모였을 때 모두 똑같기 때문에 누구든지 자기가 예언하겠다고 하면 막을 수가 없다. 어느 때는 몇몇 사람이 한꺼번에 예언하기도 하고, 어떤 사람은 예언하고 어떤 사람은 기도하고 어떤 사람은 찬송하면 도대체 누가 무슨 소리를 하는지 알 수 없게 된다. 그러나 사도 바울은 그렇게 하는 것은 진정한 성령의 역사가 아니라고 말한다. 하나님은 그렇게 혼란스러운 방법으로 일하지 않으시기 때문이다. 하나님은 무질서의 하나님이 아니라 질서의 하나님이시다. 본문에서 가장 문제가 되는 구절은 34절의 "여자는 교회에서 잠잠하라"는 말씀이다. 그러나 이것은 절대적 기준은 아닐 것이다. 지금도 마찬가지이지만 옛날에도 교회에 남성보다 여성이 더 많았던 것 같은데, 남성이 전체를 이끌어가고 하나님 말씀을 전하는 데 더 은사가 있다는 뜻으로 해석하면 된다.

26절, "너희가 모일 때에 각각 찬송시도 있으며"

설교 프리노트

초대교회의 예배 모습을 볼 수 있다. 그리스도인이 모여 예배드릴 때 옛날이나 지금이나 빠질 수 없는 것이 찬송이다. 구약 이스라엘 때부터 하나님의 백성은 모여 예배드릴 때 언제나 하나님의 위대하심과 하나님의 구원을 찬송하는 노래를 불렀다. '가르치는 말씀' 도 있었다. 이것은 신앙적인 가르침이며, 하나님의 백성이 죄 짓는 것에서 하나님의 백성답게 살아야 하는지를 교훈하는 것이다. '계시'는 예언이나 교훈보다는 권위가 더 높았던 것 같다. 대체로 사도나 사도와 대등한 자격을 가진 사람이 주님으로부터 계시를 받아 말씀을 전했다. '방언' 으로 말하거나 기도하는 시간도 있었다. 또 다른 언어로 말하는 시간도 있었던 것 같다. 초대교회 때 다양한 만족과 언어를 가진 자들이 함께 모여 예배드렸기 때문이다. 그리고 이런 방언을 통역하는 사람도 있었다.

27-31절, "만일 누가 방언으로 말하거든……"

예배드릴 때 지켜야 할 순서나 질서에 대한 기준이다. 즉 누군가가 방언으로 말하기를 원할 때 너무 많은 사람이 방언으로 말할 것이 아니라 두 사람에서 많으면 세 사람 정도로 수를 제한하는 것이 좋고 순서를 정해 차례대로 하라고 했다. 그리고 예배 때의 방언은 반드시 통역할 수 있어야 했고 통역하는 사람이 없으면 공식 석상에서는 방언하지 말고 개인적으로 하나님과 개인 사이에서만 방언하도록 했다(28절). 또 예언할 때도 너무 많은 사람이 한꺼번에 예언할 것이 아니라 예언하는 사람을 두 사람이나 세 사람으로 제한해서 하고 다른 사람은 그 예언이 과연 하나님의 말씀인지 분별하도록 하라고 했다. 그래서 어떤 사람이 예언할 때 말도 되지도 않는 소리를 한다거나 사탄의 소리를 한다면 중지시켜야 한다. 교회에서 가장 중요한 것은 사도적인 권위를 가진 자에게 하나님의 계시가 임하는 것이다. 즉 성경과 대등한 권위의 계시가 임하면 먼저 말하던 자들은 모두 입을 다물고 계시의 말씀을 들어야 한다(30절). 그리고 교회의 정신은 모든 사람이 배우고 모든 사람이 권면을 받는 것이기 때문에 한 사람씩 예언할 때 다른 사람은 그 말에 귀를 기울여 들어야 한다(31절).

32-33절, "예언하는 자들의 영은 예언하는 자들에게 제재를 받나니……"

두 가지 의미로 생각할 수 있다. 물론 예언하는 자는 하나님의 성령이 감동을 주셨기 때문에 예언하는 것이지만 그럼에도 그 자신의 성품이나 사상에서 완전히 자유로울 수 없다. 즉 하나님은 각 사람이 가진 다양한 성품이나 인격을 사용해 하나님 말씀을 전하게 하신다. 따라서 예언하는 사람도 자기 머리에서 생각난다고 해서 모두 하나님 말씀이라고 고집을 부릴 것이 아니라 자기 스스로 판단해 하나님의 뜻이 아닌 자기 생각은 자제하면서 분별해 말해야 하는 것이다. 그리고 또 다른 의미는 아무리 예언하는 은사가 있어 예언한다고 해도 절대적인 하나님 말씀이 아니기 때문에 다른 사람의 제재를 받을 필요가 있다. 하나님은 무질서의 하나님이 아니라 질서의 하나님이시기 때문이다. 아무리 은혜 받았고 성령을 받았다고 하더라도 무질서하게 예언하거나 서로 화평하지 못하고 고성을 지르면서 예언하는 것은 이미 성령의 역사가 아닌 것이다.

34-35절, "여자는 교회에서 잠잠하라……"

이 구절의 말씀 때문에 중세 때는 교회 안에서 여성은 성가대를 만들 수 없어 오랫동안 남성 성가대만 있었다. 그리고 최근까지도 여성 목사를 인정하지 않았다. 이 구절은 두 가지로 해석하면 좋을 것이다. 첫째는 당시 이방 신전에서 신의 뜻을 말하는 사제들이 모두 무녀였다는 사실이다. 그래서 교회 안에서 여성이 예언하면 이방 신전과 교회가 오해를 불러일으킬 가능성이 있었기 때문에 사도 바울은 여성이 예언하는 것을 금했다고 볼 수 있다. 또 하나는 교회 안에서는 예언하는 자만 중요한 것이 아니라 예언을 들어주는 자도 중요하다. 예언의 말씀을 들어주는 청중이 없으면 아무리 예언하는 자가 있다고 해도 아무 소용이 없기 때문이다. 하나님이 여성을 만드실 때 남자의 말을 잘 들어줌으로써 남자를 세워주는 은사를 주셨다. 그러나 여성은 얼마든지 어린이나 다른 여성을 가르칠 수 있고, 하나님 말씀을 잘 연구해 설교할 수 있다고 본다.

36-40절, "하나님의 말씀이 너희로부터 난 것이냐……"

예언을 잘하고 많은 사람의 인정을 받으면 자기가 처음 기독교를 만든 것처럼 자기 마음대로 뜯어고치려고 하는 사람이 있다. 이런 사람은 우리가 여러 사도로부터 복음을 전해 들었다는 사실을 깨닫지 못하고 있는 것이다. 우리는 기독교를 만든 자도 아니고 교회를 처음 세운 자도 아니기 때문에 배운 대로 할 수밖에 없다. 사도 바울은 이 말씀이 자신의 개인적인 생각이 아니라 주님의 명령이라고 말하고 있다(37절). 그리고 이 사실을 인정하지 않을 정도로 교만한 자라면 하나님의 진리를 전혀 알지 못하는 무지한 자인 것이다(38절). 사도 바울은 결코 자신이 예언이나 방언을 금지하거나 제한하려는 뜻이 아니라고 말하고 있다(39절). 사도 바울은 하나님의 백성의 모임은 품위가 있어야 하고 질서가 있어야 한다는 것을 강조한다(40절).

본문 이해를 위한 질문

1. 성령의 은사는 절대적인 것인가, 아니면 각자의 성품이나 개성의 영향을 받으며 다른 사람의 제재도 받아야 하는가?

성령의 은사는 절대적인 것이 아니며 각자의 개성이나 성품의 영향을 받는다. 따라서 아무리 개인적으로 자기 은사가 중요하다고 하더라도 다른 사람의 제재를 받아야 한다.

2. 교회의 예배는 어떻게 드리는 것이 아름다운가?

예배에는 찬송시도 있고 예언의 말씀도 있고 방언도 있고 통역도 있지만 발언하는 사람의 수를 제한해 차례대로 해야 한다. 하나님은 무질서의 하나님이 아니시기 때문이다.

3. 여성은 교회 안에서 어떻게 해야 하는가?

잠잠하게 말씀을 들음으로써 교회가 이방 종교와 다르다는 것을 알고, 남자들의 은사를 인정해주고 세워주는 것이 좋다.

성경 강해

런던 필하모니와 베를린 필하모니처럼 전 세계적으로 유명한 오케스트라가 있습니다. 이런 오케스트라가 수십 가지의 악기를 갖고 완전한 하모니를 이루어 교향곡을 연주하는 것을 보면 참으로 놀랍다는 생각이 듭니다. 다양한 사람과 다양한 음색을 가진 악기가 지휘자 한 사람의 지휘에 따라 완전한 음악을 연주할 때 청중은 그 음악의 아름다움에 빠져들게 되고 연주가 끝나면 열렬한 박수를 보냅니다. 만약 그 연주자들 가운데서 튀는 사람이 있어 불협화음을 낸다면 그 음악 전체가 듣기 싫고 수준도 떨어지게 될 것입니다. 공연장에서 악장이 끝나지 않았는데 박수를 치는 것도 연주에 방해가 됩니다. 다른 악기와 함께 어울려 교향곡을 연주할 수 없는 악기가 있는데 바로 피아노입니다. 피아노는 음색도 독특하고 소리도 커서 함께 합주할 수가 없습니다. 그래서 피아노만을 위해 소나타라든지 콘체르토 같은 음악이 있는데, 교향곡은 함께 연주할 수가 없습니다.

이것은 교회에서도 마찬가지입니다. 교인 한 사람 한 사람은 자신이 속한 부서나 성가대에서 열심히 자기가 맡은 일에 봉사하면 됩니다. 그러나 교회는 전체적으로 오케스트라와 같아서 하나의 조화된 음을 낼 수 있어야 합니다. 교회는 아주 다양한 생각과 기질을 가진 사람이 모인 곳이고, 모두 똑같은 신자입니다. 기질이 강하거나 생각이 독특한 사람은 너무 열심이고 나름대로 기독교에 대해 생각하는 것이 있어 불협화음을 낼 때가 많습니다. 그러나 이것은 성령의 역사가 아니라 그 사람의 강한 기질이고 생각이기 때문에 자제해야 합니다. 간혹 자제가 안 되는 사람이 있는데, 이런 사람이 은혜 받아서 변하지 않으면 교회 내에 큰 불협화음이 일어나게 됩니다. 교회는 늘 기도가 필요하고 겸손이 필요하고 인내가 필요합니다. 그렇지 않으면 불협화음이 점점 더 커지기 때문입니다.

오늘 본문만큼 교회사에서 문제가 되었던 말씀은 없을 것입니다. 가장 문제가 되었던 말씀은 34절입니다. 본문을 보면 "여자는 교회에서 잠잠하라" 고 되어 있습니다. 그래서 중세시대에 여성들은 교회에서 일체 말을 할 수 없어 성가대도 남자로만 구성되었습니다. 소프라노 부분은 남자 아이들에게 고음을 내도록 훈련시키고 알토도 카운트 테너라고 해서 남자가 여성의 음성을 내었습니다. 고음을 내던 남자 아이들이 변성기를 거치면서 소리가 굵어지면 거세해서 고음을 내게 했습니다. 그러나 이제는 교회 성가대에서 여성이 주류를 이루고 있으며, 성인 여성이 내는 소리가 힘이 있고 아름다운 것을 알 수 있습니다. 요즘은 교회에서 여성들이 하나님을 찬양하는 것을 하지 못하게 하라는 말을 하는 사람이 없을 것입니다.

오랫동안 논란이 되었던 문제는 여성이 목사가 될 수 있느냐 하는 것입니다. 여성 목사 안수를 반대하는 사람이 제시하는 성경 구절이 바로 이 구절입니다. "여자는 교회에서 잠잠하라"고 했는데 여성이 어떻게 설교를 할 수 있느냐는 것입니다. 그러나 성경에서는 여성 선지자도 있었고 여성도 얼마든지 어린 아이나 청소년들에게 성경을 가르치는 것을 볼 수 있습니다.

1. 교회의 은사와 사람의 기질

고린도 교회에는 교회 안에서 은사를 받은 사람이 많았습니다. 그중에는 찬송시를 작사해서 부르는 사람도 있었고 예언하는 사람도 있었고 계시의 영을 받은 사람도 있었고 방언하는 사람도 있었습니다. 그리고 여성들 가운데서도 이런 은사를 받은 사람이 많았던 것 같습니다. 예배드리기 위하여 모이면 교인들이 자신의 은사를 나타내고 싶어 여기서도 예언하고 저기서도 예언하고, 다른 곳에가서 시를 낭독하는 사람이 있는가 하면 방언하는 사람도 있었던 것 같습니다. 그래서 고린도 교회의 예배는 소란스러울 때가 많았고 도대체 뭐가 뭔지 알 수 없을 정도로 산만한 예배를 드리고 있었습니다. 가끔 젊은이들이 찬양할 때 보면 너무 은혜를 받아서 어떤 사람은 찬송을 부르고, 어떤 사람은 무릎을 꿇고 울면서 기도하고, 어떤 사람은 방언으로 기도하고, 어떤 사람은 손을 든 채로 있고, 어떤 사람은 춤을 추고, 어떤 사람은 시를 낭독하기도 합니다. 그럼에도 질서가 없다는 생각이

들지 않고 금방 찬양으로 하나 되고 합심해서 기도하고 모두 하나님 말씀을 듣는 일에 열중하는 것을 보면 하나의 아름다운 오케스트라 합주를 듣는 것 같은 느낌이 듭니다. 이렇게 하는 것이 다른 사람에게 거부감을 주기보다는 아름다운 열정과 조화를 보게 됩니다. 오히려 종교지도자들이 모여 회의하는 데서 서로가 발언하려고 밀치고 각자가 알아들을 수도 없는 소리로 고래고래 고함을 친다면 다른 사람이 볼 때 '예수 믿는 사람이 왜 저래?' 라고 하면서 빈정거릴 것입니다. 그런데 사실 우리나라 교회는 교인들이 무질서하기보다는 지도자들이 제멋대로 행동해서 문제를 일으키는 경우가 훨씬 더 많습니다. 즉 목회자들이 성경대로 바르게 설교나 목회를 하지 않아서 교인들 사이에 혼동과 무질서가 오는 것을 많이 봅니다.

사실 교회나 성전에서는 모든 사람이 하나님 앞에서 잠잠하는 것이 성경의 가르침입니다. 하박국 선지자는 "오직 여호와는 그 성전에 계시니 온 땅은 그 앞에서 잠잠할지니라"(합 2:20)고 했습니다. 집에 어른이 계시면 너무 시끄럽게 떠들거나 자기주장을 하지 않는 것이 어른에 대한 예의일 것입니다. 병사들은 사령관의 별판이 붙어 있는 방문 앞에서는 떠들지 않는 것은 물론이고 잘 지나가지도 않습니다. 또 학생들은 교장실이나 총장실 앞에서는 함부로 떠들지 않을 것입니다. 하물며 자신이 얼마나 지식이 있고 은사가 있는지 몰라도 교회에서 함부로 떠드는 행위는 하나님 앞에서 바른 자세가 아닙니다.

사도 바울이 우려하고 있는 것이 있습니다. 고린도 교회의 지도자나 교인들 가운데 끝까지 자기주장이 옳기 때문에 사도 바울의 주장을 인정하지 못하겠다고 나오는 사람이 있었습니다. 사도 바울은 그런 사람은 아무리 자기가 선지자요 하나님의 종이라고 떠들어도 아무것도 모르는 무식한 자이므로 무시해도 좋다고 말하고 있습니다.

37-38절, "만일 누구든지 자기를 선지자나 신령한 자로 생각하거든 내가 너희에게 편지하는 이 글이 주의 명령인 줄 알라 만일 누구든지 알지 못하면 그는 알지 못한 자니라"

교회를 너무 모르면서 남의 가르침을 받아들이지 않으려고 하는 자가 있다면 그는 정말 무식한 자입니다.

세상의 모든 사람은 저마다의 기질이 있고 다른 성격을 가지고 있습니다. 이것은 동물의 세계를 보면 개나 고양이, 사자, 곰, 코끼리마다 다른 캐릭터를 가지고 있는 것과 비슷합니다. 그런데 개들도 개의 종류에 따라 성격이 다르고 같은 종류의 개도 각기 성질이 다릅니다. 사람도 저마다 생각이 다르고 성격도 다릅니다. 그런데 사람의 성격을 한순간에 변하게 하는 것이 있습니다. 그것은 결코 공부가 아닙니다. 공부는 사람을 더 세련되게 할 뿐 사람의 성격이나 기질을 바꾸지 못합니다. 사람의 성격을 변하게 하는 것은 바로 성령의 감동입니다.

성령의 감동은 하나님의 사랑과 함께 오기 때문에 냉랭하던 사람이 뜨거워지고 세상적이고 천박하던 사람이 신중하면서도 사랑이 넘치는 사람으로 변합니다. 우리가 예수를 믿고 은혜를 받으면 어떤 식으로 성격이 변하고, 어느 정도 성령 충만하게 되느냐 하는 것이 문제입니다. 사실 예수 믿고 은혜를 받아도 우리의 성격이나 기질, 즉 옛 사람은 그대로 남아 있을 때가 많습니다. 원래 성격이 급하던 사람은 예수를 믿은 후에도 성격이 급하고 내성적이던 사람은 예수 믿고 난 후에도 내성적일 때가 많습니다. 많은 사람이 착각하는 것이 있는데 자신이 예수 믿고 은혜 받았기 때문에 자기 생각이 절대적으로 옳고 자신이 받은 은사가 가장 중요하다고 생각하는 것입니다. 사실 우리는 많이 변하지 않았고 우리의 옛 사람과 옛 기질을 가진 그대로 하나님의 일을 하려고 할 때가 많습니다.

우선 알아두어야 할 것은 우리의 성격이나 기질은 천국 가는 데 큰 영향을 주지 않는다는 사실입니다. 구원받는 것은 복음을 듣고 예수를 믿음으로써 구원받는 것이지 기질이 적극적이거나 소극적이라고 해서 구원받지 못하는 것은 아닙니다. 말이 많거나 적다고 해서 구원받거나 못 받는 것이 아니라는 뜻입니다. 그러나 이런 기질이나 성격은 신앙의 성숙과 엄청나게 깊은 관계가 있고, 다른 사람과의 관계에도 영향을 줍니다. 심지어는 이런 기질이나 성격 때문에 교회를 허물기도 하고 깨뜨리기도 하는 것을 봅니다.

우리가 예수를 믿고 성령을 받았다고 해서 완전히 딴 사람이 되는 것은 아닙니다. 예를 들어 베드로가 예수 믿고 은혜 받았다고 해서 야고보가 되는 것도 아니고, 요한이 말씀을 듣고 은혜 받았다고 해서 빌립이 되는 것도 아닙니다. 예수님의 제자들도 성격이 각기 달랐던 것을 알 수 있는데 베드로는 좀 단순하고 성격이 급했습니다. 그러나 예수님을 사랑하고 은혜를 사모하는 마음은 어느 누구보다 간절하고 뜨거웠습니다. 거기에 비해 빌립은 계산적인 사람이었고, 도마는 완벽을 추구하는 사람으로 의심이 많았고, 요한과 야고보는 불같이 화를 잘 내는 사람이었습니다. 그리고 마태는 역시 세리 출신답게 숫자에 아주 능했고 완벽한 성격이었던 것을 알 수 있습니다.

예를 들어 어떤 사람이 다혈질이었다고 하면 열정적이고 사랑이 넘치고 성숙하게 행동하면서도 실수하지 않고 다른 사람에게 친절하고 따뜻한 성격으로 발전하게 됩니다. 점액질 같은 사람이라면 다른 사람과 잘 사귀고 친절하면서도 영적으로 성숙해 남을 잘 이끌고 남의 이야기를 잘 들어주는 멋진 사람이 되는 것입니다. 담즙질 같은 공격적이고 사나운 사람이라면 그런 기질이 없어지면서도 여러 가지 어려운 일을 잘 맡아서 처리하는 리더형의 사람이 됩니다. 우울질의 사람도 은혜를 받으면 천재적인 능력을 발휘해 글을 쓰거나 음악을 연주하거나 다른 사람을 깊이 이해해주고 도와주는 사람으로 성숙하게 됩니다. 그래서 하나님의 백성이 은혜를 받으면 각기 색깔은 다르면서도 아름답게 빛나는 보석이 됩니다. 어떤 보석은 붉은 빛이고 어떤 보석은 하얀 빛을 띠고 어떤 보석은 보랏빛이고 어떤 보석은 푸른빛으로 빛나는 것처럼 색깔은 각기 다르지만 변하지 않고 아름답고 겸손한 성품으로 변하게 됩니다. 그래서 어떤 사람은 사랑이 많고 어떤 사람은 이지적이며 어떤 사람은 다른 사람을 잘 챙겨주고 어떤 사람은 하나님 말씀을 잘 이해해서 가르치고 어떤 사람은 행정적인 일을 완벽하게 처리하는 것을 볼 수 있습니다. 공통적으로는 다른 사람에게 상처를 주지 않고 잘난 체하지 않고 변하지 않는 성품을 가지게 됩니다.

우리는 조심해야 할 것이 있습니다. 그것은 아무리 성령을 받았고 성령께서 우리의 기질을 변화시킨다고 해도 우리 안에는 여전히 옛사람이 있고, 옛사람의 지배를 받을 때가 많다는 것입니다.

32절, "예언하는 자들의 영은 예언하는 자들에게 제재를 받나니"

예언하는 자의 영이 예언하는 자를 통해 제재를 받는다는 것이 무슨 뜻일까요? 두 가지로 생각할 수 있습니다. 하나는 아무리 우리 안에서 성령께서 감동을 주시고 은혜를 주셔도 우리는 옛날 기질을 가지고 제멋대로 행하는 사람이라는 뜻이 있습니다. 그래서 우리는 지금 생각이나 기분이 절대적으로 옳다고 생각해서는 안 됩니다. 우리에게는 성령의 감동이 있지만 역시 옛 사람의 기질이 성령의 감동을 억제하고 자기 생각이나 감정을 성령의 생각인 것처럼 고집과 억지를 부리기도 합니다. 우리는 하나님의 영감과 말씀으로 자기 자신을 설득시킬 필요가 있습니다. "내 영혼아 네가 어찌하여 낙심하며 어찌하여 내 속에서 불안해하는가"라고 시편의 기자처럼 이것은 성령의 마음이 아니고 성령의 생각이 아니라는 것을 설득시켜야 하는 것입니다. 하나님 말씀을 가지고 자기 기분이나 생각을 설득시키지 않는 사람은 고집형입니다. 이런 사람은 누가 뭐라고 해도 말을 듣지 않고 자기 생각이나 감정대로 해야 직성이 풀립니다. 그래서 이런 사람은 예언하는 사람의 제재를 받아야 한다고 했습니다. 이것은 다른 사람을 말하는 것입니다. 즉 하나님 말씀을 가지고 권면하고 설득하는 이야기를 들어야 한다는 뜻입니다. 33절처럼 "하나님은 무질서의 하나님이 아니시요 오직 화평의 하나님"이시기 때문입니다. 즉 자기 마음대로 떠들고 싶고 끝까지 반대하고 싶고 모든 것을 바꾸고 싶고 뒤집고 싶어도 다른 사람이 그렇게 하지 말라고 하면 들어야 합니다. 이런 식으로 한두 번 권면해도 듣지 않으면 그는 무시당하게 될 것입니다.

38절, "만일 누구든지 알지 못하면 그는 알지 못한 자니라"

자기가 아무리 신령하고 하나님의 뜻을 잘 안다고 하지만 남의 권면을 듣지 않고 자기주장대로 해서 자꾸 불협화음을 내는 사람은 아무것도 모르는 신앙의 어린 아이입니다. 어린 아이는 어른들과 함께 모든 일을 할 수가 없습니다. 모든 것을 자기 고집대로 하고 남이 하는 말을 지루해하고 투정을 부리기 때문입니다. 그런 사람을 어린 아이라고 생각해 잘 설득하고 자제시키면 또 알아듣습니다. 이때 대결하려고 한다면 고성이 나오고 불협화음이 더 커지게 됩니다.

2. 교회의 질서와 조화

아무리 성령의 감동을 받고 지배를 받는다고 하더라도 사람마다 기질의 차이가 있고 생각의 차이가 있습니다. 이런 사람이 함께 모여 예배를 드리고 봉사하고 회의할 때 어떻게 조화를 이루어 나갈 수 있느냐 하는 건 아주 어려운 문제입니다. 하나님의 백성은 모두 예수를 믿음으로써 거듭난 자이며 모두 성령을 받은 자이고 모두 하나님의 자녀로 입양된 사람입니다. 여기서 문제가 되는 것은 우리가 모여 예배를 드리고 봉사하고 회의할 때 우리 각자의 생각이나 은사가 교회 전체의 유익을 위해 제한되거나 통제될 수 있느냐, 아니면 무한정으로 똑같이 인정해야 하느냐 하는 것입니다.

우리는 의인이면서 죄인이기 때문에(justus et peccator) 제재를 받지 않으면 겉잡을 수 없는 타락과 독선에 빠지게 됩니다. 목사나 교인 가운데서도 운전하면서 과속하거나 불법 유턴하는 사람이 많습니다. 그래서 우리는 하나님 말씀도 들어야 하지만 사람의 말도 들어야 합니다.

그동안 우리나라의 교회들이 엄청나게 부흥되었는데, 특히 대형 교회가 우후죽순같이 일어나면서 부흥되었습니다. 특히 한국 교회가 비치는 빛과 대형 교회의 예배나 은사들이 비치는 빛은 전 세계를 비쳤습니다. 그런데 은사를 받은 목사님들이 일으키는 그 부흥의 기름이 순수한 성령의 기름이 아니라 인본주의 기름이 많이 섞여 있었습니다. 즉 불량 기름이 들어 있었던 것입니다. 그러나 이런 대형 교회의 목사님들이나 유명한 사람의 카리스마가 너무 강력해서 아무도 뭐라 말할 수가 없었고 너도 나도 그렇게 되려고 모방하고 따라가는 형편이었습니다. 그런데 놀랍게도 그 부흥의 불이 꺼져 가고 있습니다. 교회 건물은 남아 있고 이름은 남아 있고 교인은 남아 있지만 불은 꺼져 가고 있습니다. 페스티벌이 끝나고 지금은 쓰레기와 그을음만 잔뜩 남아 있는 것과 같습니다. 그런데 그때는 아무도 비판하지 못했고 비판해도 들으려고 하지 않았습니다. 그들은 자신들의 사역이 옳다고 확신하고 있었기 때문입니다.

초대교회 때는 정해진 설교자가 없는 경우가 많았습니다. 당시에는 평신도들이 돌아가면서 자기 신앙 이야기를 교훈적으로 했는데, 이것이 예언이었습니다. 본문은 한꺼번에 이 사람 저 사람이 말하지 말고 순서에 따라 말하라고 했습니다. 그리고 계시가 임하면 예언을 그치라고 했습니다.

29-30절, "예언하는 자는 둘이나 셋이나 말하고 다른 이들은 분별할 것이요 만일 곁에 앉아 있는 다른 이에게 계시가 있으면 먼저 하던 자는 잠잠할지니라"

예언은 두 명이나 세 명이 말하고 다른 사람은 들으면서 분별하라고 했습니다. 즉 절대적으로 들을 필요는 없고 유익한 것이 있으면 받아들이라는 뜻입니다. 그러나 계시가 임하면, 즉 하나님 말씀이 임하면 예언을 그치라고 했습니다. 하나님의 계시가 더 권위가 있기 때문입니다.

교회에서도 얼마든지 소그룹 공부를 하면서 자기 의견을 이야기할 수 있고 듣고 유익을 얻을 수 있습니다. 그러나 함께 모여 예배를 드릴 때는 성경을 가지고 강론해야 하고 모두 하나님 말씀을 들어야 합니다. 이것이 바로 하나님 말씀의 오케스트라입니다. 최근 한국 교회에서 소그룹을 위해 설교를 폐하는 경우가 많은데, 그것은 큰 잘못된 것입니다. 왜냐하면 그 말씀의 비중이 다르기 때문입니다. 그런데 예언 가운데는 한 사람 한 사람이 돌아가면서 이야기해야 할 때도 있습니다.

31절, "너희는 다 모든 사람으로 배우게 하고 모든 사람으로 권면을 받게 하기 위하여 하나씩 하나씩 예언할 수 있느니라"

예를 들어 사람이 그렇게 많지 않고 서로의 경험을 나눌 필요가 있을 때 또는 밤에 수련회에 가서 말씀으로 교제를 나눌 때 한 명씩 돌아가면서 자신의 신앙 경험을 이야기하거나 깨달은 말씀을 기지고 이야기할 수도 있습니다. 이것은 모두 예언에 속하는 것입니다. 한 명씩 돌아가면서 이야기할 때 서로를 잘 알게 되고 많은 은혜를 받기도 합니다.

이것이 바로 은혜의 오케스트라입니다. 교향곡을 들으면 어느 때는 현악기가 먼저 나와 주제를 끌어가기도 하고 어느 때는 관악기가 나와 연주를 끌어가기도 하고 어느 때는 현악기과 관악기와 타악기가 총출동을 해서 거창한 음악을 연주하기도 하는 것입니다. 우리의 말씀과 봉사와 회의는 이런 오케스트라가 되어야 하고 불협화음을 만들어서는 안 됩니다. 33절처럼 "하나님은 무질서의 하나님이 아니시요 오직 화평의 하나님" 이시기 때문입니다.

3. 여성의 잠잠함

사도 바울은 교회에서 여성은 잠잠하라고 했습니다.

34-35절, "여자는 교회에서 잠잠하라 그들에게는 말하는 것을 허락함이 없나니 율법에 이른 것같이 오직 복종할 것이요 만일 무엇을 배우려거든 집에서 자기 남편에게 물을지니 여자가 교회에서 말하는 것은 부끄러운 것이라"

교회에서 잠잠하라고 했다고 해서 여성은 교회에서 일체 발언을 할 수 없다거나 가르칠 수 없다는 뜻은 아닙니다. 최근 교회나 선교의 양상을 보면 여성의 참여 없이는 아무것도 할 수 없는 것을 보게 됩니다. 선교사도 여성 선교사의 비율이 점점 더 높아지고 있으며, 신학교에서도 여학생의 비율이 높아지고 있는 것을 볼 수 있습니다.

사도 바울이 여자는 교회에서 잠잠하라고 말한 것은 당시 사회적인 현상과 깊은 관계가 있습니다. 당시 사람은 국가적으로나 개인적으로 중요한 일이 있을 때 반드시 신전에 가서 신탁의 말씀, 즉 신의 계시를 받아 가지고 와서 그대로 행했습니다. 그 신전 가운데서 가장 유명한 것이 델포이 신전이었는데, 여기에 가면 여사제들이 대개 알 수 없는 말로 중얼거리면서 신의 말을 대언해주었습니다. 그런데 이 신의 말을 전해주는 사제가 전부 여자였습니다. 다른 사제가 그 말을 알아들을 수 있는 말로 통역을 해주었는데, 그것은 대개 애매한 말들이었습니다. 이렇게 신전에서 받은 신의 말을 신탁(오라클)이라고 했는데 사람은 각자 해석해서 순종했습니다. 트로이 전쟁이 일어났을 때 그리스 사령관 아가멤논은 자기 딸을 불태워 죽이라는 신탁에 따라 딸을 죽입니다. 아테네와 페르시아가 전쟁할 때는 나무로 페르시아 군대를 물리치라는 말을 듣고 배를 띄워 아테네가 전쟁에서 이기게 됩니다.

사도 바울은 교회에서 여자가 예언하면 교회를 이방 신전과 동일하게 생각하지 않을까 해서 여자들에게 예언하지 못하게 한 것으로 보입니다. 그리고 지금 사람이 모르는 중요한 사실이 하나 있는데, 그것은 듣는 자가 말하는 자보다 훨씬 더 복되다는 사실입니다.

하나님 말씀을 말하는 것도 중요하지만 듣는 것이 더 큰 믿음을 가져다줍니다. 대개 말하는 자보다 듣는 자가 말을 더 정확하게 마음에 새기고, 심지어는 하나님 말씀을 아무리 잘 전한다고 하더라도 자기가 그 말씀대로 살지 않으면 그는 버림을 당하고 지옥에 갈 수밖에 없습니다. 그리고 다른 사람이 하는 이야기를 들어줄 때 우리는 그 사람을 사랑하는 것이며, 그를 세워주는 것입니다. 대개 훌륭한 설교자는 교인들이 만들어줍니다. 교인들이 잘 들어주었기 때문에 목회자가 자신감을 가지고 설교할 수 있게 되었기 때문입니다. 그래서 여성에게 교회에서 잠잠하라고 하는 것은 여성이 남성보다 열등하다거나 못하다는 뜻이 아닙니다. 오히려 여성의 탁월한 은사가 남자나 목회자들이 하는 말을 들어주는 데 있음을 뜻합니다.

35절, "만일 무엇을 배우려거든 집에서 자기 남편에게 물을지니 여자가 교회에서 말하는 것은 부끄러운 것이라"

어떤 사람은 사도 바울이 남성 우월론자이고 여성을 비하한다고 비판합니다. 여기서 묻는다는 것은 따지고 논쟁하는 것을 말합니다. 교회 안에서 남자든 여자든 따지고 논쟁하는 것은 부끄러운 일입니다. 가장 훌륭한 교인은 좀 부족한 설교를 기쁨으로 들어주는 사람입니다. 그러면 자기에게도 큰 유익이 되고 겸손의 열매를 맺게 됩니다. 또 말하는 사람의 입장에서는 사람이 자기 이야기를 들어주면 마음의 상처가 치유되고 인생이 달라집니다.

이런 사실을 깨닫지 못하는 자가 있습니다. 그들은 조목조목 따져야 하고 조목조목 자기 생각을 관철시켜야 한다고 생각하는데, 정말 무지한 자들입니다.

36절, "하나님의 말씀이 너희로부터 난 것이냐 또는 너희에게만 임한 것이냐"

자기 생각만 옳다고 여겨 기독교를 새로 만들려고 하는 사람이 있었다고 말씀합니다. 그런 사람은 자기가 기독교를 만든 것처럼 행세하고 있는데, 그도 어렸을 때나 청년 때 전도 받았고 새 신자였다는 사실을 잊고 있었던 것입니다.

누구든지 준비되지 않은 자는 목회자가 되거나 설교자가 되어서는 안 됩니다. 설교는 영혼을 수술하는 것이며 인생을 치료하는 것이기 때문에 반드시 하나님의 부름을 받아야 합니다. 그렇게 하려면 어느 정도 지적인 수준을 갖추어야 합니다. 지적인 준비가 되어 있지 않으면 자기 생각을 전부 하나님의 뜻이라고 주장하기 때문에 대화 자체가 되지 않고 독선적으로 흐르게 됩니다. 영혼을 건지려는 열정만 가지고 목회자가 되어서는 안 됩니다. 더욱이 대우가 좋거나 책을 많이 읽을 수 있을 것 같아서 목회를 한다면 자기만 망하는 것이 아니라 다른 영혼도 망하게 만듭니다. 그런 사람은 없겠지만 직업으로 목사를 택해서도 안 됩니다. 목사의 부르심을 확인하려면 하나님 말씀, 즉 복음과 성경을 전하지 않으면 죽을 것 같은 말씀에 대한 열정이 있어야 합니다. 그래야 교인이 많든지 적든지, 남이 알아주든지 알아주지 않든지 끝까지 이 사명을 감당할 수 있습니다.

39-40절, "그런즉 내 형제들아 예언하기를 사모하며 방언 말하기를 금하지 말라 모든 것을 품위 있게 하고 질서 있게 하라"

하나님의 백성은 열정도 있어야 하지만 품위도 있어야 합니다. 제멋대로 설치는 것은 하나님을 업신여기는 것이고 유치한 행동입니다. 교회에서는 모든 은사가 소중합니다. 그러나 더 중요한 것은 이들이 모두 화음을 이루어 하나의 소리를 내는 것입니다.

우리의 예배와 봉사와 회의는 오케스트라가 되어야 합니다. 일체 잡음 없이 성령의 인도하심에 따라 각각의 보석이 내는 아름다운 교향곡이 되기를 바랍니다.

성경 토의

1. 최근 열린 예배라든지 찬양 예배라든지 불신자를 위한 예배 등 다양한 예배 형태가 시도되고 있는데, 전통적인 예배와 비교해 어떤 장단점이 있다고 생각하는가?

2. 우리는 많은 경우 자신의 기질을 성령의 은사라고 생각해 자기 생각대로 행하려고 하거나 열광주의에 빠져 교회의 덕을 끼치지 못하는 경우가 있는데, 이런 것에 대해 어떻게 생각하는가?

3. 사회에서나 교회 안에서 여성의 역할이 점점 더 중요해지고 있는데, 교회 안에서 여성은 어떤 역할을 맡는 것이 바람직하다고 생각하는가? 그리고 여성은 교회 안에서 잠잠하라고 했는데, 이 말씀에 따라 설교를 해서는 안 되는가? 여성이 목사가 되었을 때 어떤 장점이 있으며, 어떤 어려운 점이 있다고 생각하는가?

35_부활의 증인들

고린도전서 15:1-11

전체적 설명

고린도전서 15장은 위대한 부활의 장이다. 이 장은 예수님의 부활과 앞으로 우리에게 일어날 부활에 대한 대논문이라고 말할 수 있다. 사도 바울은 서두에서도 부활이 하나의 가설이나 이론이 아니라 역사적인 사실이었던 것을 부활의 목격자를 통해 증언하고 있다. 여기서 사도 바울은 우리가 복음서에서 알지 못하는 새로운 사실도 여러 가지 소개하고 있다. 예수님은 부활하신 후에 자신의 모습을 모든 제자와 500명이 넘는 성도에게 보이시고 바울에게도 나타나 보이셨다. 사도 바울은 이것이 사도로서 맨 마지막으로 예수님을 본 것이라고 말한다.

설교 프리노트

1절, "형제들아 내가 너희에게 전한 복음을 너희에게 알게 하노니"

사도 바울은 예수님의 부활에 대한 소식을 '복음'이라고 부르고 있다. 그 이유는 예수님이 부활하셨다는 소식이 진짜 복음 중의 복음이기 때문이다. 누구든지 예수님이 우리 죄를 대신해 죽었다가 부활하신 것을 믿기만 하면 죄와 멸망에서 해방되어 영생을 얻을 수 있기 때문이다. 사도 바울이 이미 고린도 교인에게 전한 복음을 다시 그들에게 '알게 하는' 이유는 그가 떠난 뒤 헬라 사상을 가진 자들이 들어와서 예수님이 육체적으로 부활하신 것을 부인하거나 아예 부활이 없다고 가르치고 있었기 때문이다.

"너희가 받은 것이요 또 그 가운데 선 것이라"

예수님의 부활은 이미 고린도 교인들이 듣고 믿은 것이고, 그 믿음 위에 견고하게 서 있는 진리다. 예수님의 부활은 부인할 수 없는 역사적 사실이고 그 진리 위에 기독교가 서 있다.

2절, **"내가 전한 그 말을 굳게 지키고"**

하나님의 진리는 한번 듣고 흘려버려선 안 된다. 복음은 집에 비유하면 집이 서 있는 기초와 같아서 기초가 없어지면 집이 무너져 많은 사람이 깔려 죽게 되기 때문이다. 만일 고린도 교인들이 예수님의 역사적 부활을 굳게 지키지 않는다면 그들의 신앙은 헛된 것이 되고, 그들의 구원은 실패할 수도 있다. 따라서 기독교는 어떤 도전이 있어도 예수님의 역사적 부활을 믿는 믿음에서 흔들려선 안 된다.

3절, **"내가 받은 것을 먼저 너희에게 전하였노니"**

여기서 '받았다' 고 하는 것은 사도 바울이 다른 사도들에게 들었다는 의미도 있고, 예수께 계시로 들었다는 의미도 있다. 물론 사도 바울은 회심한 후 예루살렘에서 야고보, 베드로, 몇몇 사도와 교류하면서 예수님의 부활에 대한 이야기를 들었을 것이다. 그러나 예수님의 부활의 의미, 장차 우리가 변화될 것에 대한 진리는 계시를 통해 주님으로부터 직접 들은 것이었다.

"이는 성경대로 그리스도께서 우리 죄를 위하여 죽으시고"

예수님의 죽으심에 대한 예언은 시편 22편의 예수 고난의 시나 이사야 53장의 고난의 종 예언에서 나타난다. 특히 이사야 53장 12절을 보면 "자기 영혼을 버려 사망에 이르게 하며" 라고 예언되어 있다. 요나서에서는 요나가 물고기 뱃속에서 사흘 동안 지낸 것을 통해 예수님이 죽어 사흘 동안 무덤 속에 묻혀 계시리라는 것을 예언했다(마 12:40). 그러나 가장 분명한 예언은 예수님 자신의 예언이었다(마 20:19). 예수님의 죽으심은 결코 우연하게 피살된 것이나 정치적으로 희생되신 것이 아니라 성경대로 죽으신 것이다.

4절, "성경대로 사흘 만에 다시 살아나사"

예수님의 부활은 시편에서 다윗의 시를 통하여 그 살이 썩지 않으리라고 이미 예언되었다(행 2:27 참고). 그러나 역시 가장 분명한 예언은 예수님 자신이 죽었다가 사흘 만에 다시 살아난다는 말씀이었다(마 20:19). 예수님이 죽음에서 부활하신 것도 우연히 덜 죽었다가 다시 살아나신 것이 아니라 성경의 약속대로 살아나신 것이다.

5-8절, "게바에게 보이시고 후에 열두 제자에게와……"

복음서에는 예수님이 막달라 마리아에게 가장 먼저 보이신 것으로 나타나고 있다(요 20:16). 그리고 가룟 유다를 제외한 열한 제자에게 여러 번 나타나셨다. 예루살렘에서도 최소한 두 번 나타나셨다. 처음에는 열 제자만 있었고 도마는 빠졌다. 그럼에도 '열두 제자'라고 부르는 이유는 이들이 대표성을 가지게 되었기 때문이다. 그 후 500여 형제에게 나타나신 것은 복음서에 기록되어 있지 않다. 아마 예수님이 부활하신 후 제자들과 함께 사십 일을 계시면서 하나님 나라의 일을 말씀하실 때 보이신 것으로 짐작된다(행 1:3). 사도 바울이 고린도전서를 쓴 당시만 해도 그 사람 가운데 절반 이상이 생존해 있었는데, 모두 살아있는 것은 아니고 그중에 나이 들어 죽은 자도 많았다. 그러나 너무 많은 목격자가 생존해 있어 예수님의 부활은 부인할 수 없는 역사적 사실이었다. 야고보에게 특별하게 나타나신 것도 복음서에는 기록되어 있지 않다. 이 야고보는 예수님의 제자 야보고가 아니라 예수님의 동생 야고보를 말한다. 그때까지 예수님을 하나님의 아들로 믿지 않았던 동생 야고보는 부활하신 예수님을 만난 뒤 거꾸러져 오직 주님을 위하여 헌신하게 되었다. 그리고 예수님은 승천하시면서 모든 사도와 성도에게 또 다시 자신이 하늘로 올라가는 모습을 보게 하셨다.

8-11절, "맨 나중에 만삭되지 못하여 난 자 같은 내게도 보이셨느니라……"

사도 바울은 자기 자신에 대해 제대로 태어나지 못한 미숙아라고 말하고 있다. 그 이유는 그가 예수님이 살아계실 때 그분을 따르면서 배우지 못했고 죽었다가 부활하신 후에 그것도 예수 믿는 사람을 잡아 가두며 박해하다가 예수님을 만났기 때문이다. 사도 바울은 예수님이 살아계셨을 때는 만나지 못했거나, 혹시 먼 거리에서 보았더라도 예수님을 믿지 않았다. 사도 바울은 자신이 사도들 가운데 가장 작은 자라고 했다. 이것은 사도 가운데서 가장 자격이 부족한 자라는 뜻이다. 더욱이 사도 바울은 하나님의 교회를 박해했고 사도라고 불릴 만한 자격이 없는 자라고 고백했다. 아마도 이 사실로 말미암아 사도 바울은 한평생 겸손할 수밖에 없었고 자기 자신의 학벌이나 지식을 자랑하지 못했을 것이다. 그러나 그가 사도 바울이 될 수 있었던 것은 백퍼센트 하나님의 은혜로 되어진 것이었다.

"내가 나 된 것은 하나님의 은혜로 된 것이니"

이것은 모든 하나님의 종이 가슴 깊이 새겨야 할 말씀이다. 사도 바울은 비록 늦게 사도가 되었지만 다른 사도들보다 더 많이 수고하고 고생했다. 그것 역시 자기가 한 것이 아니라 그와 함께 하신 하나님의 은혜로 된 것이었다.

본문 이해를 위한 질문

1. 예수님의 부활은 고린도 교인들에게 어떤 비중을 차지하고 있으며, 이 신앙을 놓치고 세상의 이론과 타협하면 어떤 결과가 일어나게 되는가?

예수님의 부활은 복음 중의 복음이며, 이것은 사도 바울이 처음부터 전했던 것이다. 우리는 이 진리를 굳게 붙들지 않으면 구원이 흔들리게 된다.

2. 부활은 과연 역사적인 사실인가?

예수님의 부활에는 많은 증인이 있다. 그중에는 예수님의 열두 제자가 있고 500여 형제가 부활하신 예수님을 보았는데, 당시 절반 이상이 살아있었고 야고보와 바울 자신도 부활하신 주님을 만났다.

3. 예수님의 부활은 사도 바울의 삶에 어떤 영향을 미쳤는가?

바울의 삶에 나타나신 예수님은 세상의 야망과 성공을 향해 달려가던 그의 삶을 송두리째 바꾸어 오직 복음만을 위하여 한평생 달려가게 하셨다.

성경 강해

어떤 곳에서 교통사고가 나거나 살인 사건이 일어났을 때 경찰이 가장 중요하게 생각하는 것은 목격자가 있느냐 하는 것입니다. 만일 어떤 살인 사건이나 교통사고가 났을 때 목격자만 확실하게 있으면 그 사건은 틀림없이 해결될 수 있을 것이며, 경찰은 분명히 범인을 잡을 수 있을 것입니다. 그래서 요즘은 목격자들을 확보하기 어려우니까 도시나 건물 여러 곳에 CCTV를 설치해 녹화를 합니다. 심지어는 자동차에도 카메라를 설치해 찍어놓게 합니다. 그러면 사람이 아무리 거짓말을 하려고 해도 부인할 수가 없습니다. 마찬가지로 예수님이 죽었다가 살아나신 사건은 믿을 수가 없는 일이었습니다. 예수님은 틀림없이 죽으셨고 사람이 한번 죽으면 절대로 다시 살 수 없기 때문입니다. 그런데 예수님이 다시 사신 것을 본 목격자가 하나둘이 아니었습니다. 예수님이 죽으신 것을 목격한 사람도 수없이 많았고, 예수님이 다시 살아나신 것을 본 사람도 500명이 넘었습니다. 이것은 예수님이 틀림없이 죽었다가 다시 살아나신 것을 증명해줍니다.

만약 사람이 큰 사고가 나거나 병들어도 죽지 않고 살 수만 있다면 본인이나 가족들은 매우 행복할 것입니다. 예를 들어 큰 자동차 사고가 났거나 배가 뒤집히는 사고에서 우리 가족 중 누군가가 죽지 않고 무사히 살아 나왔다면 그것보다 더 다행스러운 일은 없을 것입니다. 또한 어떤 사람이 큰 병에 걸려 병원에 입원하고 수술했는데 죽지 않을 수만 있다면 수술이나 입원하는 것을 크게 두려워하지 않을 것입니다.

사람에게 너무 아까운 것이 하나 있는데, 그것은 바로 사람은 언젠가 한 번 죽어야 한다는 사실입니다. 그런데 사람은 한 번 죽으면 다시 살 수가 없습니다. 이 세상에서 이미 한 번 산 것을 바꿀 수가 없습니다. 우리 한 사람 한 사람을 생각하면 한 번만 살다가 영원히 없어지기에는 너무 아깝다는 생각이 드는 것이 사실입니다. 한 사람 한 사람을 살펴보면 무엇인가 신비로운 부분을 가지고 있기 때문입니다. 사람이 공부를 많이 했거나 그렇지 않거나 세상에서 성공을 했거나 그렇지 못했거나 모든 사람은 무엇인가 말로는 다 설명할 수 없는 신비로운 부분을 가지고 있습니다. 그래서 하나님을 믿든지 믿지 않든지 사람이 죽으면 "좋은 데 간다"고 말합니다. 특히 어린 아이들이나 사랑하는 사람이 죽으면 "고통이 없는 데 가서 행복하게 지내시라"고 말합니다. 이 세상에서 악한 짓을 많이 한 사람은 죽으면서 "지옥에서 만나자"라고 하면서 가는 것을 보게 됩니다. 모든 사람 속에 있는 무엇인가 영원히 있을 것 같은 '신비'가 바로 영혼입니다. 사람은 모두 영혼을 가지고 있기 때문에 무엇인가 신비로운 부분을 가지며, 영원히 죽지 않을 것 같다는 생각이 드는 것입니다. 그러나 모든 사람은 늙어서 죽든지 병들어 죽든지 사고로 죽든지 언젠가 죽게 되어 있고 죽으면 모든 것은 끝나고 맙니다.

예수님은 생전에 놀라운 말씀을 하셨습니다. 그것은 누구든지 그분을 믿는 자는 영원히 살 수 있다는 말씀이었습니다. 그리고 그것을 위해 예수님 자신이 죽은 지 사흘 만에 다시 살아날 것이라고 하셨습니다. 예수님의 제자들이나 예수님 주위에 있는 사람들 가운데서 이 말씀을 믿은 사람은 아무도 없었습니다. 그러나 예수님은 실제로 죽은 자 가운데서 사흘 만에 다시 살아나셨습니다. 이것은 우리에게 아주 중요한 메시지를 던져주고 있습니다. 즉 우리는 예수님의 모든 말씀을 다 믿든지 다 부정하든지 해야 한다는 것입니다. 예수님은 자신이 하신 모든 말씀과 자신이 하나님의 아들이라는 증거로 죽은 자 가운데서 살아나셨기 때문입니다. 지금 우리는 중요한 한 가지 결정을 내려야 합니다. 그 하나는 사람이 모두 죽지만 다시 살아날 수 있다는 것을 믿든지, 아니면 예수님의 부활에도 불구하고 사람은 이 세상에서 살다가 죽으면 모든 것이 끝장난다고 생각하고 살든지 둘 중의 하나입니다.

1. 과연 다음 세상이 있을까

오늘 우리에게 가장 관심을 끄는 문제가 있다면 어떻게 살아야 하며, 무엇을 위해 살 것이냐 하는 것입니다. 예를 들어 지금 좋은 대학에 입학하기 위해 열심히 공부하는 수험생들에게는 좋은 성적을 얻어 자신이 원하는 대학에 입학하는 것이 최고의 관심거리일 것입니다. 또 취직하기 위해 열심히 공부하고 있는 취업준비생이나 공무원 시험을 준비하는 사람에게는 그 시험에 합격해서 직장을 얻는 것이 가장 중요한 관심거리일 것입니다. 이미 직장생활을 하고 있는 사람에게는 자기 자리에서 밀려나지 않고 상사의 인정을 받아 승진하는 것이 중요하고, 운동선수나 연주자들에게는 훌륭한 실력을 갖춰 크게 성공하는 것이 가장 중요한 일입니다. 우리는 이 세상에서 성공해야 다른 사람의 인정을 받을 수 있고 돈을 벌 수 있고 행복하게 살 수도 있습니다. 이 세상에서 다른 사람에게 인정을 받지 못하고 돈도 없고 안정된 직장도 없으면 우리는 지금 행복할 수도 없고 미래도 생각할 수가 없습니다. 오늘 우리나라에는 현재에 만족하지 못하고 미래도 행복하지 않을 것이라고 생각해 자살을 택하는 사람이 생각보다 많습니다.

예수님은 아주 놀라운 말씀을 하셨습니다. 그것은 우리 인간의 삶이 이 세상에서 끝나는 것이 아니라 또다시 살게 된다는 것입니다. 오히려 이 세상에 사는 것은 미래에 또 한 번 살게 될 것의 훈련에 불과하다는 것입니다. 지금 우리가 이 세상에 사는 것은 미래의 인생을 위한 연습이고 훈련인 것입니다.

예를 들어 운동선수들은 큰 경기 전에 열심히 연습을 합니다. 그러나 그것은 진짜 성적에 들어가는 것이 아니고 어디까지나 연습입니다. 진짜 그 선수의 실력을 인정받는 것은 세계적인 대회입니다. 물론 연습할 때도 잘

해야 하지만 연습할 때는 실수를 할 수도 있고 좀 못할 수도 있습니다. 중요한 것은 세계적인 대회에서 최고의 성적을 내는 것입니다. 이것은 연주자들에게도 마찬가지입니다. 연주자들도 연습할 때는 실수할 수도 있고 조금 못할 수도 있지만 큰 대회에 나가 최고의 연주를 해서 일등하게 되면 유명해질 수 있습니다. 그런데 우리가 생각하는 것은 연습할 때 잘 못하던 사람이 큰 대회에서 잘할 수 있겠느냐 하는 것입니다. 이것이 바로 우리가 가지고 있는 문제입니다. 우리는 이 세상에서의 인생이 앞으로의 인생에도 영향을 미칠 것이라고 생각합니다. 다시 말해 우리는 이 세상의 룰과 하나님의 룰이 많이 다르다는 것을 알지 못하고 있는 것입니다. 바로 이것이 우리의 가장 큰 문제입니다. 이 세상의 법칙이 하나님 앞에서도 통할 것이라고 생각하는 것입니다. 그러나 이 세상의 법칙과 하나님의 법칙은 정반대가 될 때가 많습니다.

예수님은 이 세상에서는 높은 자가 낮은 자를 다스리고 지배하지만 하나님 앞에서는 가장 높은 자는 가장 낮은 자가 되어야 한다고 말씀하셨습니다. 이 세상에서는 모든 사람이 가는 넓은 길을 가려고 하지만 예수님은 좁은 문으로 들어가라고 말씀하셨습니다. 이 세상에서는 다른 사람이 하는 것을 비판하고 판단하는 사람이 똑똑하고 유능한 자이지만 하나님 앞에서는 하나님 말씀에 순종해 사는 사람이 복 받은 자입니다. 이 세상에서는 마음이 부요한 사람이 복 받은 사람이라고 생각하지만 예수님은 마음이 가난한 자가 복 있는 자라고 말씀하셨습니다. 이 세상에서는 사람에게 인정받고 칭찬받는 사람이 성공한 사람이라고 생각하지만 하나님은 그런 사람을 미워한다고 말씀하셨습니다.

우리는 둘 중 하나를 선택해야 합니다. 이 세상에서 자신이 하고 싶은 대로 다 하고 누리고 싶은 것을 다 누리고 할 말을 다하면서 짧게 살다가 오래오래 영원토록 하나님 앞에서 저주받은 자로 살 것인지, 아니면 이 세상에서는 짧게 남들에게 인정받지 못하고 무시를 당하고 가난하고 비참한 삶을 살지만 죽어서 영원히 하나님의 사랑을 받으면서 영광스럽게 살 것인지 판단해야 하는 것입니다.

고린도전서 15장은 부활에 대한 대논문입니다. 사도 바울은 고린도 교인들에게 과연 부활이라고 하는 것이 있는가, 부활이 있다면 어떤 것이냐 하는 것을 완벽하고 구체적으로 설명해주고 있습니다.

사도 바울이 고린도 교회의 교인에게 부활에 대해 자세하게 설명한 데는 이유가 있습니다. 그 이유는 고린도는 그리스 땅에 속한 곳으로, 그리스 사람은 플라톤이나 소크라테스 철학의 영향을 많이 받았습니다. 그런데 소크라테스나 플라톤 같은 그리스 철학자들은 사람에게 가르치기를 사람의 영혼은 고상하고 차원이 높은 데 비해 인간의 육체는 차원이 낮고 질이 떨어진다는 것입니다. 즉 우리 인간의 영혼은 이상적인 상태를 지향하는 데 반하여 인간의 육체는 더럽고 추하며 먹어야 하고 음란하다는 것입니다. 그리스 철학자들은 육체는 영혼의 감옥이라고 가르쳤습니다. 대부분의 사람은 철학자가 가장 고상하다고 여겼으며, 그 철학자들은 죽으면 영혼이 육체의 감옥에서 해방된다고 말했습니다. 그래서 그리스 철학을 배운 사람은 그리스도인은 하나님의 아들이 육체로 이 세상에 온 것을 인정하지 않았습니다. 더욱이 그들은 하나님의 아들이 죽었다가 육체로 다시 사셨다는 것을 도저히 인정할 수가 없었습니다. 그리스 교인들에게는 우리가 장차 다시 육체로 부활한다고 하는 것은 너무 끔찍한 일이었습니다. 그래서 고린도 교인들이나 지도자들 가운데 "죽은 자 가운데서 부활이 없다"(12절)라고 주장하는 사람이 있었던 것입니다.

이것은 오늘 우리나라 교인들에게도 해당되는 이야기입니다. 철학의 영향 때문에 부활을 믿지 못하는 것이 아니라 우리가 사는 현실이 너무 중요하기 때문에 미래의 부활이 너무 멀게 느껴지고 비현실적으로 생각되는 것입니다. 우리는 지금 이 세상에서 좋은 학교를 다니고 이 세상에서 성공하고 사람에게 인정받고 행복하게 사는 것이 너무 좋고 너무 현실적이어서 미래의 부활을 잘 믿지 않는 것입니다. 그렇다면 부활은 못 믿지만 당장 좋은 학벌과 높은 직책을 가지고 큰 부자가 되어서 좋은 차를 몰고 좋은 옷을 입고 명품을 걸치고 사람의 박수갈채를 받으면서 사는 것이 좋을까요? 아니면 지금 실업자로 가난하고 별 볼일 없이 기가 푹 죽은 상태에서 열심히 하나님만 믿으면서 부활을 기대하는 것이 나을까요? 지금 우리가 처한 상황에서는 부활이라고 하는 것이 너무 멀게 느껴지고 너무 비현실적으로 느껴지는 것이 사실입니다.

사도 바울은 이렇게 말하고 있습니다.

1-2절, “형제들아 내가 너희에게 전한 복음을 너희에게 알게 하노니 이는 너희가 받은 것이요 또 그 가운데 선 것이라 너희가 만일 내가 전한 그 말을 굳게 지키고 헛되이 믿지 아니하였으면 그로 말미암아 구원을 받으리라”

고린도와 아테네를 비롯해 그리스 세계는 철학의 세계요 비극시의 세계요 신화의 세계였습니다. 이런 곳에 사도 바울은 예수님의 십자가 복음을 전했습니다. 그런데 놀라운 것은 고린도인들이 그 복음을 믿고 부흥이 일어났다는 사실입니다. 사도 바울은 고린도 교인들에게 “내가 너희에게 전한 복음을 너희에게 알게 하노니”라고 했는데 무슨 뜻일까요? 이것은 복음을 하나의 이론이나 학문이 아니라 실제적인 생활 가운데 적용해 설명하겠다는 뜻입니다. 즉 기독교가 이데아의 세계라든지 로고스라든지 하나의 이상이나 하나의 학문이 아니라 이것은 우리의 현실에 적용되는 문제라는 뜻입니다.

고린도 교인들은 복음을 들었고 그 위에 서 있다고 말하고 있습니다. 즉 다른 이론이나 사상은 모두 진흙이요 늪이라면 복음은 단단한 반석입니다. 지금 다른 사상들은 모두 모래처럼 쓸려가고 있으며, 진흙 구덩이에 빠지고 있습니다. 그러나 복음을 들은 고린도 교인들은 든든한 반석 위에 서 있습니다. 이제 그들이 해야 할 것이 무엇입니까? 그 반석 위에 그대로 서 있기만 하면 됩니다.

2절, “너희가 만일 내가 전한 그 말을 굳게 지키고 헛되이 믿지 아니하였으면 그로 말미암아 구원을 받으리라”

우리가 복음을 듣고 믿으면 든든한 반석 위에 서 있는 것입니다. 그러나 거기서 내려오면 물살에 휩쓸려 가거나 수렁에 빠지게 됩니다. 우리는 그리스도가 오실 때까지 이 복음 위에 끝까지 서 있어야 합니다.

사도 바울은 두 가지 사실을 강조하고 있습니다.

하나는 모든 진리의 기초는 성경밖에 없다는 것입니다. 이 세상의 모든 학문이나 이론은 모래와 같고 늪과 같습니다. 그러나 성경은 절대로 무너지지 않고 꺼지지 않는 든든한 반석입니다. 또 하나는 죽음이 절대적인 것이 아니라는 사실입니다. 예수님은 그 죽음을 이기고 사흘 만에 부활하셨습니다.

3-4절, "내가 받은 것을 먼저 너희에게 전하였노니 이는 성경대로 그리스도께서 우리 죄를 위하여 죽으시고 장사 지낸 바 되셨다가 성경대로 사흘 만에 다시 살아나사"

우리 인간은 모두 죽게 되어 있습니다. 그래서 인간은 죽기 전에 모든 것을 다 누려야 합니다. 인간은 살아있는 동안 사랑도 하고 돈도 벌고 하고 싶은 것을 전부 해야 합니다. 물론입니다. 그러나 그것은 그리스도가 죽음을 이기기 전까지의 이야기입니다.

예를 들어 어떤 환자가 있는데 그가 도저히 살 수 없는 병에 걸렸다면 그는 살아있는 동안 먹고 싶은 것 다 먹고, 보고 싶은 영화 다 보고, 가고 싶은 데 다 가는 것이 옳을 것입니다. 그런데 그 병을 치료할 수 있는 방법이 있고 약이 개발되었다면 다른 것보다 치료를 받는 것이 더 중요합니다. 치료받고 건강을 회복하면 자기가 하고 싶은 것을 더 오래 더 많이 할 수 있기 때문입니다. 예수님이 부활하시기 전까지 인간은 이 세상에서 먹고 마시고 하고 싶은 것을 다 하면서 사는 것이 옳습니다. 인간은 이 세상에서 사는 것으로 모든 것이 끝나기 때문입니다. 그러나 예수님이 성경대로 살아나셨다는 것은 성경의 진리가 모두 옳고, 인간인 우리가 다시 살 수 있는 길이 열린 것을 뜻합니다. 그래서 우리는 이 세상에 있는 모든 것을 위해 살 필요가 없습니다. 그것은 자포자기하는 것이기 때문입니다. 우리에게는 다름 아닌 영생의 희망이 있습니다. 우리는 미리 자포자기하고 실망할 필요가 없습니다.

2. 새로운 삶의 증거

'부활이라고 하는 것이 과연 무엇인가' 라는 질문에 대해 앞으로 사도 바울이 우리에게 충분히 이야기해줄 것입니다. 그런데 가장 중요한 것은 과연 인간이 한 번 죽었다가 다시 살 가능성이 있느냐 하는 것입니다.

병원에서는 환자가 심장 박동이 멈추게 되면 손으로 누르고 인공호흡을 시키고 그것도 안 되면 전기 충격을 주어서라도 다시 심장이 뛰게 합니다. 만약 그렇게 해서라도 환자의 심장이 다시 뛰게 되고 의식이 돌아오면 환자는 살게 되는 것입니다. 그래서 병원에서나 사고 현장에서는 사람이 사느냐 죽느냐 하는 것이 한순간에 결정될 때가 많습니다.

어떤 사람이 완전히 심장에 멎었고 죽었습니다. 그 사람이 죽은 지 사흘이 되어 장사까지 지냈습니다. 그런데 그 죽은 사람의 심장이 다시 뛰면서 피가 다시 돌고 의식이 돌아오면 살 수가 있을까요? 그것은 불가능한 일입니다. 그런데 예수님은 가능하다고 말씀하셨습니다.

바로 성경 때문입니다. 성경은 하나님의 약속입니다. 하나님은 우리의 죄를 하나님의 아들이 책임지시기만 하면 우리의 생명을 새로 창조한다고 약속하셨습니다. 그래서 예수님은 "누구든지 나를 믿는 자는 영생하리라" 고 말씀하셨고, 그 증거로 십자가 위에서 죽으시고 사흘 만에 다시 살아날 것이라고 하셨습니다. 물론 그 당시에는 아무도 예수님의 말씀을 믿지 않았습니다. 그러나 예수님은 성경대로 우리 죄를 위하여 죽으시고 장사 지낸 바 되시고 죽은 지 사흘 만에 다시 살아나셨습니다. 이것은 이론이 아니라 현실이고 실제였던 것입니다.

사도 바울은 맨 먼저 부활의 목격자가 수두룩하게 있다고 증거하고 있습니다.

5-8절, "게바에게 보이시고 후에 열두 제자에게와 그 후에 오백여 형제에게 일시에 보이셨나니 그중에 지금까지 대다수는 살아 있고 어떤 사람은 잠들었으며 그 후에 야고보에게 보이셨으며 그 후에 모든 사도에게와 맨 나중에 만삭되지 못하여 난 자 같은 내게도 보이셨느니라"

본문에 보면 예수님이 확실하게 죽으셨고 장사 지낸 바 되었으며 확실히 살아나신 것을 본 증인이 수두룩했다고 했습니다.

예를 들어 2차 세계대전 때 독일 나치가 유대인 수용소를 만들어 많은 유대인을 가스실에 넣어 죽였다고 하지만 증거가 없으면 아무도 믿지 않았을 것입니다. 그러나 그 수용소가 지금도 남아 있고 그 수용소에 갇혔다가 죽기 직전에 풀려난 자들이 살아 있다면 아무도 그 사실을 부인하지 못할 것입니다. 실제로 그것을 본 증인이 있기 때문입니다.

예수님이 십자가에 매달려 죽으신 것을 본 증인은 수두룩했습니다. 아마 유월절에 예루살렘에 온 유대인은 거의 보았을 것입니다. 예수님은 확실히 십자가에 못 박혀 죽으셨는데, 로마 병정이 예수의 옆구리를 창으로 찔러 물과 피가 쏟아지는 것을 모두 확인했습니다. 그의 시체를 아리마대라는 사람의 무덤에 장사까지 지냈습니다. 그런데 예수님은 사흘 후에 사망을 이기고 성경대로 부활하셨습니다. 그것을 베드로가 먼저 보았습니다. 성경에는 막달라 마리아가 먼저 보았지만, 여자가 보았다고 하면 믿지 않을 사람이 있기 때문에 베드로가 본 것을 먼저 이야기하고 있습니다. 그리고 열한명의 제자는 적어도 세 번 예수님을 만났습니다. 성경에는 나오지 않지만 500여 명의 신자가 있는 가운데 예수님이 나타나셔서 그들도 예수님을 만났습니다. 아마 신자들 가운데는 예수님의 손을 만진 자도 있을 것이고 발을 만진 자도 있을 것입니다. 그들은 분명 예수님이 살아나신 것을 확인했습니다.

성경에 보면 엠마오로 가던 제자들도 예수님을 만났고, 의심 많은 도마도 예수님의 못 자국과 창 자국에 손을 넣어 보고 주님이 부활하신 것을 믿었습니다.

예수님은 틀림없이 죽었다가 다시 살아나셨습니다. 이것은 성경이 진짜 이루어지고 있으며, 부활이 있다는 것을 증명해주고 있습니다.

3. 예수님의 부활이 미친 영향

예수님의 부활은 그분을 가장 믿지 않았던 두 사람의 인생에 결정적인 영향을 미쳤습니다. 한 사람은 예수님의 동생 야고보였고, 다른 한 사람은 이 서신을 쓰고 있는 사도 바울 자신이었습니다.

사도 바울은 원래 유대 종교를 믿는 자였지 예수님의 부활을 믿는 자가 아니었습니다. 그는 예수님의 부활을 믿는 자들을 어리석은 광신자라 생각했고, 그런 사람들은 모조리 감옥에 잡아 가두고 고문해서라도 바로 잡아야 한다고 생각했습니다. 그래서 사도 바울은 열심히 예수 믿는 사람을 핍박했고, 더 많은 그리스도인을 체포하기 위해 다메섹으로 가다가 부활하신 예수님을 만나면서 거꾸러지고 말았습니다. 바울은 예수가 틀림없이 어느 무덤에서 썩고 있을 것이라고 믿고 있었는데, 영광스러운 모습으로 바울 앞에 나타나셨던 것입니다. 사도 바울이 놀라서 "주여 누구시니이까"라고 물었을 때 예수님은 "나는 네가 박해하는 예수라"고 대답하셨습니다.

사도 바울은 어떤 사람입니까? 대단히 자기 사상이 강하고 지성적인 사람이었으며 절대로 예수님의 부활 같은 어리석은 생각은 믿지 않을 사람이었습니다. 그러나 그는 자신의 눈으로 예수님이 살아계신 것을 보았습니다. 사도 바울은 거꾸러졌으며 그 영광에 눈까지 멀어버렸습니다.

7-9절, "그 후에 야고보에게 보이셨으며 그 후에 모든 사도에게와 맨 나중에 만삭되지 못하여 난 자 같은 내게도 보이셨느니라 나는 사도 중에 가장 작은 자라 나는 하나님의 교회를 박해하였으므로 사도라 칭함 받기를 감당하지 못할 자니라"

여기에 나오는 야고보는 예수님의 동생 야고보입니다. 야고보는 예수님이 부활하실 때까지 하나님의 아들인 것을 믿지 않았습니다. 야고보는 예수님이 목수 일은 하지 않고 갈릴리 어부들과 어울려 다니는 것을 보고 정신이 이상해져 이상한 소리를 전하러 다닌다고 생각했습니다.

예수님은 부활하신 후 특별히 야고보를 개인적으로 만나셨습니다. 부활을 믿지 못하던 도마를 개인적으로 만나셨던 것처럼 예수님은 동생 야고보를 만나셨고, 그때 야고보는 거꾸러졌던 것 같습니다. 야고보는 초대교회에서 아주 중요한 역할을 감당하게 되었고 야고보서를 남겼습니다. 전해지는 이야기에 따르면 그가 얼마나 열심히 기도했던지 무릎이 낙타 무릎같이 되었다고 합니다. 그리고 예수님은 이번에 그 고집스러운 바울을 거꾸러뜨리셨습니다. 바울은 그 많은 그리스도인의 이야기가 모두 미친 소리라고 생각해 더 많은 그리스도인을 잡아 죽이기 위해 다메섹으로 가다가 부활하신 예수님을 만났습니다. 그가 주님 앞에서 깨달은 것이 무엇입니까? 죽어 있어야 할 예수가 살아 있다는 것입니다. 지금까지 사도 바울이 믿고 추구해 오던 것은 모두 엉터리였습니다. 바울에게 있어 이 세상에서 유일하게 참된 것은 예수가 살아계신다는 사실이었습니다.

데카르트는 "나는 생각한다. 고로 나는 존재한다"라는 유명한 말을 남겼습니다. 그러나 사도 바울이 깨달은 유일한 진리는 오직 예수님이 부활해 살아계신다는 사실이었습니다. 바울은 자신을 "만삭되지 못하여 난 자"라고 표현했습니다. 그는 자기가 인간이 덜 되어도 한참 덜 되었다는 것을 알았습니다. 그리고 바울은 예수님을 믿는 믿음부터 인생을 다시 시작했으며 "내가 나 된 것은 하나님의 은혜로 된 것이니"라고 고백했습니다.

사도 바울은 당시 교회에 예수님의 부활을 철학적으로 해석하려는 사상이 밀려와 부활의 신앙을 무너뜨리려고 하는 것을 보았습니다.

그러나 사도 바울은 우리가 이 부활의 신앙과 성경적 진리에서 흔들리면 부활에 참여할 수 없다고 말하고 있습니다.

우리는 이미 예수님의 복음을 듣고 그 위에 서 있습니다. 이 복음이 우리가 서 있는 기초입니다. 그런데 사람은 우리를 그 기초에서 밀쳐내려 하고 있습니다.

예수님은 성경의 권위를 되살려놓으셨습니다. 예수님은 성경 말씀의 한 자 한 자의 권위를 다 살려놓으셨습니다. 오늘 우리가 자신의 생각을 믿고 사람이 하는 말을 믿는다면 떠내려가고 말 것입니다. 우리는 예수님이 이루어놓으신 부활의 축복에 참여하지 못하고 도매금으로 영원한 지옥의 죽음으로 쓸려가고 말 것입니다.

성경 말씀을 그대로 믿을 때 부활의 능력은 우리 삶 가운데 나타나게 됩니다. 즉 우리는 단순히 죽지 않기 위해 사는 것도 아니고 죽기 전에 실컷 즐기기 위해 사는 것도 아닙니다. 지금 우리 인생은 여기서 영원까지 연결됩니다. 즉 우리는 옳은 것을 위하여 살게 되고 사랑을 위해 살게 되며 우리의 봉사와 예배와 섬김은 영원히 계속될 것입니다.

우리의 기도도 계속될 것이며 우리의 예배도 계속될 것이며 우리의 찬양도 계속될 것입니다.

오케스트라나 합창단이 연습할 때는 아무 옷이나 입고 열심히 연습합니다. 그러나 발표회 때가 되면 모두 예복을 갖춰 입고 조명 아래서 수많은 청중 앞에서 박수갈채를 받으며 연주하게 될 것입니다. 우리는 부활할 때 아름다운 예복을 입고 지금 연습한 곡들을 발표하게 될 것입니다. 그때 모두 박수갈채를 받게 될 것입니다.

성경 토의

1. 오늘 교회나 믿는 자들에게서 예수님의 부활은 역사적인 사실로 믿어지고 있지만 하나의 부활절 행사 정도로 믿어지는 경우가 많다. 그래서 부활절이 되면 연합예배를 드리거나 어린이들에게 삶은 달걀을 나누어주는 것으로 끝내고 있다. 부활절이 하나의 행사로 끝나지 않으려면 어떻게 하는 것이 좋은가?

2. 우리는 과연 예수님처럼 나중에 다시 부활할 것을 소망하면서 살아가고 있는가, 아니면 그냥 이 세상이 전부이며 세상에서 죽으면 모든 것이 끝난다는 생각으로 살아가고 있는가?

3. 우리 인생의 중요한 변화를 가지고 온 것은 무엇이며, 우리는 과연 무엇을 위하여 살아가고 있다고 생각하는가?

36_부활의 가능성

고린도전서 15:12-28

전체적 설명 사도 바울은 예수님의 부활의 역사성을 목격자들을 통해 증명한 다음 과연 죽은 자의 부활이라고 하는 것이 가능한 일인지 논증하고 있다. 과연 죽은 자가 온전하게 다시 살아나는 것이 가능한 일일까? 만약 이것이 가능하다면 우리 인간에게 이것보다 더 기쁜 소식은 없을 것이다. 그러나 유감스럽게도 모든 인간은 숨이 끊어진 순간부터 몸이 썩기 시작하고 결국 썩은 인간의 육체는 땅에 묻힌 채 없어질 수밖에 없다. 이것은 어느 인간도 피할 수 없는 절대적인 명령이다. 그런데 놀랍게도 예수 믿는 사람에게는 하나님의 놀라운 약속이 있다. 그것은 우리 예수 믿는 사람은 비록 죽어도 다시 살아날 것이라고 말씀하셨고, 우리는 그 말씀을 믿고 다른 사람에게 증거하고 있다. 따라서 부활이 없다면 기독교는 거짓 종교가 되고 만다. 죽음에서 다시 살아난다는 것은 엄청난 사실이 아닐 수 없다. 그러나 하나님은 진짜 예수님을 죽음에서 살리셨고, 예수님은 부활의 첫 열매가 되셨다. 그리고 예수님은 최종적으로 사망까지 멸하시고 온 세상을 하나님께 바치실 것이다.

설교
프리노트

12절, "그리스도께서 죽은 자 가운데서 다시 살아나셨다"

사도 바울이 고린도에 와서 전한 것은 '그리스도께서 죽은 자 가운데서 살아나심으로써 우리 모두 죄 용서를 받았다' 라는 복음이었다. 놀라운 것은 이 복음이 예수 믿지 않던 자들에게는 이해하기가 아주 어려운 내용이라는 사실이다. 즉 하나님이 있다는 것도 믿기 어렵고 자기가 죄인이라고 하는 것도 인정하기 어렵고 더욱이 하나님에게 아들이 있는데 그 아들이 우리 죄를 대신해 죽었다가 다시 살아났다는 것은 더 믿기 어려운 일이었다. 그런데 놀랍게도 고린도 교인들은 이 복음을 듣고 예수를 믿었다. 그 이유는 하나님의 성령께서 그들의 마음을 열어주셔서 복음을 믿게 해주셨기 때문이다. 그 결과 고린도 교인들의 마음속에 성령이 임하고 그들의 삶이 변하게 되었다. 고린도인의 대부분은 헬라인이었는데 헬라인은 오래전부터 소크라테스나 플라톤 철학의 영향을 많이 받았다. 소크라테스나 플라톤은 인간의 지식을 사랑하고 추구하는 철학자였으며, 그들은 인간의 영혼은 완전하고 깨끗하지만 인간의 육체는 추하고 탐욕스럽다고 생각했다. 그래서 이 철학자들은 "육체는 영혼의 감옥이다"라고 말했으며, 인간은 죽음으로써 영혼이 육체의 감옥에서 풀려난다고 주장하기도 했다. 이 철학자들의 입장에서 볼 때 예수가 하나님의 아들이라고 하면서 육체로 죽었다가 육체로 다시 살아났다고 하는 것은 영혼이 더 완전한 이데아 세계에 가지 못하고 도로 육체의 감옥을 뒤집어쓴 것이나 마찬가지이기 때문에 절대로 좋은 것이 아니었다. 그래서 헬라 철학의 영향을 받은 고린도의 일부 교회 지도자나 교인들은 "죽은 자가 부활했다는 것은 인정할 수 없다"고 주장했던 것이다. 이것은 지금까지 들은 복음과 배치되는 것이었고 사도 바울의 가르침을 정면으로 부정하는 가르침이었다. 당시 이런 가르침이 교회 안에 들어오게 된 것은 교회 지도자나 교인들이 가지고 있던 지적 열등감 때문이었다. 즉 자신들이 하나님을 믿기는 믿지만 세상 지식에 대해 무식하니까 이런 유식한 자들로부터 복음을 인정받아야 고상한 기독교가 될 수 있다는 생각을 가졌던 것이다.

13절, "만일 죽은 자의 부활이 없으면"

여기서 사도 바울은 과연 죽은 자의 부활이라고 하는 것이 가능한가, 불가능한가 하는 것부터 이야기하고 있다. 우리 인간의 지식이나 인간의 경험으로는 죽은 자가 다시 육체를 가지고 살아난다는 것은 틀림없이 불가능한 일이다. 모든 사람은 한 사람도 빼놓지 않고 결국 죽어야 하고 죽은 뒤에는 그 육신이 썩어 없어지기 때문이고, 우리는 다시 살아난 사람을 한 번도 본 적이 없기 때문이다. 그러나 오직 단 한 사람 예수님은 죽음에서 다시 살아나셨고 살아난 예수님을 눈으로 본 자가 500명이 넘었다. 즉 예수님은 완전히 죽으셨다가 완전히 살아나신 것이다. 인간적으로는 불가능한 이 부활이 과연 하나님 앞에서는 어떨까? 하나님에게는 부활이 전혀 불가능하지 않다. 하나님은 없는 사람도 얼마든지 만들 수 있는 분이기 때문이다. 하나님은 죽은 자를 다시 살리신다는 것을 보여주기 위하여 예수님을 죽음에서 다시 살리셨다. 예수님이 다시 살아나신 것은 부활이 가능함을 하나님께서 보여주신 것이다.

14절, "그리스도께서 만일 다시 살아나지 못하셨으면"

물론 그리스도도 죽음에서 다시 살아나신다는 것은 쉬운 일이 아니었다. 인간으로서 완전히 죄가 없어야 했고 율법을 완전히 지켜야 했기 때문이다. 그리스도는 자신의 삶과 죽음을 하나님께 의로운 제사로 드리는 데 성공하셨기 때문에 드디어 사망의 권세를 깨고 다시 살아나신 것이다. 만일 그리스도가 부활하시는 데 실패하셨더라면 우리 믿는 것은 오직 하나의 공상이나 가설에 불과하고 복음을 전파하는 것도 헛되며 믿음도 아무 소용이 없게 된다.

15-19절, "또 우리가 하나님의 거짓 증인으로 발견되리니……"

복음은 '하나님이 십자가에 못 박혀 죽은 예수를 사흘 만에 다시 살리셨다' 고 증거한다. 만일 예수님이 다시 살아나지 못하셨다면 복음이야말로 대사기극이며, 이것은 하나님을 이용해 다른 사람을 속이는 거짓말쟁이가 되고 마는 것이다. 사도 바울은 여기서 지금까지 한 말을 반복하며 강조해 설명하고 있다. 즉 부활이라는 것이 없다면 그리스도는 다시 살 수 없었을 것이다(16절). 그도 사람이었기 때문이다. 즉 인간은 영혼이 육체를 한번 떠나면 모든 것이 끝나고 만다. 예수님이 죽었다가 살아나지 못했음에도 불구하고 예수님이 살아나셨다고 믿는 자들은 어리석은 자들이고 광신도들이고 헛된 공상을 믿는 사람에 불과하다(17절). 더 심각한 것은 예수님이 다시 살아나시는 데 실패했다면 그분이 우리 죄를 사하시는 데도 실패하신 것을 의미하기 때문에 우리는 한 사람도 죄 용서를 받지 못하고 여전히 죄인 상태에 머물러 있을 수밖에 없다(17절). 그리고 예수 믿다가 죽은 자들은 모두 망한 것이다. 다시 살 수 없는데도 불구하고 자기들이 다시 살 것이라고 믿고 죽었기 때문이다(18절). 예수 믿는 자들은 모두 자신이 다시 부활할 것을 믿고 죽는다. 그런데 다시 살지 못한다면 얼마나 억울한 일이겠는가? 더욱이 예수 믿는 이유가 오직 이 세상에서 좀 더 잘 되고 성공하기 위해 믿는다면 우리는 가장 불쌍한 사람이다. 예수를 믿는다고 해서 이 세상에서 잘 되는 것이 아니기 때문이다. 우리는 모두 하나님의 영광된 미래를 바라보고 현실의 모든 어려움을 참고 견디고 있는 것이다.

20절, **"다시 살아나사 잠자는 자들의 첫 열매가 되셨도다"**

성경은 예수 믿고 죽은 자들을 '잠자는 자들'이라고 말씀한다. 이것은 잠자고 있는 자들은 언제든지 깨우기만 하면 눈을 떠서 일어날 수 있는 것처럼 주님이 부르시기만 하면 언제든지 살아날 수 있다고 말씀하는 것이다. '첫 열매'는 식물적인 비유인데 사과나 배 같은 과일나무를 처음 심으면 금방 열매가 맺히는 것이 아니다. 몇 년 자라서 어느 정도 성장해야 나무는 열매를 맺게 된다. 열매가 맺히지 않던 과일나무가 첫 열매를 맺고 나면 그때부터는 똑같은 열매가 수도 없이 맺히게 된다. 마찬가지로 예수님이 부활의 첫 열매가 되셨기 때문에 때가 되면 앞으로 수도 없이 많은 사람이 부활하게 될 것이다.

21-22절, **"사망이 한 사람으로 말미암았으니……"**

이것은 의학적으로 이해하면 좋을 것이다. 예를 들어 어느 지역에 한 사람이 메르스나 에볼라 바이러스같이 무서운 전염병을 가지고 들어왔다면 결국 그 병이 퍼져 많은 사람이 죽음을 맞게 될 것이다. 이것은 면역성이 없는 인간으로서는 어쩔 수 없는 일이다. 그러나 과학자 한 사람이 그 병을 이길 수 있는 백신을 개발하는 데 성공했다면 그 백신 주사를 맞는 사람은 생명을 건질 수 있을 것이다. 마찬가지로 사망은 아담이라는 한 사람을 통해 인간 세상에 들어오게 되었고, 자연인은 모두 아담의 체질을 가지고 있기 때문에 죽을 수밖에 없다. 그러나 예수님이 사망을 이기는 피를 만드는 데 성공하셨기 때문에 누구든지 예수를 믿는 자는 영생을 얻게 된다.

23절, "그러나 각각 자기 차례대로 되리니"

우리는 부활할 때 우후죽순같이 자기 마음대로 부활하지 않는다. 부활에는 반드시 지켜야 하는 순서가 있는데, 가장 먼저 부활의 첫 열매는 그리스도이고 그다음에는 그가 다시 강림하실 때 예수 믿는 자들이다. 좀 더 구체적으로 설명하면 죽었던 자들이 먼저 부활하고 산 자들은 그다음에 변화 받게 된다(살전 4:14, 15).

24절, "그 후에는 마지막이니"

예수님이 다시 오셔서 우리 성도를 다시 살리신 후에는 마지막 심판이 이루어지게 된다. 그리스도는 권능으로 이 세상에 오셔서 이 세상의 모든 권력자로부터 권력과 능력을 다 빼앗고 그들을 심판하신다. 그들은 자기에게 맡겨진 권세를 가지고 하나님의 뜻에 순종하지 않았기 때문이다. 그때는 예수 믿지 않는 자들도 살아나서 최후의 심판을 받게 된다.

25절, "반드시 왕 노릇 하시리니"

전투적인 왕의 모습이다. 그리스도는 최후에 마귀와 모든 대적하는 자들을 굴복시켜 발아래 둘 때까지 전투적인 왕으로서 우리 믿는 자들을 격려하고 천사들을 지휘해 사탄의 세력을 정복해 나가실 것이다.

26절, "맨 나중에 멸망 받을 원수는 사망이니라"

최종적으로는 사망이 멸망을 받아 파괴될 것이다. 그러면 그때까지 사망에 매여 있던 모든 영혼이 풀려나게 된다. 각자의 운명이 다 다른데 예수 믿고 믿음으로 산 자들은 영광스럽게 변화되어 부활에 참여하게 되고, 예수 믿지 않고 정욕대로 산 자들은 수치스러운 몸으로 부활해 영원한 지옥 불에 던져지게 된다.

27-28절, "만물을 그의 발 아래에 두셨다 하셨으니……"

예수 그리스도의 탁월한 지위에 대한 설명이다. 그리스도는 모든 만물을 자기 발아래 굴복시키시기 때문에 결코 피조물이 될 수 없다. 마귀도 피조물이고 천사도 피조물이지만 그리스도는 피조물이 아니시다. 그리스도는 모든 대적하는 세력을 다 굴복시키시고 나서 피조 세계를 하나님의 직접적인 통치 아래 두실 것이다. 그러면 온 세상이 훨씬 더 성숙하고 완벽한 상태에서 하나님의 통치를 받게 될 것이다.

본문 이해를 위한 질문

1. 예수께서 죽음에서 부활하셨다는 것은 무엇을 의미하는가?

이것은 부활의 우리에게 새로운 삶이 시작되었으며 , 우리는 이미 영생을 시작하고 있는 것을 의미한다. 따라서 예수님의 부활을 믿지 않는 것은 죽은 인생을 연장하는 것밖에 되지 않는다.

2. 이 세상의 화려함과 사치스러움에 빠져 예수님의 부활을 생각하지 않고 이 세상의 성공만을 위해 살면 어떻게 되는가?

우리는 이 세상의 부패한 삶의 늪에 빠져 전혀 앞으로 나아가지 못하고 결국 믿음에 실패하는 자가 되고 말 것이다.

3. 우리는 어떻게 해서 부활에 참여하는 자가 되는가?

아담 한 사람이 죄를 지음으로써 사망을 끌고 온 것처럼 예수 한 분이 죄를 이기심으로써 생명을 가지고 오셨다. 우리는 예수를 믿음으로써 그분의 부활에 참여하게 된다.

성경 강해

운동선수들 가운데 연습 경기할 때는 열심히 잘하는데 아주 중요한 큰 경기나 결승전에서는 겁을 먹거나 힘이 다 빠져 경기를 잘하지 못하는 선수가 있습니다. 연주자들 가운데서도 연습할 때는 잘하는데 정작 중요한 대회에서는 너무 긴장해서 제 실력을 발휘하지 못해 실패하는 사람이 많습니다. 이 모든 것은 진짜 중요한 순간에 힘을 집중시키지 못해 그런 것입니다. 그런데 바로 이런 일이 모든 사람에게 일어나고 있습니다.

예수님은 우리에게 아주 놀라운 소식을 전해주셨습니다. 그것은 모든 사람의 인생이 이 세상의 인생으로 끝나는 것이 아니라 또 한 번의 새 인생이 있다는 사실입니다. 이것은 우리의 살아가는 모든 목적과 방식을 뒤집어엎는 정말 놀라운 소식이 아닐 수 없습니다.

오늘날 사람은 이 세상에서 공부 잘하고 이 세상에서 성공하고 이 세상에서 유명해지는 것으로 모든 것이 끝나는 줄 알고 있습니다. 그러나 예수님이 오셔서 우리가 이 세상에 성공하는 것은 어디까지나 예선전에 불과하고 본 경기가 아니라고 말씀하신 것입니다. 예수님이 하신 놀라운 말씀은 우리 모두에게 제2의 인생이 준비되어 있다는 것입니다. 사실 이것이야말로 우리 모두가 고대하고 기다리던 것이 아니었을까요? 우리는 이 세상에 한 번만 살고 죽어 없어지기에는 너무 아깝다고 생각하고 있습니다. 그래서 어떤 사람은 "한 번만 더 이 세상에 태어난다면 정말 멋있게 살 자신이 있는데……"라고 말하기도 합니다.

예수님은 우리에게 본격적인 제2의 인생이 기다리고 있다고 말씀하셨습니다. 이것은 우리 모든 인간에게 너무 반갑고 놀라운 소식입니다. 그럼에도 사람은 제2의 인생이 있다는 사실을 믿으려고 하지 않습니다. 지금까지 눈에 보이는 이 세상의 성공에 전력을 쏟아부었기 때문입니다. 사람은 이 세상에서 돈을 벌고, 공부 잘하고, 높은 자리에 오르는 데 모든 힘과 정력을 써버렸기 때문에 제2의 인생을 살 힘이 없게 되어버린 것입니다. 결국 이들은 어리석은 인생을 산 것입니다. 전쟁도 마찬가지입니다. 어떤 장군은 눈앞에 보이는 작은 승리에 집착해 온 힘을 쏟아버리는 바람에 꼭 이겨야 할 전쟁에서 패배해 망하는 사람이 있습니다. 그러나 진짜 중요한 것은 언제나 나중에 나오고, 마지막에 승리하는 사람이 진짜로 승리하는 사람입니다.

승마 경기라든지 육상 경기 같은 경우를 보면 처음부터 일등으로 달려 우승하는 사람도 있지만 대부분 처음에는 중간 정도 달리다가 끝에 가서 온 힘을 다해 일등하는 선수가 많습니다. 영생의 경기가 바로 이런 경기입니다. 이 세상에서 죽을힘을 다해 권력을 잡고 돈을 모으고 성공했는데 알고 보니 이것은 어디까지나 예선전에 불과하고, 그 뒤 본선에서 온 힘을 다해 질주하는 사람이 영원한 금메달을 따게 됩니다. 그래서 예수님은 사람에게 썩는 양식을 위하여 모든 인생을 허비하지 말라고 말씀하셨습니다. 예수님 자신의 인생도 이 세상의 기준으로 본다면 너무 어리석은 인생이었고 무기력한 인생이었고 실패한 인생이었습니다. 그러나 예수님은 마지막 십자가 위에서 온 힘을 다해 달려간 결과 사망을 이기고 죄를 이기고 영생의 문을 여는 데 성공하셨습니다.

1. 새로운 인생은 이미 시작되었다

우리는 가끔 주위에서 제2의 인생을 사는 사람을 보고 그들의 성공에 박수갈채를 보냅니다. 예를 들어 처음에 자신이 왜 살아야 하는지 의미를 알지 못했고 모든 일에 있어 다른 사람에 비해 뒤떨어지고 무능하다고 생각했던 사람이 어느 날 자기도 잘할 수 있는 것이 있다는 사실을 알게 되었고 열심히 노력한 결과 세계 최고의 사람이 되었을 때 우리는 그 사람에게 박수갈채를 보냅니다. 어떤 사람은 공부는 잘하지 못했지만 정치나 기업 경영에서 탁월한 능력을 발휘해 어느 누구도 생각하지 못한 큰 업적을 남기기도 합니다. 또 음악가라든지 운동선수들 가운데서 처음에는 자신의 소질이나 장점을 잘 알지 못했는데 나중에 훌륭한 선생님을 만나 훈련을 받은 결과 엄청난 재능을 나타내어 세계적인 연주자가 되고 선수가 된 사람도 있습니다. 우리는 이런 사람을 보면 감동하게 되고 그들의 성공에 행복감을 느끼고 박수갈채를 보내게 됩니다. 마찬가지로 우리는 이 세상에서 자신이 무엇을 잘할지 모르고 무엇인가 하기는 해야 하겠는데 도대체 무엇을 해야 할지 모르는 상태에서 살아갈 때가 많습니다. 이 세상의 기준으로 보면 성공한 사람도 있지만 썩 그렇게 성공하지 못하고 뒤로 처진 사람도 많을 것입니다. 그런데 놀라운 사실은 이 세상이 전부가 아니라는 것입니다. 우리 모두에게 제2의 인생이 있고, 다시 한 번 멋있게 살 수 있는 본 게임이 준비되어 있습니다.

여기서 우리가 알아야 할 것은 세상의 성공 기준과 제2 인생의 성공 기준은 많이 다르다는 사실입니다. 이 세상에서 성공하려고 하면 공부를 아주 잘해 모든 시험에 일등이나 이등을 하고 최고의 기억력을 가지고 천재가 되거나 기업 경영을 탁월하게 해서 대기업으로 키우거나 모든 사람이 원하는 것을 딱 맞추어 책이나 물건이나 사상을 내놓는 것입니다. 그러면 이 세상에서 성공할 수가 있습니다.

그런데 제2의 인생에서 성공을 하려고 하면 하나님 말씀에 딱 맞아야 합니다. 하나님 말씀 한두 구절을 붙든다고 해서 되는 것이 아니라 성경 전체를 알아야 하고 딱 맞아야 합니다. 하나님 말씀을 모르고는 제2의 인생이 있을 수가 없습니다. 그래서 성경 전체를 배워야 합니다. 우리나라의 한 유명한 목사님이 "나는 성경 전체를 다 알 필요가 없다고 생각한다"라고 큰소리 치시는 것을 어디서 본 적이 있습니다. 그 목사님은 교인들을 잘못된 길로 인도하는 잘못된 지도자입니다. 우리가 하나님 말씀 전체를 다 알 수도 없지만 안다고 해서 다 된 것이 아닙니다. 우리는 하나님께 감동을 드릴 수 있어야 합니다. 이 세상에서 성공한 사람은 모두 이 시대의 사람에게 감동을 주었던 사람입니다. 만약 사람의 인기나 끌고 사람의 비위나 맞추는 것으로 제2의 인생을 성공할 수 있다고 생각한다면 잘못 생각한 것입니다. 우리는 하나님의 뜻에 딱 맞아야 할 뿐 아니라 하나님께 감동을 줄 수 있어야 합니다. 예수님의 인생은 사람이 보기에 실패한 인생이었습니다. 예수님은 제자의 배신으로 붙들려 십자가에 처형당해 죽으셨습니다. 예수님은 말씀의 능력이 있으셨습니다. 예수님은 기적을 행하실 수 있었습니다. 그럼에도 예수님의 인생은 세상 사람이 보기에 실패한 바보 같은 인생이었습니다. 그러나 예수님의 모든 행동은 하나님의 뜻에 딱 들어맞았을 뿐 아니라 하나님은 감동시키는 데 충분했습니다. 예수님의 순종은 위력이 있었습니다. 예수님의 순종은 사망의 권세를 깨뜨렸고 죄의 세력을 이겼으며 영생의 문을 여는 데 성공했습니다. 예수님이 사신 제1의 인생은 미완성의 인생이었고 실패한 인생이었지만, 예수님이 사신 제2의 인생은 완전하고 위대한 성공이었습니다. 예수님은 죽음에서 부활해 이미 제2의 인생을 시작하셨습니다. 하나님의 보좌 우편으로 올라가셨고 성령을 받아서 우리에게 부어주셨으며 왕 중의 왕이 되셨습니다. 예수님은 아예 악한 자는 상대도 하지 않으셨습니다. 그 대신에 제자들을 만나 그들에게 제2의 인생을 주셨습니다. 예수님은 그분을 모른다고 세 번 부인했던 베드로에게 찾아오셔서 능력을 주셨고, 의심 많은 도마에게 찾아오셔서 못 자국과 창 자국에 손가락을 넣어 보라고 하심으로써 믿음을 주셨습니다. 예수님은 엠마오로 가던 두 제자에게 나타나 다시 예루살렘으로 돌아가게 하셨고, 교회를 핍박하고 인간답지도 않은 인생을 살았던 바울에게 나타나 그의 인생을 송두리째 바꿔놓으셨습니다. 예수님은 죽음에서 부활해 이미 제2의 인생을 시작하셨고 우리에게도 제2의 인생을 시작하게 하셨습니다. 그럼에도 많은 사람이 예수님의 제2의 인생을 믿지 않고 눈에 보이는 이 세상이 전부라고 생각하며 살아가고 있습니다.

12-13절, "그리스도께서 죽은 자 가운데서 다시 살아나셨다 전파되었거늘 너희 중에서 어떤 사람들은 어찌하여 죽은 자 가운데서 부활이 없다 하느냐 만일 죽은 자의 부활이 없으면 그리스도도 다시 살아나지 못하셨으리라"

복음은 그리스도께서 죽은 자 가운데서 다시 살아나셨다고 전파하는 것입니다. 즉 복음은 철학도 아니고 인생론도 아니고 사회를 개혁하는 것도 아닙니다. 오직 예수님이 우리 죄를 대신해 죽었다가 다시 살아나셨다는 것을 전하고 믿었는데 무엇인가가 일어나는 것입니다. 그것은 바로 사람이 변하는 것이고 성령이 임하는 것이고 부흥이 임하는 것입니다. 단순히 예수가 죽었다가 다시 살아나셨다고 전파한 것뿐인데 어떻게 이런 일이 일어나게 된 것일까요? 이것이 바로 하나님의 뜻이요 하나님의 의를 이루고 하나님을 감동시켰기 때문입니다. 요즘 우리 눈에는 정치권력자들의 한 마디 한 마디가 대단한 위력을 가진 것을 보게 됩니다. 특히 미국 같은 강대국이나 중국 같은 강대국의 최고 권력자가 한 마디 하자 온 세상이 두려워 벌벌 떠는 것을 볼 수 있습니다. 특히 우리나라처럼 힘이 약한 나라는 이 나라 통치자의 눈치를 보고 저 나라 통치자의 눈치를 살피느라 갈팡질팡하고 있는 형편입니다. 그러나 이들이 큰소리를 친다고 해서 큰 감동을 받는 사람은 한 명도 없습니다. 이들이 큰소리를 친다고 해서 영적 부흥이 일어나거나 위대한 각성이 일어나는 것이 아닙니다. 이것은 그냥 이 세상에 있는 권력을 가지고 자기 나라에 더 유익하기 위해 큰소리를 쳐보는 것이고, 위력을 과시하는 것에 불과합니다. 실제로 사람을 살리는 것은 하나님 말씀이며 복음입니다. 이것이 사람의 눈에 무식하게 보이고 아무 도움도 되지 않는 것처럼 생각되기 때문에 사람은 믿는다고 하면서도 무시하는 것입니다. 그래서 예수님의 부활이 증거 되어 고린도에 부흥이 일어나고 많은 사람이 예수를 믿었음에도 불구하고 또다시 철학을 받아들여 죽은 자의 부활이 없다고 주장하는 사람이 있었던 것입니다. 사도 바울은 예수님의 부활은 제2 인생의 시작이고 이것이 없다면 예수님도 부활하실 수 없었을 것이라고 말합니다. 한 걸음 더 나아가 제2의 인생이 없다면 아예 예수님이 이 세상에 오실 필요가 없었을 것입니다. 그래서 예수님의 부활은 우리 모두에게 제2의 인생이 있으며 예수를 믿음으로써 이것이 이미 시작되었음을 보여주는 것입니다.

2. 세상의 늪에 빠진 기독교

사도 바울이 고린도 교회에 보낸 편지에 유별나게 부활에 대해 완벽하게 논증하는 이유는 고린도 교인들이 받은 그리스 사상의 영향 때문이었습니다. 그리스 사람은 소크라테스나 플라톤 사상의 영향으로 이데아 세계를 동경했습니다. 이 이데아 세계는 오직 좋은 사상 또는 이념으로만 이루어진 정신 세계를 말하는 것이었습니다. 그래서 그들은 육체는 무조건 나쁜 것이라고 생각해 육신의 부활을 믿지 않았습니다. 사도 바울이 아테네에서 예수께서 죽었다가 사흘 만에 다시 사셨다고 설교했지만 그들은 일체 반응을 보이지 않았습니다. 고린도 교회의 목회자나 교인들 가운데서도 육신의 부활을 부정하는 자가 많이 있었습니다. 그들은 기독교에 대해 이 세상에서 좀 더 성실하게 살고 좀 더 도덕적이게 살고 우리를 좀 더 착하게 살도록 한다고 생각했던 것입니다. 이것은 오늘 우리에게도 마찬가지입니다. 기독교는 이 세상에 선한 영향을 끼치고 우리를 좀 더 도덕적으로 선하게 하는 종교라고 믿는 사람이 너무 많습니다. 즉 이 세상에서도 성공하고 천국까지 차지하려고 생각한 것처럼 보입니다.

만약 우리가 기독교를 믿으면서 이것을 하나의 사상으로 받아들이고, 이것을 하나의 사회변혁을 위한 수단으로 받아들인다면 어떤 일이 일어나게 될까요? 사실 이것이 오늘 기독교 지도자나 신자들이 빠질 수 있는 가장 무서운 함정입니다. 이 세상을 보면 너무 좋은 것이 많습니다. 세상의 지식이 얼마나 좋으며 세상의 돈이 얼마나 좋으며 세상의 권력과 인기가 얼마나 좋습니까? 그러나 이 세상에 있는 것은 우리의 영혼에 아무런 도움이 되지 않을뿐더러 오히려 독이 될 때가 많습니다. 거기에 비해 기독교 안에는 좋은 것이 얼마나 많습니까? 여기에는 하나님의 사랑이 있고 영생이 있고 죄 사함이 있고 축복이 있고 기적이 있습니다. 원래 이 두 개의 세계는 별개의 세계였는데 기독교가 부흥하고 그리스도인들이 번창하게 되면서 이 두 가지를 다 가지려고 하게 됩니다. 세상의 부귀영화와 출세와 성공에다가 하나님의 축복과 죄 사함과 기적과 영생까지 가지면 얼마나 좋겠습니까? 또 그렇게 할 수 있다고 가르치는 목회자나 설교자가 아주 옛날부터 많이 있었습니다. 이들이 바로 거짓 선지자입니다. 옛날이나 지금이나 거짓 선지자들의 설교나 가르침이 얼마나 귀에 쏙쏙 들어오고 다음에 감동을 주는지 수많은 사람이 따라가고 있습니다. 그러나 그런 기독교는 완전히 헛것이며 하나님에 대해 거짓말을 하고 있는 것입니다.

14-15절, "그리스도께서 만일 다시 살아나지 못하셨으면 우리가 전파하는 것도 헛것이요 또 너희 믿음도 헛것이며 또 우리가 하나님의 거짓 증인으로 발견되리니 우리가 하나님이 그리스도를 다시 살리셨다고 증언하였음이라 만일 죽은 자가 다시 살아나는 일이 없으면 하나님이 그리스도를 다시 살리지 아니하셨으리라"

예수님은 죽음에서 부활하심으로써 사망의 권세를 이기셨고 천국 문을 활짝 열어놓으셨습니다. 이제 사탄의 세력은 도망칠 준비를 하고 있습니다. 그러므로 우리 믿는 자들은 힘써 하나님 나라의 능력을 구하고 사탄의 세력을 물리쳐야 합니다. 우리가 믿지 않는 사람처럼 세상 것만 구한다면 군인이 싸워 보지도 않고 도망치는 것과 같습니다.

군인들 가운데서 가장 부끄럽고 비겁한 사람은 전쟁을 해보기도 전에 무기를 버리고 도망치거나 항복하는 사람일 것입니다. 마찬가지로 우리에게 예수님이 죽음에서 부활하셨다는 소식이 전해졌다는 것은 영적인 전쟁이 시작되었다는 나팔 소리가 울린 것과 같습니다. 즉 주님은 사망의 권세를 깨뜨리고 우리에게 오셔서 우리의 전쟁을 지휘하고 계신 것입니다. 적의 세력은 이미 겁을 집어먹고 도망칠 준비를 하고 있기 때문에 용기를 내어 돌격하면 적들은 무너지면서 도망칠 것입니다. 그럼에도 그리스도인 가운데 공격할 생각을 하지 않고 싸울 생각을 하지 않고 미리 겁을 집어먹고 도망치려고 하는 자가 많이 있습니다. 그것은 바로 세상 사람의 말만 듣고 부활 신앙을 포기하는 자입니다.

고린도 교인들이 보기에 예수님이 부활하셨다고 하지만 자기들이 본 것도 아니고, 자기 주위에 있는 사람 가운데 죽었다가 살아난 사람은 여지껏 본 적이 없습니다. 게다가 세상의 지식이나 타 종교의 공격이 심해 적당하게 타협하면서 기독교의 위대한 사상을 믿으려고 하는 지도자나 교인이 많았습니다. 그들에게 예수님의 사랑이라든지 희생이라든지 가난을 사랑하는 정신 같은 것은 얼마든지 믿을 수 있고 신봉할 수 있는 것이지만 예수님이 죽었다가 다시 살아나셨다는 것은 비과학적이고 믿을 수 없는 일이었던 것입니다.

이들이 부활 신앙을 포기하자 기독교는 세상적으로 엄청 인기를 끌게 되었고 전도의 문이 열리는 것 같았습니다. 지식인이 아주 좋아하는 종교가 되었던 것입니다. 그러나 사도 바울은 그 기독교는 헛것이며 엉터리이며 그들은 거짓 신앙을 믿고 있다고 말합니다.

17-18절, "그리스도께서 다시 살아나신 일이 없으면 너희의 믿음도 헛되고 너희가 여전히 죄 가운데 있을 것이요 또한 그리스도 안에서 잠자는 자도 망하였으리니"

예수님은 처음부터 "회개하라 천국이 가까이 왔느니라" 고 말씀하셨습니다. 우리는 눈에 보이지 않는 천국이 온 것을 믿는 자로, 그 천국이 열리는 유일한 길은 예수님의 죽으심과 부활입니다. 그런데 그것을 믿지 않으면 천국 문은 닫힐 것이며, 하나님의 능력은 임할 수가 없습니다. 더욱이 눈에 보이지 않는 하나님의 나라가 없다면 예수 믿다가 죽은 자들은 아무 소용이 없습니다. 그들은 모두 천국을 바라보고 죽었기 때문입니다. 천국도 없고 부활도 없는데 죽은 것이 무슨 소용이 있을까요?

19절, "만일 그리스도 안에서 우리가 바라는 것이 다만 이 세상의 삶뿐이면 모든 사람 가운데 우리가 더욱 불쌍한 자이리라"

만약 우리가 이 세상의 성공이나 돈만 바라보고 예수를 믿는다면 최고로 불쌍한 사람이 될 것입니다. 그것은 하나님이 약속하신 것에 비하면 아무것도 아니기 때문입니다. 우리는 모두 어마어마한 축복의 상속자입니다. 그런데 우리가 예수 믿고 겨우 이 세상의 얼마 안 되는 것만 받겠다고 한다면 최고로 어리석은 자가 되는 것입니다.

예를 들어 어마어마한 재벌의 외아들이 100만 원만 받고 싱글거리며 모든 권리를 포기한다면 그는 가장 불쌍한 사람이 되는 것입니다. 우리는 모두 어마어마한 축복의 상속자로 이 세상에 있는 것들을 다 합쳐도 우리 축복을 따라올 수 없습니다. 그러면 우리는 이 세상의 것을 다 버려야 할까요? 예수님은 다 버릴 수 있으면 버려도 좋다고 말씀하셨습니다. 우리가 먹고 살 만큼은 가지고 있으면 충분하고 더 있어도 괜찮습니다. 그러나 이 세상에 있는 것들을 위하여 목숨을 걸고 덤벼들 필요는 없습니다. 또한 이 세상 것은 가진 자나 가지지 못한 자나 큰 차이는 없습니다. 단지 믿음에는 엄청난 차이가 있는데, 하나님 말씀에 엄청난 차이가 있다는 것을 알아야 합니다.

3. 다른 두 그루의 나무

나무가 다르면 열매도 다르다는 것은 상식적인 일입니다. 그런데 맛이 고약한 썩은 열매가 맺히는 나무가 있는가 하면, 맛있는 좋은 열매가 맺히는 나무가 있습니다. 마찬가지로 이 세상에는 사망이라는 열매를 맺는 나무가 있는가 하면 부활이라는 열매를 맺는 나무가 따로 있습니다.

사람에게 있어 영원한 미스터리는 죽음 이후의 세계입니다. 그런데 예수님은 최초로 죽음을 정복한 분입니다. 사람에게 있어 새로운 신기록은 삶의 지평을 그만큼 풍성하게 해줍니다. 한번 신기록이 세워지면 그 기록을 깨는 것은 시간 문제입니다. 중요한 것은 인간으로서 그 마지막 장벽을 깰 수 있느냐 하는 것입니다. 예수님은 사람으로서 죽음의 장벽을 깨고 살아 돌아오셨습니다. 예수님은 죽음을 이기고 승리하셨습니다. 이것이 의미하는 것이 무엇입니까? 실로 엄청난 것입니다.

우리는 누구든지 담대하게 예수의 이름으로 구하기 하면 하늘나라의 모든 능력을 구할 수가 있습니다. 예수님의 부활로 하늘나라가 완전히 활짝 열려 있습니다. 누구든지 예수 이름으로 하나님께 나아가기만 하면 무엇이든지 얻을 수 있습니다. 비록 지쳐 있고 마음이 상해 있고 낙심에 빠져 있다고 하더라도 예수님의 이름으로 하나님 앞에 나아가기만 하면 완전히 새 길이 열리게 됩니다. 예수님은 천국 문을 활짝 열어놓으셨습니다. 그리고 예수를 믿는 우리를 부활의 능력으로 일으키십니다. 아무리 망해 있고 아무리 절망 가운데 있어도 우리는 믿음으로 다시 일어날 수 있고 재기할 수 있습니다. 예수님이 부활하셨으면 우리는 죽음의 냄새 나는 모든 것과 싸워 물리쳐야 하고 정복해야 합니다.

복음은 어떤 사람도 살릴 수 있고 변화시킬 수 있습니다. 아무리 지쳐 있고 아무리 심한 상처를 입었어도 그리스도의 능력은 우리를 치료하실 수 있습니다. 그래서 그리스도의 부활은 바로 우리의 부활이요 우리의 능력입니다.

천사가 제자들에게 한 말이 바로 이것입니다. "어떻게 해서 너희는 산 자를 죽은 자 가운데서 찾느냐?"라는 것입니다. 주님은 이미 살아나셨는데 그들은 슬퍼하며 계속 무덤 주위를 맴돌면서 죽은 자 가운데서 찾으려고 했습니다. 기독교는 능력입니다. 힘입니다. 환희요 생명입니다. 어떤 죄인도 살려낼 수 있습니다. 어떤 타락한 자도 살려낼 수 있습니다.

20절, "그러나 이제 그리스도께서 죽은 자 가운데서 다시 살아나사 잠자는 자들의 첫 열매가 되셨도다"

이것이 바로 부활에 대한 식물의 비유입니다. 농부가 배나 사과 등 과일나무를 심으면 처음 몇 년은 열매가 맺히지 않습니다. 그러다가 첫 열매가 맺히고 나면 똑같은 열매가 수도 없이 맺히게 됩니다.

예수님은 부활하심으로써 부활의 길을 활짝 열어놓으셨습니다. 이제 우리도 부활의 열매를 맺게 될 것입니다. 우리 역시 예수 안에서 하나님 말씀으로 망하면 살게 되어 있습니다.

21절, "사망이 한 사람으로 말미암았으니 죽은 자의 부활도 한 사람으로 말미암는도다"

사망은 한 사람으로부터 시작되었는데 한 사람이 죽음이라는 병에 걸리게 됨으로써 모든 사람이 죽게 된 것입니다. 우리나라에도 메르스라는 전염병이 퍼질 때 단 한 명이 걸려 우리나라에 들어왔는데 많은 사람이 병에 걸리고 또 죽게 되었습니다. 만일 의사 한 사람이 치료제를 개발했다면 그 한 사람을 통해 많은 사람이 살게 될 것입니다.

22절, "아담 안에서 모든 사람이 죽은 것같이 그리스도 안에서 모든 사람이 삶을 얻으리라"

사람은 아담으로부터 선천적으로 죄의 본성을 물려받았습니다. 그리고 이 세상을 살면서 그 자신들도 많은 죄를 짓게 됩니다. 이것이 사망의 원인이었습니다. 예수님은 완전히 하나님 말씀에 순종하셨습니다. 그리고 예수님은 죽었다가 살아나심으로써 부활의 백신을 만드는 데 성공하셨습니다. 아담의 기질을 물려받은 자들은 모두 죄의 체질을 가지고 있어 똑똑하든지 그렇지 않든지 모두 죽게 됩니다. 그러나 그리스도의 새로운 체질을 물려받은 자는 죄를 이기고 사망도 이기고 영원히 살게 됩니다.

23절, "그러나 각각 자기 차례대로 되리니 먼저는 첫 열매인 그리스도요 다음에는 그가 강림하실 때에 그리스도에게 속한 자요"

예수님은 십자가 위에서 죽고 부활하셨지만 그 부활은 우리의 부활로 완성될 것입니다. 그러기 위해서는 예수님이 다시 이 세상에 오셔야 합니다. 우리는 예수님이 오시기도 전에 부활하려고 해서는 안 됩니다. 지금 이 세상은 부활한 우리가 살기에 너무 더럽고 썩었고 좁기 때문입니다. 그 대신 우리는 예수님이 오실 때까지 한 영혼이라도 더 살려야 합니다. 그리스도가 강림하실 때 모든 성도가 살아날 것입니다.

사탄은 지금도 사망의 썩은 냄새를 피우면서 사람을 사망으로 끌고 가려고 합니다. 즉 사람을 꾀어 술에 빠지게 하고 한순간의 쾌락을 위해 살게 하고 이 세상에 모든 것이 있는 것처럼 믿게 만들려고 합니다. 우리는 그리스도가 강림하시는 그 순간까지 죄의 세력과 마귀의 세력과 사망의 세력과 싸우면서 죽어가는 사람이 있으면 한 명이라도 살려내야 합니다. 우리는 자살과도 싸워야 하고 청년들의 절망과도 싸워야 하고 여성들의 침체나 우울증과도 싸워야 합니다. 우리는 자신의 병과도 싸워야 하고 낙심과도 싸워야 합니다.

24-25절, "그 후에는 마지막이니 그가 모든 통치와 모든 권세와 능력을 멸하시고 나라를 아버지 하나님께 바칠 때라 그가 모든 원수를 그 발아래에 둘 때까지 반드시 왕 노릇 하시리니"

예수님은 모든 악을 완전히 정복할 때까지 왕 노릇을 하실 것입니다. 즉 전투적인 왕으로 우리를 지휘하실 것입니다.

그리스도는 다시 이 세상에 오셔서 세상의 모든 악한 통치와 권세과 능력을 심판하시고 온 세계를 하나님께 바치실 것입니다. 이때는 싸움이 그치고 완전한 하나님의 나라가 이루어지게 됩니다.

26절, "맨 나중에 멸망 받을 원수는 사망이니라"

사망은 일단 그리스도의 부활로 말미암아 머리가 찍혔습니다. 그럼에도 사망은 끝까지 사람을 붙들고 있습니다. 그리스도가 강림하실 때 사망은 완전히 망하게 됩니다. 이때 죽은 자들이 다 살아나게 되는데, 그리스도를 믿지 않던 자들은 멸망의 영생을 살게 됩니다. 세상 사람에게는 이 부활이 아주 당황스러운 부활이 될 것입니다. 즉 그들은 아주 수치스러운 모습으로, 즉 알몸으로 살게 될 것입니다. 믿지 않는 자들은 모두 부끄러워 지옥에 들어갈 것입니다. 그러나 우리 예수 믿는 사람은 모두 영광된 모습으로 살게 됩니다. 축복의 영생을 살게 됩니다. 그때까지 우리는 부활을 믿고 사망의 세력과 싸워야 합니다. 사망의 세력 안에 자살이 있고 전쟁이 있고 자포자기가 있고 음란이 있고 마약이 있고 술이 있고 모든 저주와 세상이 사랑하는 것이 들어 있습니다. 우리 모두 마지막 순간까지 주님의 이름으로 싸워 승리하시기를 바랍니다.

성경 토의

1. 기독교 사상이 고상하고 훌륭하다고 생각해 받아들였지만 예수님이나 우리 자신의 육체적 부활을 믿지 않는다면 우리에게는 어떤 결과가 나타나게 되는가?

2. 만약 예수를 믿기는 믿지만 오직 이 세상의 성공이나 이 세상의 행복만을 위해 예수를 믿는다면 우리는 과연 행복한 사람이라고 말할 수 있는가? 그리고 부활이 없다면 예수 믿고 죽은 사람은 어떻게 되는가?

3. 예수님은 죽음에서 부활하심으로써 부활의 첫 열매가 되셨는데 왜 우리는 아직 부활하지 않고 있는 건가? 우리는 언제 부활하게 되며, 우리가 부활할 때 이 세상에는 어떤 일이 일어나게 되는가?

37_부활의 형체와 상급

고린도전서 15:29-44

전체적 설명

하나님은 죽은 자가 얼마든지 부활할 수 있다는 교훈을 자연을 통해 풍부하게 가르쳐주고 계신다. 놀랍게도 부활에 대한 가장 생생한 예를 보여주는 것이 보잘것 없는 곤충이다. 특히 나비를 보면 처음에는 알로 있다가 부화해서 징그러운 애벌레로 살게 된다. 그런 뒤 번데기가 되면서 죽는 것 같지만 거기서 나비가 나와서 아름답고 완전한 새로운 몸이 되어 공중을 훨훨 날아다니게 된다. 사도 바울은 우리가 죽는 것은 썩어 없어지는 것이 아니라 식물의 씨를 뿌리는 것과 같다고 말한다. 즉 식물의 씨를 흙에 뿌리면 처음에는 썩는 것 같지만 얼마 후 거기서 싹이 나오고 줄기가 나와 꽃이 피고 아름다운 열매를 맺게 된다. 마찬가지로 우리 예수 믿는 사람이 죽는 것은 영생의 씨를 뿌리는 것과 같다. 그러나 우리에게 부활의 소망이 없다면 이 세상에서 모든 것을 누리려고 할 것이기 때문에 신앙 없는 사람과 똑같이 먹고 마시고 즐기면서 살 것이다.

29절, "죽은 자들을 위하여 세례를 받는 자들이 무엇을 하겠느냐"

설교 프리노트

가장 이해하기 어려운 본문 중 하나일 것이다. 몇 가지 해석을 생각할 수 있는데 그 한 가지 해석은 우리말로 번역된 그대로 당시에 죽은 자를 대신해 세례를 받는 의식이 있었다고 생각하는 것이다. 즉 부모나 형제 가운데서 예수를 믿지 않고 죽었을 때 나중에라도 예수를 믿게 된 사람이 죽은 자를 대신해 세례를 받으면 구원받을 수 있다고 해석하는 것이다. 그러나 이것은 전적으로 잘못된 해석이고 비성경적인 해석이다. 신앙은 본인이 믿어야 구원을 받는 것이지 다른 사람이 대신 믿거나 대신 세례를 받는다고 해서 구원받는 것이 아니다. 더욱이 종교개혁 때 교황이 죽은 자를 대신해 면죄부를 사주면 연옥에 있는 기간이 단축된다고 해서 마틴 루터의 비판을 받았다. 그래서 다른 해석은 '위하여'(휘페르)라는 전치사를 '위에서'로 해석해서 옛날 고린도 지방에서는 예배당이 따로 없었기 때문에 세례 의식을 베풀 때 죽은 성도들의 무덤 앞이나 무덤 위에서 세례를 베풀었다고 보는 것이다. 그래서 이미 죽은 성도처럼 우리는 세례를 받음으로써 옛사람이 죽어야 한다는 것을 가르쳤던 것으로 판단된다. 이런 해석이 좀 더 성경적이고 건전한 해석이라고 생각된다.

30-31절, "또 어찌하여 우리가 언제나 위험을 무릅쓰리요……"

당시 고린도 교인들 가운데 예수를 믿거나 복음을 전하면서 생명의 위험을 무릅쓰고 믿는 사람이 많았던 것 같다. 노예로 있는 사람은 주인이 허락하지 않았는데 예배에 참석했다가 들키면 죽도록 두들겨 맞을 수도 있었고, 복음을 전하다가 이교도들에게 붙들리면 살해를 당하는 경우도 있었던 것 같다. 그럼에도 성도들이 끊임없이 담대하게 예배에 참석하고 복음을 전했던 것은 부활을 믿었기 때문이다. 사도 바울은 자기 자신의 처지나 경험을 이야기하면서 "나는 날마다 죽노라"고 했다. 사실 사도 바울에게는 날마다 죽음의 위기가 있었고 거의 매일 죽다시피 하면서 살아가고 있었던 것이다. 사도 바울이 그렇게 할 수 있었던 이유는 자기 목숨이 아깝지 않아서 그런 것이 아니라 그에게 영원한 천국의 소망과 부활의 믿음이 있었기 때문이다.

32절, "내가 사람의 방법으로 에베소에서 맹수와 더불어 싸웠다면"

사도 바울은 당시 원형 경기장에서 검투사들이 맹수와 싸우는 것을 예로 들어 설명하고 있다. 검투사들도 나름대로 싸우는 법이 있었던 것 같은데, 검투사들이 도망을 친다거나 비겁한 방법으로 맹수와 싸운다면 관중의 욕을 먹고 상도 타지 못하게 될 것이다. 물론 사도 바울이 에베소에서 진짜 원형 경기장에서 맹수와 싸웠던 것은 아니다. 거의 맹수와 가까운 악하고 집요하고 저돌적인 사람을 상대해야만 했다. 그러나 사도 바울은 무조건 비겁하게 도망을 치거나 세상 사람이 사용하는 혈기나 분노로 싸우지 않았다. 그는 천국에서 하나님과 수많은 천사가 자기를 보고 있다는 것을 알았기 때문이다. 사도 바울은 비록 상대방이 비열하고 악독한 자였지만 신앙의 방법으로 상대했기 때문에 예수님 앞에서 상이 많이 올라가게 되었던 것이다. 만일 천국이 없고 죽은 자의 부활이 없다면 이런 신사적이고 신앙적인 방법은 별 의미가 없고 무조건 수단과 방법을 가리지 않고 상대를 이기고 보는 것이 최고라고 생각할 것이다. 심지어 어떤 사람은 "내일 죽을 테니 먹고 마시자"라고 하면서 닥치는 대로 살 것이다.

33절, "속지 말라 악한 동무들은 선한 행실을 더럽히나니"

당시 유행하던 연극에 나오는 대사라고 한다. 이런 것을 보면 사도 바울은 당시 그리스 희극이나 문학에도 깊은 조예가 있었던 것을 알 수 있다. 누구든지 비열한 사람을 친구로 사귀면 자기도 모르는 사이에 비열하게 된다. 마찬가지로 우리 그리스도인이 장래 소망이 없는 사람과 친구가 되어 그들의 이야기를 듣고 그들과 어울리다 보면 하나님 앞에서 모든 상을 잃어버릴 것이다.

34절, "깨어 의를 행하고 죄를 짓지 말라"

여기서 잠잔다고 하는 것은 신앙적으로 긴장하지 않고 정신 없이 세상을 따라가는 것을 말한다. 위험한 순간에 잠들어 있으면 맹수에게 물리든지 사고를 당하고 말 것이다. 우리는 항상 깨어 정신을 차리고 있어야 하고 하나님의 뜻을 찾아야 하고 죄를 짓지 말아야 한다.

"하나님을 알지 못하는 자가 있기로"

물론 고린도 교인들은 모두 하나님을 믿는 사람이기 때문에 하나님을 안다고 하지만 실제 생활 가운데는 하나님이 없는 것처럼 행동하고 사는 경우가 많았다. 만일 실제 생활 가운데 하나님을 의식하지 못한다면 우리는 세상 사람처럼 살게 되고, 결국 하나님 앞에서 상을 얻지 못하게 될 것이다.

35-38절, "누가 묻기를 죽은 자들이 어떻게 다시 살아나며……"

당시 신자들도 사람이 죽으면 시체가 썩어 없어져버린다는 것을 알았기 때문에 부활을 믿지 못하는 자들이 있었다. 그래서 이런 사람은 사람이 죽으면 썩어 없어져버리는데 어떻게 다시 산다고 하느냐고 의심하는 사람이 있었던 것 같다. 이런 질문에 대해 사도 바울은 식물의 씨를 예로 들어 설명했다. 농부들이 씨를 뿌릴 때는 앞으로 만들어질 나무나 과일의 모양을 뿌리는 것이 아니라 전혀 상관없는 아주 작은 씨를 뿌릴 뿐이다. 더욱이 그 알맹이가 땅속에 떨어지면 수분과 접촉되면서 썩어버리게 된다. 그런데 놀라운 것은 이 작은 씨 안에 있는 씨눈에 생명의 씨앗이 들어 있어서 오히려 씨앗이 썩으면서 나는 에너지를 양분으로 싹이 자라 나무가 되거나 열매를 맺게 된다는 것이다. 결국 씨의 눈 안에 앞으로 만들어질 나무나 식물의 모양이 입력되어 있는 것이다. 이것을 사도 바울은 하나님이 형체를 주신다고 말하고 있다.

39-41절, "육체는 다 같은 육체가 아니니……"

이 세상에 사는 동물의 몸을 보면 사람의 육체가 다르고 새나 물고기의 육체가 다른 것을 볼 수 있다. 사람은 아름다운 피부로 덮여 있고 서서 걸어 다니며 짐승은 대부분 온 몸에 털이 있고 네 발로 기어 다닌다. 새는 가볍고 깃털로 덮여 있으며 날개를 펴 하늘을 날아다닌다. 그리고 물고기는 몸이 비늘로 덮여 있고 지느러미로 움직이며 아가미로 숨을 쉰다. 마찬가지로 우리 인간의 몸이 있듯이 천사들의 몸이 있고 우리가 부활했을 때의 몸도 따로 있다. 단지 하늘에 있는 광채도 해의 영광이 다르고 달의 영광이 다르고 별의 영광이 다르듯이 우리가 부활했을 때도 서로 다른 영광으로 나타나게 된다.

42절, "육체는 다 같은 육체가 아니니"

우리가 진짜 부활한다면 어떤 상태로 부활하느냐 하는 것이 궁금할 것이다. 죽었을 때 모습으로 다시 살아난다면 별로 기쁘지 않을 것이다. 늙어서 죽은 사람은 노인으로 다시 살아난다면 반갑지 않을 것이고, 장애를 가지고 있거나 심하게 다친 사람은 다시 그 모습으로 살아난다면 그리 기쁘지 않을 것이다. 우리는 부활할 때 지금 우리의 모습과는 상상할 수조차 없는 완전한 모습으로 다시 부활할 것이다. 즉 썩을 육체가 썩지 않을 육체로 살게 되고, 수치스러운 신분이 더 이상 수치스럽지 않고 아주 높은 지위로 부활하게 될 것이며, 병들어 약했던 몸이 다시는 병들지 않는 강한 몸으로 살 것이며, 약한 육의 몸으로 심고 강한 영의 몸으로 살게 될 것이다.

본문 이해를 위한 질문

1. 신앙생활을 하면서 굳이 고난을 참으며 믿음을 지키고 어려움을 참아 가며 복음을 전해야 하는 이유가 무엇인가?

우리에게는 부활의 상급이 있고 수많은 천사와 성도가 우리를 지켜보고 있기 때문이다.

2. 사람이 죽으면 시체가 다 썩어 없어지게 되는데, 어떻게 썩은 몸이 다시 만들어질 수 있는가?

농부가 씨를 뿌릴 때 작은 알갱이를 뿌리면 땅 속에서 썩어 없어지는 것 같지만 놀랍게도 씨눈 안에 장래의 모습이 들어 있어서 싹이 나고 나무가 되고 열매를 맺는 것처럼 우리의 영혼 안에 부활의 미래 모습이 들어 있다.

3. 우리는 부활할 때 어떤 몸으로 다시 부활하게 되는가?

이 지구상에 있는 짐승이나 새, 물고기, 사람에게 각기 다른 몸이 있는 것처럼 부활한 몸도 완전히 다른 재질로 새로 만들어지게 된다. 그 새로운 몸은 약하지 않고 병들지 않고 수치스럽지 않고 썩지 않는 완전히 새로운 것이다.

성경 강해

예수님은 우리 모든 사람에게는 제2의 인생이 있고, 그것이 이미 시작되었다는 놀라운 사실을 말씀하셨습니다. 우리는 지금까지 이 세상에서 무엇을 잘해서 성공할 것인가 하는 생각을 많이 했는데 그것은 어디까지나 예선전에 불과했고 그것은 본선에 아무 도움도 되지 않는 것이었습니다. 우리는 예수님이 부활하심과 동시에 제2의 인생을 시작하게 되었습니다. 이것이 바로 본선 경기인데, 우리의 영원한 운명을 결정하는 경기입니다.

예를 들어 어느 나라의 축구 국가대표 선수들이 월드컵 본선에 한 번도 올라가지 못하다가 좋은 감독을 만나 선수들이 훈련을 잘 받아서 본선에도 올라가게 되었고 준결승까지 올라가게 되었다면 전 국민이 좋아서 미치려고 할 것입니다. 선수들의 사기가 높고 팀의 전략이 잘 짜여 있다면 결승까지도 노려봐야 할 것입니다.

큰 경기를 마치면 성적에 따라 금메달, 은메달, 동메달을 받게 됩니다. 세계적인 대회에서 금메달을 받으면 그 나라의 국기가 올라가고 그 나라의 국가가 연주됩니다. 이것은 선수에게 최고의 영광입니다. 우리 예수 믿는 사람은 마지막 순간 모두 부활하게 됩니다. 그런데 그때의 영광이 지금 우리가 믿는 것으로 금메달, 은메달, 동메달로 결정됩니다.

사도 바울은 하늘에 있는 빛을 예를 들어 설명하는데 해의 영광이 다르고 달의 영광이 다르며 별의 영광이 다르다고 말했습니다. 우리는 예수 믿고 나서 우리의 뛰어난 감독이신 예수님과 성령님의 도움으로 본선까지 올라오게 되었습니다. 우리는 지금 우승까지 노려볼 수 있게 되었습니다. 이때 우리는 자기 마음대로 살려고 해선 안 됩니다. 죽을 각오로 하나님 말씀대로 순종할 때 우승까지 노려볼 수 있는 위치에 서게 되는 것입니다.

옛날 장군들은 군인들이 도시에 오래 주둔하면 안 된다고 생각했습니다. 군인들이 도시에 오래 주둔하다 보면 술이 있고 여자가 있고 군수 물자가 있기 때문에 기강이 해이해지고 전투 의지를 상실한다는 것입니다. 그래서 군인들은 할 수 있는 한 최전방에 있어야 정신도 차리고 전투 의지도 가지게 된다고 했습니다. 이것은 교회도 마찬가지입니다. 목회자나 교인들이 자기 건물을 가지고 경제적으로 풍족한 교회 생활을 하다 보면 하늘나라는 멀어지게 되고 믿지 않는 사람과 똑같아지게 됩니다. 그래서 오늘날 목회자나 교인, 교회가 세상의 욕을 많이 먹고 있습니다. 이 세상에서 그렇게 욕을 먹는데 어떻게 하나님 앞에 서는 본선까지 올라갈 수 있겠습니까? 그런 사람은 그냥 믿는다는 이름만 가지고 지옥에 가는 수밖에 없습니다. 다른 사람이 자신을 어떻게 생각하느냐 하는 건 중요하지 않습니다. 하나님 앞에서 지금 주어진 이 기회를 어떻게 살리느냐 하는 것이 중요할 뿐입니다. 이 시간이 가고 나면 메달을 딸 기회는 영원히 없습니다.

1. 그리스도의 전투적인 모습

전쟁하는 군인은 어떻게 해서든지 결사적으로 덤벼드는 적을 물리치고 나라를 지켜야 합니다. 그런데 적은 땅을 뚫고 올라오기도 하고 생각지도 못한 곳에서 나타나 저격하기도 하고 어느 때는 아무것도 보이지 않는 캄캄한 밤에 총을 쏘아대면서 새카맣게 떼를 지어 쳐들어올 때도 있습니다. 그럴 때면 군인들은 먹지도 못하고 잠을 자지도 못하고 온 힘을 다해 총을 쏘거나 칼로 찌르고, 안 되면 육탄전을 해서라도 적을 물리쳐야 자신이 살아남을 수 있습니다.

예수 그리스도는 부활하신 후 완전히 전투적인 자세로 우리를 지휘하시고 적과 싸우십니다.

27절, "만물을 그의 발아래에 두셨다 하셨으니 만물을 아래에 둔다 말씀하실 때에 만물을 그의 아래에 두신 이가 그중에 들지 아니한 것이 분명하도다"

예수님이 죽음에서 부활하신 후에도 세상은 그리스도께 복종하지 않으려고 기를 쓰고 덤벼드는 것을 보게 됩니다. 예수님이 부활하심으로써 마귀는 치명상을 입었습니다. 그럼에도 마귀는 절대로 복종하지 않고 끝까지 기어서라도 예수님을 물려고 덤벼들고 있습니다. 온 세상의 권력자나 지식인, 종교인은 그리스도께 복종하지 않은 채 끝까지 대항해 싸우려고 하고 있습니다. 그러나 예수님은 반드시 이들을 모두 발아래 복종시키실 것입니다.

예를 들어 어느 집 개가 말을 듣지 않고 덤벼들어 물려고 하면 주인은 어떻게 훈련시켜서라도 결국 복종하게 만들 것입니다. 이것은 말도 마찬가지입니다. 처음 야생마로 있을 때는 제멋대로 달렸기 때문에 절대로 주인이 올라타는 것을 허락하지 않고 오히려 주인이 올라타려고 하면 떨어뜨리기 위해 길길이 날뛸 것입니다. 그러나 결국 주인은 이 말을 길들여 복종하게 만들고야 맙니다. 이렇게 자발적으로 복종하는 자들은 하나님의 백성입니다. 악한 마귀나 마귀의 졸개들과 자기가 최고인 줄 아는 사람과 악한 맹수, 벌레, 나쁜 짐승은 아무리 주인이 길들이려고 해도 끝까지 버팁니다. 결국 주인은 이들을 발로 지근지근 밟는 수밖에 없습니다. 사도 요한은 계시록에서 예수님을 발이 풀무불에 연단한 주석 같은 발을 가진 분으로 설명하고 있습니다. 마귀나 이 세상의 악한 자들은 절대로 주님의 명령에 복종하지 않고 그분의 발을 물어뜯으려 하고 그분을 넘어뜨리기 위해 끝까지 덤벼듭니다. 그러나 예수님의 발은 주석으로 되어 있어서 물리지도 않을 뿐 아니라 그들의 머리를 밟아 머리가 터지고 깨어지게 하고 나중에는 기절시켜서라도 그 앞에 복종하게 하실 것입니다. 결국 이 세상의 모든 악한 마귀나 악한 자나 악한 짐승은 모두 그리스도 앞에 무릎을 꿇고 항복할 것입니다. 그리스도가 만물을 이렇게 복종시킬 수 있는 이유는 그분의 능력이 워낙 뛰어나기 때문입니다. 예수님은 창조자이시기 때문에 피조물이 아무리 많아도 절대로 이길 수가 없습니다. 그가 잠시 약해졌던 것은 우리 죄인을 위해 그렇게 하셨던 것입니다. 예수님은 부활하신 후 더 강해져 끝까지 싸워 모든 악한 영과 교만한 사람과 짐승, 벌레까지 다 발아래 복종시키실 것입니다. 그리고 예수님은 온 세상을 하나님께 다시 돌려드릴 것입니다.

28절, "만물을 그에게 복종하게 하실 때에는 아들 자신도 그 때에 만물을 자기에게 복종하게 하신 이에게 복종하게 되리니 이는 하나님이 만유의 주로서 만유 안에 계시려 하심이라"

예수님은 최종적으로 온 세상을 하나님이 직접 통치하시도록 돌려드릴 것입니다. 그때 인간은 하나님이 직접 다스리는 세계가 얼마나 아름답고 강력하고 위대한지 보게 될 것입니다. 지금 우리가 보는 세계는 하나님이 다스리시지만 직접 다스리지 아니하시고 자연법칙이나 세상의 통치자들에게 맡기고 구경하시는 것 같을 때가 많습니다. 그래서 폭우가 쏟아질 때도 있고 교통사고가 나기도 하고 악한 짐승과 악한 강도가 날뛰고 전쟁이 일어나기도 합니다. 그러나 하나님이 직접 다스리시는 세계에서 우리는 모두 빛난 천사같이 될 것이며, 온 우주가 달라질 것입니다. 그때는 매연도 없고 병이나 사고도 없고 아픈 것도 없고 숙제나 입시도 없고 추위나 굶어 죽는 일도 없을 것입니다. 우리는 모두 어마어마하게 위대한 왕같이 될 것입니다. 온 우주는 음악과 같아서 모든 것이 하모니를 이루고 아름답게 소통할 것이며, 하나님께 말로 표현할 수 없는 찬양과 경배를 드릴 것입니다. 그때 우리는 음식도 먹을 것입니다. 우리는 노래도 부를 것입니다. 그러나 모든 것이 지금 우리가 상상하는 것과 비교도 되지 않는 수준에서 모든 것이 아름답게 이루어질 것입니다.

2. 제2의 인생을 사는 신앙

만약 어떤 선수나 연주자가 지금까지 별로 실력 없이 바닥에서 헤매고 있다가 전 세계적으로 유명한 선생을 만나 운동이나 연주를 잘하게 되었다면 아마 그 기회를 놓치지 않고 죽어라 연습하고 노력해서 세계적인 선수나 연주자가 되려고 할 것입니다. 바로 이것이 우리의 지금 형편입니다. 지금까지 우리는 세상에서 두각을 나타낼 정도로 무엇인가 잘하는 사람도 있지만 대개는 자기가 무엇을 잘하는지도 모르고 그저 평범하게 사는 인생이었을 것입니다. 그러나 예수님이 죽음에서 부활하셔서 우리의 주가 되시고 우리 안에 보혜사 성령이 오심으로써 우리는 조금씩 자신을 찾게 되었습니다. 우리는 자기 자신만 찾은 것이 아니라 자기가 잘할 수 있는 것도 알게 되었습니다.

어린 시절 저는 형들에 비하면 잘하는 것이 없었습니다. 게다가 형들은 상냥한 데 비해 저는 상냥하지도 않고 고집스러웠습니다. 참다 못한 어머니가 "너는 잘하는 것이 하나도 없구나"라고 말씀하신 적이 있습니다. 그러나 형들보다 잘하는 것이 있었습니다. 그것은 바로 교회 가는 것이었고 설교 말씀을 듣는 것이었고 성경을 연구하는 것이었습니다. 물론 제가 잘하는 것은 세상에서 전혀 유익이 되지 않았고 알아주는 사람도 없었습니다. 저는 오히려 극빈자가 되었습니다. 그런데 어느 날 보물을 찾은 것을 알게 되었습니다. 하나님 말씀 속에 세계 최고의 보물이 들어 있었던 것입니다. 빌 게이츠나 스티브 잡스나 삼성전자가 버는 돈보다 더 엄청난 보물이 성경 말씀 안에 들어 있었습니다. 결국 중요한 것은 우리가 얼마나 끝까지 참으면서 그 말씀 속을 파고 들어가 자기 것으로 만들 수 있느냐 하는 것입니다.

고린도 교인들은 예수님의 부활을 믿으려고 하지 않았습니다. 그 이유는 그들이 성경 말씀을 믿지 않고 세상 철학의 이야기를 받아들였기 때문입니다. 그래서 사도 바울은 33절에 "속지 말라 악한 동무들은 선한 행실을 더럽히나니"라고 했습니다. 아이들이 나쁜 친구를 사귀면 결국 술을 마시게 되고 음란한 이야기를 듣게 되고 그런 곳을 따라가게 되어 순수하고 좋았던 신앙을 다 버리게 됩니다.

사도 바울은 이렇게 말하고 있습니다.

29절, "만일 죽은 자들이 도무지 다시 살아나지 못하면 죽은 자들을 위하여 세례를 받는 자들이 무엇을 하겠느냐 어찌하여 그들을 위하여 세례를 받느냐"

이 구절은 가장 난해한 구절로 알려져 있습니다. 고린도 교회에서는 죽은 자를 대신해 세례를 받는 대리 세례제도가 있었다는 것입니다. 그것은 죽은 사람의 가족이 예수를 믿고 믿지 않은 가족을 위해 대신 세례를 받으면 구원을 받게 된다는 것입니다. 중세 때는 죽은 자를 대신해 면죄부를 사면 죄가 감면된다고도 했습니다.

문제는 "죽은 자를 위하여" 에서 '위한다' 라는 전치사가 '대신한다' 라는 뜻도 있지만 '위에서' 라는 뜻도 있습니다. 결국 전치사 '휘페르'의 해석 문제인데 '대신한다' 는 뜻도 있지만 '앞에서' 또는 '위에서' 라고 해석하는 것이 좋을 것 같습니다. 아마도 당시 고린도에는 예배당이 없어 집에서 모였는데 세례를 줄 때 강에서 줄 수도 있었지만 죽은 성도들의 무덤 앞이나 위에서 주었던 것 같습니다. 즉 세례를 주면서 '이 사람들이 죽은 것처럼 세례 받으면 우리도 죽는 것이다' 라고 가르쳤는데, 당시 교회는 세례를 줄 때 죽는 것은 강조하면서도 부활의 새 생명은 가르치지 않았던 것입니다. 세례를 받으면서 옛 사람은 죽고 새 사람은 살아나야 하는데, 옛 사람도 죽고 새 사람도 죽고 계속 죽기만 하는 우울한 기독교를 가르쳤던 것입니다. 사도 바울은 우리가 제2의 새로운 인생을 살지 못한다면 세례 받는 것이 무슨 의미가 있느냐고 질문하고 있습니다.

당시에는 많은 복음 전도자나 교인이 죽음의 위험을 무릅쓰고 믿거나 복음 전하는 일을 했습니다. 만일 우리에게 부활이 없고 이것이 두 번째 인생이 아니라면 그것이 무슨 소용이 있느냐고 말하고 있습니다.

30-31절, "또 어찌하여 우리가 언제나 위험을 무릅쓰리요 형제들아 내가 그리스도 예수 우리 주 안에서 가진 바 너희에 대한 나의 자랑을 두고 단언하노니 나는 날마다 죽노라"

당시 많은 형제와 자매는 생명의 위험을 무릅쓰고 예수를 믿었습니다. 사도 바울은 자신은 매일 죽는다고 말하고 있습니다. 그는 단 하루도 죽음의 위협 없이 살아 본 적이 없다고 말하고 있습니다. 도대체 이런 가운데서 어떻게 살아갈 수 있었을까요? 그러나 이것이 당시 복음 전하는 자나 예수 믿는 사람의 실제 상황이었습니다.

루마니아는 공산화되면서 하나님의 백성 가운데서 금메달리스트가 많이 나왔습니다. 보통 루마니아라고 하면 체조 경기가 가장 먼저 떠오를 것입니다. 옛날 코마네치라는 작은 여자 아이가 체조를 너무 잘해 체조 요정이라는 별명을 얻었는데 올림픽에서 금메달을 땄습니다. 복음의 금메달리스트가 루마니아에서 많이 나왔습니다. 그들은 공산 치하에 붙들려 가서 십 년 이상 햇빛과 나무를 보지 못하고 감옥 생활을 하면서 고문을 당해야 했습니다. 그들은 심한 고문 가운데서도 살아남았고, 모두 믿음으로 승리했습니다.

32절, "내가 사람의 방법으로 에베소에서 맹수와 더불어 싸웠다면 내게 무슨 유익이 있으리요 죽은 자가 다시 살아나지 못한다면 내일 죽을 터이니 먹고 마시자 하리라"

사도 바울은 에베소에서 자신이 원형 경기장에서 맹수와 싸웠던 것처럼 말하고 있습니다. 로마는 그리스도인을 원형 경기장에 집어넣어 사자에게 물려죽게 했습니다. 사도 바울은 에베소에서 맹수처럼 저돌적이고 막무가내이고 집요한 사람의 공격을 받았던 것 같은데, 아마도 에베소에서 일어났던 소동을 말하는 것 같습니다. 그때 구리 세공업자 알렉산더는 사도 바울을 물었고 질질 끌고 다녔으며 사람을 선동해 그를 죽이려고 했습니다. 만일 사도 바울이 거기서 인간적인 방법으로 치고박고 싸웠더라면 아무 상급이 없었을 것입니다. 그것은 하나님의 방법이 아니기 때문입니다. 교인들은 다른 사람이 상처를 주면 상처를 받고 욕을 하면 욕을 들으며 아무 말도 하지 못한 채 눈물 흘리는 것이 하나님의 방법인데, 그 상이 엄청 큽니다. 그때 받은 상처들이 모두 상급으로 나타나게 됩니다. 마음에 상처가 하나도 없는 사람은 주님이 오실 때 감히 나가 맞이하지 못할 것입니다. 그가 주님을 위하여 한 것이 아무것도 없기 때문입니다. 그는 세상적인 방법으로 살았고 짖어대기만 했기 때문에 상 받을 것이 하나도 없습니다.

33-34절, "속지 말라 악한 동무들은 선한 행실을 더럽히나니 깨어 의를

행하고 죄를 짓지 말라 하나님을 알지 못하는 자가 있기로 내가 너희를 부끄럽게 하기 위하여 말하노라"

이 세상에서 힘 있고 똑똑하고 성공한 것이 전부라고 말하는 자는 모두 악한 동무입니다. 그런 동무를 사귀면 믿음을 더럽히게 됩니다. 성경은 깨어 있으라고 말씀합니다. 우리는 깨어 긴장하면서 하나님의 뜻을 찾으려고 노력해야 합니다. 사도 바울은 고린도 교인이나 지도자 가운데 하나님을 모르는 자가 있다고 말합니다. 물론 그들은 머리로는 하나님을 잘 압니다. 그러나 그들의 실제 생활이나 생각 가운데 하나님이 계시지 않는 것입니다.

어떤 사람은 "내 속에 하나님이 없다"고 말했습니다. 어떤 교회 속에 하나님이 없고 어떤 집회 가운데 하나님이 없고 어느 때는 우리 생각 가운데도 하나님이 없으실 때가 있습니다. 그때 우리는 마귀에게 속고 있는 것인데 점수를 빼앗기고 있습니다.

3. 부활에 대한 증거

호흡을 멈추는 순간부터 사람의 몸은 식어가고 결국에는 부패해서 썩게 됩니다. 그래서 사람은 아무리 아까운 가족이 죽더라도 땅에 묻을 수밖에 없습니다. 공산주의자들은 지도자들을 방부제를 넣어 영구 보존하고 있습니다. 그러나 귀가 떨어져 나가거나 코가 문드러졌다는 말을 종종 듣습니다. 사람은 죽으면 다 썩게 되고 썩으면 없어지고 맙니다. 이때 맹활약을 하는 것이 구더기입니다. 그리고 마지막 처리는 세균이 하게 됩니다. 사람이 죽으면 다 썩어 없어지는데 어떻게 사람이 다시 살아날 수 있을까요? 하나님은 이 놀라운 진리를 보잘것없는 곤충 세계를 통하여 보여주셨습니다. 사람은 곤충이야말로 가장 쓸모없는 생물이라고 생각합니다. 그러나 곤충이 없으면 식물이 열매를 맺을 수 없고 새도 굶어죽게 되고 결국 들짐승도 굶어죽게 됩니다. 사람은 구더기가 더럽다고 하지만 구더기가 염증을 빨아낸다고 합니다. 어떤 사람이 중상을 입고 버려졌는데 상처에 구더기가 생기는 바람에 기적적으로 생명을 건진 경우도 있습니다. 나비를 보면 애벌레 때는 징그럽고 보잘것없는 존재처럼 보입니다. 그저 배춧잎을 기어 다니면서 그 잎을 뜯어 먹습니다. 그러나 애벌레가 번데기가 되고 그 번데기가 껍질을 벗기고 나오면 아름다운 나비가 됩니다. 우리 인간의 부활은 애벌레와 나비의 관계와 같습니다. 지금 우리는 애벌레같이 비천하고 약하지만 부활했을 때는 나비같이 아름다워지고 마음껏 날 수 있게 될 것입니다.

사도 바울은 밭에 뿌리는 씨를 예로 들어 설명합니다. 밭에 씨를 뿌릴 때 씨는 아무 형체도 없고 그냥 평범한 알맹이인 것 같은데 나중에 그 씨가 썩으면서 씨 안에 있는 눈에서 아름다운 싹이 나오고 나중에 꽃이 피면서 아름다운 열매를 맺게 됩니다. 거기서 어마어마한 양식이 쏟아져 나오게 되는 것입니다. 사도 바울은 몸도 사람의 몸이 있고 짐승의 몸이 있고 새의 몸이 있고 물고기의 몸이 있어 저마다 다른 것처럼 부활한 몸도 다르다고 말하고 있습니다.

39-40절, "육체는 다 같은 육체가 아니니 하나는 사람의 육체요 하나는 짐승의 육체요 하나는 새의 육체요 하나는 물고기의 육체라 하늘에 속한 형체도 있고 땅에 속한 형체도 있으나 하늘에 속한 것의 영광이 따로 있고 땅에 속한 것의 영광이 따로 있으니"

우리가 몸을 가지고 살아가듯이 천사들도 천사의 몸을 가지고 있습니다. 그런데 부활의 몸은 따로 있습니다. 이것은 어떤 연주자가 평소에는 청바지에 티셔츠를 입고 다니지만 연주회 때는 아름다운 연주복을 입고 연주하는 것과 같습니다. 중요한 것은 제2의 인생에 대한 상이 다르다는 사실입니다. 올림픽에서 금메달, 은메달, 동메달의 영광이 다르고 월드컵에서 우승과 준우승과 3등 사이에 엄청난 차이가 있듯이 이 부활의 인생에 있어서도 엄청난 차이가 있습니다. 즉 해의 영광이 있고, 달의 영광이 있고, 별의 영광이 있는데 별 가운데도 아주 희미한 영광도 있습니다.

우리는 지금 썩을 몸을 가지고 살아가고 있습니다. 그러나 부활하면 썩지 않을 몸으로 살아가게 됩니다. 우리는 지금 욕된 몸을 가지고 살아갑니다. 이 세상에서 가난하고 무식하고 성공하지 못했다고 무시를 당하기도 합니다. 그러나 우리는 영광스러운 몸으로 부활하게 됩니다. 천국에서는 거지 나사로가 영광을 받게 됩니다. 우리는 약한 것으로 심어져 능력도 없고 힘도 없습니다. 그러나 강한 것으로 거두어지게 됩니다. 우리가 천사같이 되면 천사 한 명이 앗수르 군대 18만 5,000명을 죽였듯이 강하게 살아나게 됩니다. 우리가 죽는 것은 심어지는 것이지 없어지는 것이 아닙니다.

예수님은 부활의 첫 열매로 나타나셨습니다. 제자들 가운데 해같이 빛나는 예수님의 모습을 본 사람이 있었습니다. 높은 산에서도 해같이 빛나셨는데, 바울도 해같이 빛나는 주님의 모습을 보았습니다. 그러나 주님은 강한 분이었습니다. 주님은 사망의 권세를 깨트리셨습니다. 주님은 사탄의 머리를 깨셨습니다. 주님은 온 세상의 권력자를 모두 발가벗기실 것입니다. 그러나 제자들이 주님을 알아보았고 막달라 마리아가 주님을 알아보았으며, 주님은 제자들과 음식을 잡수시고 대화를 나누셨습니다. 예수님은 못 자국과 창 자국을 가지고 계셨습니다. 주님은 번개같이 움직이셨는데 문이 잠겼음에도 들어오셔서 가운데 서셨고, 하늘의 보좌로 바로 가실 수 있었으며, 엠마오로 가던 제자들을 만난 뒤에는 바로 사라지셨습니다. 우리도 그렇게 될 것입니다.

우리는 지금 월드컵 같은 세계적인 대회의 주인공이고 세계적인 콘서트의 주인공으로 연주를 막 시작했습니다. 우리의 형편과 처지가 어떠하든지 그것은 중요하지 않습니다. 우리는 이 연주를 마쳐야 하는데, 아름답고 멋있게 마쳐야 합니다. 우리 모두 주님의 도우심으로 이를 잘 감당하실 수 있기를 바랍니다.

성경 토의

1. 우리에게는 이 세상을 살아가는 데 있어 쾌락주의로 사는 방법이 있는가 하면 남들이 보지 않더라도 양심을 지키며 신앙적으로 힘들게 사는 방법이 있다. 우리는 왜 이 세상 사람처럼 똑같이 이기적으로 싸우면서 속임수를 쓰며 살아서는 안 되는가?

2. 아무리 성도라도 죽으면 그 시체가 썩게 되는데 썩어 없어지고 나서 우리는 어떻게 부활하며, 부활할 때 몇 살 때의 모습으로 부활한다고 생각하는가?

3. 사도 바울은 부활한 우리의 육체를 새나 물고기, 짐승의 육체가 다른 것을 예로 들어 설명했다. 따라서 부활했을 때 모습은 지금의 육체와도 완전히 다르고 천사와도 다르고 완전히 새로운 재질과 몸으로 부활하는데 우리는 서로 알아볼 수 있을까? 그리고 부활했을 때 올림픽 우승자에게 금메달, 은메달, 동메달이 주어지는 것처럼 상급에 따라 해나 달이나 별같이 서로 영광이 다르다고 했는데, 우리는 어떤 상급을 받게 되는가?

38_마지막 나팔 소리

고린도전서 15:45-58

전체적 설명 고린도전서 15장의 클라이맥스로 가장 영광스러운 부분이다. 즉 이 세상의 마지막 날, 부활하는 순간을 나팔 소리와 함께 가장 생생하게 우리에게 보여주고 있다. 사도 바울은 먼저 우리가 죽을 수밖에 없는 육신을 가진 것을 첫 사람 아담과 비교하고 있다. 첫 사람 아담은 결국 죽어서 땅에 묻혔다. 그러나 마지막 아담 예수 그리스도는 살려주는 영으로 이 세상에 오셔서 그분은 죽어야 할 우리 인생을 살게 하셨다. 우리가 죽어 땅에 묻혔을 때는 마치 잠자는 것 같지만 영원히 그런 상태로 있는 것이 아니라 마지막 나팔 소리와 함께 다시 살아나서 썩을 것이 썩지 아니함을 입고 죽을 것이 죽지 아니함을 입을 것이라고 말씀하고 있다. 그때 사망은 생명에 삼키게 되고 모든 성도는 주님과 함께 하나님 앞에서 영원히 살게 될 것이다.

45절, "첫 사람 아담은 생령이 되었다 함과 같이"

설교 프리노트

하나님이 아담을 흙으로 만드시고 그 코에 생기를 불어 넣으시자 아담은 살아있는 존재가 되었다. '생령'(living soul)은 스스로 살아있는 존재로서 스스로 생각하고 판단도 하고 활동도 하는 완전한 존재를 말한다. 공장이나 생활에서 사용하는 기계는 사람이 작동시키는 대로만 움직일 뿐 스스로 생각하거나 판단해서 모든 것을 하지는 못한다. 반면 하나님은 사람에게 놀라운 지각과 자유의지를 주셔서 모든 것을 스스로 알아서 하도록 하셨다. 그런데 첫 사람 아담은 하나님 말씀을 스스로 거역함으로써 죽음을 가져오게 되었다. 반면 '마지막 아담' 예수 그리스도는 죽도록 하나님 말씀에 순종하심으로써 하나님으로부터 참 생명을 가져오셔서 모든 믿는 자를 살려주시는 '영' 이 되셨다. 즉 의사가 아픈 사람을 치료해 살게 하는 것처럼 예수님은 모든 믿는 자를 살게 하시는 영혼의 의사가 되셨다.

46-50절, "그러나 먼저는 신령한 사람이 아니요……"

이 세상에 먼저 존재했던 사람은 영적인 사람이 아니라 육적인 사람이었다. 물론 그들에게 영혼이 있긴 했지만 몸은 흙으로 만들어져 흙으로 돌아갈 수밖에 없었다. 처음부터 우리 인간은 몸은 흙으로 만들어지고 영은 하나님의 형상으로 만들어져 모순된 존재였다. 인간이 죄를 짓기 전까지는 영과 육체 사이에 갈등이 없었는데, 첫 사람 아담이 죄를 짓고 난 후부터 영은 죽어버리고 몸은 통제 불능의 상태에 빠지고 말았다. 이처럼 인간은 '자율적인 존재' 이기는 하지만 통제 불능의 상태에 있었다. 그러나 하늘에 속한 신령한 분인 예수께서 오셔서(47절) 우리의 영혼을 살리시고 우리 육체 안에 하나님 말씀에 순종하는 새 성품을 주셔서 우리로 하여금 하늘에 속한 자가 되게 하셨다(48절). 그래서 우리는 예수 믿기 전 흙에 속한 자의 형상을 가졌던 것처럼 이제는 예수를 믿음으로써 하늘의 속한 새 형상을 입게 될 것이다(49절). 분명한 사실은 우리 인간의 지금 상태로는 절대 하나님의 나라를 유업으로 물려받을 수 없다는 사실이다. 혈과 육인 이 육체로는 하나님의 나라를 이어받을 자격이 없기 때문이다. 즉 썩을 육신을 가지고는 썩지 않는 하나님의 나라를 물려받을 수가 없다.

51-53절, "내가 너희에게 비밀을 말하노니……"

인류 역사의 마지막 날에 되어질 일은 오랫동안 감춰진 비밀이었다. 그러나 드디어 예수님이 십자가로 죄와 사망을 이기고 승리하심으로써 이 비밀이 풀리게 되어 공개할 수 있게 되었다. 그 비밀이란 우리는 지금 모두 인간의 썩어질 육체를 가지고 있기 때문에 죽으면 우리의 육체는 무덤 안에서 잠자는 것처럼 아무것도 하지 못하고 누워 있어야 한다. 물론 우리의 영혼은 결코 잠들지 않고 천국에서 주님과 더 가까이 있게 될 것이다. 반면 우리의 육신은 잠들어 있게 된다. 우리의 육신은 영원히 그렇게 무덤 안에서 잠만 자고 있는 것이 아니라 마지막 천사의 나팔 소리와 함께 모두 눈을 번쩍 뜨고 누웠던 자리에서 일어날 것이다. 그때 "순식간에 홀연히 다 변화되리니"라고 했는데, 정말 눈 깜짝 할 사이에 모두 썩어서 형제를 알아볼 수 없던 우리 몸이 모두 번쩍번쩍 빛나는 새 몸을 입고 살아나게 된다는 것이다. 마지막 나팔 소리가 울려퍼질 때 죽은 자들이 모두 썩지 않을 몸으로 다시 살아나고 죽지 않는 자들로 변화하게 된다(51절).

그때 우리 몸은 마치 새 옷을 입듯이 단장하게 되는데 우리의 썩은 몸이 썩지 않는 영원히 싱싱한 몸으로 다시 살게 되고, 언젠가는 죽어야 할 몸이 영원히 죽지 않는 몸으로 살게 된다.

55절, "사망아 너의 승리가 어디 있느냐 사망아 네가 쏘는 것이 어디 있느냐"

여기서 성경은 사망에 대해 상대방을 가리지 않고 누구든지 밟아 이기는 거대한 괴물로 묘사하고 있다. 또한 사망은 쏘는 침이나 뿔을 가지고 있어 누구든지 걸려들기만 하면 인정사정 보지 않고 찌르거나 박아서 가장 고통스러운 방법으로 죽이는 괴물로 묘사하고 있다. 사실 이 세상에 사망이라는 괴물과 싸워 이긴 장수나 영웅은 한 명도 없다. 또한 모든 사람은 죽을 때 사망이 주는 침이나 뿔에 찔려 가장 고통스러운 방법으로 죽어갔다. 예수 그리스도는 이런 사망과 싸우셨는데, 처음에는 사망이 예수님을 이기는 것 같았다. 사망은 예수님을 거의 초주검이 되도록 채찍으로 때렸고 그분의 양손과 양발에 대못을 박아서 가장 고통스러운 방법으로 십자가에 매달아 죽였다. 일차적으로 사망이 예수님을 이긴 것 처럼 보였다.

56절, "사망이 쏘는 것은 죄요 죄의 권능은 율법이라"

사망은 마구잡이로 사람을 붙잡아 밟아 죽이고 물어뜯어 죽이고 뿔로 찔러 죽이는 줄 알았는데 알고 보니 사망도 법칙이 있었다. 그것은 사망은 모든 죄인을 잡아서 죽여 가두는 것이었고 사망의 근거는 하나님 말씀, 즉 율법이었다. 사망에게도 약점이 하나 있었는데 그것은 죄가 전혀 없는 사람을 죽이면 사망 자신이 죽는 것이었다. 예수님은 죄가 완전히 없으셨기 때문에 사망은 예수님으로 말미암아 깨어지게 되었다.

57-58절, "우리 주 예수 그리스도로 말미암아 우리에게 승리를 주시는 하나님께……"

이 세상에서 가장 무서운 원수는 사망이다. 사람은 모두 죽음 앞에서는 꼼짝 못하고 벌벌 떨게 된다. 그러나 우리 주 예수 그리스도가 사망을 이기심으로써 우리는 사망을 두려워하지 않을 수 있게 되었으며, 날마다 이 세상에서 승리하게 되었다. 이미 사망이 정복되었기 때문이다. 그래서 우리는 날마다 하나님께 감사하고, 흔들리지 않고 언제나 하나님의 일에 힘쓰는 자들이 되어야 하는 것이다(58절).

본문 이해를 위한 질문

1. 첫 사람 아담과 마지막 아담 예수 그리스도는 무엇이 다르며, 우리는 예수를 믿음으로써 무엇이 달라지게 되는가?

첫 사람 아담은 흙으로 만들어졌기 때문에 흙으로 돌아갈 수밖에 없었고, 마지막 아담 예수님은 하늘에 속하셨기 때문에 우리에게 하늘의 형상을 주실 수 있다.

2. 마지막 날의 비밀은 무엇인가?

마지막 날 천사의 나팔 소리와 함께 죽어 무덤 안에서 잠자던 성도들이 모두 눈 깜짝할 사이에 모두 새 몸으로 살아나고 살아 있는 성도도 변화하게 된다.

3. 마지막 순간 사망에게 어떤 일이 일어나는가?

사망은 그 괴력과 날카로운 뿔을 가지고 사람을 닥치는 대로 밟고 물어뜯고 찢어서 가장 고통스러운 방법으로 죽이지만 죄가 하나도 없으신 예수님이 사망을 이기심으로써 사망은 마지막 순간에 패배해 모든 성도를 다 토해내게 된다.

성경 강해

군대에서 군인들이 기상할 시간이 되면 기상 나팔을 붑니다. 또 옛날 군인들이 적진에 뛰어 들어가서 공격할 때도 나팔을 불었고 후퇴시킬 때도 나팔을 불었습니다. 축구 경기에서는 주심의 호각 소리와 함께 경기가 시작되고 주심의 호각 소리로 경기를 마치게 됩니다. 물론 주심은 경기 중간에도 선수들이 반칙하면 여러 번 호각을 불어 경기를 중단시키거나 재개하게 하지만 앞서 벌인 경기가 무효가 되는 것은 아닙니다. 경기를 마칠 때는 주심이 호각을 길게 부는데 그때는 어떤 이유를 막론하고 그 경기를 끝내야 합니다.

만약 그 경기가 결승전이라면 우승한 팀을 기뻐 날뛰며 모두 단상에 올라가 우승컵을 받고 금메달을 목에 걸고 사진을 찍고 많은 명예와 기쁨과 상금을 누리게 될 것입니다. 이것은 학생이 수능 시험을 칠 때도 마찬가지입니다. 수능 시험을 치를 때 학생은 마지막 벨 소리가 날 때까지만 문제를 풀 수 있습니다. 그러다가 시험 시간이 끝나 벨 소리가 울리면 학생은 모든 필기도구를 내려놓아야 하고 더 이상 문제를 풀어서는 안 됩니다. 시험 감독이 문제지와 답안지를 거두어 가고 나서 결과가 발표되면 좋은 성적을 거둔 학생은 좋은 학교에 입학하게 되고 좋은 성적을 거두지 못한 학생은 좋은 학교에 입학하지 못하게 될 것입니다.

그런데 놀라운 사실이 하나 있습니다. 우리는 날이면 날마다 똑같은 하루하루가 반복되는 줄 알고 있지만 그렇지 않습니다. 매일 새로운 아기가 태어나기도 하고 아이는 청년이 되고 청년은 어른이 되고 노인은 늙어 죽게 됩니다. 신문을 보면 노인 인구가 어쩌니 출산율이 어쩌니 하면서 미래를 걱정하는 것을 보게 됩니다. 인간이 모르고 있는 아주 중요한 사실 하나가 있는데, 그것은 우리의 하루하루가 바로 연기하고 있는 것이고 이것이 하나님 앞에서 점수로 매겨지고 있다는 사실입니다. 하나님은 때가 되었다고 판단되실 때 천사장에게 큰 나팔 소리를 울리게 하시는데, 그때 모든 인류의 활동은 정지될 것입니다. 그때는 더 이상 공부도, 장사도, 정치도, 대학 강의도 없고 인간의 모든 활동이 영구적으로 정지됩니다. 그리고 하나님의 심사에 통과한 사람, 즉 예수 그리스도의 보혈로 죄 씻음을 받고 믿음으로 산 사람은 화려하게 변화되어 하나님의 영광의 나라에 들어가게 됩니다. 반면 이 세상에서 어린 양의 피로 씻음을 받지 못하고 믿음으로 살지 않은 사람은 모두 버려지게 됩니다. 원래 그들의 재료가 흙이었기 때문입니다. 결국 흙으로 된 인생은 하나님의 나라에 들어갈 수가 없습니다. 재료가 다르기 때문입니다. 그러나 이 세상에 살지만 하나님의 능력으로 산 사람은 영원한 영광의 나라에 들어갈 수 있습니다. 그들은 영의 사람이기 때문입니다. 사도 바울은 아주 중요한 말을 하고 있습니다. 그것은 인간의 육체로는 아무리 성공하고 전 세계적으로 유명하고 많은 권력을 가지고 있어도 하나님의 나라를 물려받을 수 없고, 썩을 것만 잔뜩 가진 사람은 썩지 아니하는 나라를 유업으로 받지 못한다고 했습니다.

1. 두 종류의 사람

우리 인간에게 가장 치명적인 것은 육체의 생명이 유한하다는 사실입니다. 우리 인간의 생각이나 상상력은 무한합니다. 그리하여 인간은 그 뛰어난 상상력과 생각을 가지고 전쟁을 하고 건물을 세우고 성을 만들고 소설을 쓰고 그림을 그리고 조각을 만듭니다. 그러나 이 세상에 아무리 뛰어난 정치인이나 장군, 예술가, 소설가라 하더라도 결국 언젠가는 늙어 죽게 되어 있고 죽으면 시체가 썩기 때문에 땅에 묻혀야 합니다. 시체를 묻은 곳을 오랜 세월이 흐른 뒤 파보면 뼈만 남아 있는 것을 보게 됩니다. 그 이유는 인간의 육체는 흙으로 만들어졌기 때문입니다. 인간은 처음 만들어질 때부터 모순되게 만들어졌습니다. 즉 우리 인간의 생각은 신적인 것이고 무한한데 육체는 흙으로 만들어졌고 언젠가는 죽어 썩도록 만들어졌습니다. 그래서 청소년들이 자라면서 자신이 누구인지 몰라 고민하고 방황하는 것은 당연한 과정이며, 모든 사람이 이 세상을 살아가면서 자신의 정체성을 찾기 위해 몸부림치고 죽지 않으려고 애쓰는 것은 너무 당연한 일입니다. 우리 인간은 모두 두 가지 재질로 만들어진 존재이기 때문입니다. 그 하나는 흙이고 다른 하나는 영입니다. 예를 들어 어떤 사람이 흙과 쇠를 섞어 조각을 만들려고 하면 아무리 그것을 붙이려고 해도 붙지 않고 결국 흙이 부서져 조각품이 망가지고 말 것입니다. 바로 이것이 인간의 실존입니다. 우리는 도저히 붙이려고 해도 붙일 수 없는 두 개의 재질로 만들어져 자기가 누구인지 찾기 위해 늘 고민하면서 살아가고 있습니다. 이것이 바로 아담의 고민입니다. 아담은 바로 이 두 개의 재질로 만들어진 최초의 인간이었습니다. 처음 아담은 육체에 죄가 없었기 때문에 영이 육체를 지배할 수 있었습니다. 그래서 처음 아담에게는 영과 육체 사이의 갈등이 없었습니다. 그는 영으로 하나님을 찬양했고 육체로도 하나님을 찬양했습니다. 처음 아담이 두 개의 재료로 만들어진 것은 나쁜 것이 아니라 너무 좋은 것이었습니다.

본문을 보면 첫 사람 아담은 살아있는 영이 되었다고 말씀합니다.

45-46절, "기록된 바 첫 사람 아담은 생령이 되었다 함과 같이 마지막 아담은 살려 주는 영이 되었나니 그러나 먼저는 신령한 사람이 아니요 육의 사람이요 그다음에 신령한 사람이니라"

여기서 '생령' 은 '살아있는 영' 이라는 뜻입니다. 인간은 육체로 지음 받은 존재이지만 스스로 생각해 행동하는 존재가 되었습니다. 예를 들어 기계 같은 경우 사람이 작동하는 대로만 움직이게 되어 있습니다. 아무리 좋은 자동차라 하더라도 사람이 핸들을 돌리는 대로 방향을 잡게 되어 있고, 조작하는 대로 움직이게 되어 있습니다. 그런데 요즘 자동차 기술이 엄청나게 발달해서 조금씩 자동차가 스스로 판단해 작동할 수 있게 하고 있습니다. 자동차가 스스로 판단해서 차가 충돌하려고 하면 멈춘다거나 주소를 입력시키면 알아서 찾아간다거나 할 수 있습니다. 앞으로 기술이 더 발달하면 자동차나 기계가 알아서 모든 것을 판단하고 작동해서 인간을 이기려고 할지도 모릅니다. 그것이 바로 공상과학 영화에 나오는 기계 인간입니다. 기계가 스스로 판단해서 공장을 움직이기도 하고 멈추기도 하고 심지어는 전쟁을 하기도 하고 인간과 싸우기도 하는 것입니다. 그러나 이것은 어디까지나 공상에 불과하고 최초로 스스로 판단해 행동할 수 있는 존재는 인간이었습니다. 인간을 하나님은 누군가가 조작해서 움직이는 존재가 아니라 혼자 스스로 배우고 판단해 움직이도록 기계같이 만드셨습니다. 짐승도 스스로 판단해 움직이기는 하지만 인간같이 복잡한 것까지 판단하지 못하고 거의 생존 본능에 따라 움직이는 수준입니다. 그런데 하나님은 인간의 자율적인 판단에 한계를 정하셨습니다. 그것은 하나님이 명하신 어떤 일을 하지 말라는 것입니다. 우리 생각에는 하나님이 하지 말라고 하셨으면 안 하면 될 것 같습니다. 인간은 왜 골치 아프게 하나님이 굳이 하지 말라고 하신 것을 해서 죄를 짓고 사망에 처하게 되었을까요? 그것은 우리 자신을 생각하면 이해될 것입니다. 우리도 무엇인가 하지 말라고 하면 엄청나게 자존심이 상하고 해서는 안 되는 것에 대해 강한 호기심이 생깁니다. 이것이 바로 모든 죄의 원인입니다.

예를 들어 성 문제에서도 하나님이 보지 말라고 하시면 안 보면 될 것이고 하지 말라고 하시면 안 하면 될 것입니다. 그런데 청소년 시기에 '18세 이하는 관람 불가' 라는 글씨를 보는 순간 얼마나 보고 싶은 마음이 불같이 일어나는지 모릅니다. 이것은 청소년만이 아니라 어른도 다 마찬가지일 것입니다. 우리가 죄에 빠지게 되는 것은 무엇인가 하고 싶은데 하지 말라고 하면 분노가 일어나고, 자신이 알지 못하고 보지 못하는 세계에 대해 강한 호기심이 일어나기 때문입니다. 결국 첫 사람 아담은 그 호기심과 유혹을 이기지 못해 하나님의 명령을 거역하게 되고 우리 육체에 죽음이 오게 되었습니다. 우리의 정신은 영원히 살고 싶은데 육체가 늙어 죽게 되는 것입니다. 그러나 우리 인간은 누구나 마찬가지이지만 한 번만 살고 죽어 없어지기에 너무 아까운 영혼을 가지고 있습니다.

우리는 두 가지 사실을 인정해야 합니다. 하나는 정말 우리 자신이 누구인지 찾는 것이 어렵다는 사실입니다. 우리는 서로 다른 두 가지 재료로 만들어져 있기 때문입니다. 특히 우리의 영혼은 이 세상에는 없는 재료여서 이 세상에서 아무리 공부를 하거나 성공을 하거나 높은 자리에 올라가도 자기를 찾을 수가 없습니다. 오히려 높이 올라갈수록 공부를 하면 할수록 돈을 벌면 벌수록 더 허무해지게 됩니다. 그래서 죽어라 공부만 하고 돈이나 벌고 세상에서 성공하는 것으로 만족하는 사람은 인생을 실컷 헛발질한 것밖에 되지 않습니다.

하나님은 우리에게 자기 자신을 찾을 수 있는 새 길을 마련해주셨습니다. 그것은 하나님이 마지막 아담을 보내주신 것입니다.

45절을 다시 보면 "기록된 바 첫 사람 아담은 생령이 되었다 함과 같이 마지막 아담은 살려 주는 영이 되었나니"라고 말씀합니다.

여기 '마지막 아담'이 나오는데 이 말은 여러 명의 아담이 있는데 그중 막내 아담이라는 뜻이 아닙니다. 이 마지막 아담은 아담이 풀지 못했고 만들어내었던 많은 문제를 완전히 해결한 아담을 말하는 것입니다. 즉 예수님은 인간으로 오셨는데 그분의 영은 완전할 뿐 아니라 육체 안에도 죄가 없었습니다. 예수님은 영과 육체 사이에 갈등이나 분열 증세가 없었습니다. 더욱이 예수님은 자신의 영과 육체 안에 하나님의 신성과 능력과 축복을 다 가지고 오셨습니다. 그러나 예수님도 아담이 저질러놓고 우리가 저질러놓은 문제를 다 해결하는 것이 쉽지 않으셨습니다. 예수님은 하나님 말씀에 순종해 자신의 육체를 완전히 죽임으로써 우리 죄를 완전하게 수습

하셨습니다.

46절에 보면 "그러나 먼저는 신령한 사람이 아니요 육의 사람이요 그 다음에 신령한 사람이니라"고 말씀합니다. 육의 사람은 육체가 죄에 오염된 사람일 뿐 아니라 영도 죽은 사람입니다. 그래서 사람은 자기 스스로 판단해서 행동하도록 만들어졌는데 영은 죽었고 육체는 죄에 오염되어 자기도 모르는 사이에 죄를 짓게 되는 것입니다. 이것은 마치 강도가 무기를 탈취한 것과 같고 비행기가 고장이 난 상태에서 비행하고 있는 것과 같습니다. 예수님은 영도 온전하시고 육체도 전혀 죄에 오염되지 않으셨습니다. 그러나 우리의 발광하고 있는 인생을 고치려고 하면 예수님이 죽으셔야 했습니다. 우리에게는 예수님의 피가 필요했습니다. 예수님은 자신의 육체를 찢고 피를 흘리심으로써 우리 영혼에 성령을 주시고 육체에도 영을 불어넣는 데 성공하셨습니다. 예수님은 생명을 주시는 영이 되신 것입니다. 그래서 예수님을 믿는 사람과 믿지 않는 사람은 지금 그 재질 자체가 완전히 달라지게 되었습니다.

48-49절, "무릇 흙에 속한 자들은 저 흙에 속한 자와 같고 무릇 하늘에 속한 자들은 저 하늘에 속한 이와 같으니 우리가 흙에 속한 자의 형상을 입은 것같이 또한 하늘에 속한 이의 형상을 입으리라"

하나님이 주시는 영을 받지 않으면 영은 죽고 육체는 흙이 되어 그의 영혼과 육체는 썩게 됩니다. 우리 역시 예전에는 흙이었습니다. 그러나 하늘에서 오신 예수님으로 말미암아 우리 안에는 엄청난 변화가 생기게 되었습니다. 우리의 영혼과 육체에 하늘의 형상이 들어오게 된 것입니다. 물론 지금 겉으로 보기에는 하늘의 형상이 완전히 나타난 것 같지는 않습니다. 그러나 우리 영혼은 하나님을 기뻐하며 찬양하게 되었습니다. 예전에 우리의 육체와 감정이 욕망이나 호기심이나 자존심에 의해 끌려갔다면 이제는 하나님 말씀과 성령에 의해 움직이고 통제되는데 이것이 바로 하나님의 형상이 들어와 계신다는 증거입니다. 즉 하나님은 우리를 그리스도의 신부로 만들려고 하시는데 먼저 우리의 영혼이 하나님을 기뻐하게 하시고 우리의 행실부터 아름답게 고치십니다. 그리고 하나님은 우리에게 웨딩드레스를 입히실 것입니다.

50절, "형제들아 내가 이것을 말하노니 혈과 육은 하나님 나라를 이어 받을 수 없고 또한 썩는 것은 썩지 아니하는 것을 유업으로 받지 못하느니라"

여기서 혈과 육은 우리 옛 몸과 기질을 말합니다. 옛 흙으로 된 우리의 몸이나 기질로는 하나님 나라에 들어갈 수가 없고 그 축복을 감당할 수가 없습니다. 그리고 썩어질 것은 이 세상에서 우리가 자랑하는 것을 말합니다. 이 세상에서 공부한 것이나 쌓아놓은 돈이나 명예, 권력으로는 썩지 않는 하나님의 나라를 물려받을 수가 없습니다. 결국 사람은 자기 욕심과 이 세상의 좋은 것 때문에 한평생 속아 살아온 것입니다. 이 세상에 있는 것은 모두 수단이지 목적이 아닙니다. 우리가 서울에 가느냐, 뉴욕에 가느냐 하는 것이 중요하지 엉뚱한 데 가면서 일등석을 자랑해 봐야 아무 소용이 없습니다. 돈도 지식도 성공도 목적이 될 수 없습니다. 이 모든 것은 있어도 좋고 없어도 좋은 수단에 불과한 것입니다. 중요한 것은 우리 영혼이 하나님을 기뻐하고 하나님 말씀을 사랑하며 우리 육체가 하나님의 뜻에 따라 통제되어야 한다는 것입니다. 기도할 때 우리 무릎이 꿇어져야 하고 자랑하고 고집 피우는 입이 다물어져야 하고 겸손할 수 있도록 고개가 숙여져야 하나님 나라에 들어갈 수 있습니다.

2. 마지막 나팔 소리

축구 선수들은 경기를 열심히 뛰다가도 시간이 되어 주심이 경기를 마치는 호각을 불면 경기가 종료되고 더 뛰고 싶어도 뛸 수가 없습니다. 그리고 이긴 자와 진 자가 결정됩니다. 이것은 시험에서도 마찬가지이고 다른 경기에서도 마찬가지입니다. 그런데 놀라운 것은 우리 인생에도 하나님이 호각을 부는 시간이 있다는 사실입니다.

51절, "보라 내가 너희에게 비밀을 말하노니 우리가 다 잠 잘 것이 아니요 마지막 나팔에 순식간에 홀연히 다 변화되리니"

우리는 지금 그냥 하루하루를 살아가는 것 같습니다. 그러나 하나님과 천사들 앞에서 우리는 경기를 뛰고 있는 선수입니다. 그 경기는 세상의 성공을 위한 경기가 아니라 믿음의 경기이고 겸손의 경기입니다. 하나님 앞에서 자기 머리나 자기 방법으로 사는 것은 최악의 경기입니다. 그것은 전혀 믿음이 없기 때문입니다. 어려움이 오고 핍박이 왔을 때 하나님을 믿는 믿음으로 감당하고 누군가 힘들게 해도 겸손으로 이겨낼 때 좋은 경기를 하고 있는 것입니다. 오페라를 보면 아주 사소한 것도 노래로 표현하는 것을 볼 수 있습니다. '편지 왔소' '지금 집에 없는데요' 라고 하다가 나중에 유명한 아리아가 터져 나오면 관중은 까무러치게 됩니다.

마찬가지로 가장 어리석은 사람은 보는 사람이 없다고 해서 자기 마음대로 행동하고 말하는데, 이런 사람은 자기 오페라를 망치고 있는 것입니다. 이 사람은 나중에 중요한 아리아를 맡지 못하고 그것을 부를 실력도 되지 못하는 것입니다. 사람은 이 세상에서 관중 없이 자기 마음대로 살아가다가 죽습니다. 그런데 마지막 순간에 하나님은 나팔을 불도록 하십니다. 이것은 아무도 모르는 비밀입니다. 요즘 사람은 몰래 카메라가 있는 줄 모르고 도둑질도 하고 못된 짓도 하지만 모두 걸리고 말 것입니다. 그런데 믿음의 사람은 이런 사실을 압니다. 그들은 하나님이 모든 것을 보고 계신다는 것을 알기 때문에 제멋대로 행동하지 못합니다. 그러다가 하나님이 기회를 주셨을 때 자신의 노래, 아리아를 부르게 되는데 아름답고 순수한 자기 노래를 부르고 춤을 추는 것입니다. 마지막 날 하나님이 천사들을 시켜 나팔을 불 때 죽은 자도 깨어나고 살아있는 자도 변화되는데, 그때는 이미 옷이 달라져 있습니다. 즉 이 세상에 있는 것을 위하여 산 흙의 인생은 수치스러운 나체로 등장하게 될 것입니다. 그것도 아름다운 육체가 아니라 쭈글거리고 비틀어진 흉한 모습으로 등장하게 됩니다. 그러나 하늘의 영광을 위해 고난을 참으면서 성령으로 산 자들은 가장 아름다운 하늘의 모습으로 변하게 되는데 하늘의 옷을 입고 나타날 것입니다. 그 옷은 빛으로 만든 옷이고 매우 아름답고 찬란한 옷입니다. 그리고 이 영광스러운 옷을 입은 자들은 모두 어린 양의 혼인 잔치에 들어가게 됩니다. 마치 결혼식에서 최고로 아름다운 드레스를 입고 입장하는 신부인 양 햇빛처럼 빛나는 그리스도 앞에 등장하게 되는 것입니다. 그러나 세상의 흙만을 위해 살았던 사람은 자신의 모든 비리나 수치가 드러나자 바위에 깔려 죽으려 하고 산에 깔려 죽으려고 할 것입니다. 그때 사람은 서로 설명해주지 않아도 모든 것을 알게 됩니다. 세상에서 대단한 줄 알았던 자들이 형편없는 사람이었던 것도 알게 되고, 별 볼일 없는 사람인 줄 알았던 사람이 순수하고 아름다운 삶을 살았던 사람임을 알게 됩니다.

52-53절, "나팔 소리가 나매 죽은 자들이 썩지 아니할 것으로 다시 살아나고 우리도 변화되리라 이 썩을 것이 반드시 썩지 아니할 것을 입겠고 이 죽을 것이 죽지 아니함을 입으리로다"

바로 그 순간 우리의 육체가 변하게 됩니다. 지금 우리 몸은 썩을 육체입니다. 우리 육체는 죽게 되어 있고 죽으면 썩게 되어 있습니다. 이미 죽은 성도들의 육체는 땅에서 썩고 그 영혼은 하나님 앞에 천사들과 같이 있습니다. 그런데 우리는 전부 새 옷을 입게 됩니다. 우리는 모두 젊은 청년처럼 될 것이며, 다시 늙지 않고 병들지 않고 순간적으로 움직이면서 지혜가 천 배 만 배가 되고 감정적으로도 수만 배 성숙한 상태에서 하나님을 만나게 될 것입니다. 피조물의 최고 영광은 눈으로 하나님을 보는 것입니다. 그리고 우리는 하나님의 세계로 이끌려 들어가게 될 것입니다. 우리는 모두 아름다운 모습으로 변할 텐데, 그럼에도 서로 알아볼 것이며 음식도 먹고 손도 잡고 할 것입니다. 우리는 더 이상 이 세상에서의 꿈틀거리는 애벌레가 아니라 나비처럼 날아다닐 것입니다. 그때 우리는 새로운 세계에서 새로운 인생을 시작하게 될 것입니다. 죄도 없고 경쟁도 없는 세상에서 심심해서 무엇을 할까 하는 생각을 하는 사람이 많습니다. 이것은 마치 어린 아이가 어른들이 결혼하면 심심해서 무엇을 하나, 딱지치기도 못 하고 구슬치기나 게임도 못 하고 나쁜 장난도 못 치는데 왜 어른이 될까 생각하는 것과 같습니다.

아직 나팔 소리가 울리지 않았을 때 우리는 자신의 운명을 바꿀 수가 있습니다. 흙의 인생을 하늘의 인생으로 바꿀 수 있으며, 동메달의 인생을 금메달의 인생으로 바꿀 수 있습니다. 아직 우리에게는 아름다운 연기를 펼칠 수 있는 시간이 있습니다.

3. 사망의 패배

사람은 이 세상에서 할 수 있는 한 모든 것을 정복하려고 합니다. 다른 것을 정복하면 정복할수록 자기 삶의 영역이 넓어지기 때문입니다. 그래서 사람은 높은 산도 정복하고 바다도 정복하고 달이나 화성도 정복하려고 합니다. 사람은 많은 병도 정복했고 지식도 정복했습니다. 그러나 우리 인간은 죽음만은 정복하지 못하고 있습니다. 아직까지 한 사람도 빼놓지 않고 모든 사람은 죽고 그 육체는 썩어 없어지고 있습니다. 그 이유는 사망이 사람을 정복하고 붙들어놓기 때문입니다. 오직 예수님만 사망의 권세를 깨고 부활하심으로써 사망에 치명상을 입히셨습니다. 사망은 머리가 다 깨어졌음에도 불구하고 여전히 손과 발로 모든 인간을 붙들어놓고 있습니다. 그런데 천사가 마지막 나팔을 불 때 드디어 사망은 죽게 됩니다. 사망이 죽으면서 그동안 죽었던 모든 사람이 풀려나게 되는데, 그중에는 흙의 사람이 있는가 하면 하늘의 사람도 있습니다.

54절, "이 썩을 것이 썩지 아니함을 입고 이 죽을 것이 죽지 아니함을 입을 때에는 사망을 삼키고 이기리라고 기록된 말씀이 이루어지리라"

다음 말씀을 보겠습니다.

"사망을 영원히 멸하실 것이라 주 여호와께서 모든 얼굴에서 눈물을 씻기시며 자기 백성의 수치를 온 천하에서 제하시리라 여호와께서 이같이 말씀하셨느니라" (사 25:8).

하나님은 이미 오래 전 이사야 선지자를 통해 사망을 멸하실 것이라고 말씀하셨습니다. 이것은 모든 사람이 살아나게 된다는 것입니다. 그러나 사람은 두 가지 모습으로 살아납니다. 자기 육신을 위해 정욕과 야망으로 산 사람은 모두 저주 받은 모습인 흙의 모습으로 살아납니다. 아마 죽을 때 그 비참한 모습으로 벌거벗은 채로 살아날 것입니다. 그러나 예수 믿고 영으로 살았던 사람은 모두 완전한 새 사람으로 살아납니다. 그들은 완전히 아름다운 사람으로 죽지 않는 몸을 가지고 영광스럽게 살아날 것입니다.

하나님은 마지막 나팔 소리가 날 때 사망을 부수어버리십니다. 그때 주를 믿다가 죽은 자들이 먼저 살아납니다. 그리고 그때까지 살아있던 성도들은 마찬가지로 죽지 않고 아름답게 변화될 것입니다. 성도들은 모두 가장 젊은 모습으로 죽지도 않고 썩지도 않고 암도 걸리지 않고 장애도 없는 몸으로 살아납니다. 이때 사망이 생명에 삼켜지게 되면서 사망이 없어지게 됩니다. 그래서 저주 받은 자는 저주 받은 상태로 영원히 살게 되고 축복 받은 자는 축복 받은 상태로 영원히 살게 됩니다.

문제는 모든 사람이 부활한 그 상태로 영원히 남게 된다는 사실입니다. 어떤 사람은 저주 받은 괴물로 살아남고 어떤 사람은 축복 받은 아름다운 사람으로 살아남습니다.

55절, "사망아 너의 승리가 어디 있느냐 사망아 네가 쏘는 것이 어디 있느냐"

성경은 사망을 이 세상 어느 누구라도 밟아 부수고 이기는 괴물로 비유하고 있습니다. 괴물을 소재로 만든 영화가 있는데, 괴물은 보통 거대하게 생겼고 아주 큰 발과 힘이 센 꼬리와 날카로운 이빨을 가지고 있습니다. 그래서 괴물은 누구든지 자기에게 걸려들기만 하면 발로 밟아 죽이고 이빨로 물어 죽이고 뿔로 찔러 죽입니다. 사망은 거대한 몸을 가지고 있으며 발과 꼬리를 가지고 있으며 입에서 무서운 불을 뿜는 괴물 같습니다. 게다가 사망은 쏘는 뿔을 달고 있어 모든 사람을 한 명씩 쏘아서 가장 고통스러운 방법으로 죽인 뒤 끌고 갑니다.

사망이 아무리 강하고 무지막지해도 사망에게도 하나의 법칙이 있습니다. 그것은 사망은 반드시 죄가 있는 사람만 죽여야 하고 율법에 허물이 있는 사람만 잡아갈 수 있다는 것입니다. 만일 사망이 죄가 하나도 없는 사람을 죽이면 사망이 죽게 됩니다.

56절, "사망이 쏘는 것은 죄요 죄의 권능은 율법이라 사망이 쏘는 것은 죄요 죄의 권능은 율법이라"

놀랍게도 사망이 사람을 쏘는 것은 인간 모두에게 죄가 있기 때문이고, 그 근거는 율법입니다. 율법에 비추어보면 죄 짓지 않은 사람은 아무도 없습니다. 사망에게도 약점은 있었습니다. 그것은 죄가 전혀 없는 사람을 사망이 쏘아 죽이면 어떻게 되느냐 하는 것입니다. 율법으로 보아도 전혀 죄가 없는 사람을 사망이 모르고 쏘아 죽이면 사망이 깨어지게 됩니다.

예수님이 연약한 육신을 입고 이 세상에 오셨을 때 사탄은 예수님을 우습게 알았습니다. 그래서 하나님의 아들이라면 돌로 떡을 만들어 보라고 시키고, 자기에게 절하면 세상 영광을 다 주겠다는 식으로 예수님을 자기에게 복종시키려고 했습니다. 사탄의 유혹에 예수님은 절대로 하나님을 거역하지 않으셨고 끝까지 하나님 말씀에 순종하셨습니다. 그때 사탄은 엄청난 실수를 하게 되었습니다. 그것은 예수님을 너무 우습게 알고 그를 죽도록 채찍질하고 나중에 못을 박아 죽였던 것입니다. 사탄은 그 정도로 괴롭히면 아무리 하나님의 아들이라도 하나님을 욕하고 저주할 줄 알았던 것입니다. 그러나 예수님은 끝까지 하나님을 욕하지 않으셨고 하나님의 율법을 거역하지 않았습니다. 그 결과 율법이 깨어지게 되었고 사탄의 머리가 깨어지게 되었고 사망의 권세가 깨어지게 되었습니다. 지금 예수님의 말씀 한 마디면 죽은 성도들이 다 살아나게 됩니다. 예수님이 "나팔 불어!"라고 말씀하시기만 하면 우리 성도들은 다 살아나 영생을 누리고 마귀와 예수를 믿지 않고 흙을 위해 산 자들은 영원한 지옥에 가게 됩니다. 하나님이 그들을 지옥에서 나오라고 해도 그들은 죽어도 나오지 않을 것입니다. 자신의 행위가 너무 수치스럽고 자기의 모양이 흉측하기 때문입니다. 그래서 지금 우리는 하루하루를 승리해야 합니다.

57절, "우리 주 예수 그리스도로 말미암아 우리에게 승리를 주시는 하나님께 감사하노니"

우리는 하루하루를 이겨야 합니다. 우리는 자기 자신의 정욕을 이겨야 하고 혈기를 이겨야 하고 악한 충동을 이겨야 합니다. 오직 예수 그리스도만 의지하면 이깁니다. 그러나 사람을 이기려고 하면 지게 됩니다.

58절, "그러므로 내 사랑하는 형제들아 견실하며 흔들리지 말고 항상 주의 일에 더욱 힘쓰는 자들이 되라 이는 너희 수고가 주 안에서 헛되지 않은 줄 앎이라"

'견실하며'는 '견고하게'라는 뜻입니다. 우리는 든든하게 서서 흔들리지 말아야 합니다. 누가 뭐라고 한다고 해서 따라갈 필요가 없습니다. 우리에게는 하나님 말씀이 있기 때문입니다. 항상 주님의 일에 힘쓰시기 바랍니다. 이제까지 많은 수고를 하셨는데 절대로 수고를 중단해서는 안 됩니다. 다른 사람이 더 수고하면 상을 빼앗기게 되기 때문입니다. 우리가 수고한 것은 절대로 헛되지 않다고 말씀하셨습니다. 하나님 앞에서 영원히 없어지지 않는 축복으로 남게 될 것입니다.

성경 토의

1. 우리는 이 세상이 영원히 계속될 것이라고 생각해 땅에 자신의 모든 재산과 열정을 투자하거나 땅을 위해 살지 않는가? 마지막 날 공중에서 천사의 나팔 소리가 울려퍼질 때 변화되어 영광스럽게 주님을 맞이할 준비가 되어 있는가?

2. 왜 세상 사람은 천국에 들어갈 수 없으며, 반드시 예수를 믿어야 천국에 들어갈 수가 있는가?

3. 사망의 괴력은 무엇이며, 예수님은 어떻게 사망을 이기셨는가? 사망을 이기신 예수님을 믿는 우리는 어떻게 날마다 승리할 수 있는가?

39_교회를 사랑하는 마음

고린도전서 16:1-24

전체적 설명

사도 바울은 고린도 교인들이 겪고 있는 신앙적인 어려움을 하나하나 자세하고 구체적으로 답변하고 설명한 뒤 예루살렘 교인들을 위한 헌금을 부탁한다. 아울러 자신의 장래 계획을 알려주고 함께 있는 신앙 형제들의 문안 인사를 전함으로써 이 어마어마한 서신의 대단원의 막을 내리고 있다. 우리는 사도 바울의 이 마지막 인사를 통해 그의 형편이나 계획을 알 수 있고, 고린도후서를 쓴 배경도 알 수 있다.

설교 프리노트

1절, "성도를 위하는 연보에 관하여는"

여기서 '성도'는 예루살렘 교회의 성도를 말한다. '연보'는 '모은다'는 뜻을 가지고 있는데, 즉 다른 교회의 교인들이 어려움에 빠지게 되었을 때 교회는 돈이 많은 사람에게 의지하는 것이 아니라 많은 성도가 하나님 앞에 바치는 마음으로 드린 돈을 가지고 도와야 한다.

"내가 갈라디아 교회들에게 명한 것같이"

이 말씀을 통해 사도 바울은 우리가 아는 갈라디아서와 또 다른 갈라디아서를 보냈고 그것을 고린도 교인들이 이미 읽은 것을 알 수 있다. 그 내용은 예루살렘 교회의 어려움에 대한 것인데, 이방인 교회가 도와야 한다는 내용이었을 것이다. 사도 바울은 예루살렘의 핍박과 흉년 이후 예루살렘 성도들이 물질적으로 어렵다는 이야기를 듣고 이방인 교회가 도와야 한다고 생각했다. 그 이유는 복음이 일단 예루살렘 교인들을 통해 왔기 때문에 영적인 부채가 있다고 생각했으며, 이런 헌금을 통해 유대인 교회와 이방인 교회가 하나 될 수 있다고 생각했기 때문이다.

2-4절, "매주 첫날에 너희 각 사람이 수입에 따라……"

당시 그리스도인은 매주 첫날 일요일에 모여 예배를 드렸고 그때 헌금했던 것을 알 수 있다. 그러나 사도 바울은 고린도 교인들에게 미리 모일 때마다 헌금을 해서 모아주기를 바라고, 자기가 갔을 때는 헌금을 별도로 하지 않기를 원했다. 고린도 교인 가운데 사도 바울이 헌금을 거두기 위해 왔다고 오해하는 사람이 있을 수도 있었기 때문이다. 더욱이 사도 바울은 고린도에서 말씀을 전할 때 일체 생활비를 받지 않고 자비량으로 천막을 만들어 생활비를 벌었다. 그런데 이번에 사도 바울이 고린도에 갔을 때 헌금을 거두면 그때 받지 못했던 생활비를 거두려고 한다고 오해하는 사람이 생길 수도 있기 때문이다. 교회에는 다양한 사람이 있어서 부정적으로 생각하는 사람이나 의심하는 사람도 있을 수 있는데, 쓸데없이 오해 살 일은 하지 않는 것이 유익하다고 본 것 같다. 사도 바울은 고린도 교인들이 그 헌금을 예루살렘 교회에 보낼 때도 자기가 들고 가는 것이 아니라 고린도 교인들이 인정한 사람을 뽑아 보내면 그들에게 편지를 써서 보내겠다고 했다. 이것도 그럴 리야 없겠지만 혹시 누군가가 사도 바울이 중간에 돈을 빼돌린다는 의심을 사지 않게 하기 위한 것으로 보인다. 사도 바울도 자기가 반드시 이들과 같이 가야 하는 것이 아니며, 만일 합당하면 같이 가겠다고 말했다(4절).

5-9절, "내가 마게도냐를 지날 터이니……"

사도 바울의 스케줄을 미리 고린도 교인들에게 알려주고 있다. 사도 바울은 마게도냐를 먼저 들르겠다고 했는데 마게도냐는 알렉산더 대왕이 지배한 곳으로 그리스 북쪽에 있었다. 사도 바울은 그곳에서도 교회들을 돌보고 고린도 교회와 마찬가지로 예루살렘 교회를 돕기 위한 헌금을 거두어 고린도로 올 계획이었다. 사도 바울은 고린도에 와서 겨울 동안 있으면서 그들과 말씀을 나누고 영적인 도움을 주다가 겨울이 지나고 나서 고린도 교인들이 그를 에베소와 예루살렘으로 보내주기를 바란다고 했다(6-7절).

사도 바울은 당장 에베소를 떠날 수 없는 이유가 에베소에서 복음을 전할 아주 좋은 기회가 생겼는데, 또 반대하는 세력도 많아 자기가 에베소에 있는 것이 좋을 것 같다고 생각했기 때문이다. "내게 광대하고 유효한 문이 열렸으나"라고 말한 것은 아마도 에베소에 있는 두란노 학원을 중심으로 많은 젊은이가 모여들어 집중적으로 하나님 말씀을 배웠고 그들이 아시아 내륙으로 들어가면서 복음을 전하게 된 것을 말하는 것 같다. 그러나 에베소에 있는 우상 숭배자들이 난동을 부리고 그리스도인을 박해하는 일이 일어나고 있었기 때문에 사도 바울은 오순절까지 에베소에 머무는 것이 좋겠다고 판단했다.

10-11절, 디모데가 이르거든 너희는 조심하여……"

사도 바울은 자기 자신은 직접 고린도에 올 수 없지만 자신의 영적 제자인 디모데를 대신 보내 고린도 교회의 여러 가지 혼란이나 문제를 바로잡을 생각이었다. 디모데는 사도 바울에 비해 경험이 적었고 젊은 나이인데다가 학문적인 경륜이 짧은 편이어서 무시당할 수도 있었다. 그래서 사도 바울은 고린도 교인들에게 디모데를 무시하지 말고 조심스럽게 대해 힘들지 않게 교회를 잘 도울 수 있도록 하라고 권면했다. 결과적으로 디모데가 자신의 역할을 잘 감당하고 고린도 교인들도 잘 협조한 것으로 보인다.

12절, "형제 아볼로에 대하여는"

고린도 교인들이 원하는 사역자는 사도 바울이나 디모데가 아니라 아볼로였다. 아볼로는 알렉산드리아 출신으로 구약성경에 대한 조예가 깊어서 고린도 교인들이 좋아하는 스타일이었다. 그러나 아볼로는 사도 바울이 여러 차례 고린도로 가라고 해도 거절했다. 지금 고린도 교회에 필요한 사람은 자기가 아니라 사도 바울이라는 것을 알았기 때문이다. 즉 고린도 교인들이 자기를 인간적으로 좋아할지 몰라도 그들은 지금 복음의 뿌리가 더 필요했고 그 일을 할 사람은 역시 이방인의 사도인 사도 바울이었던 것이다. 이런 것을 보면 아볼로 역시 신사적인 사람이고 생각이 깊은 사람이었음을 알 수 있다.

13절, "깨어 믿음에 굳게 서서 남자답게 강건하라"

원래 헬라인은 굳게 서서 남자같이 싸우는 것을 미덕으로 생각했다. 헬라인에게 유명한 호메로스가 쓴 《일리아스》라는 시가 있었는데 거기에 나오는 아킬레스 같은 용사가 바로 그런 사람이었다. 그러나 우리는 영적으로 눈에 보이지 않는 영역에서 아킬레스 같은 용사가 될 필요가 있었다. 뒤로 한 걸음도 물러서지 않고 깨어 사탄의 계략을 물리쳐야 하는 것이다.

15-18절, "형제들아 스데바나의 집은 곧 아가야의 첫 열매요……"

아가야는 고린도 바로 북쪽에 있는 넓은 지역을 말한다. 사도 바울이 고린도에 오기 전 스데바나는 사도 바울의 복음에 대한 첫 열매였고 그의 집에서 교회로 모이고 있었다. 그리고 그는 성도를 섬기기로 작정할 정도로 헌신적인 사람이었다. 그럼에도 고린도 교인들을 스데바나를 인정하지 않았고 그와 교류하지 않고 있었다. 사도 바울은 고린도 교인들에게 그들보다 먼저 믿은 이런 헌신적인 사람을 인정하고 그의 말에 순종하라고 가르쳤다. 그리고 고린도 교회의 문제를 가지고 스데바나와 브드나도와 아가이고 세 사람이 왔는데, 이들이 고린도 교인들이 말하지 않은 교회의 자세한 사정들을 말해주어 사도 바울의 궁금증이 해소되고 마음이 시원하게 되었다고 감사하고 있다(17, 18절).

19-20절, "아시아의 교회들이 너희에게 문안하고……"

에베소 등 아시아에 있는 모든 교회가 고린도 교회를 생각하고 문안하고 있다. 이것은 고린도 교회가 결코 혼자가 아니라는 것을 의미한다. 인종과 언어와 피부색은 다르지만 모든 교회는 그리스도 안에서 한 형제다. 아굴라와 브리스가도 집에서 교회로 모이고 있었는데, 이들은 사도 바울과 함께 고린도에서 자비량하면서 전도한 귀한 동역자였다. 그리고 '모든 형제'도 문안하고 있다. 이처럼 고린도 교회는 다른 많은 그리스도인 형제자매로부터 사랑받는 귀한 교회였다.

21-24절, "나 바울은 친필로……"

사도 바울은 지금까지 대필자에게 구술로 편지를 받아 적게 했지만 끝에서는 자신의 친필로 인사하고 있다. 이것은 사도 바울의 사인과 같은 의미가 있다. 사도 바울의 마지막 인사는 주를 사랑하지 않는 자는 저주를 받는다는 것과 "우리 주여 오시옵소서"라는 인사였다. 그리고 주 예수 그리스도의 은혜가 고린도 교회에 넘치기를 축복하면서 그의 사랑도 예수 그리스도 안에서 고린도 교회와 함께하기를 바라는 아름다운 내용으로 서신을 마치고 있다.

본문 이해를 위한 질문

1. 사도 바울은 고린도 교회에 예루살렘 교인들의 헌금을 어떻게 부탁하고 있는가?

사도 바울은 고린도 교인들이 매주 모여 헌금해서 모아놓기를 바랐고 자기가 갔을 때는 별도의 헌금을 하지 않기를 바란다고 했으며, 인정할 만한 사람을 뽑아주면 그들에게 편지를 써서 예루살렘 교회에 그 헌금을 가지고 가도록 하겠다고 했다.

2. 사도 바울은 자신의 스케줄을 어떻게 잡고 있었는가?

오순절까지는 에베소에서 복음의 기회가 열려 있기 때문에 남아 있다가 마게도냐로 가서 교회를 돌본 후에 고린도로 와서 겨울이 지나도록 있겠다고 했다. 대신 디모데를 보내니 잘 돌봐주었으면 좋겠다고 했으며, 아볼로는 여러 번 가라고 해도 본인이 가지 않겠다고 한다고 전해주었다.

3. 사도 바울은 고린도 교인들이 어떤 사람에게 관심을 가지기를 원했는가?

스데바나는 고린도 교인들보다 먼저 예수를 믿었고 그의 집에서 교회로 모이고 있었으며 성도 섬기는 일에도 헌신적이므로 그의 말을 듣고 순종하라고 했다. 그리고 아시아의 모든 교회와 브리스길라와 아굴라, 모든 형제가 문안하고 있다고 전했다.

성경 강해

얼마 전 뉴스를 보니 우리나라 여학생 몇 명이 한 여학생을 얼마나 때렸던지 거의 피투성이로 만들어놓은 것을 보았습니다. 우리나라 여학생들이 얼마나 난폭해지고 얼마나 다른 사람을 미워했으면 이렇게 피투성이가 될 정도로 사람을 때릴 수 있는지 가슴이 아팠습니다. 우리는 사자나 늑대 같은 맹수를 보면 물릴까 봐 피하거나 숨게 됩니다. 그러나 그 사자나 늑대를 새끼 때부터 키워 온 사육사는 사자나 늑대가 더 커서 엄청나게 커도 조금도 무서워하지 않고 오히려 만나면 서로 입도 맞추고 끌어안고 뒹구는 것을 봅니다. 이것을 보면 사람이 짐승보다 훨씬 못하다는 생각을 하게 됩니다.

우리가 예수 믿게 된 것은 하나님이 우리를 사랑하셨기 때문입니다. 하나님은 우리에게 다른 사람도 자기 몸처럼 사랑하라고 말씀하셨습니다. 여기서 '내 몸처럼' 이라고 한 것은 우리에게 인격이 있고 자존심이 있고 감정이 있듯이 다른 사람에게도 인격과 자존심, 감정이 있기 때문에 존중해주라는 뜻입니다. 우리는 교회에서 많은 사람을 만나게 됩니다. 그런데 우리는 교회에서 목회자나 교인들을 사랑하지 못하고 미워할 때가 많습니다. 그 이유는 교회의 목사도 사람이기 때문에 권위적이기도 하고, 장로나 교인들이 위선적이기도 하고, 교회가 이상적인 공동체도 아니기 때문입니다. 특히 하나님의 진리가 자기 안에서 소화되지 않았을 때는 하나님이나 하나님의 진리에 대한 반발심 때문에 교회나 목회자에게 더욱 비판적이 됩니다. 그러나 세월이 많이 흘러 방황하기도 하고 죄도 짓기도 하다가 다시 복음을 듣고 예수님을 만나게 되었을 때는 진리가 소화되면서 교회나 교인을 여러 가지 단점이 있음에도 불구하고 사랑하게 됩니다. 교회는 우리가 생각하는 것보다 훨씬 깊은 하나님의 비밀을 가지고 있기 때문입니다.

사도신경에 보면 "거룩한 공회과 성도가 서로 교통하는 것과 …… 믿사옵나이다"라는 고백이 있는데, 이것은 교회를 하나님처럼 신앙의 대상으로 믿는다는 뜻이 아닙니다. 또 교회가 전혀 오류나 잘못된 결정을 내리지 않는 완전한 모임이라는 것을 믿는다는 뜻도 아닙니다. 이것은 하나님이 교회를 사람을 구원하고 은혜를 주시는 방편으로 믿는다는 뜻입니다. 우리가 주님을 사랑하면 교회를 사랑하게 되어 있습니다. 교회는 주님의 몸이기 때문입니다. 만일 우리 몸이 다쳤는데 누군가가 도와주거나 치료를 해주면 참 고마울 것입니다. 반대로 누군가가 자기 몸을 다치게 하거나 아프게 하면 그 사람이 미울 것입니다. 마찬가지로 교회는 주님의 몸이기에 교회를 사랑하는 것이 주님을 사랑하는 것입니다. 오늘 너무 많은 사람이 교회의 겉모습만 보고 교회를 욕하거나 미워하는 것을 볼 수 있습니다. 이것은 주님의 몸에 상처를 입히는 것입니다. 결국 교회를 사랑하는 사람의 마지막이 아름다운 것을 볼 수 있습니다.

고린도전서는 고린도 교인들의 신앙의 문제에 대해 사도 바울이 치열하게 답변도 하고 논증도 한 격렬한 서신입니다. 고린도전서에서는 고린도 교회의 분파 문제와 영적에 속한 문제, 우상의 음식, 은사, 사랑, 부활에 대해 격렬한 논쟁을 펼치고 있습니다. 그러나 사도 바울은 16장에 와서 모든 격렬했던 논증을 끝내고 조용한 어조로 자신의 개인적인 사정도 이야기 하면서 이 길고 긴 서신을 매듭 짓습니다. 우리는 이런 사적인 내용을 통해 사도 바울의 사정이나 고린도 교회를 비롯해 주위 교회의 사정을 자세히 알 수 있습니다.

1. 고린도 교인의 헌금

우리는 헌금에 대해 말하는 것을 별로 좋아하지 않습니다. 신성한 교회에서 돈 이야기를 하는 것이 무엇인가 거룩하지 못하다는 생각이 들 수 있기 때문입니다. 그러나 사실 헌금은 아주 중요한 것입니다. 우리가 헌금하는 것은 속된 것도 아니고 세상적인 것도 아니고 아주 거룩한 것이기 때문입니다. 오히려 헌금이 따르지 않는 말로만 믿는 신앙이 위선적이고 엉터리 신앙일 가능성이 많습니다.

예전에 전도사로 있을 때 어떤 사람이 헌금에 대해 강조하면서 "우리가 극장에 들어가려고 해도 입장료를 내야 하는데 교회에서 예배드리면서 헌금을 내지 않는 것은 말도 되지 않습니다"라고 큰소리를 쳤습니다. 그는 아주 열심히 믿는 충성된 사람으로 아주 진지했습니다. 당시 그에게 헌금을 극장의 입장료에 비교해서는 안 된다고 대답했습니다. 헌금은 하나님이 우리에게 주신 물질을 하나님께 도로 바치는 것입니다. 그래서 우리는 헌금을 통해 자신을 하나님께 바치게 됩니다. 하나님이 우리 헌금을 향기나는 제사로 받으실 때 우리 몸에서 나는 세상의 썩은 냄새가 없어지고 하나님의 향기가 나는데 하나님은 우리의 삶 전체를 책임져주시고 축복해주십니다. 그리고 교회에 바쳐진 헌금을 통해 목회자의 생활을 돕고 어려운 과부나 고아, 병자, 가난한 사람을 돕게 되는데, 이것이 바로 성도들의 진정한 교제입니다. 즉 교회의 헌금을 통해 교인 사이에 피가 흐르게 되어 살아 있는 몸이 되는 것입니다.

사도 바울은 여기서 한 걸음 더 나아가 고린도 교인들에게 먼 곳에 있는 예루살렘 교인들을 위해 헌금해서 돈을 모아두라고 했습니다.

1절, "성도를 위하는 연보에 관하여는 내가 갈라디아 교회들에게 명한 것같이 너희도 그렇게 하라"

여기서 '연보'라는 말을 사용한 것을 보게 됩니다. 우리나라에서도 예전에는 연보라는 말을 썼습니다. 그러나 지금은 헌금이라는 말을 더 많이 쓰고 있습니다. 하나님께 헌금하는 데 있어서는 자원하는 마음이 아주 중요합니다. 즉 강요에 의해 억지로 하거나 자기 자신의 자랑을 위해 헌금하는 것은 옳지 않습니다. 그렇다고 해서 헌금을 하지 않게 하는 것도 좋은 것은 아닙니다. 헌금을 하지 않으면 교회를 사랑하는 마음이 없어지게 되기 때문입니다. 사람의 마음은 정말 희한합니다. 즉 자기가 많이 희생하고 고생한 곳에는 더 애착이 생기고 더 사랑하게 됩니다. 반면 너무 잘해주거나 전혀 희생하지 않은 곳은 오히려 결점을 찾게 되는 것을 보게 됩니다. 하나님은 누구든지 하나님의 은혜를 받으면 물질이나 시간이나 돈을 하나님을 위해 쓰려고 하는 믿음이 생기게 하셨습니다. 그래서 자신의 믿음대로 헌금하면 되는 것입니다. 교회 헌금은 함을 이용해 하는 방법도 있고 주머니를 돌려 헌금하는 방법도 있는데, 어떤 것을 하든지 상관이 없습니다. 그러나 예배의 순서 가운데 헌금이 있어야 합니다. 하나님 말씀을 듣고 은혜를 받았으면 헌신하는 것이 옳기 때문입니다. 헌금이 참 좋은 일이라는 것을 배울 필요가 있습니다. 헌금은 절대로 손해 보는 것이 아닙니다. 하나님께 바치는 것은 너무 좋은 일입니다. 예를 들어 어린 아이들이 돈이 없어서 그렇지, 돈이 생기면 아버지나 어머니를 위해 선물을 사서 줍니다. 그때 어린 아이들의 마음이 얼마나 기쁜지 모릅니다. 그리고 그렇게 주는 것을 통해 어린 아이들의 마음이 훌쩍 자라게 됩니다. 교회는 교인들이 바친 헌금을 모을 수도 있고 모으지 않고 다 나누어줄 수도 있습니다. 이것은 자신들의 믿음대로 하면 되는 것입니다. 가정에서도 수입이 있을 때 다 써버리고 필요한 것이 생기면 기도해서 얻는 사람이 있습니다. 그 사람의 믿음은 귀한 믿음입니다. 그러나 믿음이 부족한 사람은 할 수 있는 대로 돈을 모아 크게 필요한 일이 생길 때 사용합니다. 그것도 좋은 믿음입니다. 이것은 교회도 마찬가지입니다. 미래의 일을 알 수 없기 때문에 할 수 있는 대로 돈을 절약해서 모으면 큰 어려움이 닥쳤을 때 쓸 수 있습니다. 그러나 그것을 원치 않는 사람은 다 쓰고 기도해서 또 공급받을 수 있습니다. 이때 자기 신앙을 다른 사람에게 강요해선 안됩니다. 사람마다 믿음의 분량이 다르기 때문입니다.

본문을 보면 사도 바울이 헌금 문제를 위해 우리가 아는 갈라디아서와 다른 갈라디아서를 쓴 적이 있음을 알 수 있습니다. 그리고 그 편지를 고린도 교인들도 읽었던 것 같습니다. 아마도 그것은 예루살렘의 어려운 교인들을 위해 이방인 교회가 헌금해야 한다는 내용이었을 것입니다. 당시 예루살렘에는 흉년이 들어 가난하고 어려운 처지에 놓인 교인이 많았습니다. 그리고 스데반의 순교 이후 핍박도 심해져 예루살렘 교회가 많이 어려웠던 것 같습니다. 사도 바울은 복음이 예루살렘에서부터 시작되었기 때문에 이방인 교회는 예루살렘 교회에 영적인 빚이 있다고 말했습니다. 즉 영적인 빚이 있어 물질로 갚는 것이 아름답다고 했습니다. 은혜를 잊지 않는 것은 참 아름다운 모습입니다. 누군가가 어려웠을 때 도와주었는데 세월이 흘러도 잊지 않고 감사할 때 그렇게 감격스러울 수가 없고 사는 보람을 느끼게 됩니다. 저는 도움을 주었던 사람을 늘 생각하고 기회가 있으면 감사를 드립니다. 그럴 때마다 감격해하고 너무 기뻐하는 모습을 보게 됩니다.

사도 바울 역시 예루살렘 교회와 이방인 교회 사이에 갈라진 틈이 있는 것을 알고 있었습니다. 사도 바울은 이방인 교회의 사랑의 헌금으로 그 틈이 메워지기를 바랐습니다. 사실 이것을 위해 사도 바울은 자기 목숨을 걸고 예루살렘에 갔다가 체포되어 로마로 붙들려가게 됩니다. 그러나 사도 바울은 예루살렘 교회와 이방인 교회가 하나 되게 하는 데 성공했습니다.

2절, "매주 첫날에 너희 각 사람이 수입에 따라 모아 두어서 내가 갈 때에 연보를 하지 않게 하라"

사도 바울은 고린도 교인들이 자신이 고린도에 가기 전 미리 헌금해서 돈을 준비해놓기를 바랐습니다. 그 이유는 사도 바울이 헌금을 거두기 위해 고린도에 간다는 오해를 사지 않기 위해서였습니다. 더욱이 사도 바울은 고린도에서 목회할 때 사례비를 받지 않았습니다. 그런데 이번에 가서 헌금하게 하면 지난번에 받지 못한 것을 이번에 받으려고 한다고 의심하는 사람도 생길 수 있다고 생각했습니다. 교회는 죄성을 가진 인간들의 모임이기 때문에 반드시 모든 것을 부정적으로 보는 사람이 있기 마련입니다. 우리 모두 속이 좁고 못된 본성을 가진 인간이기에 모든 것을 따지고 싶어하는 마음이 있지만, 말씀으로 은혜를 받고 성령으로 설득되어 입이 다물어지게 된 것입니다. 그러나 교인들에게서 은혜가 없어지면 사람이 사나워지기 시작하고 사소한 것을 가지고 따지게 되는 것을 봅니다.

사도 바울은 '매주 첫날' 지금으로 치면 주일 예배를 드릴 때 헌금해서 모으라고 당부했습니다. 그리고 그 헌금을 자신이 가지고 가지 않을 것이라고 했습니다.

3절, "내가 이를 때에 너희가 인정한 사람에게 편지를 주어 너희의 은혜를 예루살렘으로 가지고 가게 하리니"

사도 바울은 자기가 그 헌금을 가지고 가면 또 오해해서 엉뚱한 말을 할 사람이 있을지도 모르기 때문에 그들이 인정한 사람을 뽑아주면 자신이 편지를 써주어 가지고 가게 하겠다고 했습니다.

4절, "만일 나도 가는 것이 합당하면 그들이 나와 함께 가리라"

사도 바울은 자기가 그들과 같이 갈지도 모른다고 했습니다. 왜냐하면 사도 바울은 이방인 교회의 사도여서 대표성이 있었기 때문입니다. 그래서 이방인 교회의 사도가 같이 헌금을 가지고 가면 예루살렘 교회와 하나 되는 데 도움이 되리라고 생각한 것입니다. 그러나 사도 바울은 같이 가지 못할 수도 있다고 했습니다. 미래의 일은 알 수가 없기 때문입니다. 그러나 사도 바울은 고린도 교인들이 자신을 돈 문제로 오해하지 않기를 바랐고, 예루살렘의 고통 받는 교인들을 돕고 교회가 하나 되기를 바랐습니다. 이 모든 것은 하나의 이론이 아니라 사랑이었습니다. 교회에서 헌금하거나 어디를 가서 설교할 때 가장 중요한 것은 그 중심에 사랑하는 마음이 있느냐 하는 것입니다. 사랑하는 마음이 있어야 주님이 함께 가시지 사랑하는 마음이 없으면 아무 소용이 없습니다.

2. 사도 바울의 계획

사도 바울이 고린도전서를 쓰고 있는 곳은 바다 건너편 아시아의 항구도시 에베소였습니다. 사도 바울은 바다 건너편에 있는 고린도에 잠시 들렀다가 헌금을 더 거두기 위해 북쪽에 있는 마게도냐로 갈 계획이었습니다. 그리고 다시 고린도에 돌아와 겨울을 지내면서 상당한 기간 말씀을 나시 체계적으로 가르쳐 부흥을 일으킬 생각을 가지고 있었습니다.

5-6절, "내가 마게도냐를 지날 터이니 마게도냐를 지난 후에 너희에게 가서 혹 너희와 함께 머물며 겨울을 지낼 듯도 하니 이는 너희가 나를 내가 갈 곳으로 보내어 주게 하려 함이라"

사도 바울은 8절에 나오는 것처럼 오순절까지는 에베소에 있으면서 말씀을 전할 생각이라고 했습니다. 당시 에베소에는 말씀의 기회가 열려 있었지만 사탄의 공격도 심해 사도 바울은 거기에 있는 것이 좋겠다고 생각했습니다. 아이러니컬한 것은 에베소나 고린도 모두 항구도시여서 성적으로 문란하고 타락했는데 거기서 모두 부흥이 일어나고 에베소는 소아시아 복음화의 중심도시가 되었습니다. 사도 바울은 고린도 교회도 그렇게 되기를 바랐는데, 고린도 교회 문제는 좀 복잡했습니다. 소아시아에서는 엄청나게 복음이 전해져 그리스도인이 많아졌는데 고린도나 마게도냐는 그렇지 못했습니다. 사도 바울은 오순절까지는 에베소에 있다가 고린도로 가서 잠시 만난 후에 북쪽 마게도냐에 갔다오려고 했는데 중간에 누군가가 사도 바울을 비방하면서 고린도 교회에 가지 못하게 됩니다. 그래서 사도 바울은 고린도 교인들과 다투지 않기 위해 마게도냐로 먼저 갔습니다. 그랬더니 이번에는 사도 바울을 좋아하지 않는 사람이 바울이 겁이 나서 마게도냐로 도망갔다고 소문을 내었습니다. 이로 말미암아 사도 바울은 마음의 상처를 입게 되었고 고린도후서를 쓰게 됩니다. 그 후 사도 바울이 먼저 보냈던 디모데의 말로 고린도 교인들의 오해가 풀려서 그는 마게도냐에서 고린도로 오게 됩니다. 그리고 사도 바울은 불멸의 서신 로마서를 고린도에서 쓰게 됩니다. 당시 복음의 치열한 싸움은 에베소에서 벌어지고 있었습니다.

8-9절, "내가 오순절까지 에베소에 머물러 함은 내게 광대하고 유효한 문이 열렸으나 대적하는 자가 많음이라"

에베소는 고린도에서 보면 바다 건너편에 있는 소아시아, 현재 터키의 항구도시였습니다. 그런데 거기서 크고 아주 효과적인 복음의 문이 열렸습니다. 아마도 두란노를 중심으로 한 말씀운동을 말하는 것 같습니다. 사도 바울은 어떤 학원을 빌려 매일 성경을 강론하고 가르쳤는데, 그 사람이 아시아 깊숙이 들어가면서 많은 사람에게 복음을 전하고 교회를 세웠습니다. 그러나 에베소에서는 우상 숭배자들을 중심으로 한 반대 세력의 공격도 심했습니다. 사도 바울은 오순절까지 에베소에 남아서 말씀 강론으로 사탄의 세력에 대해 맹렬한 공격을 퍼부었습니다. 그 대신 사도 바울은 자신의 믿음의 제자 디모데를 고린도 교회에 보내어 말씀으로 그들을 돕게 했습니다.

10절, "디모데가 이르거든 너희는 조심하여 그로 두려움이 없이 너희 가운데 있게 하라 이는 그도 나와 같이 주의 일을 힘쓰는 자임이라"

디모데는 사도 바울에 비해 아주 젊은 사람이었고 혈통도 완전 유대인이나 헬라인이 아니라 혼혈이었습니다. 그리고 세상 학문이 사도 바울같이 높은 사람도 아니었습니다. 여러 면에서 봤을 때 디모데는 사도 바울과 비교되지 않는 미숙한 사람이었습니다. 그러나 사도 바울은 자신이 갈 수 없어 디모데를 보낼 수밖에 없었습니다. 디모데는 사도 바울에게서 배운 제자로, 다른 것은 몰라도 성경 하나는 바울에게서 제대로 배운 사람이었습니다. 사도 바울은 교회를 부흥시키는 데 성경 하나만 바로 알면 되지 세상 지식이 필요한 것은 아니라고 주의를 주고 있습니다. 아무리 젊고 세상 지식이 부족해도 성경만 바로 전하면 권세가 있고 부흥이 일어나게 됩니다. 사도 바울은 고린도 교인들에게 조심하여 대하라고 했습니다. 이것은 아주 귀한 도자기를 다루듯이 하라는 것입니다. 아주 비싼 도자기를 만질 때 조심해서 만지지 않으면 떨어뜨려 깨어지게 됩니다. 목회자는 세상의 직업이 아닌데다가 하나님 말씀을 대하고 교인들을 대하면 껍질이 아주 약해집니다. 게다가 어떤 사람은 텃세를 부리고 어떤 사람은 시기해서 쓸데없는 것을 가지고 물고 늘어지면 깨져버리고 맙니다. 그래서 많은 목회자는 자신들을 지키기 위해 권위적으로 변하게 됩니다. 이것은 껍질이 단단해지는 것이고 본인이나 교인들 모두에게 불행한 일입니다. 그러므로 자연스럽고 편안하게 두려움 없이 말씀을 전할 수 있게 해야 합니다.

사도 바울은 이렇게 권면합니다.

11절, "그러므로 누구든지 그를 멸시하지 말고 평안히 보내어 내게로 오게 하라 나는 그가 형제들과 함께 오기를 기다리노라"

사도 바울은 고린도 교인들에게 디모데를 멸시하지 말라고 했습니다. 그런데 놀랍게도 디모데가 맡은 사명을 잘 감당해 사도 바울은 고린도 교회로 갈 수 있게 됩니다.

고린도 교인들이 원했던 사람은 지식이 많은 아볼로였습니다. 그래서 사도 바울을 찾아왔던 교인들은 아볼로를 보내주면 안 되겠느냐고 물었습니다.

12절, "형제 아볼로에 대하여는 그에게 형제들과 함께 너희에게 가라고 내가 많이 권하였으되 지금은 갈 뜻이 전혀 없으나 기회가 있으면 가리라"

아볼로는 지금 고린도 교회에 가면 크게 환영을 받고 인기를 끌 수 있고 교회를 완전히 차지할 수 있었지만 갈 뜻이 전혀 없었습니다. 사도 바울이 아무리 가라고 해도 그는 가지 않겠다고 했습니다. 그는 사람의 인기에 연연해하지 않았고 사도 바울과 고린도 교인들 사이의 갈등을 이용할 생각도 전혀 없었습니다. 이것을 보면 아볼로가 얼마나 신사적인 사람이었는지 알 수 있습니다. 어떤 사람은 교묘하게 사람을 이간질시켜 자기 교회로 만들려고 하는데 아볼로는 진정으로 교회를 사랑하는 사람이었기에 그런 수에 말려들지 않았습니다. 그러나 나중에 진짜 말씀이 필요해서 오라고 하면 갈 것이라고 했습니다.

3. 문안하는 사람

사람은 흔히 이 세상에 자기 혼자 있다고 생각해 낙심하기도 하고 제멋대로 행동할 때도 많습니다. 그러나 자기를 위해 기도하는 많은 사람이 있다는 것을 알면 힘이 나고 끝까지 인내하게 됩니다. 예를 들어 운동선수들이 경기하는데 수많은 관중이 자기를 응원해주면 낙심했다가도 다시 힘을 내고 끝까지 최선을 다합니다.

13절, "깨어 믿음에 굳게 서서 남자답게 강건하라"

세 가지 권면입니다. 첫째는 깨어 있으라는 것입니다. 지금 병든 닭처럼 졸고 있고 잠들어 있는데 지금은 깨야 한다는 것입니다. 적이 몰려오고 있고 위험이 닥치고 있기 때문에 잠을 자면 안 됩니다. 다음으로 다른 데 서면 안 되고 믿음에 굳게 서라고 했습니다. 의심에 서도 안 되고 사람의 말에 서도 안 되고 하나님 말씀에 서야 모든 것을 믿게 됩니다. 그리고 남자같이 강건하라고 했습니다. 여자같이 무서워 숨거나 도망칠 생각을 하지 말고 군인처럼 끝까지 싸우라고 했습니다. 그러나 모든 것을 사랑으로 하라고 했습니다. 사랑만이 모든 것의 바른 동기이기 때문입니다. 정의가 동기는 아닙니다. 정의를 위해 교회 일을 하면 많은 피를 흘리게 됩니다. 열정도 아니고 비전도 아닙니다. 오직 사랑의 동기로 일해야 하나님의 성령이 함께하십니다.

사도 바울은 고린도 교인들에게 스데바나를 무시하거나 따돌리지 말고 함께 일하면서 순종하라고 했습니다.

15-16절, "형제들아 스데바나의 집은 곧 아가야의 첫 열매요 또 성도 섬기기로 작정한 줄을 너희가 아는지라 내가 너희를 권하노니 이 같은 사람과 또 함께 일하며 수고하는 모든 사람에게 순종하라"

아가야는 고린도와 마게도냐 사이의 넓은 지역을 말합니다. 거기에 스데바나가 있었는데 그는 사도 바울이 아가야에서 전도한 첫 열매였습니다. 그는 자기 집에서 교회로 모여 성도 섬기기를 열심으로 하는 사람이었는데, 고린도 교인은 교만해서 그를 무시하고 그의 말을 듣지 않았습니다. 그래서 사도 바울은 그는 고린도 교인보다 먼저 믿은 사람이고 더 많이 수고한 사람인데 왜 무시하고 말을 듣지 않느냐고 책망합니다.

17-18절, "내가 스데바나와 브드나도와 아가이고가 온 것을 기뻐하노니 그들이 너희의 부족한 것을 채웠음이라 그들이 나와 너희 마음을 시원하게 하였으니 그러므로 너희는 이런 사람들을 알아주라"

스데바나와 브드나도와 아가이고는 고린도 교회의 문제를 가지고 에베소에 있는 사도 바울을 찾아간 사람이었습니다. 고린도 교인들은 많은 것을 사도 바울에게 말하지 않았는데, 이들이 모든 것을 사도 바울에게 말했습니다. 그리고 사도 바울은 그 말을 듣고 마음이 홀가분해졌습니다. 이들은 고자질쟁이가 아니라 교회를 사랑하는 사람이었습니다.

어떤 사람은 이런 것을 두고 고민합니다. 즉 자신이 이것을 말하면 고자질쟁이가 되느냐, 아니면 교회를 사랑하는 자가 되느냐 하는 것입니다. 그러나 알아야 할 것은 미리 아는 것이 좋습니다. 그렇다고 해서 여러 사람에게 떠들어댈 필요는 없습니다. 사탄은 우리가 방심하고 있는 사이에 곪아가고 있는 부분을 틀림없이 찾아 공격할 것입니다. 그래서 더 많이 곪기 전에 알기만 하면 얼마든지 고칠 수 있습니다.

사도 바울은 고린도 교인들에게 문안하고 있는 많은 사람의 이름을 이야기하고 있습니다. 아시아의 교회들이 문안하고 아굴라와 브리스가와 그 집에 있는 교회가 문안하고 모든 형제도 문안하고 있습니다. 이는 고린도 교인들이 혼자가 아니라는 것을 보여줍니다. 우리는 누군가가 자기 사정을 알고 있으며 기도하고 있다면 얼마나 큰 힘이 되는지 모릅니다.

사도 바울은 마지막에 친필로 글을 쓰면서 사인하고 있습니다. 즉 지금까지는 구술을 했지만 이제부터는 그의 글씨입니다.

21-22절, "나 바울은 친필로 너희에게 문안하노니 만일 누구든지 주를 사랑하지 아니하면 저주를 받을지어다 우리 주여 오시옵소서"

주를 사랑하지 않는 것은 교회를 사랑하지 않는 것과 같습니다. "우리 주여 오시옵소서"가 '마라나타' 입니다. 주님은 곧 오실 것입니다.

23-24절, "주 예수 그리스도의 은혜가 너희와 함께 하고 나의 사랑이 그리스도 예수 안에서 너희 무리와 함께 할지어다"

항상 하나님의 은혜와 저의 사랑이 성도 여러분과 함께하기를 바랍니다.

성경 토의

1. 요즘 많은 교인이 헌금 문제로 시험에 들어 교회를 떠나거나 기독교를 멀리하는 일이 많은데, 그 이유가 어디에 있다고 생각하며 헌금을 공정하고 투명하게 사용하는 방법이 무엇이라고 생각하는가?

2. 목회자들은 영적인 기회가 열렸을 때 복음을 전하는 일에 열중해야 한다. 덜 중요한 스케줄을 다른 사람에게 맡기거나 뒤로 미루어야 할 때도 있다. 우리는 영적인 스케줄 관리가 잘 되어 있는가?

3. 아시아에 있는 모든 교회가 사도 바울을 통하여 고린도 교회에 문안했다. 우리나라는 전 세계에 많은 선교사를 보내고 있는데, 그들을 통하여 현지인과 잘 교통하고 있는 편인가? 이런 것을 돕기 위하여 단기 선교나 비전 트립을 가는 경우가 많은데 큰 도움이 되고 있는가?